TOUTES les matières

Tle STI2D

Objectif BAC

MATHÉMATIQUES
Gérard GUILHEMAT
Grégory VIATEAU
Alain VIDAL

PHYSIQUE-CHIMIE
Jean-Louis BERDUCOU
Paul BRAMAND
Marie-Jeanne COMTE
Jean-Pierre DURANDEAU
Jean-Claude LARRIEU-LACOSTE
Raphaël MARTELETTI
Cédric MAZEYRIE

PHILOSOPHIE
Sylvain MATTON

ANGLAIS
Yves COSTA
Sophie SEBAH

ENSEIGNEMENT TECHNOLOGIQUE EN ANGLAIS
Yves COSTA
Sophie SEBAH

hachette
ÉDUCATION

Les épreuves du Bac STI2D

Épreuves anticipées

Intitulé de l'épreuve	Coefficient	Nature de l'épreuve	Durée
Français	2	écrite	4 heures
Français	2	orale	20 minutes
Histoire-Géographie	2	orale	20 minutes

Épreuves terminales

Intitulé de l'épreuve	Coefficient	Nature de l'épreuve	Durée
Éducation physique et sportive	2	CCF(1)	
Langue vivante 1	2	écrite et orale(2)	2 heures (partie écrite)
Langue vivante 2	2	écrite et orale(2)	2 heures (partie écrite)
Mathématiques	4	écrite	4 heures
Philosophie	2	écrite	4 heures
Physique-chimie	4	écrite	3 heures
Enseignements technologiques transversaux	8	écrite	4 heures
Projet en enseignement spécifique à la spécialité(3)	12	orale(4)	20 minutes (oral terminal)
Enseignement technologique en LV1	(5)	orale(2)	
EPS de complément(6)	2	CCF(1)	

(1) : Contrôle en cours de formation.
(2) : La partie orale de l'épreuve est évaluée en cours d'année.
(3) : Enseignement spécifique à la spécialité : « architecture et construction », « énergies et environnement », « innovation technologique et écoconception » ou « systèmes d'information et numérique »
(4) : Évaluation en cours d'année et lors d'un oral terminal. Chacune de ces deux parties de l'évaluation est affectée d'un coefficient 6.
(5) : Seuls sont pris en compte les points supérieurs à la moyenne de 10 sur 20. Ces points sont multipliés par deux.
(6) : Uniquement pour les élèves ayant suivi l'enseignement d'EPS complémentaire.

Conception graphique

Couverture : Stéphanie Benoit

Intérieur : Françoise Bouvard – Médiamax

Réalisation

Composition et mise en pages : CB Defretin
Schémas : Studio Domino et CB Defretin

Rédacteur EMC : Michel Corlin

Édition : Barbara Jung

ISBN : 978-2-01-708234-7
www.hachette-education.com

Sommaire

Avant-propos

Conforme aux nouveaux programmes, cet ouvrage a été conçu pour vous accompagner durant votre année de Terminale STI2D et vous permettre d'acquérir et de maîtriser les connaissances et les méthodes nécessaires à votre réussite.

Les différentes rubriques de chaque matière ont été élaborées pour vous aider, que vous souhaitiez réviser ou mieux comprendre votre cours, vous entraîner dans la perspective d'un contrôle ou trouver un soutien pour réussir un devoir à la maison.

Le travail régulier de ces différentes rubriques vous préparera efficacement à l'ensemble de vos épreuves du baccalauréat.

Grâce au sommaire général (p. 3), au sommaire détaillé en page d'ouverture de chaque matière, vous trouverez immédiatement la question que vous voulez travailler.

Le cours complet accompagné d'exercices

Chaque séquence développe un point du programme de manière claire et efficace. Les exercices types suivis de leur modèle de résolution en Mathématiques et en Physique-chimie vous aideront à comprendre et à mémoriser votre cours.

Les savoir-faire en Philosophie, Anglais et Enseignement technologique en anglais

Correspondant aux principaux devoirs que l'on vous demandera tout au long de l'année et fondés sur des sujets types du bac, ces savoir-faire vous expliquent la méthode à mettre en œuvre et vous proposent des exemples d'application corrigés.

+ de 200 exercices d'entraînement en Maths, Physique-Chimie et Anglais

Tous corrigés, ces exercices types du bac constituent un entraînement immédiat sur la notion travaillée dans le cours.

Nous espérons que cet ouvrage répondra à toutes vos attentes et vous souhaitons à tous une brillante réussite.

Les auteurs

COMPRENDRE EN VIDÉO

Retrouvez des vidéos gratuites sur www.hachette-education.com

Tout au long de l'ouvrage, des logos vous signalent l'existence en ligne de courtes vidéos qui portent sur :
- des exercices types ou des applications de cours
- des explications de méthode

et donnez-vous toutes les chances de réussite au Bac !

Maths

COMPRENDRE EN VIDÉO
Retrouvez les vidéos sur www.hachette-education.com

Descriptif de l'épreuve

L'épreuve de mathématiques est constituée de 3 à 5 exercices indépendants les uns des autres, notés chacun sur 3 à 10 points. Ils abordent des domaines divers et variés du programme du cycle terminal. Le thème d'au moins un des exercices est choisi avec les objectifs propres à la filière suivie par le candidat. Il peut porter sur une question faisant appel à d'autres disciplines : les connaissances requises dans cette autre discipline seront données dans l'énoncé.

Épreuve écrite, durée : 4 heures, coefficient : 4.

Le programme est décomposé en trois parties :
- analyse : suites, limites, dérivées et primitives, fonctions logarithmes et exponentielles, intégration et équations différentielles ;
- géométrie et nombres complexes ;
- probabilités et statistiques.

La calculatrice, le tableur et **l'algorithmique** tiennent une part importante dans le programme. La maîtrise de ces outils est donc indispensable le jour de l'épreuve.
Ils nécessitent un entraînement régulier tout au long de l'année afin de ne pas être déstabilisé le jour de l'épreuve.

Conseils méthodologiques

Avant l'épreuve

Vérifiez votre matériel, en particulier, l'état des piles de votre calculatrice. N'oubliez pas votre montre, les salles d'examen ne sont pas toujours équipées d'une horloge. Les feuilles de copies, le brouillon et le papier millimétré vous seront fournis le jour de l'épreuve.

Au début de l'épreuve

Lisez attentivement tout le sujet, évaluez le temps nécessaire pour chaque exercice, n'hésitez pas à commencer par l'exercice qui vous semble le plus facile.

Pendant l'épreuve

Pensez à utiliser un brouillon pour les questions qui vous semblent les plus difficiles, ne passez pas trop de temps sur une question, il sera toujours temps d'y revenir ensuite. Si l'énoncé d'une question commence par « En déduire… » : n'oubliez pas qu'il faut alors utiliser la réponse à la question précédente pour répondre.

Présentation et rédaction

La présentation de votre copie donne une première impression au correcteur.
Pensez à :
- séparer les questions, encadrer ou souligner vos résultats ;
- garder du temps à la fin de l'épreuve, pour vous relire et corriger les éventuelles fautes d'orthographe ;
- changer éventuellement de feuille à chaque nouvel exercice ;

utiliser le papier millimétré fourni pour tracer des graphiques ou des courbes, en soignant le tracé.

1 Suites numériques

1 Rappels

• Une suite numérique est une liste ordonnée de nombres réels. On lui associe une fonction u définie sur $\mathbb{N}$ par u : $\begin{array}{l}\mathbb{N} \rightarrow \mathbb{R} \\ n \mapsto u(n)\end{array}$

$u(n)$ étant le terme de rang n, il est aussi noté u_n et appelé le **terme général de la suite**.
On note (u_n) l'ensemble des termes de la suite.

• Une suite est définie explicitement lorsqu'on connaît l'expression de u_n en fonction de n : $u_n = f(n)$

• Une suite est définie par récurrence lorsqu'on connaît son premier terme et la relation entre u_{n+1} et u_n : $u_{n+1} = f(u_n)$

2 Limite d'une suite

A Définition

• La suite (u_n) a pour limite $+\infty$ (lorsque n tend vers $+\infty$), si pour tout entier naturel p, on peut trouver un rang à partir duquel tous les termes u_n sont supérieurs à 10^p.

On écrira : $\lim\limits_{n \to +\infty} u_n = +\infty$

• La suite (u_n) a pour limite l lorsque n tend vers $+\infty$, si pour tout entier naturel p, on peut trouver un rang à partir duquel tous les termes u_n sont à une distance de l inférieure à 10^{-p}.

On écrira $\lim\limits_{n \to +\infty} u_n = l$

On dit que la suite (u_n) converge vers l.

• Si une suite converge, sa limite est **unique**.

• Une suite qui ne converge pas sera dite **divergente**.

B Limites de référence

Soit k un entier naturel non nul : $\lim\limits_{n \to +\infty} n^k = +\infty$ et $\lim\limits_{n \to +\infty} \frac{1}{n^k} = 0$

3 Suites géométriques

A Définition

• Une suite est dite **géométrique** si on passe d'un terme au suivant en multipliant à chaque fois par un même nombre q appelé **raison de la suite**.

• Une suite géométrique est définie par la donnée de son premier terme (généralement u_0 ou u_1) et la relation de récurrence : $u_{n+1} = u_n \times q$

• Si (u_n) est une suite géométrique de premier terme u_0 et de raison q, alors on a, pour tout entier n : $u_n = u_0 \times q^n$

Et pour tout entier naturel p on a : $u_n = u_p \times q^{n-p}$

B Limite

Soit q un nombre réel.

- **Si $q > 1$ alors, $\lim\limits_{n \to +\infty} q^n = +\infty$**
- **Si $0 < q < 1$ alors, $\lim\limits_{n \to +\infty} q^n = 0$**

Soit (u_n) une suite géométrique de premier terme u_0 et de raison $q > 0$.

- Si $q > 1$ alors,

$\lim\limits_{n \to +\infty} u_n = +\infty$ si $u_0 > 0$

$\lim\limits_{n \to +\infty} u_n = -\infty$ si $u_0 < 0$

- Si $0 < q < 1$ alors, $\lim\limits_{n \to +\infty} u_n = 0$

C Somme de termes consécutifs

Si n est un entier naturel et q un réel différent de 1 alors,

$$\sum_{i=0}^{n} q^i = 1 + q + q^2 + \ldots + q^n = \frac{1 - q^{n+1}}{1 - q}$$

On en déduit que la somme d'un certain nombre de termes consécutifs d'une suite géométrique (de raison différente de 1) est égale à :

$$(\text{Premier terme}) \times \left(\frac{1 - \text{raison}^{\text{nombre de termes}}}{1 - \text{raison}}\right)$$

Exemple

Une entreprise décide de réduire ses rejets polluants. Les rejets sont évalués à 70 tonnes durant l'année 2010. Elle fait le choix de diminuer chaque année ses rejets de 2 %. On note u_n la quantité rejetée durant l'année 2010 + n.

Alors $u_0 = 70$.

1. Calculer u_1 et u_2.

2. Exprimer u_{n+1} en fonction de u_n. En déduire la nature de la suite (u_n).

3. Exprimer u_n en fonction de n. En déduire u_{10}. Conclure.

4. Déterminer $\lim\limits_{n \to +\infty} u_n$.

5. Calculer $\sum\limits_{i=0}^{i=10} u_i$. Conclure.

Solution

1. Diminuer un nombre de 2 % revient à le multiplier par : $1 - \frac{2}{100} = 0{,}98$.

Alors, $u_1 = u_0 \times 0{,}98 = 68{,}6$;
$u_2 = u_1 \times 0{,}98 = 67{,}228$.

2. $\begin{cases} u_0 = 70 \\ u_{n+1} = u_n \times 0{,}98 \end{cases}$

La suite (u_n) est la suite géométrique de premier terme $u_0 = 70$ et de raison 0,98.

3. $u_n = u_0 \times q^n$.
D'où, $u_n = 70 \times (0{,}98)^n$.
Alors, $u_{10} = 70 \times (0{,}98)^{10} \approx 57{,}2$.
Les rejets de l'entreprise en 2020 seront d'environ 57,2 tonnes.

4. $q = 0{,}98$ donc $0 < q < 1$.
Alors $\lim\limits_{n \to +\infty} u_n = 0$

5.
$$\begin{aligned}
\sum_{i=0}^{i=10} u_i &= u_0 + u_1 + u_2 + \ldots + u_{10} \\
&= u_0 + u_0 \times q + u_0 \times q^2 + \ldots + u_0 \times q^{10} \\
&= u_0(1 + q + q^2 + \ldots + q^{10}) \\
&= 70 \times (1 + 0{,}98 + 0{,}98^2 + \ldots + 0{,}98^{10}) \\
&= 70 \times \left(\frac{1 - 0{,}98^{11}}{1 - 0{,}98}\right) \\
&\approx 697{,}4
\end{aligned}$$

On peut donc estimer qu'entre 2010 et 2020 l'entreprise aura rejeté 697,4 tonnes de polluants.

Exercices d'entraînement

Exercice 1 — 15 min

Corrigé p. 69

On a représenté ci-dessous la suite (u_n) définie pour tout entier naturel n par $u_n = n^2 - n$.

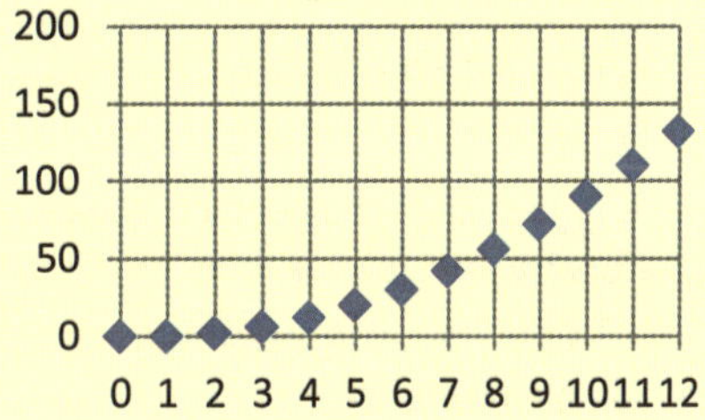

1. Déterminer graphiquement un entier N tel que $u_N \geq 10^2$.
2. Calculer u_N.
3. Soit f la fonction définie sur $\mathbb{R}$ par $f(x) = x^2 - x$. Justifier que f est croissante sur $[1 ; +\infty[$.
4. En déduire pour tout $n \geq N$, $u_n \geq 10^2$.

Exercice 2 — 20 min

Corrigé p. 69

Soit (u_n) et (v_n) les suites définies pour tout entier naturel n non nul par :

$u_n = \dfrac{3n-1}{n+1}$ et $v_n = 3 - \dfrac{1}{n^2}$.

1. À l'aide d'une calculatrice, établir un tableau de valeurs de chacune de ces deux suites.
2. Quelles conjectures peut-on faire sur la limite de chacune de ces deux suites ?
3. À l'aide d'un algorithme déterminer un entier N_0 tel que : $\left|u_{N_0} - 3\right| \leq 10^{-1}$.
4. À l'aide d'un algorithme déterminer un entier N_1 tel que : $\left|v_{N_1} - 3\right| \leq 10^{-2}$.

Exercice 3 — 20 min

Corrigé p. 69

Dans ce QCM, (u_n) désigne une suite géométrique de raison q positive. Une seule réponse est correcte.

1. Les nombres 100 ; 20 ; 4 ; 0,8 forment le début d'une suite géométrique de raison :
   ❍ a. 0,2 ❍ b. 5 ❍ c. 0,4
2. Si $u_0 = 400$ et $q = 0,5$ alors $u_6 = \ldots$
   ❍ a. 403 ❍ b. 6,25 ❍ c. 1,5
3. Si $u_1 = 0,3$ et $q = 4$ alors $u_6 = \ldots$
   ❍ a. 1 228,8 ❍ b. 803,4 ❍ c. 307,2
4. Si $u_0 = 45$ et $u_7 = 5\,760$ alors $q = \ldots$
   ❍ a. 2 ❍ b. 4 ❍ c. 6
5. Si $u_1 = 500$ et $u_5 = 204,8$ alors $q = \ldots$
   ❍ a. 1,2 ❍ b. 0,8 ❍ c. 0,4
6. Si $u_3 = 75,6$ et $q = 0,3$ alors $u_0 = \ldots$
   ❍ a. 204 ❍ b. 840 ❍ c. 2 800
7. Si $u_5 = 6\,480$ et $q = 1,5$ alors $u_1 = \ldots$
   ❍ a. 9 720 ❍ b. 4 320 ❍ c. 1 280
8. Si $u_3 = 1\,000$ et $u_5 = 6\,250$ alors …
   ❍ a. $u_0 = 32$ et $q = 2,5$ ❍ b. $u_0 = 64$ et $q = 5$ ❍ c. $u_0 = 64$ et $q = 2,5$

Exercice 4 20 min *Corrigé p. 70*

Cet exercice est un QCM, une seule réponse est correcte.

1. Une suite géométrique a pour premier terme 10 000 et pour raison 2,1. La somme de ses cinq premiers termes est : ❍ a. 770 601,1 ❍ b. 362 191 ❍ c. 167 710
2. La somme S = 1,1 + 2,2 + 4,4 + … + 35,2 vaut : ❍ a. 34,1 ❍ b. 45,8 ❍ c. 69,3
3. (v_n) est une suite géométrique de premier terme $v_0 = 32$ et de raison 0,5
alors : $v_0 + v_1 + \ldots + v_7 = \ldots$ ❍ a. 63,5 ❍ b. 63,75 ❍ c. 63,875
4. La somme des 4 premiers termes d'une suite géométrique de raison 1,5 vaut 975.
Son premier terme est : ❍ a. 120 ❍ b. 240 ❍ c. 360

Exercice 5 15 min *Corrigé p. 70*

Soit la suite (u_n) définie pour $n \geq 0$ par : $u_n = \dfrac{2^n}{3^{n+1}}$.

1. Calculer u_0 ; u_1 ; u_2.
2. Montrer que (u_n) est une suite géométrique.
3. En déduire l'expression de u_n en fonction de u_0 et n.

Exercice 6 20 min *Corrigé p. 70*

La suite (u_n) est une suite géométrique de premier terme $u_0 = 8\,000$ et de raison $q = 0{,}2$.

COMPRENDRE 1 EN VIDÉO

1. Calculer u_1 et u_2.
2. Donner l'expression de u_n en fonction de n.
3. Déterminer $\lim\limits_{n \to +\infty} u_n$.

COMPRENDRE 2 EN VIDÉO

4. À l'aide d'un algorithme, déterminer le plus petit entier n tel que $u_n \leq 1$.

Exercice 7 30 min *Corrigé p. 70*

Une association humanitaire a contacté une entreprise de forage pour creuser un puits, en plein désert, afin d'atteindre une nappe d'eau annoncée à 10 mètres de profondeur par un spécialiste.

1. Les tarifs de l'entreprise sont les suivants : 100 € le premier mètre, 110 € pour le suivant et ainsi de suite en augmentant de 10 % le prix de chaque nouveau mètre creusé.

On appelle n le nombre de mètres creusés et u_n le prix du n-ième mètre creusé.

a. Justifier que (u_n) est une suite géométrique dont on précisera le premier terme et la raison.
b. Exprimer u_n en fonction de n.
c. Calculer $u_1 + u_2 + \ldots + u_{10}$.

En déduire le coût total pour un puits de 10 mètres de profondeur.

2. L'État accorde une subvention à l'association pour le forage. Cette subvention est de 60 € au départ pour le premier mètre creusé, augmenté de 35 % par mètre creusé supplémentaire.

On appelle v_n la subvention accordée pour un puits de n mètres.

a. Justifier que (v_n) est une suite géométrique dont on précisera le premier terme et la raison.
b. Exprimer v_n en fonction de n.
c. En déduire que la subvention accordée pour un puits de 10 m est d'environ 894 €.
d. En utilisant le 1., calculer la somme que devra réellement payer l'association pour le forage du puits de 10 mètres de profondeur.

2 Les nombres complexes

1 Forme algébrique

A Définition

On admet l'existence d'un nombre « imaginaire » i, tel que : $\mathbf{i^2 = -1}$.

On appelle alors **nombre complexe** tout nombre z de la forme $z = a + ib$ où a et b sont des réels. Cette écriture est la **forme algébrique** de z.

a est la partie réelle et b est la partie imaginaire de z.

Si $b = 0$: z est un réel.

Si $a = 0$: z est un imaginaire pur.

L'ensemble des nombres complexes est noté $\mathbb{C}$.

B Égalité de deux complexes

Soient $z = a + ib$ et $z' = a' + ib'$ deux nombres complexes, alors :

$$z = z' \Leftrightarrow a = a' \text{ et } b = b'$$

C Opérations

Les opérations dans $\mathbb{C}$ se déroulent comme dans $\mathbb{R}$ en tenant simplement compte du fait que $i^2 = -1$ (d'où $i^3 = -i$; $i^4 = 1$, etc.).

D Conjugué

On appelle **conjugué** du nombre complexe $z = a + ib$ le nombre noté $\overline{z}$, tel que : $\overline{z} = a - ib$.

- **Propriétés**

1. $\overline{\overline{z}} = z$ et $z\overline{z} = a^2 + b^2$ donc $z\overline{z}$ est un réel positif.

2. z réel $\Leftrightarrow \overline{z} = z$

z imaginaire pur $\Leftrightarrow \overline{z} = -z$

3. $\overline{z+z'} = \overline{z} + \overline{z'}$; $\overline{zz'} = \overline{z} \times \overline{z'}$ et, si $z \neq 0$, $\overline{\left(\dfrac{z'}{z}\right)} = \dfrac{\overline{z'}}{\overline{z}}$.

Exemple

Écrire les nombres complexes suivants sous forme algébrique :

$z_1 = (1 + 3i)(2 - 5i)$

$z_2 = \dfrac{1}{2-i}$

$z_3 = \dfrac{5+2i}{1+i}$

Solution

$z_1 = (1 + 3i)(2 - 5i)$
$= 2 - 5i + 6i - 15i^2$
$= 2 + i + 15$
$= 17 + i$

$$z_2 = \frac{1}{2-i} = \frac{2+i}{(2-i)(2+i)} = \frac{2+i}{4+1} = \frac{2}{5} + \frac{1}{5}i$$

$$z_3 = \frac{5+2i}{1+i} = \frac{(5+2i)(1-i)}{(1+i)(1-i)} = \frac{5-5i+2i+2}{2} = \frac{7}{2} - \frac{3}{2}i$$

2 Représentation géométrique

- Dans un repère orthonormal direct $(O, \vec{u}, \vec{v})$, un point M de coordonnées $(a ; b)$ est repéré par le nombre complexe $z_M = a + ib$ appelé **affixe** de ce point.

On note $M(z_M)$.

- De même au vecteur $\overrightarrow{OM}$ de coordonnées $(a\ ;\ b)$, on associe le nombre complexe $z = a + ib$ appelé affixe du vecteur $\overrightarrow{OM}$.

On notera $\overrightarrow{OM}\left(z_{\overrightarrow{OM}}\right)$.

- **Propriétés**

1. $M(z)$ et $M'(\bar{z})$ sont symétriques par rapport à l'axe des abscisses.
2. Si A et B sont deux points d'affixes z_A et z_B alors le vecteur $\overrightarrow{AB}$ a pour affixe $z_B - z_A$.

3 Forme trigonométrique

- **Module**

On appelle module d'un nombre complexe non nul z, et on note $|z|$ la distance OM (c'est donc un réel strictement positif).

$$|z| = \sqrt{a^2 + b^2}$$

Remarque

$|z| = \sqrt{z\bar{z}}$ ou $z\bar{z} = |z|^2$

- **Argument**

On appelle argument d'un nombre complexe non nul z et on note $\arg(z)$, l'une des mesures de l'angle orienté $(\vec{u}, \overrightarrow{OM})$.

$$\arg(z) = (\vec{u}, \overrightarrow{OM})\ [2\pi]$$

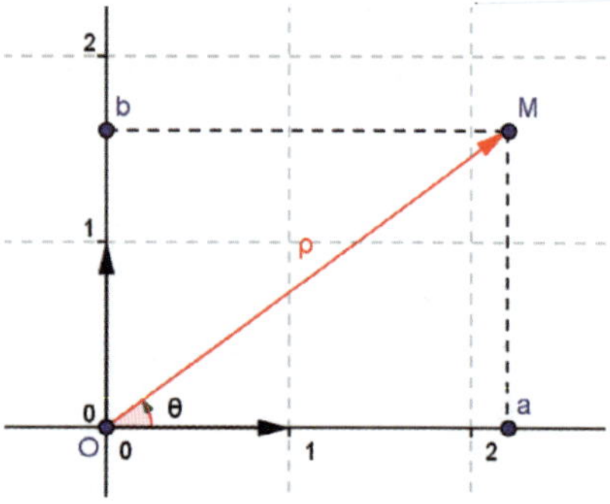

- **Propriété**

Tout nombre complexe non nul z de forme algébrique $a + ib$ peut s'écrire : $z = \rho(\cos\theta + i\sin\theta)$ avec $\rho = |z|$ et $\theta = \arg(z)$. Cette écriture est appelée la **forme trigonométrique** du nombre complexe z. On note $z = [\rho ; \theta]$.

Le couple $(\rho ; \theta)$ représente les coordonnées polaires de M.

$$\begin{cases} a = \rho\cos\theta \\ b = \rho\sin\theta \end{cases} \quad \text{et} \quad \begin{cases} \cos\theta = \dfrac{a}{|z|} = \dfrac{a}{\sqrt{a^2 + b^2}} \\ \sin\theta = \dfrac{b}{|z|} = \dfrac{b}{\sqrt{a^2 + b^2}} \end{cases}$$

Exemple

Soit les nombres complexes $z = -1 + i$ et $z' = [2\ ;\ \pi]$.

1. Calculer $|z|$.
2. Déterminer $\arg(z)$.
3. Écrire z sous forme trigonométrique.
4. Écrire z' sous forme algébrique.

Solution

1. $|z| = \sqrt{(-1)^2 + 1^2} = \sqrt{2}$
2. Soit θ un argument de z.

Alors, $\begin{cases} \cos\theta = \dfrac{-1}{\sqrt{2}} = -\dfrac{\sqrt{2}}{2} \\ \sin\theta = \dfrac{1}{\sqrt{2}} = \dfrac{\sqrt{2}}{2} \end{cases}$

D'où $\theta = \dfrac{3\pi}{4}[2\pi]$.

3. $z = \sqrt{2}(\cos\dfrac{3\pi}{4} + i\sin\dfrac{3\pi}{4})$
4. $z' = 2(\cos\pi + i\sin\pi)$
$= 2(-1 + 0i) = -2$

4 Forme exponentielle

A Propriété

On pose $\mathbf{e^{i\theta} = \cos\theta + i\sin\theta}$. Alors, $e^{i\theta}e^{i\theta'} = e^{i(\theta+\theta')}$

Tout nombre complexe non nul z peut s'écrire : $\boldsymbol{z = \rho e^{i\theta}}$. Avec $\rho = |z|$ et $\theta = \arg(z)$.
Cette écriture est appelée la **forme exponentielle** du complexe z.

B Opérations

Soit z et z' deux nombres complexes non nuls tels que : $z = \rho e^{i\theta}$ et $z = \rho' e^{i\theta'}$
Avec $\rho = |z|$ et $\rho' = |z'|$
$\theta = \arg(z)$ et $\theta' = \arg(z')$ $[2\pi]$

• Produit

$zz' = \rho\rho' e^{i(\theta+\theta')}$

$|zz'| = |z||z'|$

$\arg(zz') = \arg(z) + \arg(z')\left[2\pi\right]$

• Puissance

$z^n = \rho^n e^{in\theta}$ $(n \in \mathbb{Z})$

$|z^n| = |z|^n$

$\arg(z^n) = n\arg(z)\left[2\pi\right]$

• Inverse

$\frac{1}{z} = \frac{1}{\rho}e^{i(-\theta)}$

$\left|\frac{1}{z}\right| = \frac{1}{|z|}$

$\arg\left(\frac{1}{z}\right) = -\arg(z)\left[2\pi\right]$

• Quotient

$\frac{z}{z'} = \frac{\rho}{\rho'}e^{i(\theta-\theta')}$

$\left|\frac{z}{z'}\right| = \frac{|z|}{|z'|}$

$\arg\left(\frac{z}{z'}\right) = \arg z - \arg z'\left[2\pi\right]$

• Conjugué

$\bar{z} = \rho e^{i(-\theta)}$

$|\bar{z}| = |z|$

$\arg(\bar{z}) = -\arg(z)\left[2\pi\right]$

• Formules d'Euler

$\cos\theta = \frac{e^{i\theta} + e^{-i\theta}}{2}$

$\sin\theta = \frac{e^{i\theta} - e^{-i\theta}}{2i}$

Exemple

1. Écrire sous forme algébrique le nombre complexe $z_1 = 4e^{i\frac{\pi}{3}}$

2. Écrire sous forme exponentielle le nombre $z_2 = 2 - 2i$.

3. Donner la forme exponentielle de z_1z_2 puis de $\frac{z_2}{z_1}$.

Solution

1. $z_1 = 4\left(\cos\frac{\pi}{3} + i\sin\frac{\pi}{3}\right)$

$= 4\left(\frac{1}{2} + i\frac{\sqrt{3}}{2}\right) = 2 + 2i\sqrt{3}$

2. Soit θ_2 un argument de z_2.

$|z_2| = \sqrt{8} = 2\sqrt{2}$ et $\begin{cases} \cos\theta_2 = \frac{2}{2\sqrt{2}} = \frac{\sqrt{2}}{2} \\ \sin\theta_2 = \frac{-2}{2\sqrt{2}} = -\frac{\sqrt{2}}{2} \end{cases}$

Alors, $\theta_2 = -\frac{\pi}{4}\left[2\pi\right]$. D'où $z_2 = 2\sqrt{2}e^{-i\frac{\pi}{4}}$

3. $z_1z_2 = \left(4 \times 2\sqrt{2}\right)e^{i\left(\frac{\pi}{3}-\frac{\pi}{4}\right)}$

$= 8\sqrt{2}e^{i\frac{\pi}{12}}$

$\frac{z_2}{z_1} = \frac{2\sqrt{2}e^{-i\frac{\pi}{4}}}{4e^{i\frac{\pi}{3}}} = \frac{\sqrt{2}}{2}e^{i\left(-\frac{\pi}{4}-\frac{\pi}{3}\right)}$

$= \frac{\sqrt{2}}{2}e^{-i\frac{7\pi}{12}}$

Exercices d'entraînement

Exercice 1 — 15 min

Corrigé p. 70

Mettre les nombres complexes suivants sous forme algébrique :

1. $(2 + i)(3 - 2i)$
2. $(1 - i)^2$
3. $\dfrac{1+i}{2-i}$
4. $\dfrac{1}{3+5i}$
5. $\dfrac{(1-i)(2+i)}{1+2i}$

Exercice 2 — 15 min

Corrigé p. 70

Soit $z_1 = 1 + i\sqrt{3}$ et $z_2 = 1 - i$.

1. Écrire z_1 et z_2 sous forme trigonométrique.
2. Soit $z_3 = \dfrac{z_1}{z_2}$. Écrire z_3 sous forme algébrique puis trigonométrique.
3. Déduire des questions précédentes les valeurs exactes de $\cos\left(\dfrac{7\pi}{12}\right)$ et $\sin\left(\dfrac{7\pi}{12}\right)$.

Exercice 3 — 10 min

Corrigé p. 71

1. Écrire sous forme algébrique : $z_1 = 2e^{i\frac{\pi}{3}}$.
2. Écrire sous forme exponentielle : $z_2 = 1 + i$.

Exercice 4 — 20 min

Corrigé p. 71

On considère les nombres complexes : $z_1 = -1 + i$ et $z_2 = \left(\dfrac{\sqrt{3}}{2} - \dfrac{1}{2}\right) + \left(\dfrac{\sqrt{3}}{2} + \dfrac{1}{2}\right)i$.

1. Déterminer les modules de z_1 et z_2.
2. Donner un argument de z_1.
3. On pose $Z = \dfrac{z_2}{z_1}$. Montrer que $Z = \dfrac{1 - i\sqrt{3}}{2}$. En déduire que $Z = e^{-i\frac{\pi}{3}}$, puis que $Z^6 = 1$.

COMPRENDRE 3 EN VIDÉO

Exercice 5 — 15 min

Corrigé p. 71

On considère les nombres complexes suivants : $z_1 = 2 + 2i\sqrt{3}$ et $z_2 = 2 - 2i\sqrt{3}$.

1. Déterminer le module et l'argument de z_1.
2. Écrire z_1, puis z_2 sous forme exponentielle.
3. Vérifier que les nombres complexes $(z_1)^6$ et $\dfrac{(z_1)^4}{(z_2)^2}$ sont des entiers naturels.

Exercice 6 — 30 min

Corrigé p. 72

On considère les nombres complexes suivants : $Z_1 = \dfrac{1}{2} - \dfrac{1}{2}i$, $Z_2 = \dfrac{2+i}{3-i}$ et $Z_3 = \dfrac{\sqrt{3}}{2}e^{-i\frac{\pi}{6}}$.

1. Déterminer le module et l'argument de Z_1.
2. Écrire le nombre complexe Z_2 sous forme algébrique et montrer que $Z_2 = \overline{Z_1}$.
3. Déterminer la forme exponentielle du nombre complexe Z_2.

4. Écrire le nombre complexe Z_3 sous forme algébrique.

5. On note Z le nombre complexe défini par $Z = Z_2Z_3$.
Calculer le module et l'argument du nombre complexe Z.

6. Écrire le nombre complexe Z sous forme algébrique.

7. En déduire les valeurs exactes des nombres réels $\cos\left(\frac{\pi}{12}\right)$ et $\sin\left(\frac{\pi}{12}\right)$.

Exercice 7 — 20 min

Corrigé p. 72

On considère les nombres complexes :

$z_1 = 4e^{i\frac{\pi}{6}}$; $z_2 = 4e^{-i\frac{2\pi}{3}}$ et $z_3 = -2+2i$.

Pour chacune des questions suivantes, une seule des réponses **a.**, **b.**, **c.** ou **d.** est exacte.

1. Le nombre complexe $Z = z_1z_2$ est :
- ❍ **a.** un nombre réel positif
- ❍ **b.** un nombre réel négatif
- ❍ **c.** un nombre imaginaire pur
- ❍ **d.** l'affixe d'un point du plan complexe pris hors des axes.

2. Le nombre complexe $Z' = (z_1)^6$ est :
- ❍ **a.** un nombre réel positif
- ❍ **b.** un nombre réel négatif
- ❍ **c.** un nombre imaginaire pur
- ❍ **d.** l'affixe d'un point du plan complexe pris hors des axes.

3. Le nombre complexe conjugué de z_1 est :

❍ **a.** $-4e^{i\frac{\pi}{6}}$ ❍ **b.** $4e^{i\frac{7\pi}{6}}$ ❍ **c.** $4e^{-i\frac{\pi}{6}}$ ❍ **d.** $\frac{1}{4}e^{-i\frac{\pi}{6}}$

4. Le nombre complexe z_3 peut se mettre sous la forme :

❍ **a.** $2\sqrt{2}e^{-i\frac{\pi}{4}}$ ❍ **b.** $2\sqrt{2}e^{i\frac{3\pi}{4}}$ ❍ **c.** $2\sqrt{2}e^{i\frac{5\pi}{4}}$ ❍ **d.** $4e^{i\frac{3\pi}{4}}$

Exercice 8 — 30 min

Corrigé p. 72

Un quadripôle est constitué d'un résistor de résistance R exprimée en Ω et d'un condensateur de capacité C exprimée en μF. On associe respectivement à la tension d'entrée et à la tension de sortie les nombres complexes Z_e et Z_S. On appelle transmittance le nombre complexe Z définie par : $Z = \frac{Z_S}{Z_e}$.

On admet que $Z = \frac{1}{1+iRC\omega}$ où ω désigne la pulsation exprimée en radians par seconde et i le nombre complexe de module 1 et d'argument $\frac{\pi}{2}$.

Dans tout cet exercice, on suppose que $R = 50\,\Omega$, $C = \mu F$ et $\omega = \frac{1}{100}$ rad.s^{-1}.

1. Vérifier que $Z = \frac{1}{1+i}$.

2. Écrire le nombre complexe Z sous forme algébrique, puis déterminer le module et un argument de Z.

3. Le module de Z_S peut-il être le double de celui de Z_e ?

4. Dans cette question on suppose que argument de Z_S est $\frac{\pi}{2}$, déterminer alors un argument de Z_e.

5. On suppose dans cette question que : $Z_e = 150\left(-\sqrt{3}+i\right)$.
Déterminer l'écriture exponentielle de Z_e.
Déterminer la forme exponentielle du nombre complexe Z_S correspondant.

3 Produit scalaire et trigonométrie

Produit scalaire

A Définition

Soit $\vec{u}$ et $\vec{v}$ deux vecteurs non nuls.
Le produit scalaire de $\vec{u}$ et $\vec{v}$ est le **nombre** noté $\vec{u}\cdot\vec{v}$ défini par :

$$\vec{u}\cdot\vec{v}=\|\vec{u}\|\times\|\vec{v}\|\times\cos(\vec{u},\vec{v})$$

Si $\vec{u}=\vec{0}$ ou $\vec{v}=\vec{0}$, on pose $\vec{u}\cdot\vec{v}=0$

Attention !

Si $\vec{u}$ et $\vec{v}$ sont colinéaires et,
– de même sens : $\vec{u}\cdot\vec{v}=\|\vec{u}\|\times\|\vec{v}\|$
– de sens contraire : $\vec{u}\cdot\vec{v}=-\|\vec{u}\|\times\|\vec{v}\|$

B Calcul par projection orthogonale

Soit $\vec{u}$ et $\vec{v}$ deux vecteurs non nuls et O un point du plan. Il existe un point unique A tel que $\overrightarrow{OA}=\vec{u}$ et de même B tel que $\overrightarrow{OB}=\vec{v}$.
Si H est le projeté orthogonal de B sur (OA), alors :
$\vec{u}\cdot\vec{v}=\overrightarrow{OA}\cdot\overrightarrow{OH}=\pm OA\times OH$ (car $\overrightarrow{OA}$ et $\overrightarrow{OH}$ sont colinéaires).

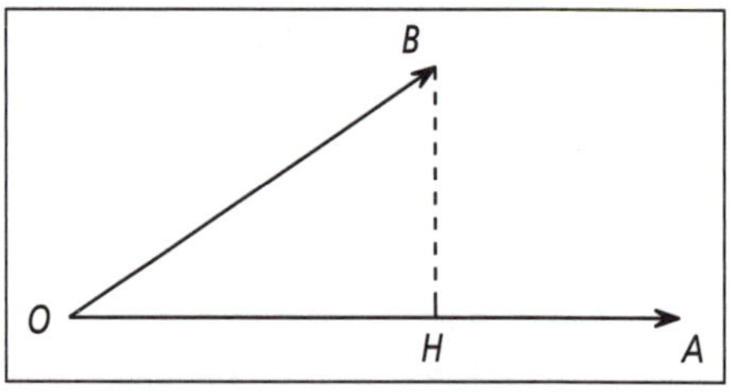

C Propriétés

• **Vecteurs orthogonaux.** Deux vecteurs sont orthogonaux si et seulement si leur produit scalaire est nul.

Remarque

Le vecteur nul est considéré comme orthogonal à tout autre vecteur.

• **Règles de calcul.** Soit $\vec{u},\vec{v},\vec{w}$ des vecteurs et k un réel, alors :
- $\vec{v}\cdot\vec{u}=\vec{u}\cdot\vec{v}$
- $\vec{u}\cdot(\vec{v}+\vec{w})=\vec{u}\cdot\vec{v}+\vec{u}\cdot\vec{w}$
- $(k\vec{u})\cdot v=k\times(\vec{u}\cdot\vec{v})$

• **Carré scalaire.** Le produit scalaire $\vec{u}\cdot\vec{u}$ est noté $\vec{u}^2$ et $\vec{\boldsymbol{u}}^2=\|\vec{\boldsymbol{u}}\|^2$.
On a alors : $(\vec{u}+\vec{v})^2=\vec{u}^2+2(\vec{u}\cdot\vec{v})+\vec{v}^2$ d'où :

$$\vec{\boldsymbol{u}}\cdot\vec{\boldsymbol{v}}=\frac{1}{2}\left(\|\vec{\boldsymbol{u}}+\vec{\boldsymbol{v}}\|^2-\|\vec{\boldsymbol{u}}\|^2-\|\vec{\boldsymbol{v}}\|^2\right)$$

Exemple

Soit ABC un triangle tel que :
$AB=5$; $AC=7$ et $BC=8$
Calculer $\widehat{ABC}$.

Solution

Calculons le produit scalaire $\overrightarrow{BA}\cdot\overrightarrow{BC}$ de deux manières :

1. $\overrightarrow{BA}\cdot\overrightarrow{BC}=BA\times BC\times\cos\widehat{ABC}$
Donc : $BA\cdot BC=40\cos\widehat{ABC}$

2. $\overrightarrow{AB}+\overrightarrow{BC}=\overrightarrow{AC}$ donc :
$\overrightarrow{AB}\cdot\overrightarrow{BC}=\frac{1}{2}\left(AC^2-AB^2-BC^2\right)$
$=\frac{1}{2}(49-25-64)=-20$
D'où : $\overrightarrow{BA}\cdot\overrightarrow{BC}=-\overrightarrow{AB}\cdot\overrightarrow{BC}=20$.
On en déduit : $40\cos\widehat{ABC}=20$.
D'où, $\cos\widehat{ABC}=\frac{1}{2}$ donc, $\widehat{ABC}=60°$.

D Formule analytique

Si, dans un repère orthonormé, on a : $\vec{u}\begin{pmatrix} x \\ y \end{pmatrix}$ et $\vec{v}\begin{pmatrix} x' \\ y' \end{pmatrix}$ alors $\boldsymbol{\vec{u}\cdot\vec{v} = xx' + yy'}$

On en déduit : $\vec{u}^2 = \|\vec{u}\|^2 = x^2 + y^2$. D'où : $\|\vec{u}\| = \sqrt{x^2 + y^2}$

Exemple

Dans un repère orthonormé on a :
$A(2\,;1)$; $B(4\,;2{,}5)$ et $C(5\,;-3)$
Calculer le produit scalaire $\overrightarrow{AB}\cdot\overrightarrow{AC}$.
Qu'en déduit-on ?

Solution

$\overrightarrow{AB}\begin{pmatrix} x_B - x_A \\ y_B - y_A \end{pmatrix}$ donc $\overrightarrow{AB}\begin{pmatrix} 2 \\ 1{,}5 \end{pmatrix}$

De même : $\overrightarrow{AC}\begin{pmatrix} 3 \\ -4 \end{pmatrix}$ donc :

$\overrightarrow{AB}\cdot\overrightarrow{AC} = 2\times 3 + 1{,}5\times(-4) = 0$

On en déduit que les vecteurs $\overrightarrow{AB}$ et $\overrightarrow{AC}$ sont orthogonaux et donc que le triangle ABC est rectangle en A.

E Trigonométrie

• Équations : ($k \in \mathbb{Z}$)

$$\cos x = \cos a \Leftrightarrow \begin{cases} x = a + 2k\pi \\ \text{ou} \\ x = -a + 2k\pi \end{cases}$$

$$\sin x = \sin a \Leftrightarrow \begin{cases} x = a + 2k\pi \\ \text{ou} \\ x = \pi - a + 2k\pi \end{cases}$$

Exemple

Résoudre dans $\mathbb{R}$ l'équation (E) : $2\sin 3x = \sqrt{3}$.

Solution

(E) $\Leftrightarrow \sin 3x = \dfrac{\sqrt{3}}{2} \Leftrightarrow \sin 3x = \sin\dfrac{\pi}{3}$

D'où

$3x = \dfrac{\pi}{3} + 2k\pi$ ou $3x = \pi - \dfrac{\pi}{3} + 2k\pi$

$\Leftrightarrow x = \dfrac{\pi}{9} + \dfrac{2k\pi}{3}$ ou $x = \dfrac{2\pi}{9} + \dfrac{2k\pi}{3}$

• Formules d'addition

À l'aide du produit scalaire, on établit que, quels que soient les réels a et b :

$$\boldsymbol{\cos(a+b) = \cos a\cos b - \sin a\sin b}$$
$$\boldsymbol{\sin(a+b) = \sin a\cos b + \sin b\cos a}$$

Exemple

En remarquant que $\dfrac{\pi}{4} + \dfrac{\pi}{6} = \dfrac{5\pi}{12}$ calculer les valeurs exactes de $\cos\dfrac{5\pi}{12}$ et $\sin\dfrac{\pi}{12}$.

Solution

$\cos\dfrac{5\pi}{12} = \cos\left(\dfrac{\pi}{4} + \dfrac{\pi}{6}\right)$

$= \cos\dfrac{\pi}{4}\cos\dfrac{\pi}{6} - \sin\dfrac{\pi}{4}\sin\dfrac{\pi}{6}$

$= \dfrac{\sqrt{2}}{2}\times\dfrac{\sqrt{3}}{2} - \dfrac{\sqrt{2}}{2}\times\dfrac{1}{2} = \dfrac{\sqrt{6}-\sqrt{2}}{4}$

De même, $\sin\dfrac{5\pi}{12} = \sin\left(\dfrac{\pi}{4} + \dfrac{\pi}{6}\right)$

$= \sin\dfrac{\pi}{4}\cos\dfrac{\pi}{6} + \sin\dfrac{\pi}{6}\cos\dfrac{\pi}{4}$

$= \dfrac{\sqrt{2}}{2}\times\dfrac{\sqrt{3}}{2} + \dfrac{1}{2}\times\dfrac{\sqrt{2}}{2} = \dfrac{\sqrt{6}+\sqrt{2}}{4}$

- **Formules de duplication**

Pour $a = b = x$, les formules précédentes deviennent :

$$\cos(2x) = \cos^2 x - \sin^2 x$$
$$\sin(2x) = 2\sin x \cos x$$

- **Linéarisation de $\cos^2 x$ et $\sin^2 x$**

De $\cos^2 x + \sin^2 x = 1$ et $\cos^2 x - \sin^2 x = \cos(2x)$
on déduit, par addition puis soustraction, que :

$$\cos^2 x = \frac{1+\cos(2x)}{2}$$
$$\sin^2 x = \frac{1-\cos(2x)}{2}$$

Exercices d'entraînement

Exercice 1 15 min

Corrigé p. 73

ABCD est un carré de côté *a*.

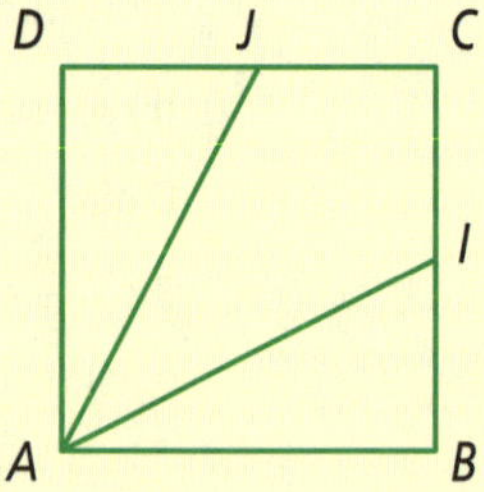

I et J sont les milieux de $[BC]$ et $[DC]$. On note θ une mesure de l'angle $\left(\overrightarrow{AI}\,;\overrightarrow{AJ}\right)$.

1. Calculer le produit scalaire $\overrightarrow{AI}\cdot\overrightarrow{AJ}$ de deux manières différentes, en déduire la valeur exacte de $\cos\theta$.
2. En déduire une valeur approchée de θ à 1° près.

Exercice 2 15 min

Corrigé p. 73

On donne la figure ci-contre avec les hypothèses :
$AB = 8$; $AC = 3$; $CD = 13$;
$BD = 15$ et $(\overrightarrow{AB}\,;\overrightarrow{AC}) = -\frac{\pi}{3}$
(*La figure n'est pas exacte*)

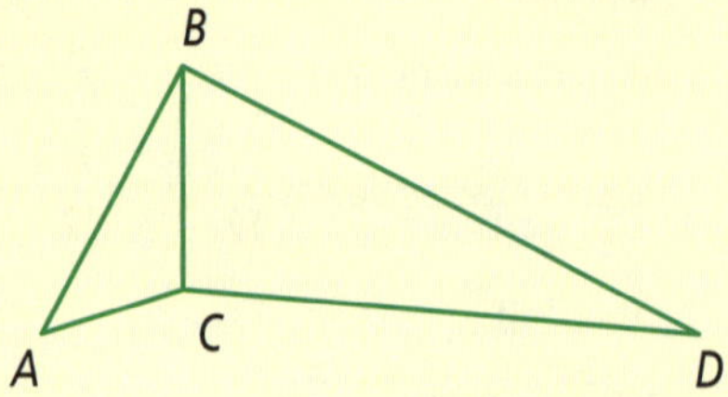

1. Calculer BC.
2. Calculer $(\overrightarrow{BC}\,;\overrightarrow{BD})$.

Dans les exercices 3 à 6, le plan est rapporté à un repère orthonormé $(O, \vec{i}, \vec{j})$.

Exercice 3 — 10 min

Corrigé p. 73

On considère les points $A(3;-1)$, $B(-3;3)$, $C(5;\alpha)$.
Déterminer α pour que le triangle ABC soit rectangle en A.

Exercice 4 — 15 min

Corrigé p. 73

On considère les points $A(6{,}5;1{,}5)$, $B(0;2)$ et $C(2;3)$.

1. Calculer les coordonnées du point H projeté orthogonal de A sur la droite (BC).
2. En déduire la distance du point A à la droite (BC).

Exercice 5 — 40 min

Corrigé p. 74

On considère les points :
$A(-2\,;2)$, $B(-1\,;5)$, $C(6\,;6)$, $D(7\,;-1)$

1. Faire une figure que l'on complètera tout au long de l'exercice.
2. Calculer les coordonnées du milieu U de $[BD]$.
3. Calculer les produits scalaires $\overrightarrow{AB}\cdot\overrightarrow{AD}$ et $\overrightarrow{CB}\cdot\overrightarrow{CD}$. En déduire que les points A, B, C, D sont sur un même cercle $\mathscr{C}$ dont on précisera le centre et le rayon.
4. Déterminer les équations des droites (AB), (BC) et (CA).
5. Soit T_1, T_2, T_3 les tangentes à $\mathscr{C}$ respectivement en A, B, C.
Déterminer les équations de ces trois tangentes.
6. T_1 coupe (BC) en I, T_2 coupe (CA) en J et T_3 coupe (AB) en K.
Déterminer les coordonnées de I, J, K puis démontrer une propriété remarquable de ces trois points.

Exercice 6 — 30 min

Corrigé p. 74

Résoudre les équations :

1. $\cos(2x) = \cos x - 1$
2. $\sin(2x) = \sqrt{3}\sin x$
3. $(\cos x + \sin x)^2 = \dfrac{3}{2}$

4 Dérivation et applications

1 Définition

Soit f une fonction définie sur l'intervalle I, $a \in I$ et h un réel. Si le taux de variation de f entre a et $(a + h)$ a une limite finie quand h tend vers 0, on dit que f est dérivable en a. Cette limite est alors appelée **nombre dérivé** de f en a et notée $f'(a)$. On a donc :

$$f'(a) = \lim_{h \to 0} \frac{f(a+h) - f(a)}{h}$$

$f'(a)$ est le taux de variation « instantané » de f en a.

2 Interprétations cinématique et graphique

- **Interprétation cinématique**

Si le point M se déplace sur un axe et que son abscisse x est donnée en fonction du temps t par $x = f(t)$, alors la **vitesse instantanée** de M à l'instant t_0 est $f'(t_0)$.

- **Interprétation graphique**

$f'(a)$ est le **coefficient directeur de la tangente** à C_f au point $A(a\,;f(a))$.

Cette tangente a pour équation : $\boldsymbol{y = f'(a)(x - a) + f(a)}$

3 Fonction dérivée

Si la fonction f est dérivable en tout point de l'intervalle I, on dit que f est dérivable sur I et on définit alors sa **fonction dérivée**, notée f', qui à tout réel x de I associe le nombre dérivé de f en x.

4 Opérations sur les dérivées

Soit u et v deux fonctions dérivables sur I et k un réel, alors :

1. Les fonctions $(u + v)$, ku et uv sont dérivables sur I et :

$$(u+v)' = u' + v'$$
$$(ku)' = ku'$$
$$(uv)' = u'v + uv'$$

2. Si v ne s'annule pas sur I, la fonction $\frac{u}{v}$ est dérivable sur I et :

$$\left(\frac{u}{v}\right)' = \frac{u'v - uv'}{v^2}$$

Exemple

La fonction f est définie par : $f(x) = \dfrac{2x^2 - 3}{x^2 + 1}$

Déterminer l'équation de la tangente à la courbe représentative de f au point A d'abscisse (-1).

Solution

$$f'(x) = \frac{4x(x^2+1) - 2x(2x^2-3)}{(x^2+1)^2}$$

$$f'(x) = \frac{10x}{(x^2+1)^2}$$

L'équation de la tangente en A est :

$y = f'(-1)(x+1) + f(-1)$ et,

$f(-1) = -\dfrac{1}{2}$; $f'(-1) = -\dfrac{5}{2}$

L'équation est donc :

$y = -\dfrac{5}{2}(x+1) - \dfrac{1}{2}$, soit : $y = -\dfrac{5}{2}x - 3$

5 Fonction composée

Soit u et f deux fonctions définies respectivement sur les intervalles I et J. On suppose que pour tout $x \in \mathrm{I}$ on a $u(x) \in \mathrm{J}$.
On peut alors composer les fonctions u et f, selon le schéma :

$$\mathrm{I} \xrightarrow{u} \mathrm{J} \xrightarrow{f} \mathbb{R}$$

$$x \mapsto u(x) \mapsto f(u(x))$$

Posons alors : $\boldsymbol{g(x) = f(u(x))}$
g est la **fonction composée** de u et f (enchaînement de u suivie de f).
Si u est dérivable sur I et si f est dérivable sur J, alors g est dérivable sur I et :

$$\boldsymbol{g'(x) = f'(u(x)) \times u'(x)}$$

De cette dernière formule, on déduit une série de formules qui sont mises en parallèle dans le tableau ci-après avec les dérivées des fonctions de référence :

Fonction de référence		Fonction composée	
$f(x)$	$f'(x)$	g	g'
x^2	$2x$	u^2	$2uu'$
x^n	nx^{n-1}	u^n	$nu^{n-1}u'$
$\dfrac{1}{x}$	$-\dfrac{1}{x^2}$	$\dfrac{1}{u}$	$-\dfrac{u'}{u^2}$
$\sin x$	$\cos x$	$\sin u$	$(\cos u)u'$
$\cos x$	$-\sin x$	$\cos u$	$(-\sin u)u'$

Remarque : la formule concernant les fonctions puissances est valable pour n entier positif, mais aussi négatif.

On retrouve en particulier les formules vues en 1re STI2D ($\omega, \phi \in \mathbb{R}$) :
Si $f(t) = \sin(\omega t + \phi)$ alors : $f'(t) = \omega \cos(\omega t + \phi)$.
Si $f(t) = \cos(\omega t + \varphi)$ alors : $f'(t) = -\omega \sin(\omega t + \varphi)$.

À retenir

On notera que la formule concernant une fonction composée se déduit de celle concernant la fonction de référence correspondante « en remplaçant x par u et en rajoutant : $\times u'$ ».

Exemple

Calculer les dérivées des fonctions définies par :

$f_1(x) = -2x^3 + 4 + \dfrac{5}{x^2}$

$f_2(x) = \dfrac{x^2}{1+2x^2}$

$f_3(x) = 2x^3 \cos x$

$f_4(x) = \cos\left(3x + \dfrac{\pi}{4}\right)$

$f_5(x) = \left(x^2 + 5x\right)^3$

Solution

À l'aide des formules vues précédemment, on obtient :

$f_1(x) = -2x^3 + 4 + 5x^{-2}$ donc

$f_1'(x) = -6x^2 - 10x^{-3} = -6x^2 - \dfrac{10}{x^3}$

$f_2'(x) = \dfrac{2x\left(1+2x^2\right) - x^2(4x)}{\left(1+2x^2\right)^2}$

donc $f_2'(x) = \dfrac{2x}{\left(1+2x^2\right)^2}$

$f_3'(x) = 6x^2 \cos x + 2x^3(-\sin x)$

donc $f_3'(x) = 2x^2(3\cos x - x\sin x)$

$f_4'(x) = -3\sin\left(3x + \dfrac{\pi}{4}\right)$

$f_5'(x) = 3\left(x^2 + 5x\right)^2(2x + 5)$

6 Sens de variation d'une fonction et extremum

Soit f une fonction dérivable sur l'intervalle I.

• Sens de la variation

• Si pour tout x de I on a $f'(x) > 0$ (respectivement $f'(x) < 0$) alors f est strictement croissante (respectivement décroissante) sur I.

• Si pour tout x de I on a $f'(x) = 0$ alors f est constante sur I.

Conséquence : étudier le sens de variation d'une fonction (dérivable) revient donc à étudier le signe de sa dérivée.

Exemple

Établir le tableau de variations de la fonction f définie sur $I = [-5 ; 4]$ par : $f(x) = \dfrac{12x+6}{x^2+2}$.

Solution

Le calcul de la dérivée donne :

$$f'(x) = \frac{12(-x^2 - x + 2)}{(x^2+2)^2}$$

La dérivée est donc du signe du trinôme $-x^2 - x + 2$ qui a pour discriminant $\Delta = 9$ et qui a donc deux racines : $x_1 = -2$; $x_2 = 1$.

D'où le tableau de variations :

x	-5		-2		1		4
$f'(x)$		$-$	0	$+$	0	$-$	
$f(x)$	-2	↘	-3	↗	6	↘	3

• Extremum

Le maximum et le minimum de f sur l'intervalle I se déduisent de son tableau de variations.
Ainsi, dans l'exemple précédent, il apparaît que le maximum de f est 6 et le minimum est -3.
On peut noter que si une fonction f, dérivable sur l'intervalle I, admet un extremum en un point distinct des extrémités de I, alors sa dérivée s'annule en ce point.
La réciproque est fausse.

7 Équations $f(x) = k$

L'exploitation du tableau de variations permet de déterminer le nombre de solutions et de les localiser.

Exemple

La fonction f est définie sur l'intervalle $I = [-3 ; 3]$ par : $f(x) = x^4 - 6x^2 + 8$.
Déterminer le nombre de solutions sur I des équations : $f(x) = 5$; $f(x) = -2$ et $f(x) = 10$.

Solution

$f'(x) = 4x^3 - 12x = 4x(x^2 - 3)$

D'où le tableau de variations :

x	-3		$-\sqrt{3}$		0		$\sqrt{3}$		3
$4x$		$-$		$-$	0	$+$		$+$	
x^2-3		$+$	0	$-$		$-$	0	$+$	
$f'(x)$		$-$	0	$+$	0	$-$	0	$+$	
$f(x)$	35	↘	-1	↗	8	↘	-1	↗	35

On constate alors que :
– l'équation $f(x) = 5$ a 4 solutions ;
– l'équation $f(x) = -2$ n'en a aucune ;
– l'équation $f(x) = 10$ en a 2.

Exercices d'entraînement

Exercice 1 — 20 min

Corrigé p. 75

Calculer les dérivées des fonctions définies par :

1. $f(x) = (2x^2 - x)^4$
2. $f(x)=\dfrac{5}{(4-x)^3}$
3. $f(x)=\dfrac{4x+3}{x^2}$
4. $f(x) = \cos^3 x$
5. $f(x)=\dfrac{\sin x}{\cos(2x)}$ (on montrera que $f'(x)=\dfrac{(1+2\sin^2 x)\cos x}{\cos^2(2x)}$)

Exercice 2 — 20 min

Corrigé p. 75

On donne la courbe représentative d'une fonction f qui passe par les points $A(2\,;-1)$, $B(3\,;0{,}5)$, $C(4\,;0)$, $D(6\,;-1)$ et $E(8\,;0{,}5)$. Les droites T_1, T_3 et T_4 sont respectivement les tangentes à C_f en A, C et D.

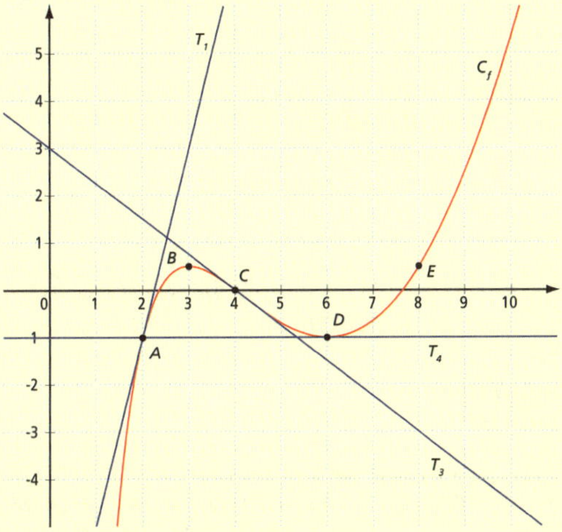

Dans le QCM qui suit, pour chaque question trois réponses sont proposées dont une seule est exacte. Trouver la bonne réponse.

1. Le nombre dérivé de f en 2 est :
   ❍ a. 0 ❍ b. 2 ❍ c. 4

COMPRENDRE 4 EN VIDÉO

2. Le nombre dérivé de f en 6 est :
   ❍ a. 0 ❍ b. 2 ❍ c. 4
3. Le nombre dérivé de f en 4 est :
   ❍ a. $-\dfrac{3}{4}$ ❍ b. $-\dfrac{4}{3}$ ❍ c. $\dfrac{4}{3}$
4. Le nombre dérivé de f en 5,4 est :
   ❍ a. positif ❍ b. négatif ❍ c. nul

COMPRENDRE 5 EN VIDÉO

5. L'équation de T_1 est …
   ❍ a. $y = 2x - 5$ ❍ b. $y = 4x - 9$ ❍ c. $y = -4x$
6. L'équation de T_4 est …
   ❍ a. $y = -x$ ❍ b. $y = -1$ ❍ c. $x = -1$
7. La tangente en B passe par E, donc …
   ❍ a. $f'(3) = 0$ ❍ b. $f'(8) = 0$ ❍ c. $f'(3) = 0{,}5$
8. La dérivée de f est définie par $f'(x)=x-7+\dfrac{36}{x^2}$, donc la tangente en E a pour coefficient directeur …
   ❍ a. 1,5 ❍ b. $\dfrac{25}{16}$ ❍ c. $\dfrac{37}{64}$

Exercice 3 — 10 min

Corrigé p. 75

Le graphique ci-contre donne la vue en coupe d'un bâtiment.

Le sommet (entre B et C) est un arc de la parabole $\mathcal{P}$ d'équation : $y=-\frac{1}{2}x^2+6x-10$.

Les côtés $[AB]$ et $[CD]$ sont des segments de droites.

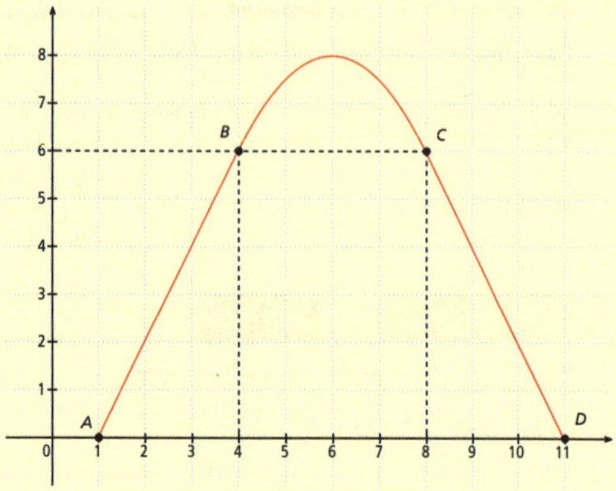

Montrer que (AB) et (CD) sont les tangentes à $\mathcal{P}$ en B et en C.

Exercice 4 — 15 min

Corrigé p. 75

Soit f la fonction définie sur l'intervalle $\mathrm{I}=\left[\frac{1}{2};5\right]$ par : $f(x)=x-2+\frac{a}{x}+\frac{b}{x^2}$.

1. Calculer sa dérivée (en fonction de a et b).
2. Déterminer les réels a et b pour que sa courbe représentative C_f passe par le point $A\left(2\,;\frac{3}{4}\right)$ et admette en ce point une tangente horizontale (parallèle à l'axe des abscisses).

Exercice 5 — 30 min

Corrigé p. 75

Partie A

Soit g la fonction définie sur l'intervalle $\mathrm{I}=[-7\,;7]$ par : $g(x)=x^4+3x^2-14x$

1. Vérifier que : $g(x)=x(x-2)(x^2+2x+7)$
2. En déduire les solutions de l'équation : $g(x)=0$

Partie B

Soit f la fonction définie sur l'intervalle I par : $f(x)=\frac{x^3-2x^2+5}{x^2+1}$.

1. Calculer sa dérivée et vérifier que : $f'(x)=\frac{g(x)}{(x^2+1)^2}$.
2. En déduire, à l'aide de la partie A, le tableau de variation de f sur I.
3. Tracer C_f dans un repère orthonormé d'unité 1 cm.
4. Soit A et B les points de C_f d'abscisses respectives -3 et 1. Justifier que la droite (AB) est la tangente en A à C_f.

Exercice 6 — 20 min

Corrigé p. 76

On souhaite démontrer que, quel que soit $x\in\mathbb{R}$, on a : $1-\frac{x^2}{2}\leq\cos x\leq 1$.

Pour cela, on considère les fonctions f et g définies sur $\mathbb{R}$ par $f(x)=\cos x-1+\frac{x^2}{2}$, $g(x)=x-\sin x$

1. Calculer la dérivée de g, en déduire son sens de variation.
2. Calculer $g(0)$, en déduire le signe de $g(x)$ sur $\mathbb{R}$.
3. Calculer la dérivée de f, en déduire à l'aide de la question 2. le tableau de variation de f.
4. Conclure.

Exercice 7 — 30 min

Corrigé p. 76

Soit f la fonction définie sur l'intervalle I = [− π ; π] par : $f(x)=1-\frac{1}{2}x-\cos x$.

1. Calculer les valeurs exactes puis arrondies à 10^{-2} de :

$f(-\pi)$, $f\left(-\frac{\pi}{2}\right)$, $f(0)$, $f\left(\frac{\pi}{6}\right)$, $f\left(\frac{\pi}{2}\right)$, $f\left(\frac{5\pi}{6}\right)$ et $f(\pi)$

Exemple : $f(-\pi)=2+\frac{\pi}{2}\approx 3{,}57$.

2. Calculer la dérivée de f puis résoudre (dans I) l'équation : $f'(x) = 0$
3. Établir le tableau de variations de f.
4. Déterminer l'équation de la tangente T à C_f au point A d'abscisse $\frac{\pi}{2}$.
5. Tracer C_f et T.

Exercice 8 — 40 min

Corrigé p. 76

Partie A

On considère le polynôme : $P(x)=x^3-15x^2+62x-72$.

1. Déterminer les réels a et b tels que, quel que soit le réel x, on ait :
$P(x)=(x-2)(x^2+ax+b)$
2. En déduire les solutions de l'équation : $P(x) = 0$.

Partie B

La fonction f est définie sur l'intervalle I = [1 ; 12]. Sa courbe représentative C_f est donnée ci-dessous ainsi que la tangente T au point A d'abscisse 2 et la droite D d'équation : $y = x + 2$.

1. Déduire du graphique l'équation de T.
2. Déterminer graphiquement les solutions :
– de l'équation : $f(x) = x + 2$;
– de l'inéquation : $f(x) \geq x + 2$.

Partie C

On donne maintenant :

$f(x)=x^2-14x+64-\frac{72}{x}$.

1. Calculer la dérivée de f puis vérifier que :
$f'(x)=\frac{2}{x^2}(x+2)(x^2-9x+18)$.
2. En déduire l'étude du signe de $f'(x)$ puis le tableau de variations de f.
3. Retrouver par le calcul l'équation de T.
4. On veut retrouver par le calcul les solutions de l'équation $f(x) = x + 2$. Pour cela, montrer que cette équation est équivalente à l'équation $P(x) = 0$ de la partie A et conclure alors.

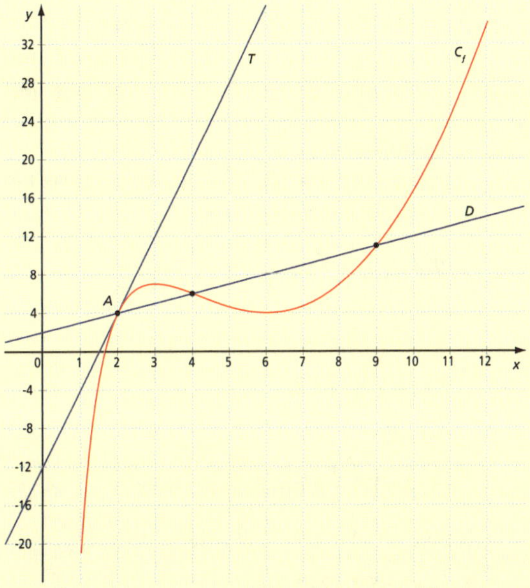

5 Primitives - Intégrale d'une fonction positive

1 Primitive d'une fonction

A Définition

Soit f une fonction définie sur l'intervalle I. On appelle **primitive** de f sur I toute fonction F dont la dérivée est égale à f sur I.

• **Exemple**

Les fonctions F et G définies par $F(x) = x^3 + 4$ et $G(x) = x^3 - 7$ sont des primitives sur $\mathbb{R}$ de la fonction f définie par $f(x) = 3x^2$ car $F'(x) = G'(x) = f(x)$.

B Propriétés

1. Toute fonction continue sur I admet des primitives sur I.
2. Deux primitives d'une même fonction ne diffèrent que d'une constante.

C Calcul des primitives

- En théorie, il suffit de faire une lecture inverse des formules de dérivées.
- En pratique, on peut utiliser le tableau suivant où $n \in \mathbb{Z}$, $n \neq -1$:

Fonction de référence		Fonction composée	
$f(x)$	$F(x)$	f	F
x^n	$\frac{1}{n+1}x^{n+1}$	$u'u^n$	$\frac{1}{n+1}u^{n+1}$
$\frac{1}{x^2}$	$-\frac{1}{x}$	$\frac{u'}{u^2}$	$-\frac{1}{u}$
$\cos x$	$\sin x$	$u'(\cos u)$	$\sin u$
$\sin x$	$-\cos x$	$u'(\sin u)$	$-\cos u$

D Opérations sur les primitives

Si U et V sont des primitives des fonctions u et v, alors ($k \in \mathbb{R}$) :

$U + V$ est une primitive de $u + v$

kU est une primitive de ku

Exemple

Déterminer des primitives des fonctions définies par :

$f(x) = 12x^3 - 6x^2 - 5$

$g(x) = 5x - \frac{2}{x^2} + \frac{4}{x^3}$

$h(x) = \frac{3x}{(x^2+1)^2}$

$l(x) = \sin(3x-2)$

Solution

$F(x) = 12\left(\frac{1}{4}x^4\right) - 6\left(\frac{1}{3}x^3\right) - 5x$

Donc $F(x) = 3x^4 - 2x^3 - 5x$

$g(x) = 5x - 2x^{-2} + 4x^{-3}$

$G(x) = 5\left(\frac{1}{2}x^2\right) - 2\left(\frac{1}{-1}x^{-1}\right) + 4\left(\frac{1}{-2}x^{-2}\right)$

Donc $G(x) = \frac{5}{2}x^2 + \frac{2}{x} - \frac{2}{x^2}$

$h(x) = \frac{3}{2}\left[\frac{2x}{(x^2+1)^2}\right]$

$H(x) = \frac{3}{2}\left(-\frac{1}{x^2+1}\right) = \frac{-3}{2(x^2+1)}$

$l(x) = \frac{1}{3}[3\sin(3x-2)]$

$L(x) = \frac{1}{3}[-\cos(3x-2)]$

Donc $L(x) = -\frac{1}{3}\cos(3x-2)$

2 Intégrale d'une fonction positive

A Unité d'aire

Dans le plan muni du repère orthogonal $(O,\vec{i},\vec{j})$, on appelle **unité d'aire** (notée *ua*) l'aire du rectangle ci-dessous :

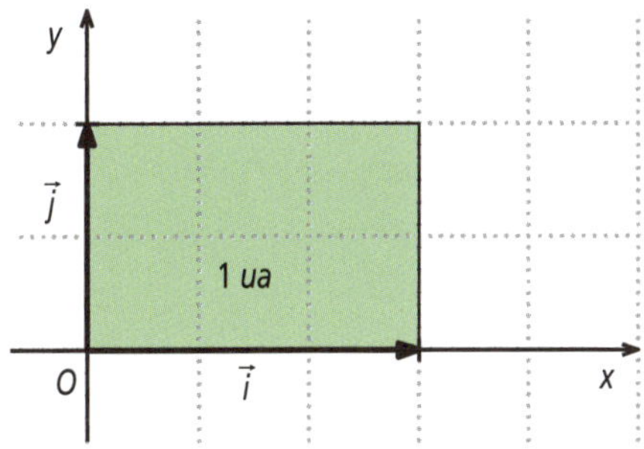

B Intégrale

Soit f une fonction continue et positive sur l'intervalle $[a ; b]$.

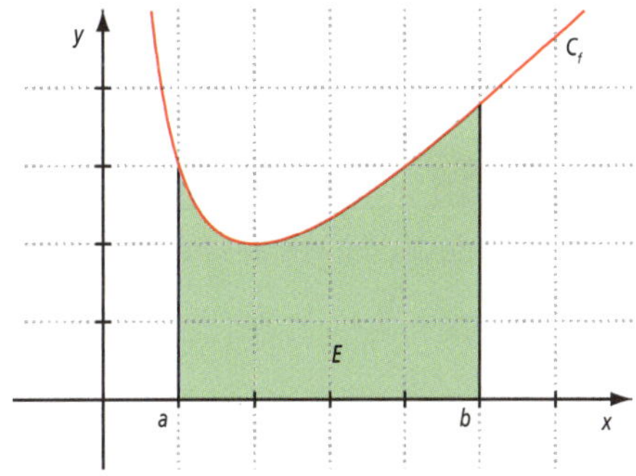

L'aire (en *ua*) du domaine E (en vert sur le graphique) est appelée **intégrale** de f sur l'intervalle $[a ; b]$.

On la note : $\int_a^b f(x)dx$

• **Remarque**

On peut définir E par :

1. E est la partie du plan limitée par C_f, l'axe des abscisses et les droites d'équations $x = a$ et $x = b$.

2. E est l'ensemble des points $M(x ; y)$ tels que : $\begin{cases} a \le x \le b \\ 0 \le y \le f(x) \end{cases}$

L'aire de E est dite « **aire sous la courbe de *f*** » entre a et b.

C Calcul d'une intégrale

Si F est une primitive de f sur $[a ; b]$, on démontre que :

$$\int_a^b f(x)\,dx = F(b) - F(a)$$

Exemple

Dans un repère orthogonal d'unités 2 cm en abscisse et 1 cm en ordonnée, on a représenté la fonction f définie sur $[0 ; +\infty[$ par :

$$f(x) = 2x - 3 + \frac{4}{x^2}$$

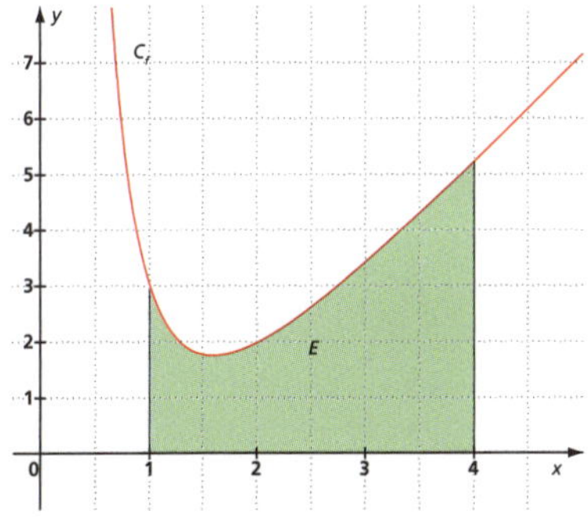

Calculer l'aire en cm² de la partie E du plan limitée par C_f, l'axe des abscisses et les droites d'équations $x = 1$ et $x = 4$.

Solution

f est continue et positive sur $[1 ; 4]$ donc l'aire de E (en *ua*) est égale à l'intégrale : $I = \int_1^4 f(x)dx$

$F(x) = x^2 - 3x - \frac{4}{x}$, donc :

$I = F(4) - F(1) = 3 - (-6) = 9$

L'aire de E est donc de 9 *ua*.

1 *ua* = 2 cm × 1 cm = 2 cm²

Donc : aire(E) = 18 cm².

Remarque : on peut vérifier ce résultat en comptant les carreaux contenus dans E.

Exercices d'entraînement

Exercice 1 15 min

Corrigé p. 77

Déterminer des primitives des fonctions polynômes définies ci-dessous :

1. $f(x)=6x^2-8x+3$
2. $f(x)=2x^3-5x^2+3x-2$
3. $f(x)=15x^4-8x^3-9x^2+10x$
4. $f(x)=(2x-3)^2$
5. $f(x)=x(x^2+4)^3$

Exercice 2 20 min

Corrigé p. 77

Déterminer des primitives des fonctions rationnelles définies ci-dessous :

1. $f(x)=-3x+\dfrac{6}{x^2}$
2. $f(x)=\dfrac{5}{(x+1)^2}$
3. $f(x)=\dfrac{1}{x^3}-\dfrac{3}{x^4}$
4. $f(x)=\dfrac{4x}{(x^2+3)^2}$
5. $f(x)=\dfrac{-5x^3+x^2+7}{x^2}$
6. $f(x)=\dfrac{4}{(2x+3)^3}$

Exercice 3 20 min

Corrigé p. 77

Déterminer des primitives des fonctions définies ci-dessous :

1. $f(x)=\cos(4x)$
2. $f(x)=\sin(5-2x)$
3. $f(x)=-3x\sin(1+3x^2)$
4. $f(x)=\cos x\sin^3 x$
5. $f(x)=\dfrac{\sin x}{\cos^2 x}$

Exercice 4 20 min

Corrigé p. 78

On a représenté ci-dessous la fonction f définie sur $]0\,;+\infty[$ par $f(x)=\dfrac{3}{2}x+\dfrac{8}{x^3}$.

1. Évaluer sur le graphique l'aire du domaine E (colorié en vert) en « carreaux ».
2. Calculer la valeur en *ua* de l'aire de E.
3. Si les unités sont de 2 cm en abscisse et de 1 cm en ordonnée, quelle est la valeur de cette aire en cm² ? Vérifier avec le 1.

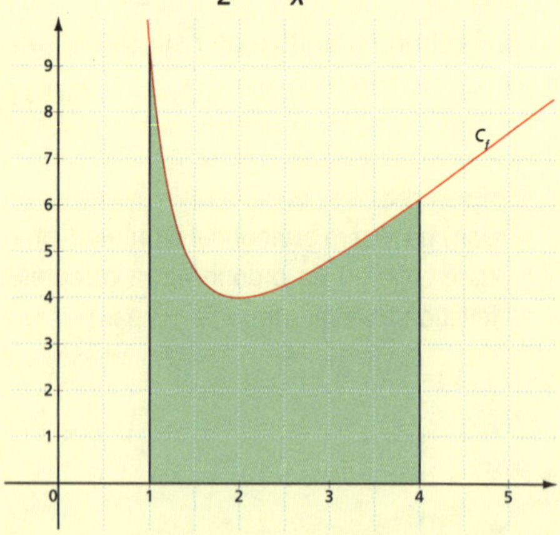

Exercice 5 20 min

Corrigé p. 78

1. Étudier et représenter graphiquement la fonction f définie sur $[-1\,;4]$ par : $f(x)=x^3-6x^2+9x$
2. Calculer l'aire (en *ua*) de la partie E du plan définie par : $E=\{M(x;y)/0\le x\le 3 \text{ et } 0\le y\le f(x)\}$

Exercice 6 — 20 min

Corrigé p. 78

Soit f et g les fonctions définies par $f(x)=-9x^2+18x$ et $g(x)=x^2-8+\dfrac{16}{x^2}$.

1. Calculer les intégrales : $I=\int_1^2 f(x)\mathrm{d}x$ et $J=\int_1^2 g(x)\mathrm{d}x$
2. Les courbes représentatives de f et de g sont données ci-dessous. Elles se coupent aux points de coordonnées (1 ; 9) et (2 ; 0).

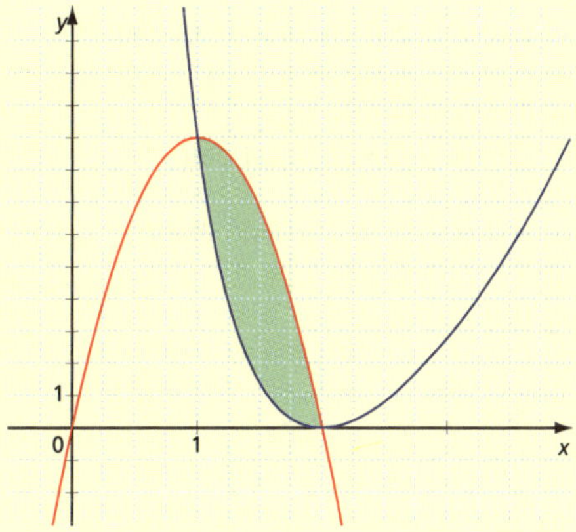

a. Quelle est la courbe de f ?

b. Que représentent les valeurs des intégrales I et J ?

c. En déduire l'aire (en *ua*) du domaine (« lunule ») colorié en vert sur le graphique.

Exercice 7 — 20 min

Corrigé p. 78

La fonction f est définie sur l'intervalle $I =]-1\ ;+\infty[$ par $f(x)=\dfrac{-2x^3-x^2+4x+2}{(x+1)^2}$

1. Montrer qu'il existe trois réels a, b, c tels que, pour tout $x \in I$, $f(x)=ax+b+\dfrac{c}{(x+1)^2}$
2. En déduire une primitive de f.

Exercice 8 — 20 min

Corrigé p. 78

1. Déterminer des primitives U et V des fonctions u et v définies par : $u(x) = \cos^2 x$ et $v(x) = \sin^2 x$ (On pensera à linéariser.)
2. Soit $f = u + v$.

Donner une primitive F de f puis commenter le résultat obtenu.

Exercice 9 — 20 min

Corrigé p. 79

Utiliser les formules de linéarisation de $\cos^2 x$ et $\sin^2 x$ pour déterminer des primitives des fonctions définies par :

1. $f(x) = 3\sin^2(2x)$
2. $g(x)=\dfrac{1}{2}\cos^2\left(\dfrac{\pi}{3}-x\right)$

6 Limite d'une fonction

1 Fonctions de référence

A Limites en l'infini

Soit n un entier naturel non nul,

$\lim\limits_{x\to+\infty} x^n = +\infty$

$\lim\limits_{x\to-\infty} x^n = +\infty$ si n est pair

$\lim\limits_{x\to-\infty} x^n = -\infty$ si n est impair

$\lim\limits_{x\to+\infty} \dfrac{1}{x} = 0$

$\lim\limits_{x\to+\infty} \dfrac{1}{x^n} = 0$

$\lim\limits_{x\to-\infty} \dfrac{1}{x^n} = 0$

$\lim\limits_{x\to+\infty} |x| = +\infty$ $\qquad$ $\lim\limits_{x\to-\infty} |x| = +\infty$

B Limites en un point

$\lim\limits_{\substack{x\to0\\x>0}} \dfrac{1}{x} = +\infty$

$\lim\limits_{\substack{x\to0\\x<0}} \dfrac{1}{x} = -\infty$

$\lim\limits_{x\to0} \dfrac{1}{x^2} = +\infty$

$\lim\limits_{\substack{x\to a\\x>a}} \dfrac{1}{x-a} = +\infty$

$\lim\limits_{\substack{x\to a\\x<a}} \dfrac{1}{x-a} = -\infty$

2 Asymptotes

Propriété

- Si $\lim\limits_{x\to a} f(x) = \pm\infty$ alors la droite d'équation $x = a$ est asymptote verticale à la courbe représentative de la fonction f.
- Si $\lim\limits_{x\to\pm\infty} f(x) = b$ alors la droite d'équation $y = b$ est asymptote horizontale à la courbe représentative de la fonction f.

Exemple

La courbe rouge ci-dessous représente une fonction f définie sur $]-\infty;1[\cup]1;+\infty[$. Déterminer graphiquement les limites de f aux bornes de son ensemble de définition et les asymptotes éventuelles.

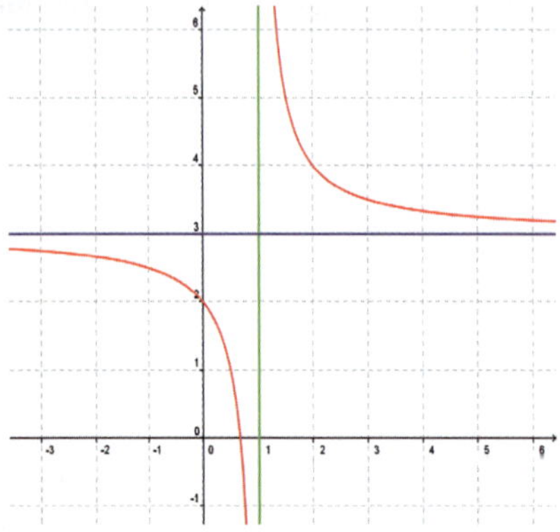

Solution

$\lim\limits_{x\to+\infty} f(x) = 3$ $\quad$ $\lim\limits_{x\to-\infty} f(x) = 3$

La droite d'équation $y = 3$ est asymptote horizontale à C_f en $-\infty$ et en $+\infty$.

$\lim\limits_{\substack{x\to1\\x<1}} f(x) = -\infty$ $\quad$ $\lim\limits_{\substack{x\to1\\x>1}} f(x) = +\infty$

La droite d'équation $x = 1$ est asymptote verticale à C_f.

3 Opérations sur les limites

A Somme de deux fonctions

f tend vers	g tend vers	$f+g$ tend vers
l	l'	$l+l'$
l	$+\infty$	$+\infty$
l	$-\infty$	$-\infty$
$+\infty$	$+\infty$	$+\infty$
$-\infty$	$-\infty$	$-\infty$
$+\infty$	$-\infty$	?

B Produit de deux fonctions

f tend vers	g tend vers	fg tend vers
l	l'	ll'
$l>0$	$+\infty$	$+\infty$
$l>0$	$-\infty$	$-\infty$
$l<0$	$+\infty$	$-\infty$
$l<0$	$-\infty$	$+\infty$
$+\infty$	$+\infty$	$+\infty$
$+\infty$	$-\infty$	$-\infty$
$-\infty$	$-\infty$	$+\infty$
0	∞	?

C Inverse

f tend vers	$\frac{1}{f}$ tend vers
l différent de 0	$\frac{1}{l}$
0 en restant positive	$+\infty$
0 en restant négative	$-\infty$
$+\infty$	0
$-\infty$	0

Le point d'interrogation correspond à des formes indéterminées, on transforme alors l'écriture de la fonction.

4 Fonctions de la forme $x \mapsto f(u(x))$

Propriété

α, β et λ désignent des nombres réels, ou $-\infty$ ou $+\infty$.

Si $\lim\limits_{x\to\alpha} u(x)=\beta$ et $\lim\limits_{X\to\beta} f(X)=\lambda$

alors, $\lim\limits_{x\to\alpha} f\big(u(x)\big)=\lambda$.

Exemple

Déterminer les limites suivantes :

1. $\lim\limits_{x \to +\infty} x^2 + 3x$

2. $\lim\limits_{x \to -\infty} x^2 - x$

3. $\lim\limits_{x \to +\infty} 2x^3 - 4x^2 + 8x - 10$

4. $\lim\limits_{\substack{x \to 1 \\ x > 1}} \dfrac{1}{x^2 + x - 2}$

Solution

1. $\left.\begin{array}{l} \lim\limits_{x \to +\infty} x^2 = +\infty \\ \lim\limits_{x \to +\infty} 3x = +\infty \end{array}\right\} \lim\limits_{x \to +\infty} x^2 + 3x = +\infty$

2. $\left.\begin{array}{l} \lim\limits_{x \to -\infty} x^2 = +\infty \\ \lim\limits_{x \to -\infty} -x = +\infty \end{array}\right\} \lim\limits_{x \to +\infty} x^2 + (-x) = +\infty$

3. $\lim\limits_{x \to +\infty} 2x^3 - 4x^2 + 8x - 10$

$$= \lim_{x \to +\infty} 2x^3\left(1 - \frac{4x^2}{2x^3} + \frac{8x}{2x^3} - \frac{10}{2x^3}\right)$$

$$= \lim_{x \to +\infty} 2x^3\left(1 - \frac{2}{x} + \frac{4}{x^2} - \frac{5}{x^3}\right)$$

$$= \lim_{x \to +\infty} 2x^3 = +\infty$$

4. À l'aide du tableau de signes de $x^2 + x - 2$:

x	$-\infty$		-2		1		$+\infty$
$x^2 + x - 2$		$+$	0	$-$	0	$+$	

$\lim\limits_{\substack{x \to 1 \\ x > 1}} x^2 + x - 2 = 0^+$

Alors, $\lim\limits_{\substack{x \to 1 \\ x > 1}} \dfrac{1}{x^2 + x - 2} = +\infty$

Exercices d'entraînement

Exercice 1 — 20 min

Corrigé p. 79

Déterminer la limite de f en $+\infty$, en utilisant les propriétés des opérations sur les limites.

1. $f(x) = 5x + 1$
2. $f(x) = -3x - 100$
3. $f(x) = x^2 + 5x - 10$
4. $f(x) = -x^2 - 5x - 2$
5. $f(x) = \dfrac{1}{3x}$
6. $f(x) = \dfrac{-3}{x^2 + 4x + 5}$
7. $f(x) = \dfrac{5}{-2x^2 - 4x - 9}$
8. $f(x) = \dfrac{1}{x} - 7x^2$

Exercice 2 — 15 min

Corrigé p. 79

Déterminer $\lim\limits_{\substack{x \to 2 \\ x > 2}} f(x)$, si :

1. $f(x) = \dfrac{-3}{(x-2)^2}$
2. $f(x) = \dfrac{1}{x^2 - x - 2}$

Exercice 3 — 10 min

Corrigé p. 79

Déterminer la limite de f en $+\infty$ puis en $-\infty$ en mettant en facteur le terme de plus haut degré.

1. $f(x) = -2x^3 + 4x^2 - 8$
2. $f(x) = 7x^4 + 14x^2 - 1$

Exercice 4 — 15 min

Corrigé p. 80

Connaissant les tableaux de variations des fonctions f et g, donner les domaines de définition et les limites aux bornes de ces domaines ainsi que les éventuelles asymptotes.

1.

x	$-\infty$		-2		$+\infty$
$f(x)$	1 ↘	$-\infty$	‖	$+\infty$ ↘	4

2.

x	$-\infty$	-7	2	5	$+\infty$
$g(x)$	-3 ↗	-2 ↘	-5 ↗	5 ↘	2

Exercice 5 — 15 min

Corrigé p. 80

On a représenté ci-après une fonction f définie sur I.
À l'aide du graphique indiquer une équation de chaque asymptote représentée en rouge et interpréter ces résultats en termes de limite.

1.

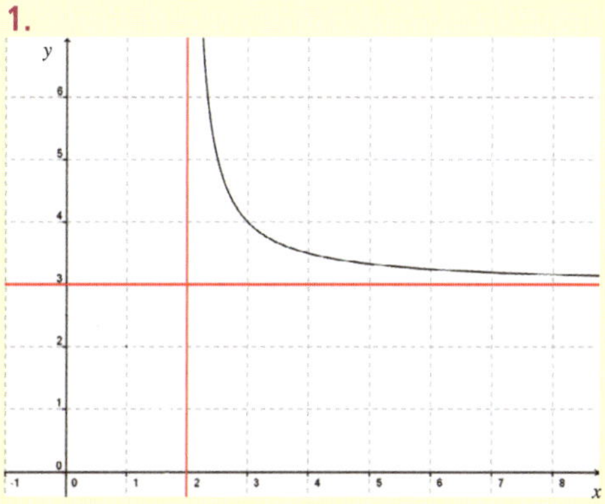

2.

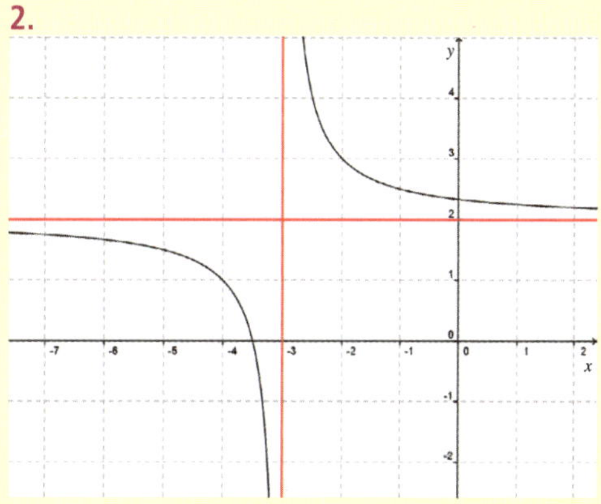

Exercice 6 — 15 min

Corrigé p. 80

Soit la fonction f définie sur $]0\,;+\infty[$ par $f(x)=\dfrac{3x+1}{x}$.

1. Vérifier que $f(x)=3+\dfrac{1}{x}$. En déduire la limite de f en $+\infty$.
2. En déduire que la courbe représentative de f admet une asymptote horizontale.
3. Donner la position de la courbe représentative de f par rapport à cette asymptote.
4. Déterminer la limite de f en 0.
5. Interpréter ce résultat graphiquement.

Exercice 7 — 20 min

Corrigé p. 80

Soit la fonction f définie sur $\mathbb{R}$ par $f(x)=\dfrac{5x^2+9}{x^2+1}$.

1. Déterminer un nombre réel a tel que : $f(x)=a+\dfrac{4}{x^2+1}$. En déduire la limite de f en $+\infty$.
2. Interpréter ce résultat graphiquement.
3. Donner la position de la courbe représentative de f par rapport à son asymptote.
4. Déterminer la limite de f en $-\infty$.
5. Interpréter ce résultat graphiquement.

7 Fonctions logarithmes

1 Définition générale

Les fonctions logarithmes sont les fonctions dérivables sur $]0\,;+\infty[$ vérifiant pour tous réels a, b strictement positifs :

$$f(ab) = f(a) + f(b).$$

Ce sont les fonctions dérivables transformant les produits en sommes.

2 Logarithme népérien

A Définition

La fonction logarithme népérien, notée ln, est la fonction logarithme ayant pour fonction dérivée $x \mapsto \dfrac{1}{x}$.

B Propriétés algébriques

$$\ln(1) = 0$$

Et, pour tous réels a, b strictement positifs, on a :

$$\ln(ab) = \ln(a) + \ln(b)$$

$$\ln\left(\frac{a}{b}\right) = \ln(a) - \ln(b)$$

$$\ln\left(\frac{1}{a}\right) = -\ln(a)$$

$$\ln(a^n) = n\ln(a) \quad (\text{avec } n \in \mathbb{Z})$$

$$\ln\sqrt{a} = \frac{1}{2}\ln(a)$$

C Le nombre e

On note e le nombre vérifiant :

$$\ln(\mathrm{e}) = 1$$

On a alors pour tout réel $x > 0$ et tout entier relatif n :

$$\ln(\mathrm{e}^n) = n$$

$$\ln(x) = n \Leftrightarrow x = \mathrm{e}^n$$

Exemple

1. Montrer que : $\ln(72) = 3\ln(2) + 2\ln(3)$

2. Simplifier : $A = \ln\left(\dfrac{1}{e^3}\right)$

Solution

1. $\ln(72) = \ln(8 \times 9) = \ln(2^3 \times 3^2)$
$= \ln(2^3) + \ln(3^2)$
$= 3\ln(2) + 2\ln(3)$

2. $A = -\ln(\mathrm{e}^3) = -3\ln(\mathrm{e}) = -3$

D Formules de dérivation

La fonction ln est dérivable sur $]0\,;+\infty[$ et pour tout $x \in\,]0\,;+\infty[$:

$$\ln'(x) = \frac{1}{x}$$

Si u est une fonction dérivable à valeurs strictement positives :

$$(\ln u)' = \frac{u'}{u}$$

Exemple

Si f est définie sur $\mathbb{R}$ par $f(x) = \ln(x^2 + 1)$, alors f est dérivable sur $\mathbb{R}$ et pour tout réel x :

$$f'(x) = \frac{2x}{x^2+1}.$$

E Représentation graphique

$\frac{1}{x} > 0$ sur $]0\,;+\infty[$; on en déduit que la fonction ln est strictement croissante sur $]0\,;+\infty[$.

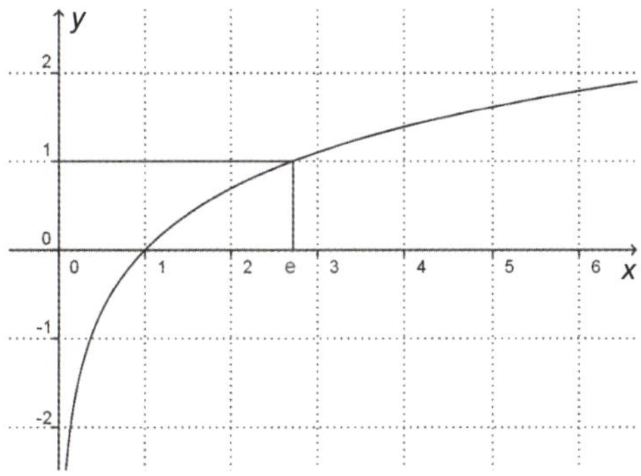

La fonction ln est strictement négative sur $]0\,;1[$ et strictement positive sur $]1\,;+\infty[$.

$$x \in \,]0\,;1[\iff \ln x < 0$$
$$x \in \,]1\,;+\infty[\iff \ln x > 0$$

Si x et y sont deux réels strictement positifs, on a :

$$\ln x = \ln y \iff x = y$$
$$\ln x < \ln y \iff x < y$$

Exemple

1. Déterminer le plus petit entier n tel que $50 \times 1{,}05^n > 1\,000$.

2. Résoudre l'équation :

$$\ln(x) + \ln(x-1) = 2$$

Solution

1. $50 \times 1{,}05^n > 1\,000 \iff 1{,}05^n > 20$

$\iff \ln(1{,}05^n) > \ln(20)$

$\iff n \ln 1{,}05 > \ln 20$

$\iff n > \frac{\ln 20}{\ln 1{,}05} = 61{,}4\ldots$

(on ne change pas le sens de l'inégalité car $\ln 1{,}05 > 0$).

Donc l'entier cherché est $n = 62$.

2. On recherche d'abord l'ensemble de définition de l'équation : $\ln(x)$ est défini pour $x > 0$ et $\ln(x-1)$ pour $x > 1$. Donc l'équation est définie sur $]1\,;+\infty[$.

$$\ln(x) + \ln(x-1) = 2$$

$\iff \ln[x(x-1)] = \ln(e^2)$

$\iff x(x-1) = e^2$

$\iff x^2 - x - e^2 = 0$

$\Delta = 1^2 - 4 \times (-e^2) = 1 + 4e^2$

L'équation a donc deux solutions :

$x_1 = \frac{1-\sqrt{\Delta}}{2}$ et $x_2 = \frac{1+\sqrt{\Delta}}{2}$.

Seul x_2 appartient à l'ensemble de définition donc $S = \left\{\frac{1+\sqrt{1+4e^2}}{2}\right\}$.

F Limites

$\lim\limits_{x \to 0} \ln(x) = -\infty$ $\qquad \lim\limits_{x \to +\infty} \ln(x) = +\infty$

Pour tout entier naturel non nul n, on a les limites suivantes par croissance comparée :

$$\lim_{x \to 0} x^n \ln(x) = 0 \quad \text{et} \quad \lim_{x \to +\infty} \frac{\ln(x)}{x^n} = 0$$

Exemple

Dresser le tableau de variations de la fonction f définie sur $]0\,;+\infty[$ par $f(x) = \dfrac{\ln(x)}{x}$.

Solution

$$f'(x)=\frac{\frac{1}{x}\times x-1\times\ln(x)}{x^2}$$

$$f'(x)=\frac{1-\ln(x)}{x^2}$$

Sens de variation :

$f'(x) > 0 \Leftrightarrow 1 - \ln(x) > 0$

$\Leftrightarrow 1 > \ln(x) \Leftrightarrow e > x \Leftrightarrow x < e$

f' est positive sur $]0\,;e[$ donc f est croissante sur $]0\,;e[$. De même, f est décroissante sur $]e\,;+\infty[$.

Limites :

$\lim\limits_{x\to 0}\ln(x)=-\infty$ et $\lim\limits_{x\to 0}x=0^+$

donc $\lim\limits_{x\to 0}\dfrac{\ln(x)}{x}=-\infty$.

La droite d'équation $x = 0$ est donc asymptote verticale à la courbe représentative de f.

$\lim\limits_{x\to+\infty}\dfrac{\ln(x)}{x}=0$ (par croissance comparée) donc la droite d'équation $y = 0$ est asymptote horizontale à la courbe représentative de f en $+\infty$.

Tableau de variations :

x	0		e		$+\infty$
$f'(x)$		$+$	0	$-$	
$f(x)$	$-\infty$	↗	$\frac{1}{e}$	↘	0

3 Logarithme de base *a*

A Définition

On définit sur $]0\,;+\infty[$, pour tout réel a strictement positif et différent de 1, la fonction logarithme de base a, notée $\log_a$, par : $\log_a(x) = \dfrac{\ln(x)}{\ln(a)}$.

Exemple

La fonction logarithme décimal, notée $\log_{10}$, ou plus simplement log, est définie par :

$$\log(x) = \frac{\ln(x)}{\ln(10)}$$

B Propriétés algébriques

Les fonctions logarithmes de base a vérifient les mêmes propriétés algébriques que la fonction ln. Par exemple, pour tous réels x, y strictement positifs :

$$\log_a(xy) = \log_a(x) + \log_a(y)\ldots$$

C Valeurs clefs

$$\log_a(1) = 0$$

$$\log_a(a) = \frac{\ln(a)}{\ln(a)} = 1$$

On a alors pour tout réel x et tout entier relatif n :

$$\log_a(a^n) = n$$

$$\log_a(x) = n \Leftrightarrow x = a^n$$

Exemples

$\log(10^6) = 6$

$\log(0{,}001) = -3$

D Dérivation

Pour dériver une fonction $\log_a$, on utilise la formule $\log_a(x) = \dfrac{\ln(x)}{\ln(a)}$.

Exemple

Le niveau d'intensité d'un son en décibel (dB) est défini par :

$L = 10 \log \dfrac{I}{I_0}$ où I est l'intensité du son étudié et I_0 l'intensité d'un son de référence $I_0 = 10^{-12}$ W/m².

1. Une intensité sonore de $I = 10^{-6}$ W/m² correspond à quel niveau en dB ?

2. Quelle intensité sonore correspond à un niveau de 120 dB ?

Solution

1. $L = 10 \log \dfrac{I}{I_0} = 10 \log \dfrac{10^{-6}}{10^{-12}} = 10 \log 10^6 = 60$

Le niveau d'intensité sonore L correspondant est de 60 dB.

2. On résout l'équation :

$10 \log \dfrac{I}{I_0} = 120 \Leftrightarrow \log \dfrac{I}{10^{-12}} = 12$

$\Leftrightarrow \dfrac{I}{10^{-12}} = 10^{12} \Leftrightarrow I = 10^{12} \times 10^{-12}$

$\Leftrightarrow I = 10^0 = 1$

L'intensité sonore correspondante est de 1 W/m².

Exercices d'entraînement

Exercice 1 — 15 min

Corrigé p. 81

L'exercice suivant est un QCM. Déterminer pour chaque question la seule bonne réponse.

1. $\ln\left(1-\sqrt{2}\right) = \ldots$ — ❍ a. $-\dfrac{1}{2}\ln 2$ — ❍ b. 0 — ❍ c. n'existe pas
2. $\ln 4 + \ln 0{,}25 = \ldots$ — ❍ a. $\ln 4{,}25$ — ❍ b. 1 — ❍ c. 0
3. Si $\ln x = -3$ alors $x = \ldots$ — ❍ a. $-e^3$ — ❍ b. n'existe pas — ❍ c. $\dfrac{1}{e^3}$
4. Si $\ln(x-1) = 1$ alors $x = \ldots$ — ❍ a. 2 — ❍ b. $e + 1$ — ❍ c. 1
5. Si $0 < a < 1$ alors … — ❍ a. $\ln a > 0$ — ❍ b. $\ln a < 0$ — ❍ c. $\ln a < 1$
6. La dérivée de la fonction f définie sur $]0\,;+\infty[$ par $f(x) = 4x - 1 + 2\ln x$ est définie par $f'(x) = \ldots$

   ❍ a. $3+\dfrac{2}{x}$ — ❍ b. $\dfrac{4x+2}{x}$ — ❍ c. $\dfrac{4x-1}{x}$

Exercice 2 — 30 min

Corrigé p. 81

Partie A – On considère la fonction f définie sur l'intervalle [0 ; 15] par $f(x) = 2\ln(x+1) + 1$.
On désigne par f' la fonction dérivée de f sur l'intervalle [0 ; 15].

1. Calculer $f'(x)$ et étudier son signe sur l'intervalle [0 ; 15].
2. Établir le tableau de variations de f sur l'intervalle [0 ; 15].
3. Donner le tableau de valeurs de f pour x allant de 0 à 15 avec un pas de 1 (arrondir au dixième).
4. Tracer la courbe C représentative de la fonction f dans un repère orthonormal.
Soit D la droite d'équation $y = 0{,}8x$. Tracer la droite D dans le repère précédent.

Partie B – Une entreprise fabrique des pièces pour avions. On note x le nombre de pièces fabriquées par mois ($0 \le x \le 15$). Chaque mois, les coûts de production, exprimés en milliers d'euros, sont donnés par : $f(x) = 2\ln(x+1) + 1$. Le prix de vente d'une pièce est 0,8 millier d'euros.

1. Si l'entreprise vend x pièces, déterminer la recette exprimée en milliers d'euros.
2. Vérifier que le bénéfice mensuel est : $B(x) = 0{,}8x - 1 - 2\ln(x + 1)$.
3. Calculer une valeur approchée de B(3) et B(14), puis préciser pour chacun de ces cas si l'entreprise est bénéficiaire.
4. En justifiant graphiquement la réponse, donner le nombre minimal de pièces qu'il faut fabriquer et vendre pour que l'entreprise soit bénéficiaire.

COMPRENDRE 6 EN VIDÉO

Exercice 3 — 30 min

Corrigé p. 81

Soit f la fonction définie sur $\mathbb{R}_+^*$ par $f(x) = \dfrac{\ln(x)}{x^2}$.

1. Étudier les variations de f.
2. Déterminer les limites en f en 0 et en $+\infty$. Interpréter les résultats en termes d'asymptotes.
3. Dresser le tableau de variations de f.
4. Écrire une équation de la droite (T) tangente à la courbe représentative C_f de f au point d'intersection de C_f avec l'axe des abscisses.
5. Tracer C_f et (T).
6. Vérifier que la fonction F définie par $F(x) = \dfrac{-\ln(x)-1}{x}$ est une primitive de f sur $\mathbb{R}_+^*$.
7. Calculer l'aire du domaine situé entre l'axe des abscisses, la courbe C_f et les droites d'équations $x = 1$ et $x = 6$.

Exercice 4 — 30 min

Corrigé p. 82

Soit f la fonction définie sur $]-1\,;+\infty[$ par $f(x) = \dfrac{2+\ln(1+x)}{1+x}$.

1. On admet que $\lim\limits_{x\to -1} f(x) = -\infty$ et que $\lim\limits_{x\to +\infty} f(x) = 0$.
Que peut-on en déduire pour la courbe représentative de f ?
2. Calculer $f'(x)$ sur $]-1\,;+\infty[$.
3. Résoudre dans $]-1\,;+\infty[$ l'inéquation : $-1 - \ln(1 + x) > 0$.
En déduire le signe de $f'(x)$ lorsque x varie dans $]-1\,;+\infty[$.
4. Établir le tableau de variations de f.
5. Montrer qu'une primitive de f sur $]-1\,;+\infty[$ est définie par :
$F(x) = 2\ln(1 + x) + \dfrac{1}{2}[\ln(1 + x)]^2$.
6. On note $I = \int_0^2 f(x)\,\mathrm{d}x$. Démontrer que $I = \dfrac{1}{2}(\ln 3)^2 + 2\ln 3$.
Donner la valeur approchée arrondie à 10^{-2} de I.
7. Donner une interprétation graphique du résultat obtenu au 6.

Exercice 5 — 10 min

Corrigé p. 82

Dans les solutions acides bases en chimie, le pH est défini à partir de la concentration molaire en ions H_3O^+ de la solution en mol/L par la relation suivante : $pH = -\log[H_3O^+]$

1. Pour un acide, on a $1 < pH < 7$. En déduire un encadrement de $[H_3O^+]$ pour un acide.
2. Une solution acide contient $5{,}25 \times 10^{-2}$ mol/L d'ions H_3O^+. Calculer son pH.
3. Quelle est la concentration en ions H_3O^+ d'une solution neutre dont le pH est égale à 7 ?
4. Comment varie le pH si on multiplie la concentration par 10 ?

8 Fonctions exponentielles et puissances

1 Fonction $x \mapsto \exp(x)$

A Définition et notation

- Pour tout réel a, on note $\exp(a)$ l'unique solution de l'équation $\ln(x) = a$.
La fonction exponentielle est la fonction définie de $\mathbb{R}$ dans $]0 ; +\infty[$ par $x \mapsto \exp(x)$.

- Pour tout $n \in \mathbb{Z}$, $\ln(e^n) = n$ donc $\exp(n) = e^n$.
On étend cette notation à tous les réels x en notant $\exp(x) = e^x$.

B Lien avec la fonction ln

Pour tout réel x : $\mathbf{\ln(e^x) = x}$
Pour tout réel strictement positif x : $\mathbf{e^{\ln(x)} = x}$
Si x et a sont deux réels, avec x strictement positif, alors : $\mathbf{\ln(x) = a \Leftrightarrow x = e^a}$

C Propriétés algébriques

$e^0 = 1 \qquad e^1 = e$

Pour tous réels a, b, on a :

$$e^{a+b} = e^a \times e^b$$

$$e^{a-b} = \frac{e^a}{e^b}$$

$$e^{-a} = \frac{1}{e^a}$$

$$e^{na} = (e^a)^n \qquad (\text{avec } n \in \mathbb{Z})$$

Exemple

Simplifier $\dfrac{e^x + e^{-x}}{1 - e^{-x}}$.

Solution

$$\frac{e^x + e^{-x}}{1 - e^{-x}} = \frac{e^{-x}\left(e^{2x} - 1\right)}{e^{-x}\left(e^x - 1\right)}$$

$$= \frac{\left(e^x\right)^2 - 1}{e^x - 1}$$

$$= \frac{\left(e^x - 1\right)\left(e^x + 1\right)}{e^x - 1}$$

$$\frac{e^x + e^{-x}}{1 - e^{-x}} = e^x + 1$$

D Formules de dérivation

- La fonction exponentielle est dérivable sur $\mathbb{R}$ et pour tout réel x :

$$\exp'(x) = e^x$$

- Si u est une fonction dérivable, alors e^u est dérivable et

$$(e^u)' = u'e^u$$

Exemple

Si f est définie sur $\mathbb{R}$ par $f(x) = e^{3x+4}$, alors f est dérivable sur $\mathbb{R}$ et pour tout réel x :

$$f'(x) = 3e^{3x+4}$$

E Représentation graphique et limites

• Représentation graphique

La fonction exponentielle est strictement croissante sur $\mathbb{R}$ et à valeurs strictement positives.

Si x et y sont deux réels, on a :

$$e^x = e^y \Leftrightarrow x = y$$
$$e^x < e^y \Leftrightarrow x < y$$

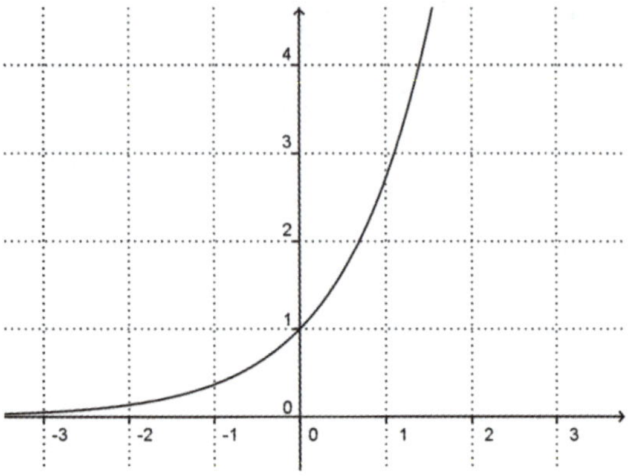

• Limites

$\lim\limits_{x \to -\infty} e^x = 0$ $\qquad$ $\lim\limits_{x \to +\infty} e^x = +\infty$

Pour tout entier naturel non nul n, on a les limites suivantes par croissance comparée :

$$\lim_{x \to -\infty} x^n e^x = 0$$

$$\lim_{x \to +\infty} \frac{e^x}{x^n} = +\infty$$

Exemple

Dresser le tableau de variations de la fonction f définie sur $\mathbb{R}$ par $f(x) = 2 + e^{-4x+5}$

Solution

f est dérivable comme somme de fonctions dérivables et pour tout réel x, on a : $f'(x) = -4e^{-4x+5}$

Sens de variation :

La fonction exponentielle étant positive et -4 étant négatif, f' est toujours négative. f est donc décroissante sur $\mathbb{R}$.

Limites :

En $-\infty$, $\lim\limits_{x \to -\infty} -4x+5 = +\infty$ donc

$\lim\limits_{x \to -\infty} e^{-4x+5} = \lim\limits_{X \to +\infty} e^X = +\infty$, d'où

$\lim\limits_{x \to -\infty} f(x) = +\infty$

En $+\infty$, $\lim\limits_{x \to +\infty} -4x+5 = -\infty$ donc

$\lim\limits_{x \to +\infty} e^{-4x+5} = \lim\limits_{X \to -\infty} e^X = 0$, d'où

$\lim\limits_{x \to +\infty} f(x) = 2$

La droite d'équation $y = 2$ est donc asymptote horizontale à la courbe représentative de f en $+\infty$.

Tableau de variations :

x	$-\infty$	$+\infty$
$f'(x)$	$-$	
$f(x)$	$+\infty$ ↘	2

2 Fonctions $x \mapsto a^x$: définition

Pour tout réel a strictement positif, on définit sur $\mathbb{R}$ la fonction exponentielle de base a, notée $x \mapsto a^x$, par $\boldsymbol{a^x = e^{x\ln(a)}}$

Exemple
Étudier le sens de variation de la fonction f définie sur $\mathbb{R}$ par : $f(x) = 3\times2^x$

Solution
Pour tout réel x, on a : $f(x) = 3e^{x\ln(2)}$

f est dérivable et pour tout $x \in \mathbb{R}$:

$$f'(x) = 3\ln(2)\,e^{x\ln(2)}$$

Comme $2 > 1$, $\ln(2)$ est positif donc f' aussi et donc f est croissante sur $\mathbb{R}$.

3 Fonctions $x \mapsto x^\alpha$: définition

Pour tout réel α, on définit sur $]0\,;+\infty[$ la fonction puissance $x \mapsto x^\alpha$ par $\boldsymbol{x^\alpha = e^{\alpha\ln(x)}}$

Exemple
Étudier le sens de variations et les limites de la fonction f définie sur $]0\,;+\infty[$ par : $f(x) = x^{-0,5}$.

Solution
Pour tout $x \in\,]0\,;+\infty[$, on a : $f(x) = e^{-0,5\ln(x)}$

• f est dérivable et pour tout $x \in\,]0\,;+\infty[$:

$$f'(x) = \frac{-0,5}{x}e^{-0,5\ln(x)}$$

Puisque l'exponentielle est toujours positive, f' est du signe de $\dfrac{-0,5}{x}$ donc négative sur $]0\,;+\infty[$.

f est donc décroissante sur $]0\,;+\infty[$.

• $\lim\limits_{x\to0}\ln(x) = -\infty$ donc

$\lim\limits_{x\to0} -0,5\ln(x) = +\infty$ et donc

$\lim\limits_{x\to0} e^{-0,5\ln(x)} = \lim\limits_{X\to+\infty} e^X = +\infty$

• $\lim\limits_{x\to+\infty}\ln(x) = +\infty$ donc

$\lim\limits_{x\to+\infty} -0,5\ln(x) = -\infty$ et donc

$\lim\limits_{x\to+\infty} e^{-0,5\ln(x)} = \lim\limits_{X\to-\infty} e^X = 0$

Exercices d'entraînement

Exercice 1 **20 min** *Corrigé p. 82*

L'exercice suivant est un QCM. Déterminer pour chaque question la seule bonne réponse.

1. $\dfrac{e^{3,5}\times e^4}{e^{5,5}} = \ldots$

❍ **a.** $e^{8,5}$ ❍ **b.** e^2 ❍ **c.** e^{-2}

2. $\left(\dfrac{e^{0,8}}{e^{0,4}\times e^{-2,6}}\right)^{-\frac{1}{3}} = \ldots$

❍ **a.** e^{-1} ❍ **b.** e^2 ❍ **c.** e

3. $9e^{1-2\ln3} = \ldots$

❍ **a.** 3 ❍ **b.** e ❍ **c.** 2,7

4. L'équation $e^{2x} = 25$ a pour solution $x = \ldots$

❍ **a.** 12,5 ❍ **b.** ln 12,5 ❍ **c.** ln 5

5. La dérivée de la fonction f définie sur R par $f(x) = \ln(3 + e^x)$ est définie par $f'(x) = \dots$

❍ a. $\dfrac{e^x}{3+e^x}$ ❍ b. $\dfrac{1}{3+e^x}$ ❍ c. $\dfrac{1}{e^x}$

6. La dérivée de la fonction f définie sur $\mathbb{R}$ par $f(x) = e^{2\ln x+1}$ est définie par $f'(x) = \dots$

❍ a. $2ex$ ❍ b. $e^{2\ln x+1}$ ❍ c. $\dfrac{1}{x}$

7. La dérivée de la fonction f définie sur $\mathbb{R}$ par $f(x) = 10^x$ est définie par $f'(x) = \dots$

❍ a. $x \times 10^{x-1}$ ❍ b. $\ln(10) \times 10^x$ ❍ c. 10^{x-1}

Exercice 2 — 20 min

Corrigé p. 83

Soit la fonction f définie sur l'intervalle [0 ; 3] par $f(t) = (1 + 2t)e^{-2t}$

On désigne par f' la fonction dérivée de la fonction f.

1. Calculer $f'(t)$.
2. En déduire le signe de $f'(t)$ pour t appartenant à l'intervalle [0 ; 3] et donner le tableau de variations de la fonction f sur l'intervalle [0 ; 3].
3. On admet que l'état de charge de la batterie d'un téléphone portable au bout de t heures de communication est égal à $(f(t) \times 100)$ %.

Ainsi, $f(t) = 1$ signifie que le portable est chargé à 100 %,

$f(t) = 0,5$ signifie que le portable est chargé à 50 %…

La communication se coupe lorsque la charge de la batterie devient inférieure à 5 %, soit lorsque $f(t) < 0,05$.

Déterminer, à l'aide de votre calculatrice, au bout de combien d'heures la communication va se couper.

Exercice 3 — 30 min

Corrigé p. 83

On considère la fonction f définie sur $[6 ; +\infty[$ par $f(x) = 300(x-6)e^{-\frac{1}{4}x}$.

1. Déterminer la limite de f en $+\infty$. La courbe représentative de f admet-elle une asymptote ?
2. Montrer que : $f'(x) = 75(10 - x)e^{-\frac{1}{4}x}$.
3. Étudier les variations de la fonction f sur l'intervalle $[6 ; +\infty[$ et donner son tableau de variations.
4. Tracer la courbe représentative de f dans un repère orthogonal (unités graphiques : 0,5 cm sur l'axe des abscisses ; 1 mm sur l'axe des ordonnées).
5. Soit la fonction F définie sur $[6 ; +\infty[$ par $F(x) = -1200(x-2)e^{-\frac{1}{4}x}$.

Vérifier que F est une primitive de f.

6. Calculer, au mm^2 près, l'aire du domaine délimité par la courbe représentative de f, l'axe des abscisses et les droites d'équation $x = 6$ et $x = 30$.

Exercice 4 — 20 min

Corrigé p. 84

Soit f la fonction définie sur $\mathbb{R}$ par $f(x) = 2x - 1 + 2e^{-2x}$.

1. Déterminer la limite de f en $+\infty$.

En remarquant que $f(x) = e^{-x}[2xe^x - e^x + 2e^{-x}]$, déterminer la limite de f en $-\infty$.

2. Calculer $f'(x)$, étudier son signe, et dresser le tableau de variations de la fonction f.

Exercice 5 30 min

Corrigé p. 84

On considère la fonction f définie sur $\mathbb{R}$ par $f(x) = 5 - (ax + b)e^{-4x}$
a et b étant deux réels à déterminer.

1. Déterminer a et b sachant que $f(0) = 3$ et $f'(0) = 5$.
Dans la suite, nous prendrons $f(x) = 5 - (3x + 2)e^{-4x}$.
2. Déterminer les limites de f en $-\infty$ et $+\infty$. La courbe représentative de f admet-elle des asymptotes ?
3. Calculer $f'(x)$, étudier son signe, puis dresser le tableau de variations de f.
4. Résoudre l'inéquation $f(x) < 5$. Interpréter graphiquement le résultat.
5. Déterminer l'équation de la tangente à la courbe représentative de f au point d'abscisse 0.
6. Représenter graphiquement la fonction f dans un repère orthonormé d'unités 1 cm.

Exercice 6 20 min

Corrigé p. 85

Un mobile se déplace sur un axe à une vitesse v (en m/s), en fonction du temps t (en s). On admet que la fonction v est définie sur $[0\,;+\infty[$ par $v(t) = 100\,e^{\frac{-t}{3}} + 10$.

1. Étudier les variations de v.
2. Quelle est la limite de v en $+\infty$? Le mobile va-t-il s'arrêter ?
3. Déterminer, au dixième de seconde près, l'instant t où la vitesse du mobile deviendra inférieure à 20 m/s.
4. La distance parcourue par le mobile entre deux instants t_1 et t_2 est $\int_{t_1}^{t_2} v(t)\mathrm{d}t$.
Calculer à 0,1 mètre près la distance parcourue par le mobile entre les instants $t_1 = 0$ et $t_2 = 20$.

Exercice 7 20 min

Corrigé p. 85

Partie A

On considère la fonction définie sur $\mathbb{R}_+$ par $g(t) = \dfrac{t}{t+1} - \ln(1 + t)$.

1. Déterminer la fonction dérivée g' de g et en donner son signe sur R_+.
2. En déduire les variations de la fonction g puis son signe.

Partie B

On considère la fonction f définie sur $\mathbb{R}$ par $f(x) = e^{-x}\ln(1 + e^x)$.

1. Démontrer que pour tout réel x, $f'(x) = e^{-x}g(e^x)$.
2. Étudier alors les variations de la fonction f.

Exercice 8 20 min

Corrigé p. 85

Soit a un réel strictement positif. On considère la fonction f définie sur $\mathbb{R}$ par $f(x) = a^x$.

1. Déterminer le sens de variations de la fonction f.
2. Déterminer les limites de la fonction f en $-\infty$ et $+\infty$, puis dresser son tableau de variations dans les deux cas suivants : • $a > 1$ • $a < 1$

9 Les équations différentielles

1 Vocabulaire

Résoudre dans un intervalle I l'équation différentielle $y' + ay = 0$ ($a \neq 0$), d'inconnue la fonction y, c'est trouver toutes les fonctions f dérivables sur I, telles que pour tout réel x de I : $f'(x) + af(x) = 0$. Une telle fonction est dite solution sur I de l'équation différentielle $y' + ay = 0$.

2 Résolution de $y' + ay = 0$ $(a \neq 0)$

A Solution générale

Les solutions dans $\mathbb{R}$ de l'équation différentielle $\boldsymbol{y' + ay = 0}$ ($a \neq 0$) sont les fonctions f définies par $\boldsymbol{f(x) = ke^{-ax}}$ où k est un réel quelconque.

Exemple

Résoudre les équations différentielles :

1. $y' + 2y = 0$

2. $y' = 3y$

Solution

1. Les solutions dans $\mathbb{R}$ de l'équation différentielle sont les fonctions f définies par :

$f(x) = ke^{-2x}$ où k est un réel.

2. On écrit l'équation sous la forme $y' + ay = 0$ soit $y' - 3y = 0$.

Les solutions dans $\mathbb{R}$ de cette équation différentielle sont les fonctions f définies par :

$f(x) = ke^{3x}$ où k est un réel.

B Solution satisfaisant à une condition initiale donnée

Soit x_0 et y_0 deux réels, il existe une fonction **unique** f solution de l'équation différentielle $y' + ay = 0$ **et** vérifiant $f(x_0) = y_0$.
Cette dernière condition est appelée **condition initiale**.

Exemple

Trouver la solution f de l'équation différentielle $y' + 4y = 0$, telle que $f(1) = 2$.

Solution

Les solutions dans $\mathbb{R}$ de l'équation différentielle sont les fonctions f définies par : $f(x) = ke^{-4x}$ où k est un réel.

Alors $f(1) = 2$ si et seulement si $ke^{-4} = 2$ c'est-à-dire $k = \dfrac{2}{e^{-4}} = 2e^4$.

La solution cherchée est la fonction f telle que $f(x) = 2e^4 \times e^{-4x}$ soit $f(x) = 2e^{-4x+4}$.

3 Résolution de $y' + ay = b$ $(a \neq 0)$

A Solution générale

Les solutions dans $\mathbb{R}$ de l'équation différentielle $\boldsymbol{y' + ay = b}$ ($a \neq 0$) sont les fonctions f définies par :

$\boldsymbol{f(x) = ke^{-ax} + \dfrac{b}{a}}$ où k est un réel quelconque.

Exemple

Résoudre les équations différentielles :

1. $y' + 5y = 2$ **2.** $y' = y + 2$

Solution

1. Les solutions dans $\mathbb{R}$ de l'équation différentielle sont les fonctions f définies par :

$f(x) = ke^{-5x} + \frac{2}{5}$ où k est un réel.

2. On écrit l'équation sous la forme $y' + ay = b$ soit $y' - y = 2$.

Les solutions dans $\mathbb{R}$ de cette équation différentielle sont les fonctions f définies par :

$f(x) = ke^{x} - 2$ où k est un réel.

B Solution satisfaisant à une condition initiale donnée

Soit x_0 et y_0 deux réels, il existe une fonction **unique** f solution de l'équation différentielle $y' + ay = b$ **et** vérifiant $f(x_0) = y_0$.

Cette dernière condition est appelée **condition initiale**.

Exemple

Trouver la solution f de l'équation différentielle $y' - 2y = 3$, telle que $f(0) = 2$.

Solution

Les solutions dans $\mathbb{R}$ de l'équation différentielle sont les fonctions f définies par : $f(x) = ke^{2x} - \frac{3}{2}$ où k est un réel.

Alors $f(0) = 2$ si et seulement si $ke^{0} - \frac{3}{2} = 2$ c'est-à-dire $k = \frac{7}{2}$.

La solution cherchée est la fonction f telle que $f(x) = \frac{7}{2}e^{2x} - \frac{3}{2}$.

4 Résolution de $y'' + \omega^2 y = 0$ $(\omega \neq 0)$

A Solution générale

- Les solutions dans $\mathbb{R}$ de l'équation différentielle $\boldsymbol{y'' + \omega^2 y = 0}$ $(\omega \neq 0)$ sont les fonctions f définies par :

$$\boldsymbol{f(t) = \lambda \cos \omega t + \mu \sin \omega t}$$

où λ et μ sont des réels quelconques.

- Ces solutions peuvent être mises sous la forme $f(t) = A\sin(\omega t + \phi)$.

Exemple

Résoudre l'équation différentielle $y'' + 25y = 0$

Solution

Les solutions dans $\mathbb{R}$ de l'équation différentielle sont les fonctions f définies par :

$f(t) = \lambda\cos(5t) + \mu\sin(5t)$

où λ et μ sont des réels.

B Solution satisfaisant à deux conditions initiales données

Il existe une fonction **unique** f solution de l'équation différentielle $y'' + \omega^2 y = 0$ **et** vérifiant **deux** conditions initiales données.

Exemple

1. Trouver la solution f de l'équation différentielle $y'' + 4y = 0$ telle que $f(0) = 1$ et $f'(0) = 0$.

2. Vérifier que cette solution peut s'écrire sous la forme : $f(t) = \sin\left(2t + \frac{\pi}{2}\right)$.

Solution

1. Les solutions dans $\mathbb{R}$ de l'équation différentielle sont les fonctions f définies par :
$f(t) = \lambda\cos(2t) + \mu\sin(2t)$
où λ et μ sont des réels.
Alors : $f(0) = 1$ si et seulement si
$\lambda\cos(2\times 0) + \mu\sin(2\times 0) = 1$ c'est-à-dire
$\lambda\times 1 + \mu\times 0 = 1$ soit $\lambda = 1$.

De plus,
$f'(t) = -2\lambda\sin(2t) + 2\mu\cos(2t)$
Donc $f'(0) = 0$ si et seulement si
$-2\lambda\sin(0) + 2\mu\cos(0) = 0$ c'est-à-dire
$-2\lambda\times 0 + 2\mu\times 1 = 0$ soit $\mu = 0$.
La solution cherchée est la fonction f telle que :
$f(t) = 1\times\cos(2t) + 0\times\sin(2t)$
soit $f(t) = \cos(2t)$.

2. $\sin\left(2t + \frac{\pi}{2}\right) = \cos(2t) = f(t)$

Exercices d'entraînement

Exercice 1 — 20 min

Corrigé p. 85

1. Déterminer les solutions des équations différentielles suivantes :

$(E_1)\ y' = \frac{1}{3}y$ $(E_2)\ y' + y = 2$ $(E_3)\ y' = \frac{1}{3}y + 1$

2. Pour chaque équation, déterminer la solution vérifiant $y(0) = 3$.

Exercice 2 — 20 min

Corrigé p. 86

1. Résoudre l'équation différentielle suivante :
(E) $y'' + 9y = 0$, où y est une fonction numérique de la variable réelle x deux fois dérivable sur $\mathbb{R}$.

2. Déterminer la solution particulière f de l'équation (E) qui vérifie :
$f(0) = \sqrt{2}$ et $f'\left(\frac{\pi}{3}\right) = 3\sqrt{2}$

3. Montrer que, pour tout réel x, $f(x) = 2\cos\left(3x + \frac{\pi}{4}\right)$.

4. Résoudre sur l'intervalle $[0\ ;\ 2\pi[$ l'équation $f(x) = -\sqrt{2}$.

Exercice 3 — 20 min

Corrigé p. 86

Soit l'équation différentielle (E) : $4y'' + 9y = 0$, où y est une fonction de la variable t et y'' sa dérivée seconde.

1. Résoudre l'équation différentielle (E).

2. Trouver la fonction f, solution particulière de (E), vérifiant les conditions suivantes :
$f\left(\frac{\pi}{6}\right) = \sqrt{2}$ et $f'\left(\frac{\pi}{6}\right) = 0$

3. Vérifier que, pour tout réel t, $f(t)=\sqrt{2}\cos\left(\frac{3}{2}t-\frac{\pi}{4}\right)$.

Exercice 4 30 min

Corrigé p. 87

On considère l'équation différentielle (E) suivante :
$\pi^2 y+9y''=0$ où y est une fonction de la variable réelle x et y'' sa dérivée seconde.

1. Soit g la fonction numérique définie pour tout nombre réel x par :
$$g(x)=2\cos\left(\frac{\pi}{3}x\right)+4\sin\left(\frac{\pi}{3}x\right)$$
Vérifier que la fonction g est une solution de l'équation différentielle (E).
2. Donner la forme générale des solutions de l'équation différentielle (E).
3. Déterminer la solution particulière f de l'équation différentielle (E) qui vérifie :
$f(0)=1$ et $f'(0)=\frac{\pi}{3}$.
4. Montrer que, pour tout nombre réel x, $f(x)$ peut s'écrire sous la forme : $f(x)=\sqrt{2}\cos\left(\frac{\pi}{3}x-\frac{\pi}{4}\right)$.
5. Résoudre dans l'intervalle $[0\ ;\ 3]$ l'équation $f(x)=1$.

Exercice 5 20 min

Corrigé p. 87

Le circuit électrique représenté ci-dessous est constitué d'un condensateur parfait de capacité C exprimée en farads, d'un résistor de résistance R exprimée en ohms et d'un interrupteur K.
À l'instant $t = 0$, on ferme l'interrupteur K et le condensateur, initialement chargé, se décharge dans le circuit. Dans tout l'exercice l'unité de temps est la seconde.

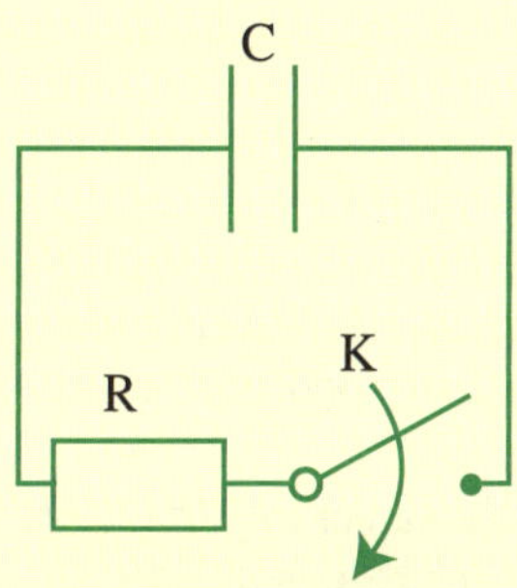

On note $u(t)$ la valeur, exprimée en volts, de la tension aux bornes du condensateur à l'instant t exprimé en secondes.
On définit ainsi une fonction u sur l'intervalle $[0, +\infty[$. On admet que cette fonction est dérivable sur cet intervalle et est solution de l'équation différentielle (E) : $y'+\frac{1}{RC}y=0$.
Dans tout l'exercice on prend pour valeurs numériques :
$C = 10^{-4}$ et $R = 10^{4}$, l'équation différentielle (E) est donc : $y'+y=0$.

1. Résoudre l'équation différentielle (E).
2. Déterminer la solution particulière u de (E) vérifiant $u(0) = 12$.
3. Calculer t_1, la valeur exacte de l'instant à partir duquel la tension $u(t)$, exprimée en volts, est inférieure ou égale à 0,6. Donner une valeur approchée de t_1 à 10^{-2} près, par excès.

Exercice 6 — 20 min

Corrigé p. 87

Un circuit électrique comprend en série un générateur, un conducteur ohmique de résistance R (exprimée en ohms), un condensateur de capacité C (exprimée en farads) et un interrupteur. On ferme l'interrupteur à l'instant $t = 0$ et le générateur délivre alors une tension constante E (exprimée en volts). On procède ainsi à la charge du condensateur.

La charge q en coulombs du condensateur est une fonction dérivable du temps t (exprimé en secondes).

On considère l'équation différentielle : $y' + \frac{1}{RC}y = \frac{E}{R}$ dans laquelle y est une fonction de la variable réelle t, définie et dérivable sur $\mathbb{R}$.

Dans tout ce qui suit, on prend : $R = 1\,000$, $C = 10^{-4}$ et $E = 10$.

1. Écrire l'équation différentielle ci-dessus en remplaçant R, C et E par leurs valeurs respectives.
2. Déterminer la solution q de l'équation différentielle du 1. vérifiant $q(0) = 0$.
3. Déterminer la limite de q en $+\infty$ et le sens de variations de q sur $[0 ; +\infty[$.

Exercice 7 — 20 min

Corrigé p. 88

Un circuit est composé d'une bobine d'inductance L, mesurée en Henrys (H), d'un condensateur de capacité C, mesurée en farads (F) et d'un interrupteur. L'unité de temps est la seconde.

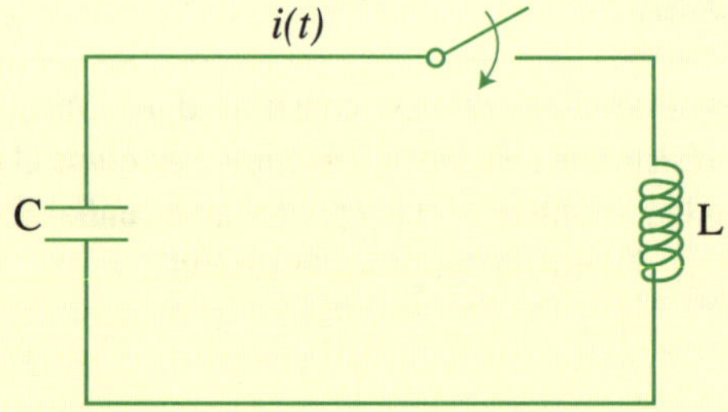

On sait que :

$C = 125.10^{-6}$F et $L = 200.10^{-3}$H

À l'instant $t = 0$, on ferme l'interrupteur, le circuit est alors parcouru par un courant. On désigne par $q(t)$ la charge, mesurée en coulombs, du condensateur, $i(t)$, l'intensité, mesurée en ampères, du courant qui parcourt le circuit avec $i(t) = q'(t)$.

À l'instant $t = 0$, la charge du condensateur est 10^{-3} et l'intensité du courant qui parcourt le circuit est nulle. On a donc des conditions initiales : $q(0) = 10^{-3}$ et $q'(0) = 0$.

On admet que la charge du condensateur est solution de l'équation différentielle (E) :

$$q''(t) + \frac{1}{LC}q(t) = 0$$

1. Résoudre l'équation différentielle (E).
2. Démontrer que l'unique solution de (E) vérifiant les conditions initiales est la fonction q définie par $q(t) = 10^{-3}\cos(200t)$ où t est un réel positif.

10 Calcul intégral

Intégrale d'une fonction de signe quelconque

A Définition et notation

• On étend la formule vue dans le cas d'une fonction continue et **positive** au cas d'une fonction continue **de signe quelconque** sur [*a* ; *b*] en posant de même :

$$\int_a^b f(x)dx = F(b) - F(a)$$

(*F* est une primitive de *f* sur [*a* ; *b*]). On notera que cette intégrale ne représente plus nécessairement une aire puisqu'elle peut être négative.

• $F(b) - F(a)$ se note aussi $\left[F(x)\right]_a^b$

B Propriétés

Soit *f* et *g* des fonctions continues sur l'intervalle I et *a*, *b*, *c* des réels appartenant à I. Alors :

• **Relation de Chasles**

$$\int_a^b f(x)\mathrm{d}x + \int_b^c f(x)\mathrm{d}x = \int_a^c f(x)\mathrm{d}x$$

• **Positivité**

Si a ≤ b et si *f* est positive sur [*a* ; *b*], alors $\int_a^b f(x)\mathrm{d}x \geq 0$.

• **Linéarité : ($k \in \mathbb{R}$)**

$$\int_a^b \left[f(x) + g(x)\right]\mathrm{d}x = \int_a^b f(x)\mathrm{d}x + \int_a^b g(x)\mathrm{d}x$$

$$\int_a^b kf(x)dx = k\int_a^b f(x)\mathrm{d}x$$

• **Intégration d'une inégalité**

Si a ≤ b et si pour tout *x* de [*a* ; *b*] on a $f(x) \leq g(x)$ alors :

$$\int_a^b f(x)\mathrm{d}x \leq \int_a^b g(x)\mathrm{d}x$$

Exemple

Encadrer $\sqrt{\ln x}$ pour $x \in [\mathrm{e} ; \mathrm{e}^2]$, en déduire un encadrement de l'intégrale $I = \int_{\mathrm{e}}^{\mathrm{e}^2} \sqrt{\ln x}\, dx$.

Solution

Les fonctions ln et « racine carrée » étant croissantes, si $\mathrm{e} \leq x \leq \mathrm{e}^2$ alors : $\ln \mathrm{e} \leq \ln x \leq \ln(\mathrm{e}^2)$ c'est-à-dire : $1 \leq \ln x \leq 2$.

d'où : $1 \leq \sqrt{\ln x} \leq \sqrt{2}$.

On en déduit grâce à la propriété d'intégration des inégalités :

$$\int_{\mathrm{e}}^{\mathrm{e}^2} 1dx \leq I \leq \int_{\mathrm{e}}^{\mathrm{e}^2} \sqrt{2}\, dx$$

$$\Leftrightarrow \mathrm{e}^2 - \mathrm{e} \leq I \leq \sqrt{2}\left(\mathrm{e}^2 - \mathrm{e}\right)$$

Donc : $4{,}67 \leq I \leq 6{,}61$

C Valeur moyenne d'une fonction

On appelle **valeur moyenne** de *f* sur l'intervalle [*a* ; *b*], le nombre :

$$\mu = \frac{1}{b-a}\int_a^b f(x)dx$$

Exemple

Calculer la valeur moyenne μ de la fonction $f : x \mapsto \dfrac{\mathrm{e}^x}{2\mathrm{e}^x - 1}$ sur l'intervalle [0 ; 2].

Solution

$$\mu = \frac{1}{2-0}\int_0^2 f(x)dx$$

Une primitive de *f* est $F : x \mapsto \dfrac{1}{2}\ln\left(2\mathrm{e}^x - 1\right)$.

Donc $\mu = \dfrac{1}{2}\left[F(2) - F(0)\right]$

$$\mu = \frac{1}{4}\ln\left(2\mathrm{e}^2 - 1\right) \approx 0{,}66$$

D Calcul d'aires – Généralisation

Soit f et g deux fonctions continues sur $[a\,;b]$ et telles que, pour tout $x \in [a\,;b]$, $f(x) \leq g(x)$.

L'aire (en *ua*) du domaine E (en vert sur le graphique) est égale à :

$$\int_a^b [g(x)-f(x)]\mathrm{d}x$$

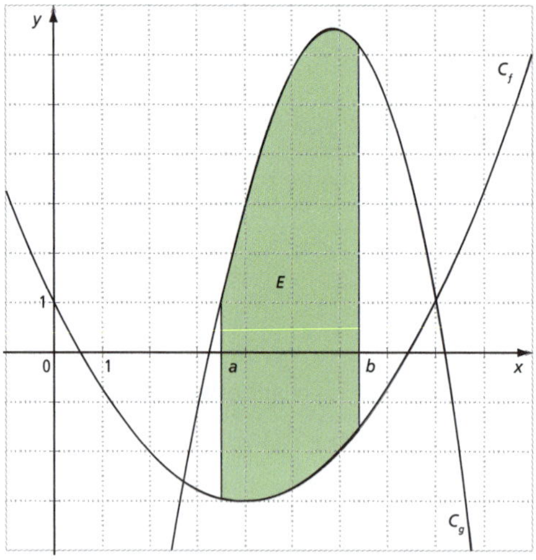

• Remarques

1. Cette formule est valable pour f et g de signes quelconques, il suffit que C_f soit en dessous de C_g sur $[a\,;b]$.

2. E peut être défini par :

a. E est la partie du plan limitée par C_f, C_g et les droites d'équation $x = a$ et $x = b$.

b. E est l'ensemble des points $M(x\,;y)$ tels que

$$\begin{cases} a \leq x \leq b \\ f(x) \leq y \leq g(x) \end{cases}$$

Exemple

Le graphique ci-après donne les courbes représentatives des fonctions f et g définies sur $]0\,;+\infty[$ par :

$f(x) = \ln x - x + 4$ et $g(x) = \ln x + \dfrac{3}{x}$.

1. Déterminer par le calcul les coordonnées exactes des points d'intersection A et B de C_f et C_g.

2. Calculer la valeur exacte de l'aire (en *ua*) de la partie E du plan limitée par C_f et C_g entre A et B.

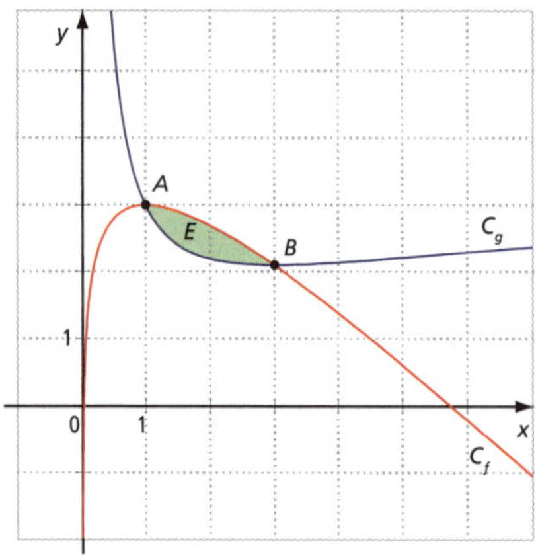

Solution

1. Les abscisses de A et B sont solutions de l'équation :

$f(x) = g(x) \Leftrightarrow -x + 4 - \dfrac{3}{x} = 0$

$\Leftrightarrow -x^2 + 4x - 3 = 0$

$\Delta = 4\,;\ x_1 = 1\,;\ x_2 = 3$

$f(1) = g(1) = 3$

$f(3) = g(3) = \ln 3 + 1 \approx 2{,}1$

On a donc $A(1\,;3)$ et $B(3\,;\ln 3 + 1)$

2. Sur l'intervalle $[1\,;3]$ on a $g(x) \leq f(x)$, donc :

aire$(E) = \displaystyle\int_1^3 [f(x) - g(x)]\mathrm{d}x$

$= \displaystyle\int_1^3 \left(-x + 4 - \frac{3}{x}\right)\mathrm{d}x$

Posons $h(x) = -x + 4 - \dfrac{3}{x}$ alors une primitive H de h est définie par : $H(x) = -\dfrac{1}{2}x^2 + 4x - 3\ln x$.

D'où : aire(E) $= H(3) - H(1) = (7{,}5 - 3\ln 3) - (3{,}5)$
$= 4 - 3\ln 3$

L'aire de E est donc $(4 - 3\ln 3)$ *ua*.

Exercices d'entraînement

Exercice 1 30 min

Corrigé p. 88

Calculer les intégrales suivantes

1. $I_1 = \int_6^8 \frac{1}{x-5}\mathrm{d}x$
2. $I_2 = \int_0^1 (2x+\mathrm{e}^x)\mathrm{d}x$
3. $I_3 = \int_{-2}^0 \frac{4x}{x^2+1}\mathrm{d}x$
4. $I_4 = \int_1^3 \frac{\ln x}{x}\mathrm{d}x$
5. $I_5 = \int_0^2 6\mathrm{e}^{-2x}\mathrm{d}x$
6. $I_6 = \int_0^{\frac{\pi}{3}} \sin(3x)\mathrm{d}x$

Exercice 2 15 min

Corrigé p. 88

1. Montrer que la fonction F définie par $F(t)=(-2t^2-7t-7)\mathrm{e}^{-t}$ est une primitive de la fonction f définie par : $f(t)=(2t^2+3t)\mathrm{e}^{-t}$.
2. Calculer la valeur moyenne m de f sur l'intervalle $[-2 ; 2]$.

Exercice 3 10 min

Corrigé p. 88

Calculer l'intensité moyenne μ d'un courant alternatif pendant une demi-période sachant que l'intensité est définie en fonction du temps par $f(t)=10\sin(\omega t)$.

Rappel : la période est $\frac{2\pi}{\omega}$.

Exercice 4 20 min

Corrigé p. 88

On considère les intégrales :

$I=\int_0^{\ln 4} \frac{\mathrm{e}^x+1}{\mathrm{e}^x+2}\mathrm{d}x$ et $J=\int_0^{\ln 4} \frac{1}{\mathrm{e}^x+2}\mathrm{d}x$

1. Calculer $I+J$. (On exprimera le résultat en fonction de ln 2.)
2. Calculer $I-J$. (idem).
3. De 1. et 2. déduire les valeurs de I et J.

Exercice 5 25 min

Corrigé p. 88

On considère les fonctions f, g, h définies sur $\mathbb{R}$ par :

$f(x) = \frac{1}{1+x^2}$ $\qquad g(x) = 1-\frac{x}{2}$ $\qquad h(x) = 1-\frac{x^2}{2}$

1. Montrer que : $f(x)-g(x) = \frac{x(x-1)^2}{2(1+x^2)}$. En déduire que, pour tout $x \in [0 ; 1]$, $f(x) \geq g(x)$.
2. Par un procédé analogue, montrer que, pour tout $x \in [0 ; 1]$, $f(x) \leq h(x)$.
3. En déduire un encadrement de l'intégrale $I=\int_0^1 f(x)\mathrm{d}x$.

NB : *la valeur exacte de I, que l'on ne demande pas de calculer, est* $\frac{\pi}{4}$.

Exercice 6 25 min

Corrigé p. 89

Soit f la fonction définie sur $]0 ; +\infty[$ par $f(x) = x^2-6+\frac{16}{x^2}$.

1. Calculer la valeur moyenne de f sur l'intervalle [1 ; 4].

2. Déterminer le réel a sachant que la valeur moyenne de f sur l'intervalle [1 ; a] est égale à 11.
Aide : on vérifiera que a est racine du polynôme : $a^4 - 51a^2 + 98a - 48$ et que ce polynôme se factorise sous la forme : $(a-1)^2(a^2+2a-48)$.

Exercice 7 30 min

Corrigé p. 89

On se propose d'obtenir un encadrement de l'intégrale : $I = \int_0^1 \ln(1+x^2)\,\mathrm{d}x$.

1. Soit f la fonction définie sur $\mathbb{R}$ par $f(x) = \ln(1+x^2) - x^2$.
Calculer sa dérivée, en déduire que f admet un maximum que l'on calculera.
2. Quel est le signe de $f(x)$ sur $\mathbb{R}$?
3. Soit g la fonction définie sur $\mathbb{R}$ par $g(x) = \ln(1+x^2) - x^2 + \frac{1}{2}x^4$.
Calculer sa dérivée, en déduire que g admet un minimum que l'on calculera.
4. Quel est le signe de $g(x)$ sur $\mathbb{R}$?
5. Déduire de 2. et 4. que, quel que soit $x \in \mathbb{R}$, on a : $x^2 - \frac{1}{2}x^4 \leq \ln(1+x^2) \leq x^2$.
6. En déduire un encadrement de I.

NB : *La valeur exacte de I, est* $\frac{\pi}{2} - 2 + \ln 2$.

Exercice 8 15 min

Corrigé p. 89

Le graphique ci-dessous donne la courbe représentative de la fonction f définie sur $I =]0 ; +\infty[$ par :

$f(x) = 2x^2 - 13x + 22 - \frac{9}{x}$

Est également représentée la droite D d'équation $y = x - 2{,}5$.
D coupe C_f aux points de coordonnées (0,5 ; −2), (2 ; −0,5) et (4,5 ; 2).
On note $\mathscr{A}$ l'aire du domaine colorié en vert.
Calculer la valeur exacte de $\mathscr{A}$, puis une valeur arrondie au dixième.

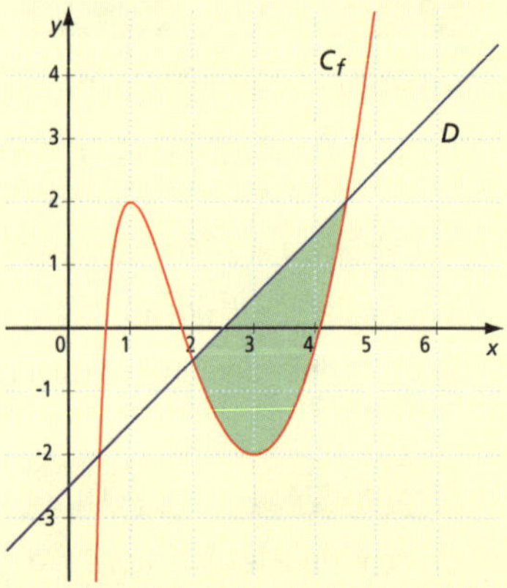

Exercice 9 30 min

Corrigé p. 89

Sur un marché en concurrence parfaite, les fonctions d'**offre** et de **demande** d'un produit sont définies sur l'intervalle $I = [0 ; 50]$ par $O(x) = 0{,}06x^2 + 0{,}1x$ et $D(x) = 0{,}024x^2 - 3x + 100$
où x est la quantité du produit en milliers d'unités.
$O(x)$ et $D(x)$ sont des prix unitaires en euros.
Les courbes représentatives de l'offre et de la demande sont données ci-dessous.
Le point d'intersection E des deux courbes correspond à l'**équilibre du marché** (lorsque l'offre est égale à la demande).

1. Calculer les coordonnées de E, en déduire la quantité d'équilibre (x_E) et le prix d'équilibre (y_E) de ce produit.
2. Calculer les intégrales : $\Omega = \int_0^{x_E} O(x)\,\mathrm{d}x$ et $\Delta = \int_0^{x_E} D(x)\,\mathrm{d}x$

3. On appelle **surplus des producteurs** le nombre : $P = x_E \times y_E - \Omega$
et **surplus des consommateurs** le nombre : $C = \Delta - x_E \times y_E$.
Calculer ces deux nombres. Dans quelle unité sont-ils exprimés ?

4. Ces deux nombres s'interprètent graphiquement comme des aires.
Déterminer sur le graphique les parties du plan dont les aires représentent P et C (on notera que le produit $x_E \times y_E$ est l'aire d'un certain rectangle).

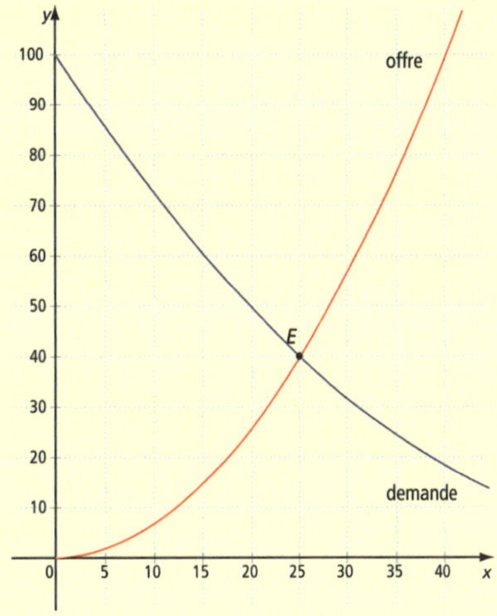

Exercice 10 — 30 min

Corrigé p. 90

Soit f la fonction définie sur $\mathbb{R}$ par $f(x) = \ln(1+e^x)$.

1. Soit g la fonction définie sur $\mathbb{R}$ par $g(x) = f(x) - e^x$.
Montrer que g est décroissante sur $\mathbb{R}$ puis déterminer sa limite en $-\infty$.
En déduire le signe de $g(x)$ sur $\mathbb{R}$.

2. Soit h la fonction définie sur $\mathbb{R}$ par $h(x) = f(x) - e^x + \frac{1}{2}e^{2x}$.
Montrer que h est croissante sur $\mathbb{R}$ puis déterminer sa limite en $-\infty$.
En déduire le signe de $h(x)$ sur $\mathbb{R}$.

3. Déduire des questions 1. et 2. que, quel que soit $x \in \mathbb{R}$, on a : $e^x - \frac{1}{2}e^{2x} \leq f(x) \leq e^x$.

4. En déduire un encadrement de l'intégrale : $I = \int_{-2}^{0} f(x)\,dx$.

Exercice 11 — 20 min

Corrigé p. 90

Une suspension, sur laquelle est placée une charge de masse M, est composée d'un ressort vertical et d'un amortisseur (schématisés ci-dessous).

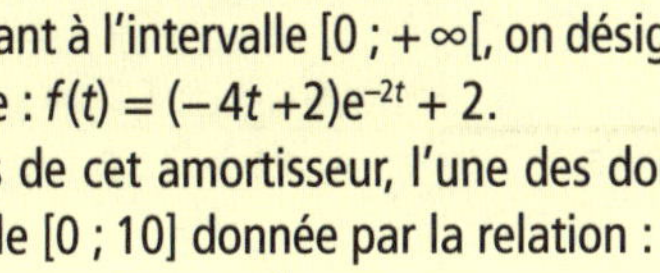

Pour tout nombre réel t appartenant à l'intervalle $[0\,;+\infty[$, on désigne par $f(t)$ l'amplitude du ressort en cm à l'instant t. On admet que : $f(t) = (-4t+2)e^{-2t} + 2$.
Afin de mesurer les sollicitations de cet amortisseur, l'une des données à recueillir est l'amplitude moyenne du ressort sur l'intervalle $[0\,;10]$ donnée par la relation :

$$\mu = \frac{1}{10}\int_0^{10} f(t)\,dt$$

1. Montrer que la fonction G définie sur l'intervalle $[0\,;+\infty[$ par $G(t) = 2te^{-2t}$, est une primitive de la fonction g définie sur l'intervalle $[0\,;+\infty[$ par $g(t) = (-4t+2)e^{-2t}$.

2. En déduire la valeur exacte de l'amplitude moyenne μ du ressort puis la valeur approchée arrondie à l'entier le plus proche.

11 Lois de probabilité à densité

1 Loi uniforme sur [a, b]

A Variable aléatoire continue

Une variable aléatoire est dite continue si elle peut prendre toutes les valeurs d'un intervalle donné.

• Exemple

Un client va arriver à un hôtel entre 1 h et 3 h. On note X la variable aléatoire correspondant à son heure d'arrivée (qui est un nombre aléatoire entre 1 et 3). X est une variable aléatoire continue.

B Fonction densité de probabilité

On appelle fonction densité de probabilité d'une variable X la fonction f définie sur $\mathbb{R}$ telle que pour tous réels t_1, t_2 :

$$p(t_1 \leq X \leq t_2) = \int_{t_1}^{t_2} f(t)\,dt$$

Une densité de probabilité permet d'écrire une probabilité sous forme intégrale, et donc de la représenter par une aire.

C Loi uniforme

Une variable aléatoire X suit la loi uniforme sur $[a\,;b]$ si sa densité de probabilité est définie sur $[a\,;b]$ par : $f(x) = \dfrac{1}{b-a}$.

Étant donné deux réels t_1, t_2 appartenant à $[a\,;b]$, $p(t_1 \leq X \leq t_2) = \int_{t_1}^{t_2} f(t)\,dt = \dfrac{t_2 - t_1}{b-a}$.

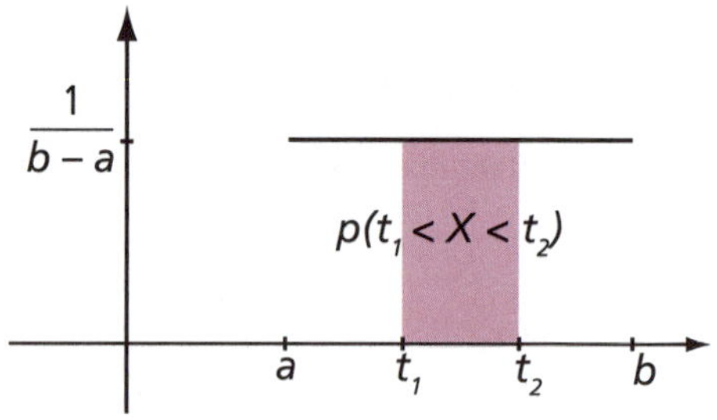

• Exemple

Si on considère que la variable aléatoire X définie au **A.** suit une loi uniforme, alors sa densité de probabilité est la fonction f définie sur $[1\,;3]$ par $f(t) = 0{,}5$.

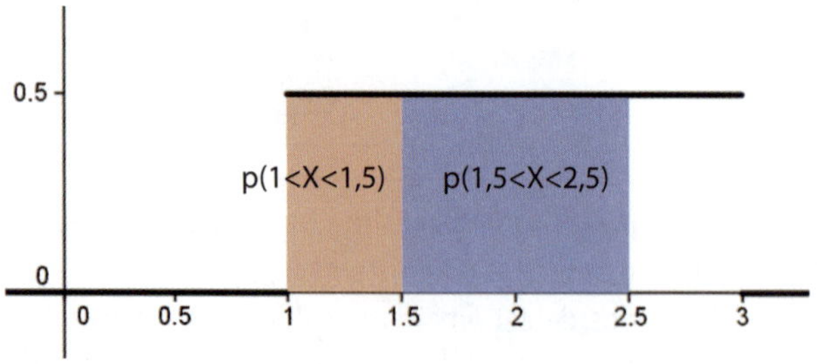

D Espérance

Si X est une variable aléatoire à densité de probabilité définie sur $[a\,;b]$, on définit l'espérance de X par $E(X) = \int_a^b tf(t)\,dt$.

L'espérance de X représente la valeur moyenne prise par la variable X.

• **Exemple**

$E(X) = \int_1^3 0{,}5t\,dt = 0{,}5\left[\frac{t^2}{2}\right]_1^3 = 2$

Si un grand nombre de clients arrivent de manière aléatoire entre 1 h et 3 h, la moyenne des heures d'arrivée est égale à 2.

E Variance

La variance d'une variable aléatoire X est définie par :

$V(X) = E((X - E(X))^2)$ ou $V(X) = E(X^2) - (E(X))^2$, soit : $V(X) = \int_a^b t^2 f(t)\,dt - \left(\int_a^b tf(t)\,dt\right)^2$

• **Exemple**

$V(X) = \int_1^3 0{,}5t^2\,dt - 2^2 = \frac{1}{3}$

2 Loi exponentielle

A Définition

• Une variable aléatoire X suit la loi exponentielle de paramètre λ si sa densité de probabilité f est définie sur $[0\,;+\infty[$ par $f(t) = \lambda\,e^{-\lambda t}$.

• Un calcul d'intégrale (voir l'exemple ci-dessous) permet d'établir les formules valables pour tout réel t strictement positif :

$p(X \leq t) = 1 - e^{-\lambda t}$ $\qquad$ $p(X \geq t) = e^{-\lambda t}$

B Espérance

Si X est une variable aléatoire suivant la loi exponentielle de paramètre λ, alors son espérance est $E(X) = \lim_{x \to +\infty} \int_0^x tf(t)\,dt$. On démontre que $E(X) = \frac{1}{\lambda}$.

Exemple

La durée de vie X du carbone 14, en années, suit la loi exponentielle de paramètre $\lambda = 1{,}21 \times 10^{-4}$.

1. Calculer $p(X \leq 3\,000)$.

2. On appelle demi-vie le nombre d'années T tel que $p(X \leq T) = 0{,}5$. Calculer T.

3. Interpréter les résultats précédents sur une population de carbone 14.

Solution

1. $p(X \leq 3\,000) = p(0 \leq X \leq 3\,000)$

$= \int_0^{3000} \lambda e^{-\lambda t}\,dt = \left[-e^{-\lambda t}\right]_0^{3000}$

$= 1 - e^{-1{,}21 \times 10^{-4} \times 3000}$

$p(X \leq 3000) \approx 0{,}304$

2. $p(X \leq T) = p(0 \leq X \leq T)$

$p(X \leq T) = \int_0^T \lambda e^{-\lambda t}\,dt = 0{,}5$

donc $\left[-e^{-\lambda t}\right]_0^T = 0{,}5$, soit

$1 - e^{-\lambda T} = 0{,}5$ donc $e^{-\lambda T} = 0{,}5$

donc $-\lambda T = \ln(0{,}5)$ d'où :

$T = \frac{\ln(2)}{\lambda} \approx \frac{\ln(2)}{1{,}21 \times 10^{-4}} \approx 5728$

3. Au bout de 3 000 ans, une population de carbone 14 diminue d'environ 30,4 %.

Il faut 5 728 ans pour qu'une population de carbone 14 diminue de moitié.

Exercices d'entraînement

Exercice 1 10 min
Corrigé p. 90

Le personnel d'une entreprise a un temps de trajet domicile-travail au plus égal à une heure et on suppose que la durée exacte du trajet est une variable aléatoire uniformément répartie sur [0 ; 1].
On interroge au hasard un membre du personnel de cette entreprise. Quelle est la probabilité pour que la personne interrogée ait une durée de trajet comprise entre 15 et 20 minutes ?

Exercice 2 10 min
Corrigé p. 90

On suppose que la durée d'attente en minutes à un guichet suit une loi uniforme sur [0 ; 30].
Quelle est la probabilité qu'une personne prise au hasard attende moins de 10 minutes ? plus de 15 minutes ? entre 20 et 25 minutes ?

Exercice 3 20 min
Corrigé p. 90

On s'intéresse à la durée de vie, d'un composant électronique. On note X la variable aléatoire correspondant à la durée de vie en semaines d'un composant pris au hasard. On admet que X suit une loi de probabilité P de durée de vie sans vieillissement définie sur l'intervalle $[0\ ;+\infty[$ par $p(X \leq t) = \int_0^t \lambda e^{-\lambda x}\,dx$, représentant la probabilité que le composant ne soit plus en état de marche au bout de t semaines. Une étude statistique montrant qu'environ 50 % d'un lot important de ces composants sont encore en état de marche au bout de 200 semaines, permet de poser : $p(X \leq 200) = 0,5$.

1. Montrer que $\lambda = \dfrac{\ln 2}{200}$.
2. Quelle est la probabilité qu'un de ces composants pris au hasard ait une durée de vie supérieure à 300 semaines ?
3. Quelle est, à une semaine près, la durée de vie moyenne d_m de ces composants ?

Exercice 4 25 min
Corrigé p. 91

Le laboratoire de physique d'un lycée dispose d'un parc d'oscilloscopes identiques.
La durée de vie en années d'un oscilloscope est une variable aléatoire notée X qui suit la loi de durée de vie sans vieillissement ou encore loi exponentielle de paramètre $\lambda > 0$.

1. Sachant que $p(X > 10) = 0,286$, montrer que $\lambda = 0,125$ au millième près.

Dans la suite de l'exercice, on prendra $\lambda = 0,125$.

2. Calculer la probabilité qu'un oscilloscope du modèle étudié ait une durée de vie inférieure à 6 mois.
3. Quelle est la probabilité qu'un appareil ait une durée de vie supérieure à 10 ans ?
4. On considère que la durée de vie d'un oscilloscope est indépendante de celle des autres appareils. Le responsable du laboratoire décide de commander 15 oscilloscopes. Quelle est la probabilité qu'au moins un oscilloscope ait une durée de vie supérieure à 10 ans ?
5. Combien l'établissement devrait-il acheter d'oscilloscopes pour que la probabilité qu'au moins l'un d'entre eux fonctionne plus de 10 ans soit supérieure à 0,999 ?

Exercice 5 **30 min** *Corrigé p. 91*

Partie A

Soit X une variable aléatoire continue qui suit une loi exponentielle de paramètre λ.
La courbe ci-dessous représente la fonction densité associée.

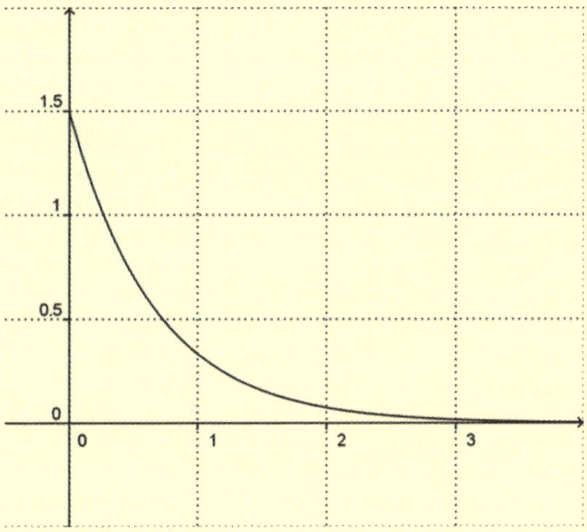

1. Interpréter sur le graphique la probabilité $p(X \leq 1)$.
2. Indiquer sur le graphique où se lit directement le paramètre λ.

Partie B

Une machine-outil fabrique des cylindres. On mesure l'écart en dixièmes de millimètres, entre le diamètre des cylindres et la valeur de réglage de la machine.
On suppose que cet écart suit une loi exponentielle de paramètre $\lambda = 1{,}5$.
Si l'écart est inférieur à 1, le cylindre est accepté. Si l'écart est compris entre 1 et 2, on procède à une rectification qui permet d'accepter le cylindre. Si l'écart est supérieur à 2, le cylindre est refusé.
On prélève au hasard un cylindre dans la production.

1. Quelle est la probabilité que le cylindre soit accepté sans rectification ? Calculer une valeur exacte puis une valeur approchée à 10^{-3} près par excès.
2. Quelle est la probabilité que le cylindre soit refusé ?
3. Déduire des calculs précédents l'égalité suivante à 10^{-3} près : $p(1 \leq X \leq 2) = 0{,}173$.

Partie C

On prélève de manière indépendante 10 cylindres de la production. On suppose le nombre de cylindres suffisamment important pour assimiler ce tirage à un tirage successif avec remise.

1. Quelle est la probabilité que les 10 cylindres soient acceptés (avec des rectifications éventuelles) ?
2. Quelle est la probabilité qu'au moins un cylindre soit refusé ?

12 La loi normale

1 La loi normale N(μ ; σ)

A Définition

Une variable aléatoire X suit une loi normale d'espérance μ et d'écart type σ, notée $N(\mu ; \sigma)$, si sa densité de probabilité est la fonction f définie pour tout réel x par :

$$f(x)=\frac{1}{\sigma\sqrt{2\pi}}\mathrm{e}^{-\frac{1}{2}\left(\frac{x-\mu}{\sigma}\right)^2}$$

Remarques

- Cette formule n'est pas exploitable et n'est donc pas à retenir : nous effectuerons les calculs de probabilité à la calculatrice.
- Certains manuels notent $N(\mu ; \sigma^2)$ la loi normale d'espérance μ et d'écart type σ.

B Calculs sur TI

Si X suit une loi normale N(μ ; σ), pour calculer $p(t_1 \leq X \leq t_2)$, on entre sur TI :
normalFRép(t_1, t_2, μ, σ)

([2nde] [distrib var] [L2 z 2] pour afficher normalFRép ou normalcdf sur les machines en anglais)

C Calculs sur Casio

Si X suit une loi normale N(μ ; σ), pour calculer $p(t_1 \leq X \leq t_2)$, on utilise sur Casio le menu Stat ([MENU] [STAT 2]), puis on sélectionne [DIST] [NORM] [Ncd] . On entre ensuite les valeurs de t_1, t_2, σ et μ.

Pour calculer une probabilité du type $p(X \leq t)$, sur TI ou Casio, on peut se ramener à $p(t' \leq X \leq t)$ en choisissant un nombre t' très éloigné de μ (par exemple -10^9). De même pour $p(X \geq t)$.

Exemple

X suit la loi normale d'espérance 0 et d'écart type 1 (dite loi normale centrée réduite).

1. Calculer $p(-1 \leq X \leq 1)$.
2. Calculer $p(-2 \leq X \leq 2)$.
3. Calculer $p(X \leq 1{,}5)$.

Solution

1. Sur TI :

```
normalFRép(-1,1,
0,1)
         .6826894809
```

$p(-1 \leq X \leq 1) \approx 0{,}683$

2. Sur Casio :

```
Normal C.D
Lower    :-2
Upper    :2
σ        :1
μ        :0
Save Res:None
Execute
CALC
```

```
Normal C.D
p      =0.95449973
z:Low=-2
z:Up =2
```

$p(-2 \leq X \leq 2) \approx 0{,}954$

3. Sur TI :

```
normalFRép(-10^9
,1.5,0,1)
         .9331927713
```

$p(X \leq 1{,}5) \approx 0{,}933$

D Calculs sur tableur

Si X suit une loi normale N(μ ; σ), pour calculer $p(X \leq t)$, on entre la formule :
=LOI.NORMALE.N(t;μ;σ;VRAI)
Pour calculer $p(t_1 \leq X \leq t_2)$, on utilise : $p(t_1 \leq X \leq t_2) = p(X \leq t_2) - p(X \leq t_1)$.

E Fonction inverse

Si X suit une loi normale N(μ ; σ), étant donné une probabilité p, alors les calculatrices ou le tableur permettent aussi de déterminer le nombre t tel que $p(X \leq t) = p$.
On utilise :

- sur TI : Fracnormale(p,μ,σ)
(2nde distrib var 3 pour afficher Fracnormale ou invNorm sur les machines en anglais)
- sur Casio : MENU STAT), puis DIST NORM InvN. On entre ensuite les valeurs de p, σ et μ.
- Sur tableur, la formule :
=LOI.NORMALE.INVERSE.N(p;μ;σ)

Exemple
Une variable aléatoire X suit une loi normale N(10 ; 0,1).
Déterminer le réel a tel que $p(X \leq a) = 0,75$.

Solution
(sur TI)

```
FracNormale(0.75
,10,0.1
          10.06744897
```

Donc $a \approx 10,067$

F Représentation graphique

La représentation graphique de la densité de probabilité de la loi normale est une courbe en forme de cloche appelée courbe de Gauss. Elle est symétrique par rapport à la droite d'équation $x = \mu$.

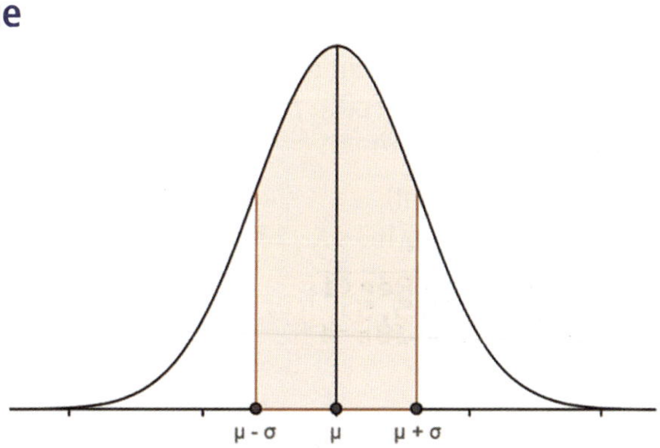

G Valeurs à connaître

L'aire totale située sous la courbe est égale à 1.
L'aire coloriée sur le graphique correspond à la probabilité que X soit dans l'intervalle $[\mu - \sigma ; \mu + \sigma]$ et est d'environ 0,683.
De même, la probabilité que X soit dans l'intervalle $[\mu - 2\sigma, \mu + 2\sigma]$ est de 0,954 et la probabilité que X soit dans l'intervalle $[\mu - 3\sigma, \mu + 3\sigma]$ est de 0,997.
Ces valeurs s'interprètent en statistiques : si une population suit une loi normale, on estime que l'intervalle $[\mu - 2\sigma, \mu + 2\sigma]$ contient environ 95 % de la population.

Exemple

Un article annonce que la taille moyenne des françaises est de 163 cm, et qu'elle fluctue entre 152 cm et 174 cm. Quel est le pourcentage des françaises mesurant 180 cm ou plus ?
On considèrera que la variable aléatoire X correspondant à la taille d'une française choisie au hasard suit une loi normale et que l'intervalle [152 ; 174] contient 95 % des tailles des françaises.

Solution

L'intervalle [163 – 2σ ; 163 + 2σ] contient environ 95 % des valeurs, il s'agit de l'intervalle [152 ; 174]. Donc 163 + 2σ = 174.
D'où σ = 5,5.
X suit la loi normale N(163 ; 5,5).

Capture écran TI

```
normalFRép(180,1
0^9,163,5.5)
        9.97791839E-4
```

p(X ≥ 180) ≈ 0,001 ≈ 0,1 %
Donc environ 0,1 % des françaises mesurent 180 cm ou plus, soit une française sur 1 000.

H Quelques formules utiles

L'observation du graphique permet d'établir les formules suivantes :

Si $t > \mu$, alors :

$$p(X \le t) = 0{,}5 + p(\mu \le X \le t)$$
$$p(X \ge t) = 0{,}5 - p(\mu \le X \le t)$$

Si $t < \mu$, alors :

$$p(X \le t) = 0{,}5 - p(t \le X \le \mu)$$
$$p(X \ge t) = 0{,}5 + p(t \le X \le \mu)$$

Ces formules fournissent une autre méthode pour déterminer $p(X \le t)$ et $p(X \ge t)$ avec une calculatrice.

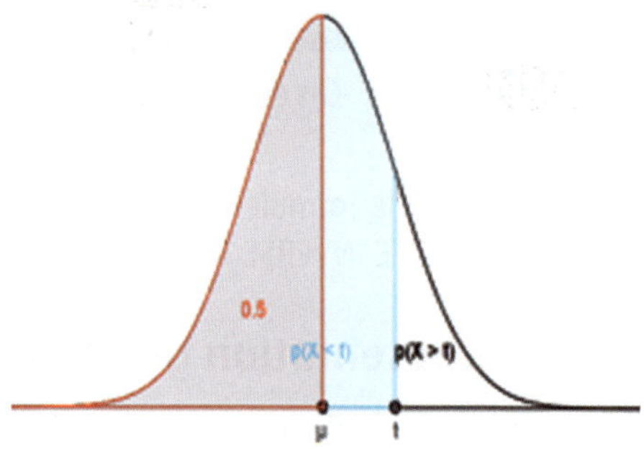

• **Exemple**

(exercice précédent)

$p(X \ge 180) = 0{,}5 - p(163 \le X \le 180)$

```
0.5-normalFRép(1
63,180,163,5.5)
    9.977923638E-4
```

2 Approximation d'une loi binomiale

A Rappels

Une épreuve de Bernoulli est une expérience aléatoire ayant deux issues possibles (appelées généralement succès et échec).

Si on répète n fois, de manière indépendante (condition des tirages avec remises), une épreuve de Bernoulli ayant une probabilité de succès p, alors la variable X égale au nombre de succès suit la loi binomiale de paramètres n et p, d'espérance $E(X) = np$ et d'écart type $\sigma = \sqrt{nqp}$ (avec $q = 1 - p$).

B Approximation d'une loi binomiale par une loi normale

• Une variable suivant une loi binomiale de paramètres n et p suit une loi d'autant plus proche d'une loi normale que n est grand.

• Lorsque l'énoncé le demandera, on approchera donc une loi binomiale de paramètres n et p par une loi normale de même espérance et même écart type, donc de paramètres $\mu = np$ et $\sigma = \sqrt{nqp}$ (avec $q = 1 - p$).

Exemple

Une usine fabrique des composants électroniques qu'elle vend par lots de 200. 3 % des composants produits sont défectueux.

Soit X la variable aléatoire correspondant au nombre de composants défectueux dans un lot.

1. Justifier que X suit une loi binomiale dont on déterminera les paramètres.

2. Calculer la probabilité qu'un lot ait :

a. aucun composant défectueux ;

b. moins de 5 composants défectueux.

3. On décide d'approcher X par une variable Y suivant une loi normale. Déterminer l'espérance μ et l'écart type σ à 10^{-3} près de cette loi normale.

Solution

1. On répète 200 fois et de manière indépendante une épreuve de Bernoulli avec une probabilité de succès (pièce défectueuse) de 3 %. La variable X, égale au nombre de succès, suit donc une loi binomiale de paramètres $n = 200$ et $p = 0,03$.

2. a. $p(X = 0) \approx 0,002$

```
binomFdP(200,0.0
3,0)
          .002261241
```

b. $p(X \leq 4) \approx 0,281$

```
binomFRéP(200,0.
03,4)
         .2809795621
```

3. $\mu = np = 200 \times 0,03 = 6$

$\sigma = \sqrt{nqp} = \sqrt{200 \times 0,03 \times 0,97}$

$\sigma \approx 2,412$

Exercices d'entraînement

Exercice 1 — 10 min

Corrigé p. 91

Une machine produit des tiges métalliques. On considère la variable aléatoire X qui à une tige prise au hasard dans le stock associe sa longueur. On admet que X suit une loi normale d'espérance $\mu = 30$ et d'écart type $\sigma = 0,2$.

Calculer à 10^{-3} près p(E), p(F), p(G) et p(H) où

$E = \{29,2 < X < 29,4\}$, $F = \{29,9 < X < 30,1\}$, $G = \{29,8 < X < 30,2\}$ et $H = \{30,2 < X\}$

Exercice 2 — 5 min

Corrigé p. 92

Une machine fabrique des rivets, qui pour être utilisables, doivent mesurer entre 5,75 et 6,2 mm de diamètre. X est la variable aléatoire qui, à tout rivet prélevé au hasard dans la production, associe son diamètre. On admet que X suit la loi normale $\mathcal{N}(6 ; 0,1)$. Calculer, à 0,001 près, la probabilité qu'un rivet prélevé au hasard ne soit pas utilisable.

Exercice 3 — 10 min

Corrigé p. 92

On étudie le temps d'attente aux caisses d'un supermarché. On appelle T la variable aléatoire qui, à un client choisi au hasard, associe son temps d'attente en minutes. On admet que T suit la loi normale d'espérance 3 et d'écart type 0,75. On choisit un client au hasard.

1. Calculer, à 10^{-3} près, la probabilité qu'il attende moins de 2 minutes, plus de 5 minutes, entre 2 et 5 minutes.

2. Le directeur du supermarché veut pouvoir affirmer « 95 % de nos clients attendent moins de x minutes ». Déterminer, à 10^{-2} près, le réel x le plus petit possible pour que cette affirmation soit valable.

Exercice 4 — 15 min

Corrigé p. 92

Une machine produit des poids.
On définit la variable aléatoire X qui à chaque poids associe sa masse en grammes et on admet que la variable aléatoire X suit une loi normale d'espérance 65 et d'écart type $\sigma = 0{,}16$. Un poids est non conforme si sa masse est inférieure à 64,80 g ou supérieure à 65,20 g.

1. Calculer, à 0,001 près, la probabilité pour qu'un poids extrait au hasard dans la production ne soit pas conforme.
2. Déterminer, à 0,01 près, a tel que $p(65 - a \leq X \leq 65 + a) = 0{,}95$.
3. Calculer, à 0,01 près, b tel que $p(65 - b \leq X \leq 65 + b) = 0{,}90$.

Exercice 5 — 20 min

Corrigé p. 92

Le QI moyen d'un Anglais est égal à 100. Une étude récente estime le QI moyen des Français à 98. On considère que la variable aléatoire Y, qui à un Français pris au hasard, associe son QI suit une loi normale d'espérance 98 et d'écart type 15. On donnera tous les résultats à 0,01 près.

1. Quelle est la probabilité qu'un français ait son QI supérieur au QI moyen d'un Anglais ?
2. On considère qu'un QI exceptionnel est inférieur à 70 ou supérieur à 130. Quelle est la probabilité qu'un Français ait un QI exceptionnel ?
3. Déterminer h tel que $p(98 - h < Y < 98 + h) = 0{,}90$.

Quel QI faut-il avoir pour être dans les 5 % des Français les plus performants ?

4. Déterminer a tel que $p(Y < a) = 0{,}99$. Interpréter ce résultat.

Exercice 6 — 25 min

Corrigé p. 93

Une usine fabrique des rondelles d'acier pour la construction. 2 % des rondelles sont défectueuses. On considère la variable aléatoire X qui, à tout prélèvement de 4 rondelles (considéré comme un tirage avec remise), associe le nombre de rondelles défectueuses dans le prélèvement.

1. Justifier que X suit une loi binomiale et déterminer ses paramètres.
2. Calculer à 10^{-3} près la probabilité qu'aucune rondelle ne soit défectueuse.
3. Calculer la probabilité qu'au plus une rondelle soit défectueuse.

Les rondelles sont commercialisées par lot de 1 000. On considère la variable aléatoire Y qui, à tout prélèvement de 1 000 rondelles (considéré comme un tirage avec remise), associe le nombre de rondelles défectueuses dans le prélèvement.

4. On décide d'approcher Y par une variable Z suivant une loi normale d'espérance 20 et d'écart type 4,43. Justifier ces paramètres.
5. Calculer la probabilité qu'il y ait au plus 15 rondelles non conformes dans le lot, c'est-à-dire $p(Z < 15{,}5)$.

Lorsqu'on approche une variable aléatoire Y suivant une loi binomiale par une variable aléatoire Z suivant une loi normale, on remplace $p(Y=k)$ par $p(k - 0{,}5 < Z < k + 0{,}5)$, et donc $p(Y \leq k)$ par $p(Z < k + 0{,}5)$ et $p(Y \geq k)$ par $p(Z > k - 0{,}5)$. C'est ce qu'on appelle la correction de continuité.

13 Prise de décision et estimation

1 Notations

Dans ce chapitre, p désigne la proportion d'un caractère dans une population. On prélève un échantillon de taille n et on note f la fréquence du caractère étudié dans cet échantillon. Les termes « proportion » et « fréquence » ont la même signification, mais nous parlerons de la proportion p dans la population et de la fréquence f dans l'échantillon afin de bien différencier la population de l'échantillon.

2 Prise de décision

A Intervalle de fluctuation

La proportion dans la population du caractère étudié p étant connue, on prélève un échantillon de taille n.

Alors, sous certaines conditions (nous prendrons $n \geq 30$, $np \geq 5$ et $n(1-p) \geq 5$), la fréquence f du caractère étudié dans cet échantillon a une probabilité de 0,95 d'être dans l'intervalle :

$$\left[p-1{,}96\sqrt{\frac{p(1-p)}{n}}\,;p+1{,}96\sqrt{\frac{p(1-p)}{n}}\right]$$

C'est l'intervalle de fluctuation asymptotique au seuil de 95 %. En d'autres termes, si on prélève un grand nombre d'échantillons, la fréquence observée sera dans cet intervalle dans 95 % des cas environ.

Exemple

Un atelier produit des roulements à billes. Le chef d'atelier affirme que 9 % des roulements produits sont défectueux.

1. On prélève un échantillon de 60 roulements et on constate que 8 roulements sont défectueux. Peut-on remettre en cause l'affirmation du chef d'atelier ?

2. Même question, mais sur les 60 roulements prélevés, 10 roulements sont défectueux.

Solution

1. Hypothèse de départ : $p = 0{,}09$ (9 % des roulements sont défectueux). Les conditions sur n et p sont vérifiées donc l'intervalle de fluctuation au seuil de 95 % est :

$$\mathrm{I}=\left[0{,}09-1{,}96\sqrt{\frac{0{,}09\times 0{,}91}{60}}\,;0{,}09+1{,}96\sqrt{\frac{0{,}09\times 0{,}91}{60}}\right]$$

$\mathrm{I} \approx [0{,}018\,;0{,}162]$

La fréquence des roulements défectueux dans l'échantillon est : $f = \frac{8}{60} \approx 0{,}133$

$f \in \mathrm{I}$ donc on ne peut pas remettre en cause l'affirmation du chef d'atelier.

2. L'hypothèse de départ et le calcul de l'intervalle de fluctuation restent les mêmes.

La fréquence des roulements défectueux dans l'échantillon est : $f = \frac{10}{60} \approx 0{,}167$.

$f \notin \mathrm{I}$ donc on peut conclure, avec un risque d'erreur de 5 %, que l'affirmation du chef d'atelier est fausse.

B Application à la prise de décision

L'objectif est de tester une hypothèse sur la valeur de p.

On détermine l'intervalle I de fluctuation au seuil de 95 %, on prélève un échantillon dans la population et on note f la fréquence observée dans l'échantillon.

Deux possibilités :

• $f \notin \mathrm{I}$

On rejette l'hypothèse de départ, on considère que la valeur de p est fausse. On commet un risque d'erreur de 5 % (puisque la probabilité que f appartienne à I est de 95 %).

• $f \in \mathrm{I}$

On accepte l'hypothèse de départ, la valeur de p est possible.

3 Estimation

A Intervalle de confiance

On effectue maintenant la démarche inverse : on ne connaît pas la proportion p du caractère étudié dans la population.

On prélève un échantillon de taille n et on note f la fréquence du caractère étudié dans cette échantillon. Alors, sous certaines conditions ($n \geq 30$, $nf \geq 5$ et $n(1-f) \geq 5$), la proportion p a une probabilité de 0,95 d'être contenue dans l'intervalle :

$$\left[f-1{,}96\sqrt{\frac{f(1-f)}{n}}\,;\,f+1{,}96\sqrt{\frac{f(1-f)}{n}}\right]$$

C'est l'intervalle de confiance au seuil de 95 %.

Avant de prélever l'échantillon, on dit qu'il y a une **probabilité de 95 %** que p soit dans l'intervalle précédent. Une fois l'échantillon prélevé, on ne parle plus de probabilité : il est vrai ou faux que p est dans cet intervalle. On dit que p est dans cet intervalle avec une **confiance de 95 %**.

Exemple

Lors des élections, un candidat a obtenu 52 % des votes sur les 1 000 premiers bulletins dépouillés.

Peut-on affirmer qu'il va être élu à la majorité absolue (plus de 50 % des voix) avec un niveau de confiance de 95 % ?

Solution

Les conditions sur n et f sont vérifiées donc l'intervalle de confiance au seuil de 95 % est :

$$I=\left[0{,}52-1{,}96\sqrt{\frac{0{,}52\times 0{,}48}{1000}}\,;\,0{,}52+1{,}96\sqrt{\frac{0{,}52\times 0{,}48}{1000}}\right]$$

$I \approx [0{,}489\,;\,0{,}551]$

On peut seulement affirmer (avec une confiance de 95 %) qu'il obtiendra entre 48,9 % et 55,1 % des voix. On ne peut donc pas affirmer que le candidat sera élu.

B Comparer deux proportions à partir de deux échantillons

Si les deux intervalles de confiance correspondants sont disjoints, on peut penser que les deux proportions sont différentes.

Exemple

Un constructeur automobile teste deux chaînes de montage A et B. Il prélève pour cela un échantillon dans chaque production. Sur 250 automobiles produites par la chaîne A, 228 ne présentent aucun défaut, contre 121 sur 125 pour la chaîne B.

Peut-on en conclure que la chaîne B est plus fiable que la A ?

Solution

Chaîne A : $f = \frac{228}{250} = 0{,}912$

$I_1 = [0{,}877\,;\,0{,}947]$

Chaîne B : $f = \frac{121}{125} = 0{,}968$

$I_2 = [0{,}937\,;\,0{,}999]$

Les intervalles de confiance ne sont pas disjoints : on ne peut tirer aucune conclusion.

Exercices d'entraînement

Exercice 1 15 min Corrigé p. 93

Roméo et Léon jouent à un jeu de hasard parfait... c'est-à-dire qu'à chaque partie, chacun a une chance sur deux de gagner. En 30 parties, Roméo a gagné 23 fois. Léon l'accuse de tricheur. Qu'en pensez-vous ?

Exercice 2 15 min Corrigé p. 93

Dans un concours, 70 % des candidats sont reçus. Parmi les 40 candidats passés avec le jury n° 3025, seulement 23 candidats ont été reçus. Un candidat recalé avec ce jury estime que son jury était plus sévère les autres. Que peut-on en penser ?

Exercice 3 15 min Corrigé p. 93

D'après un sondage TNS-Sofres réalisé en 2009, 30 % des Français déclarent ne lire aucun livre. Dans un échantillon de 180 personnes, dans quelle fourchette sera, au risque d'erreur de 5 %, le nombre de personnes ne lisant aucun livre ?

Exercice 4 20 min Corrigé p. 93

Un grossiste vend des assortiments de billes métalliques et affirme que chaque lot contient 40 % de billes en aluminium.

1. Un acheteur prélève, de manière aléatoire, un échantillon de 30 billes dans un lot. Cet échantillon ne contient que 8 billes en aluminium. L'acheteur peut-il remettre en cause l'affirmation du grossiste ?
2. Combien de billes l'acheteur doit-il prélever dans le lot pour pouvoir remettre en cause l'affirmation du grossiste si la fréquence de billes en aluminium se maintient à 0,27 ?

Exercice 5 25 min Corrigé p. 94

Les compagnies aériennes pratiquent le *surbooking* : comme tous les passagers ne se présentent pas à l'embarquement, elles vendent plus de billets qu'il n'y a de places afin de remplir l'avion.
Des études statistiques sur un vol effectué par un A380 disposant de 525 places montrent qu'en moyenne 12 % des passagers ne se présentent pas à l'embarquement.

1. Si la compagnie vend 560 billets, quelle est, à 10^{-3} près, la probabilité que l'avion ne soit pas plein ?

On s'intéressera à la loi suivie par la variable X, correspondant au nombre de passagers se présentant à l'embarquement.
En utilisant l'intervalle de fluctuation asymptotique au seuil de 95 %, donner une fourchette du nombre de passagers se présentant à l'embarquement.

2. Si la compagnie vend 600 billets, quelle est la probabilité que des passagers restent à terre ?

Donner une fourchette du nombre de passagers se présentant à l'embarquement.
On admet maintenant que si $[a\,;b]$ est l'intervalle de fluctuation asymptotique au seuil de 95 %, alors

$$\mathrm{p}\left(\frac{X}{n} \leq a\right) \approx 0{,}025 \qquad \text{et} \qquad \mathrm{p}\left(\frac{X}{n} \geq b\right) \approx 0{,}25$$

3. Combien la compagnie doit-elle vendre de billets pour que la probabilité de remplir l'avion soit d'au moins 0,975 ?

4. Combien la compagnie doit-elle vendre de billets pour que la probabilité qu'au moins un passager reste à terre soit d'au plus 0,025 ?

Exercice 6 — 20 min

Corrigé p. 94

Une machine produit des joints métalliques. On veut estimer le pourcentage de joints défectueux.

1. On prélève 50 joints dont 3 de défectueux. Peut-on fournir un intervalle de confiance au seuil de 95 % indiquant la proportion de joints défectueux dans la production ?

2. On prélève maintenant 80 joints dont 6 défectueux. Donner un intervalle ayant une probabilité de 0,95 de contenir la proportion de joints défectueux dans le stock.

3. Le chef d'atelier n'est pas satisfait : l'intervalle obtenu dans la question précédente est trop large. Si la proportion de joints défectueux se maintient dans les échantillons, combien de joints doit-on prélever afin que l'intervalle de confiance obtenu ait une amplitude inférieure à 0,04 ?

Exercice 7 — 15 min

Corrigé p. 95

Afin de tester un nouveau protocole de fabrication dans une chaîne de montage, on prélève au hasard 220 unités produites suivant l'ancien protocole dont 12 défectueuses. On prélève ensuite 250 unités produites suivant le nouveau protocole : 5 sont défectueuses.
Peut-on affirmer que le nouveau protocole est plus efficace ?

Exercice 8 — 25 min

Corrigé p. 95

Dans un pays, 52 % de la population sont des femmes et 41 % de la population a moins de 35 ans.
On interroge 800 personnes dans le cadre d'un sondage sur l'utilisation des *smartphones*.
Le tableau suivant donne la structure de l'échantillon :

Âge	Homme	Femme
– de 35 ans	201	182
+ de 35 ans	161	256

1. Déterminer l'intervalle de fluctuation asymptotique au seuil de 95 % de la fréquence des femmes dans un échantillon de 800 personnes.

2. Déterminer l'intervalle de fluctuation asymptotique au seuil de 95 % de la fréquence des moins de 35 ans dans un échantillon de 800 personnes.

3. On considère que l'échantillon est représentatif de la population pour chacune des variables, sexe et âge, si l'intervalle de fluctuation asymptotique au seuil de 95 % contient la fréquence dans l'échantillon. L'échantillon sondé est-il représentatif de la population par rapport à l'âge et au sexe ?

4. À la question « avez-vous un *smartphone* ? », 22 % des personnes interrogées ont répondu oui. Donner une estimation par intervalle de confiance de la proportion de personnes disposant d'un *smartphone* dans ce pays ?

Annale du Bac

Sujet type bac

Exercice 1 4 Points 50 min

Corrigé p. 95

COMPRENDRE 7 EN VIDÉO

Tous les résultats seront arrondis à 10^{-3} près.

Partie A

Une étude statistique a montré que la consommation électrique journalière (en kWh) de l'entreprise Lambda pouvait être assimilée à une variable aléatoire X suivant la loi normale de moyenne $m = 236$ et d'écart type $\sigma = 8$.

1. Calculer la probabilité qu'un jour donné l'entreprise consomme :
   a. moins de 220 kWh ;
   b. plus de 250 kWh.
2. Déterminer le réel a tel que : $p(236 - a \leq X \leq 236 + a) = 0{,}95$.
   Interpréter le résultat.

Partie B

Le PDG, soucieux de motiver les employés aux économies d'énergie, décide de les pénaliser chaque mois où il y aura eu plus de 2 jours où la consommation a dépassé 250 kWh.
Un mois donné l'entreprise fonctionne 20 jours. Soit Y la variable aléatoire prenant pour valeur le nombre de jours où la consommation aura dépassé 250 kWh dans ce mois.
On admet que Y suit la loi binomiale de paramètres $n = 20$ et $p = 0{,}04$.

1. Calculer $p(Y = 0)$, $p(Y = 1)$ et $p(Y = 2)$.
2. Quelle est la probabilité que les employés soient pénalisés ce mois-ci ?

Exercice 2 4 Points 50 min

Corrigé p. 95

On considère les nombres complexes : $z_1 = \sqrt{2} + i\sqrt{6}$ et $z_2 = 2 + 2i$

1. Déterminer la forme exponentielle de z_1 et z_2.
2. Montrer que z_1^{24} est un réel et que z_2^{18} est un imaginaire pur.
3. Soit $Z = \dfrac{z_1}{z_2}$.
   a. Déterminer la forme algébrique de Z.
   b. Déterminer la forme exponentielle de Z.
   c. En déduire la valeur exacte de $\cos\dfrac{\pi}{12}$ et $\sin\dfrac{\pi}{12}$.

Exercice 3 4 Points 50 min

Corrigé p. 96

1. Résoudre l'équation différentielle (E) : $y'' + 2y = 0$
2. On désigne par f la solution particulière de (E) dont la courbe représentative passe par le point $A\left(0\,;\sqrt{2}\right)$ et admet en ce point une tangente parallèle à la droite d'équation $y = -2x$.
   a. Déterminer $f(0)$ et $f'(0)$.
   b. En déduire l'expression de $f(x)$ en fonction de x.
   c. Vérifier que pour tout réel x : $f(x) = 2\cos\left(x\sqrt{2} + \dfrac{\pi}{4}\right)$

3. Calculer la valeur moyenne m de f sur l'intervalle $\left[0\,;\dfrac{\pi}{\sqrt{2}}\right]$.

Exercice 4 8 Points 90 min

Corrigé p. 96

Les parties A et B sont indépendantes.

Le graphique en annexe donne la courbe représentative C_f d'une fonction f définie et dérivable sur l'ensemble $\mathbb{R}$ des nombres réels.

- Au point A d'abscisse 1, C_f admet une tangente horizontale.
- La droite T est la tangente à C_f au point $B(0\,;3)$, elle passe par le point $C(1\,;-2)$.
- La droite D est asymptote à C_f en $+\infty$.

Partie A

1. Déduire du graphique et des renseignements donnés ci-dessus :
   a. les valeurs de $f(0)$, $f'(0)$ et $f'(1)$.
   b. la limite de f en $+\infty$.

COMPRENDRE 8 EN VIDÉO

2. On sait que f est définie sur $\mathbb{R}$ par : $f(x) = a + bxe^{-x}$
   a. Calculer la dérivée de f.
   b. À l'aide de certains résultats de la question **1.** déterminer les réels a et b.

Partie B

On admet pour la suite de l'exercice que, pour tout réel x : $f(x) = 3 - 5xe^{-x}$

1. Déterminer les limites de f en $+\infty$ et en $-\infty$.
2. Calculer la dérivée puis établir le tableau de variation de f.
3. Montrer que la fonction F définie sur $\mathbb{R}$ par $F(x) = 3x + 5(x + 1)e^{-x}$ est une primitive de f.
4. Calculer l'aire de la partie E du plan limitée par C_f, l'axe des abscisses et les droites d'équations $x = 0$ et $x = 1$.

Annexe

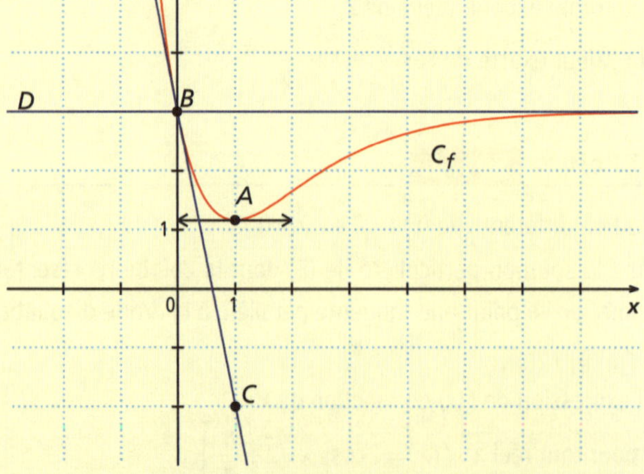

CORRIGÉS

CHAPITRE 1

Exercice 1

Énoncé p. 9

1. Graphiquement $u_n \geq 10^2$ pour $n \geq 11$
Donc $N = 11$.

2. $u_{11} = 11^2 - 11 = 121 - 11 = 110$

3. $f'(x) = 2x - 1$.
$f'(x) \geq 0$ pour $x \geq \frac{1}{2}$
Donc f est croissante sur $[1\,;+\infty[$

4. Pour tout $n \geq 11$: $f(n) \geq f(11) \geq 10^2$
Or, $u_n = f(n)$
Donc, pour tout $n \geq 11$: $u_n \geq 10^2$

Exercice 2

Énoncé p. 9

1. On obtient les tableaux de valeurs ci-dessous :

X	Y1	Y2
35	2.8889	2.9992
36	2.8919	2.9992
37	2.8947	2.9993
38	2.8974	2.9993
39	2.9	2.9993
40	2.9024	2.9994
41	2.9048	2.9994

X=41

2. Ces deux suites semblent converger vers 3.

3. On exprime $|u_n - 3|$:

$$|u_n - 3| = \left|\frac{3n-1}{n+1} - 3\right| = \left|\frac{3n-1-3n-3}{n+1}\right| = \left|\frac{-4}{n+1}\right| = \frac{4}{n+1}$$

Puis on programme l'algorithme suivant :
N prend la valeur 1
D prend la valeur $\frac{4}{N+1}$
Tant que $D > 10^{-1}$
N prend la valeur $N + 1$
D prend la valeur $\frac{4}{N+1}$
Fin tant que
Afficher *N*
On obtient $N_0 = 39$

4. On exprime $|v_n - 3|$:

$$|v_n - 3| = \left|3 - \frac{1}{n^2} - 3\right| = \left|-\frac{1}{n^2}\right| = \frac{1}{n^2}$$

Puis on programme l'algorithme suivant :
N prend la valeur 1
D prend la valeur $\frac{1}{N^2}$
Tant que $D > 10^{-2}$
N prend la valeur N + 1
D prend la valeur $\frac{1}{N^2}$
Fin tant que
Afficher *N*
On obtient $N_1 = 10$

Exercice 3

Énoncé p. 9

1. a. ; **2.** b. ; **3.** c. ; **4.** a. ; **5.** b. ; **6.** c. ; **7.** c. ; **8.** c.

Explications :

1. Calculons les quotients de deux termes consécutifs :
$\frac{20}{100} = 0{,}2$; $\frac{4}{20} = 0{,}2$; $\frac{0{,}8}{4} = 0{,}2$
La raison est donc 0,2.

2. De la formule $u_n = u_0 \times q^n$ on déduit $u_6 = u_0 \times q^6$.
Donc $u_6 = 400 \times 0{,}5^6 = 6{,}25$.

3. De la formule $u_n = u_1 \times q^{n-1}$ on déduit $u_6 = u_1 \times q^5$. Donc $u_6 = 0{,}3 \times 4^5 = 307{,}2$.

4. $u_7 = u_0 \times q^7$ donc $5\,760 = 45 \times q^7$ d'où
$q^7 = 128 \Leftrightarrow q = 128^{\frac{1}{7}}$, on obtient $q = 2$.

5. $u_5 = u_1 \times q^4$ donc $204{,}8 = 500 \times q^4$ d'où
$q^4 = 0{,}4096$ et donc $q = 0{,}4096^{\frac{1}{4}} = 0{,}8$.

6. $u_3 = u_0 \times q^3$ donc $75{,}6 = u_0 \times 0{,}3^3$ d'où
$u_0 = \frac{75{,}6}{0{,}3^3} = 2\,800$.

7. $u_5 = u_1 \times q^4$ donc $6\,480 = u_1 \times 1{,}5^4$ d'où
$u_1 = \frac{6480}{1{,}5^4} = 1\,280$.

8. On passe de u_3 à u_5 en multipliant 2 fois par la raison, donc : $u_5 = u_3 \times q^2$ soit $6\,250 = 1\,000 \times q^2$ donc $q^2 = 6{,}25 \Leftrightarrow q = 2{,}5$.

Par ailleurs $u_3 = u_0 \times q^3$ donc
$1\,000 = u_0 \times 2{,}5^3$ et donc $u_0 = 64$

Exercice 4

Énoncé p. 10

1. b. ; **2.** c. ; **3.** b. ; **4.** a.

Explications :

1. La formule donnant la somme des premiers termes d'une suite géométrique donne :

$$S = 10000\left(\frac{1-2{,}1^5}{1-2{,}1}\right) = 362\,191$$

2. Les nombres 1,1 ; 2,2 ; 4,4 ; … forment le début d'une suite géométrique de raison 2. En remarquant que $35{,}2 = 1{,}1 \times 2^5$ on voit que S contient 6 termes, donc $S = 1{,}1\left(\frac{1-2^6}{1-2}\right) = 69{,}3$

3. $v_0 + v_1 + \ldots + v_7 = 32\left(\frac{1-0{,}5^8}{1-0{,}5}\right) = 63{,}75$

4. On a : $975 = u_0\left(\frac{1-1{,}5^4}{1-1{,}5}\right) \Leftrightarrow 975 = u_0 \times 8{,}125$

D'où, $u_0 = 120$

Exercice 5

Énoncé p. 10

1. $u_0 = \frac{2^0}{3^1} = \frac{1}{3}$; $u_1 = \frac{2^1}{3^2} = \frac{2}{9}$; $u_2 = \frac{2^2}{3^3} = \frac{4}{27}$

2. $u_{n+1} = \frac{2^{n+1}}{3^{n+2}} = \frac{2}{3} \times \frac{2^n}{3^{n+1}} = \frac{2}{3}u_n$

(u_n) est donc une suite géométrique de raison $\frac{2}{3}$.

3. $u_n = u_0 q^n = \frac{1}{3} \times \left(\frac{2}{3}\right)^n$

Exercice 6

Énoncé p. 10

1. $u_1 = 8\,000 \times 0{,}2 = 1\,600$ et
$u_2 = 1\,600 \times 0{,}2 = 320$

COMPRENDRE 1 EN VIDÉO

2. $u_n = 8\,000 \times (0{,}2)^n$

3. $0 < 0{,}2 < 1$ donc $\lim\limits_{n\to+\infty} (0{,}2)^n = 0$

donc, $\lim\limits_{n\to+\infty} u_n = 0$

4. On programme l'algorithme suivant :

N prend la valeur 0
U prend la valeur 8 000
Tant que *U* > 1
COMPRENDRE 2 EN VIDÉO
N prend la valeur N + 1
U prend la valeur $8\,000 \times (0{,}2)^N$
Fin tant que
Afficher *N*

On obtient $N = 6$.

Exercice 7

Énoncé p. 10

1. a. Augmenter de 10 % revient à multiplier par 1,10. Alors, $u_{n+1} = 1{,}10 \times u_n$ donc (u_n) est une suite géométrique de raison 1,1 et de premier terme $u_1 = 100$.

b. $u_n = u_1 q^{n-1} = 100 \times (1{,}1)^{n-1}$

c. $u_1 + u_2 + \ldots + u_{10} = 100 \times \frac{1-(1{,}1)^{10}}{1-1{,}1}$
$\approx 1593{,}74$

Le coût total pour un puits de 10 mètres de profondeur est d'environ 1 594 €.

2. a. Augmenter de 35 % revient à multiplier par 1,35. Alors, $v_{n+1} = 1{,}35\, v_n$ donc (v_n) est une suite géométrique de raison 1,35.

b. $v_n = v_1 q^{n-1} = 60 \times (1{,}35)^{n-1}$

c. $v_{10} = 60 \times (1{,}35)^9 \approx 894$
La subvention accordée pour un puits de 10 m est d'environ 894 €.

d. La somme que devra réellement payer l'association pour le forage du puits de 10 m de profondeur est de :
1594 – 894 = 700 €

CHAPITRE 2

Exercice 1

Énoncé p. 14

1. $(2+i)(3-2i) = 6-4i+3i-2i^2 = 8-i$

2. $(1-i)^2 = 1-2i+i^2 = -2i$

3. $\frac{1+i}{2-i} = \frac{(1+i)(2+i)}{(2-i)(2+i)} = \frac{1+3i}{5}$

Donc $\frac{1+i}{2-i} = \frac{1}{5} + \frac{3}{5}i$

4. $\frac{1}{3+5i} = \frac{3-5i}{(3+5i)(3-5i)} = \frac{3-5i}{3^2-(5i)^2}$

$= \frac{3-5i}{34} = \frac{3}{34} - \frac{5}{34}i$

5. $\frac{(1-i)(2+i)}{1+2i} = \frac{3-i}{1+2i} = \frac{(3-i)(1-2i)}{(1+2i)(1-2i)}$

$= \frac{1-7i}{5} = \frac{1}{5} - \frac{7}{5}i$

Exercice 2

Énoncé p. 14

1. $|z_1| = \sqrt{1^2 + \left(\sqrt{3}\right)^2} = 2$

Et $\arg(z_1) = \theta_1$ avec $\begin{cases}\cos(\theta_1) = \dfrac{1}{2}\\ \sin(\theta_1) = \dfrac{\sqrt{3}}{2}\end{cases}$

donc $\theta_1 = \dfrac{\pi}{3}[2\pi]$

donc, $z_1 = 2\left(\cos\left(\dfrac{\pi}{3}\right) + i\sin\left(\dfrac{\pi}{3}\right)\right)$

$|z_2| = \sqrt{1^2 + (-1)^2} = \sqrt{2}$

Et $\arg(z_2) = \theta_2$ avec $\begin{cases}\cos(\theta_2) = \dfrac{1}{\sqrt{2}} = \dfrac{\sqrt{2}}{2}\\ \sin(\theta_2) = \dfrac{-1}{\sqrt{2}} = -\dfrac{\sqrt{2}}{2}\end{cases}$

donc $\theta_2 = -\dfrac{\pi}{4}[2\pi]$

donc, $z_2 = \sqrt{2}\left(\cos\left(-\dfrac{\pi}{4}\right) + i\sin\left(-\dfrac{\pi}{4}\right)\right)$

2. Forme algébrique :

$$z_3 = \frac{1+i\sqrt{3}}{1-i} = \frac{(1+i\sqrt{3})\times(1+i)}{(1-i)(1+i)}$$

$$= \frac{1-\sqrt{3}}{2} + i\frac{\sqrt{3}+1}{2}.$$

Forme trigonométrique

1re méthode :

$$z_3 = \frac{2\left(\cos\left(\frac{\pi}{3}\right) + i\sin\left(\frac{\pi}{3}\right)\right)}{\sqrt{2}\left(\cos\left(-\frac{\pi}{4}\right) + i\sin\left(-\frac{\pi}{4}\right)\right)}$$

$$= \sqrt{2}\left(\cos\left(\frac{\pi}{3} + \frac{\pi}{4}\right) + i\sin\left(\frac{\pi}{3} + \frac{\pi}{4}\right)\right)$$

$$= \sqrt{2}\left(\cos\left(\frac{7\pi}{12}\right) + i\sin\left(\frac{7\pi}{12}\right)\right)$$

2e méthode : On utilise les formes exponentielles

$$z_3 = \frac{2e^{i\frac{\pi}{3}}}{\sqrt{2}e^{i\left(-\frac{\pi}{4}\right)}} = \frac{2}{\sqrt{2}}e^{i\left(\frac{\pi}{3}+\frac{\pi}{4}\right)} = \sqrt{2}e^{i\left(\frac{7\pi}{12}\right)}$$

$$= \sqrt{2}\left(\cos\left(\frac{7\pi}{12}\right) + i\sin\left(\frac{7\pi}{12}\right)\right)$$

3.

$$\cos\left(\frac{7\pi}{12}\right) = \frac{\frac{1-\sqrt{3}}{2}}{\sqrt{2}} = \frac{\sqrt{2}-\sqrt{6}}{4} \quad \text{et} \quad \sin\left(\frac{7\pi}{12}\right) = \frac{\frac{1+\sqrt{3}}{2}}{\sqrt{2}} = \frac{\sqrt{2}+\sqrt{6}}{4}$$

Exercice 3

Énoncé p. 14

1. $z_1 = 1 + i\sqrt{3}$ **2.** $z_2 = \sqrt{2}e^{i\frac{\pi}{4}}$

Exercice 4

Énoncé p. 14

1. $|z_1| = \sqrt{(-1)^2 + 1^2} = \sqrt{2}$ et

$$|z_2| = \sqrt{\left(\frac{\sqrt{3}}{2} - \frac{1}{2}\right)^2 + \left(\frac{\sqrt{3}}{2} + \frac{1}{2}\right)^2}$$

$$= \sqrt{\left(\frac{3}{4} - \frac{\sqrt{3}}{2} + \frac{1}{4}\right) + \left(\frac{3}{4} + \frac{\sqrt{3}}{2} + \frac{1}{4}\right)}$$

$$= \sqrt{2}$$

2. $\arg(z_1) = \theta$ avec : $\begin{cases}\cos\theta = \dfrac{-1}{\sqrt{2}} = -\dfrac{\sqrt{2}}{2}\\ \sin\theta = \dfrac{1}{\sqrt{2}} = \dfrac{\sqrt{2}}{2}\end{cases}$

Alors, $\theta = \dfrac{3\pi}{4}$

3.

$$Z = \frac{\left(\frac{\sqrt{3}}{2} - \frac{1}{2}\right) + \left(\frac{\sqrt{3}}{2} + \frac{1}{2}\right)i}{-1+i}$$

$$= \frac{\left[\left(\frac{\sqrt{3}}{2} - \frac{1}{2}\right) + \left(\frac{\sqrt{3}}{2} + \frac{1}{2}\right)i\right](-1-i)}{(-1+i)(-1-i)}$$

$$= \frac{1-i\sqrt{3}}{2}$$

$$Z = \frac{1}{2} - i\frac{\sqrt{3}}{2}$$

$$= \cos\left(-\frac{\pi}{3}\right) + i\sin\left(-\frac{\pi}{3}\right)$$

$$= e^{-i\frac{\pi}{3}}$$

Alors $Z^6 = \left(e^{-i\frac{\pi}{3}}\right)^6 = e^{-2i\pi} = e^0 = 1.$

Exercice 5

Énoncé p. 14 COMPRENDRE 3 EN VIDÉO

1. $|z_1| = \sqrt{2^2 + (2\sqrt{3})^2} = \sqrt{4+12} = \sqrt{16} = 4$ et

$\arg(z_1) = \theta_1$ avec : $\begin{cases}\cos\theta_1 = \dfrac{2}{4} = \dfrac{1}{2}\\ \sin\theta_1 = \dfrac{2\sqrt{3}}{4} = \dfrac{\sqrt{3}}{2}\end{cases}$

Alors, $\theta_1 = \frac{\pi}{3}$

2. D'après le **1.** $z_1 = 4e^{i\frac{\pi}{3}}$

Or, $z_2 = \overline{z_1}$ d'où $z_2 = 4e^{-i\frac{\pi}{3}}$

3. $(z_1)^6 = \left(4e^{i\frac{\pi}{3}}\right)^6 = 4^6 e^{2i\pi} = 4^6$

$$\frac{(z_1)^4}{(z_2)^2} = \frac{\left(4e^{i\frac{\pi}{3}}\right)^4}{\left(4e^{-i\frac{\pi}{3}}\right)^2} = \frac{4^4 e^{4i\frac{\pi}{3}}}{4^2 e^{-2i\frac{\pi}{3}}}$$

$$= 4^2 e^{i\left(\frac{4\pi}{3}+\frac{2\pi}{3}\right)} = 16e^{2i\pi} = 16$$

Exercice 6

Énoncé p. 14

1. $|Z_1| = \sqrt{\left(\frac{1}{2}\right)^2 + \left(\frac{1}{2}\right)^2} = \frac{1}{\sqrt{2}} = \frac{\sqrt{2}}{2}$

$$\arg(Z_1) = \theta \text{ avec : } \begin{cases} \cos\theta = \dfrac{\frac{1}{2}}{\frac{\sqrt{2}}{2}} = \dfrac{\sqrt{2}}{2} \\ \sin\theta = \dfrac{-\frac{1}{2}}{\frac{\sqrt{2}}{2}} = -\dfrac{\sqrt{2}}{2} \end{cases}$$

Alors, $\theta = -\frac{\pi}{4}$

2. $Z_2 = \frac{2+i}{3-i} = \frac{(2+i)(3+i)}{(3-i)(3+i)}$

$$= \frac{5+5i}{10} = \frac{1}{2} + \frac{1}{2}i$$

Alors, $Z_2 = \overline{Z_1}$.

3. Des **1.** et **2.**, on déduit que : $Z_2 = \frac{\sqrt{2}}{2} e^{i\frac{\pi}{4}}$

4.

$$Z_3 = \frac{\sqrt{3}}{2} e^{-i\frac{\pi}{6}}$$

$$= \frac{\sqrt{3}}{2}\left(\cos\left(-\frac{\pi}{6}\right) + i\sin\left(-\frac{\pi}{6}\right)\right)$$

$$= \frac{\sqrt{3}}{2}\left(\frac{\sqrt{3}}{2} - \frac{1}{2}i\right)$$

$$= \frac{3}{4} - \frac{\sqrt{3}}{4}i$$

5.

$$Z = \frac{\sqrt{2}}{2} e^{i\frac{\pi}{4}} \times \frac{\sqrt{3}}{2} e^{-i\frac{\pi}{6}}$$

$$= \frac{\sqrt{6}}{4} e^{i\left(\frac{\pi}{4}-\frac{\pi}{6}\right)} = \frac{\sqrt{6}}{4} e^{i\frac{\pi}{12}}$$

Alors, $|Z| = \frac{\sqrt{6}}{4}$ et $\arg(Z) = \frac{\pi}{12}$.

6.

$$Z = \left(\frac{1}{2} + \frac{1}{2}i\right)\left(\frac{3}{4} - \frac{\sqrt{3}}{4}i\right)$$

$$= \frac{3}{8} - \frac{\sqrt{3}}{8}i + \frac{3}{8}i + \frac{\sqrt{3}}{8}$$

$$= \frac{3+\sqrt{3}}{8} + i\left(\frac{3-\sqrt{3}}{8}\right)$$

7. Des **5.** et **6.**, on déduit :

$$\frac{\sqrt{6}}{4}\cos\left(\frac{\pi}{12}\right) = \frac{3+\sqrt{3}}{8}$$

Soit,

$$\cos\left(\frac{\pi}{12}\right) = \frac{3+\sqrt{3}}{8} \times \frac{4}{\sqrt{6}} = \frac{3+\sqrt{3}}{2\sqrt{6}}$$

$$= \frac{3\sqrt{6}+\sqrt{18}}{12} = \frac{3\sqrt{6}+3\sqrt{2}}{12}$$

$$= \frac{\sqrt{6}+\sqrt{2}}{4}$$

De même, $\sin\left(\frac{\pi}{12}\right) = \frac{\sqrt{6}-\sqrt{2}}{4}$

Exercice 7

Énoncé p. 15

1. Réponse **c.** : un nombre imaginaire pur

2. Réponse **b.** : un nombre réel négatif

3. Réponse **c.** : $4e^{-i\frac{\pi}{6}}$

4. Réponse **b.** : $2\sqrt{2}e^{i\frac{3\pi}{4}}$

Exercice 8

Énoncé p. 15

1. $Z = \frac{1}{1+i\left(50 \times 2 \times \frac{1}{100}\right)} = \frac{1}{1+i}$

2. $Z = \frac{1}{1+i} = \frac{1-i}{2} = \frac{1}{2} - \frac{1}{2}i$

Alors, $|Z| = \frac{\sqrt{2}}{2}$ et $\arg(Z) = -\frac{\pi}{4}$

3. Si $|Z_S| = 2|Z_e|$ alors, $|Z| = \left|\frac{Z_S}{Z_e}\right| = \frac{|Z_S|}{|Z_e|} = \frac{2|Z_e|}{|Z_e|} = 2$

Impossible.

4. $\arg(Z) = \arg\left(\frac{Z_S}{Z_e}\right) = \arg(Z_S) - \arg(Z_e)$

D'où,

$\arg(Z_e) = \arg(Z_S) - \arg(Z)$

$= \frac{\pi}{2} - \frac{\pi}{4} = \frac{\pi}{4}$

5.

$Z_e = 150(-\sqrt{3} + \mathrm{i}) = 300\left(\frac{-\sqrt{3}}{2} + \frac{1}{2}\mathrm{i}\right) = 300\mathrm{e}^{\mathrm{i}\frac{5\pi}{6}}$

$Z = \frac{\sqrt{2}}{2}\mathrm{e}^{-\mathrm{i}\frac{\pi}{4}}$

Alors, $Z_S = ZZ_e = 150\sqrt{2}\mathrm{e}^{\mathrm{i}\left(-\frac{\pi}{4}+\frac{5\pi}{6}\right)} = 150\sqrt{2}\mathrm{e}^{\mathrm{i}\frac{7\pi}{12}}$

CHAPITRE 3

Exercice 1

Énoncé p. 18

1. D'après le **1.** $\overrightarrow{AI} \cdot \overrightarrow{AJ} = AI \times AJ \times \cos\theta$

Or, d'après le théorème de Pythagore dans le triangle rectangle ABI :

$AI^2 = AB^2 + BI^2 = a^2 + \left(\frac{a}{2}\right)^2 = \frac{5a^2}{4}$

Et $AJ = AI$ donc $\overrightarrow{AI} \cdot \overrightarrow{AJ} = \frac{5a^2}{4}\cos\theta$

D'autre part, on peut écrire :

$\overrightarrow{AI} \cdot \overrightarrow{AJ} = (\overrightarrow{AB} + \overrightarrow{BI}) \cdot (\overrightarrow{AD} + \overrightarrow{DJ})$

$= \overrightarrow{AB} \cdot \overrightarrow{AD} + \overrightarrow{AB} \cdot \overrightarrow{DJ} + \overrightarrow{BI} \cdot \overrightarrow{AD} + \overrightarrow{BI} \cdot \overrightarrow{DJ}$

$= 0 + a \times \frac{a}{2} + \frac{a}{2} \times a + 0 = a^2$

On a donc : $\frac{5a^2}{4}\cos\theta = a^2$

D'où : $\cos\theta = \frac{4}{5} = 0{,}8$

2. Donc $\theta \approx 37°$

Exercice 2

Énoncé p. 18

1. $BC^2 = \overrightarrow{BC}^2 = (\overrightarrow{BA} + \overrightarrow{AC})^2$

$= BA^2 + AC^2 + 2\overrightarrow{BA} \cdot \overrightarrow{AC}$

$= 64 + 9 - 2\overrightarrow{AB} \cdot \overrightarrow{AC}$

$= 73 - 2 \times AB \times AC \times \cos(\overrightarrow{AB}\,;\overrightarrow{AC})$

$= 73 - 2 \times 8 \times 3 \times \frac{1}{2} = 49$

Donc $BC = 7$

2. D'une part :

$\overrightarrow{BC} \cdot \overrightarrow{BD} = BC \times BD \times \cos(\overrightarrow{BC}\,;\overrightarrow{BD})$

$= 105\cos(\overrightarrow{BC}\,;\overrightarrow{BD})$

D'autre part : $\overrightarrow{CB} + \overrightarrow{BD} = \overrightarrow{CD}$ donc

$\overrightarrow{CB} \cdot \overrightarrow{BD} = \frac{1}{2}(CD^2 - CB^2 - BD^2)$

$= \frac{1}{2}(169 - 49 - 225) = -52{,}5$

Donc $\overrightarrow{BC} \cdot \overrightarrow{BD} = 52{,}5$

D'où $\cos(\overrightarrow{BC}\,;\overrightarrow{BD}) = 0{,}5$

Et $(\overrightarrow{BC}\,;\overrightarrow{BD}) = \frac{\pi}{3}$

Exercice 3

Énoncé p. 19

ABC rectangle en A. $\Leftrightarrow \overrightarrow{AB} \cdot \overrightarrow{AC} = 0$

Or $\overrightarrow{AB}\begin{pmatrix} -6 \\ 4 \end{pmatrix}$ et $\overrightarrow{AC}\begin{pmatrix} 2 \\ \alpha+1 \end{pmatrix}$

Donc $\overrightarrow{AB} \cdot \overrightarrow{AC} = -12 + 4(\alpha+1) = 4\alpha - 8$

C'est donc pour $\alpha = 2$ que ABC est rectangle en A.

Exercice 4

Énoncé p. 19

1. H est défini par : $(AH) \perp (BC)$ et $H \in (BC)$

$\overrightarrow{BC}\begin{pmatrix} 2 \\ 1 \end{pmatrix}$ et $\overrightarrow{AH}\begin{pmatrix} x_H - 6{,}5 \\ y_H - 1{,}5 \end{pmatrix}$.

$(AH) \perp (BC) \Leftrightarrow \overrightarrow{BC} \cdot \overrightarrow{AH} = 0$

$\Leftrightarrow 2(x_H - 6{,}5) + 1(y_H - 1{,}5) = 0$

$\Leftrightarrow 2x_H + y_H - 14{,}5 = 0$

Et, $H \in (BC) \Leftrightarrow \overrightarrow{BH}$ et $\overrightarrow{BC}$ colinéaires.

$\Leftrightarrow x_H \times 1 - 2(y_H - 2) = 0$

$\Leftrightarrow x_H - 2y_H + 4 = 0$

Les coordonnées de H sont donc solutions du système :

$$\begin{cases} 2x_H + y_H = 14{,}5 \\ x_H - 2y_H = -4 \end{cases}$$

On trouve : $x_H = 5$ et $y_H = 4{,}5$

2. Alors $\overrightarrow{AH}\begin{pmatrix} -1{,}5 \\ 3 \end{pmatrix}$, donc :

$AH = \|\overrightarrow{AH}\| = \sqrt{(-1{,}5)^2 + 3^2}$

$= \sqrt{11{,}25} \approx 3{,}35$

Exercice 5

Énoncé p. 19

1. Voir la fin de l'exercice.

2. $U(3\,;2)$

3. $\overrightarrow{AB}\begin{pmatrix}1\\3\end{pmatrix}\overrightarrow{AD}\begin{pmatrix}9\\-3\end{pmatrix}\overrightarrow{CB}\begin{pmatrix}-7\\-1\end{pmatrix}\overrightarrow{CD}\begin{pmatrix}1\\-7\end{pmatrix}$

$\overrightarrow{AB}\cdot\overrightarrow{AD}=1\times9+3\times(-3)=0$

$\overrightarrow{CB}\cdot\overrightarrow{CD}=-7\times1+(-1)\times(-7)=0$

Donc $(AB)\perp(AD)$ et $(CB)\perp(CD)$.
On en déduit que A et C sont sur le cercle $\mathscr{C}$ de diamètre $[BD]$, qui a donc pour centre U et pour rayon : $R=\dfrac{BD}{2}=\dfrac{1}{2}\sqrt{8^2+(-6)^2}=5$

4. $M(x\,;y)\in(AB)$
$\Leftrightarrow$ $\overrightarrow{AM}$ et $\overrightarrow{AB}$ colinéaires
$\Leftrightarrow 1(y-2)-3(x+2)=0$
$\Leftrightarrow -3x+y-8=0$
On trouve de même, $(BC) : x-7y+36=0$
$(CA) : x-2y+6=0$

5. $M(x\,;y)\in T_1$
$\Leftrightarrow$ $\overrightarrow{AM}$ et $\overrightarrow{UA}$ orthogonaux
$\Leftrightarrow \overrightarrow{AM}\cdot\overrightarrow{UA}=0$
$\Leftrightarrow -5(x+2)+0(y-2)=0$
$\Leftrightarrow x=-2$
T_1 est donc verticale.
On trouve de même,
$T_2 : 4x-3y+19=0$
$T_3 : 3x-4y+42=0$

6. Les coordonnées de I sont solutions du système :

$$\begin{cases}x=-2\\x-7y+36=0\end{cases}\Leftrightarrow\begin{cases}x=-2\\y=\dfrac{34}{7}\end{cases}$$

On trouve de même,
$J(-4\,;1)$ et $K\left(\dfrac{2}{3};10\right)$

Les points I, J, K semblent alignés sur la figure. Vérifions-le en montrant que les vecteurs $\overrightarrow{IJ}$ et $\overrightarrow{JK}$ sont colinéaires.

$$\overrightarrow{IJ}\begin{pmatrix}-2\\-\dfrac{27}{7}\end{pmatrix}\text{ et }\overrightarrow{JK}\begin{pmatrix}\dfrac{14}{3}\\9\end{pmatrix}$$

et $-2\times9-\left(-\dfrac{27}{7}\right)\times\dfrac{14}{3}=0$

donc I, J, K sont bien alignés.

La figure permet de vérifier tous ces résultats.

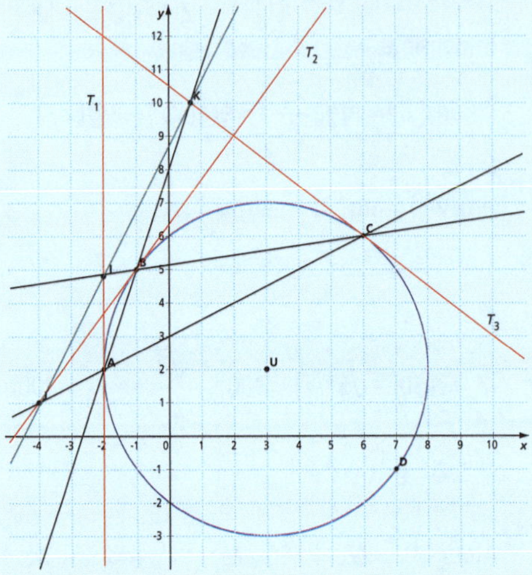

Exercice 6

Énoncé p. 19

1. $\cos(2x)=\cos x-1$
$\Leftrightarrow 2\cos^2 x-1=\cos x-1$
$\Leftrightarrow (\cos x)(2\cos x-1)=0$
$\Leftrightarrow \cos x=0 \text{ ou } \cos x=\dfrac{1}{2}$
$\Leftrightarrow x=\dfrac{\pi}{2}+k\pi \text{ ou } x=\dfrac{\pi}{3}+2k\pi$
ou $x=-\dfrac{\pi}{3}+2k\pi$

2. $\sin(2x)=\sqrt{3}\sin x$
$\Leftrightarrow 2\sin x\cos x=\sqrt{3}\sin x$
$\Leftrightarrow (\sin x)(2\cos x-\sqrt{3})=0$
$\Leftrightarrow \sin x=0 \text{ ou } \cos x=\dfrac{\sqrt{3}}{2}$
$\Leftrightarrow x=k\pi \text{ ou } x=\dfrac{\pi}{6}+2k\pi$
ou $x=-\dfrac{\pi}{6}+2k\pi$

3. $(2\cos x+\sin x)^2=\dfrac{3}{2}$
$\Leftrightarrow 1+2\sin x\cos x=\dfrac{3}{2}$
$\Leftrightarrow \sin(2x)=\dfrac{1}{2}$
$\Leftrightarrow 2x=\dfrac{\pi}{6}+2k\pi \text{ ou } 2x=\dfrac{5\pi}{6}+2k\pi$
$\Leftrightarrow x=\dfrac{\pi}{12}+k\pi \text{ ou } x=\dfrac{5\pi}{12}+k\pi$

CHAPITRE 4

Exercice 1

Énoncé p. 23

1. $f'(x)=4(2x^2-x)^3(4x-1)$
2. $f(x)=5(4-x)^{-3}$, donc :
$f'(x)=-15(4-x)^{-4}\times(-1)=\dfrac{15}{(4-x)^4}$
3. $f'(x)=\dfrac{4x^2-(4x+3)2x}{x^4}$
$f'(x)=\dfrac{-4x^2-6x}{x^4}=\dfrac{-4x-6}{x^3}$
4. $f'(x)=3\cos^2 x(-\sin x)$
$=-3\sin x\cos^2 x$
5. Dans ce calcul on utilise les formules :
$\cos^2 x+\sin^2 x=1$
$\cos(2x)=\cos^2 x-\sin^2 x$
$\sin(2x)=2\sin x\cos x$
$f'(x)=\dfrac{\cos x\cos(2x)-\sin x(-2\sin(2x))}{\cos^2(2x)}$
$=\dfrac{\cos x(\cos^2 x-\sin^2 x)+4\sin^2 x\cos x}{\cos^2(2x)}$
$=\dfrac{(\cos^2 x+3\sin^2 x)\cos x}{\cos^2(2x)}$
$=\dfrac{(1+2\sin^2 x)\cos x}{\cos^2(2x)}$

Exercice 2

Énoncé p. 23

COMPRENDRE 4 EN VIDÉO
COMPRENDRE 5 EN VIDÉO

Réponses :

1. c. 2. a. 3. a. 4. b. 5. b.
6. b. 7. a. 8. b.

Exercice 3

Énoncé p. 24

Soit $f(x)=-\dfrac{1}{2}x^2+6x-10$

Alors $f'(x)=-x+6$

Le coefficient directeur de (AB) est $m=\dfrac{6-0}{4-1}=2$

et $f'(4)=-4+6=2$

Donc (AB) est bien la tangente à $\mathscr{P}$ en B.
De même, (CD) a pour coefficient directeur -2 et $f'(8)=-2$.

Exercice 4

Énoncé p. 24

1. $f'(x)=1-\dfrac{a}{x^2}-\dfrac{2b}{x^3}$
2. Les conditions données se traduisent par $f(2)=\dfrac{3}{4}$ et $f'(2)=0$

D'où : $\dfrac{a}{2}+\dfrac{b}{4}=\dfrac{3}{4} \Leftrightarrow 2a+b=3$

Et : $1-\dfrac{a}{4}-\dfrac{2b}{8}=0 \Leftrightarrow a+b=4$

On en déduit $a=-1$ et $b=5$, donc :

$f(x)=x-2-\dfrac{1}{x}+\dfrac{5}{x^2}$

Exercice 5

Énoncé p. 24

Partie A

1. Développons : $x(x-2)(x^2+2x+7)$
$=(x^2-2x)(x^2+2x+7)$
$=x^4+2x^3+7x^2-2x^3-4x^2-14x$
$=g(x)$
2. Donc, $g(x)=0 \Leftrightarrow x=0$ ou $x-2=0$
ou $x^2+2x+7=0$
Cette dernière équation a un discriminant négatif, donc n'a pas de solution.
D'où : $S=\{0;2\}$

Partie B

1. $f'(x)=\dfrac{(3x^2-4x)(x^2+1)-2x(x^3-2x^2+5)}{(x^2+1)^2}$
$=\dfrac{x^4+3x^2-14x}{(x^2+1)^2}=\dfrac{g(x)}{(x^2+1)^2}$
2. $f'(x)$ est du signe de $x(x-2)$, d'où le tableau de variations :

x	-7		0		2		7
f'		+	0	−	0	+	
f	$-8{,}72$	↗	5	↘	1	↗	5

3.

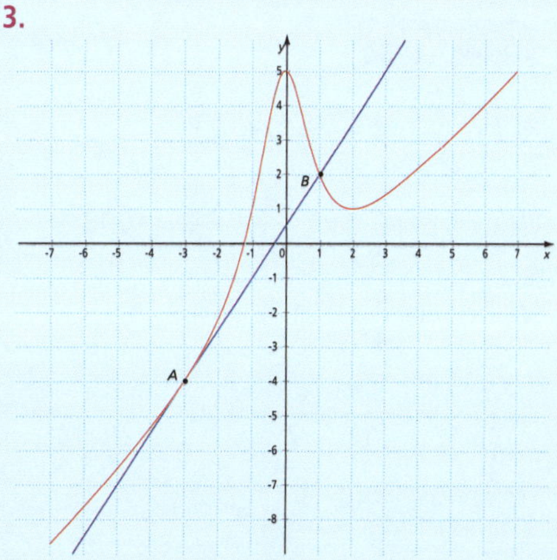

4. Le coefficient directeur de (AB) est

$m=\dfrac{2-(-4)}{1-(-3)}=\dfrac{3}{2}$ et le nombre dérivé de f en (-3)

est $f'(-3)=\dfrac{3}{2}$ donc (AB) est bien la tangente en A à C_f.

Exercice 6

Énoncé p. 24

1. $g'(x) = 1 - \cos x$ or, pour tout $x \in \mathbb{R}$, $\cos x \leq 1$ donc $g'(x) \geq 0$.
g' s'annule lorsque $\cos x = 1$ donc pour $x = 2k\pi$ $(k \in \mathbb{Z})$, g est donc strictement croissante sur $\mathbb{R}$.

2. $g(0) = 0$ donc,
$g(x) < 0$ si $x \in]-\infty\,;0[$
$g(x) > 0$ si $x \in]0\,;+\infty[$

3. $f'(x) = g(x)$, donc on a :

x	$-\infty$		0		$+\infty$
$f'(x)$		$-$	0	$+$	
$f(x)$		↘	0	↗	

4. Le minimum de f est 0 donc, pour $x \in \mathbb{R}$, $f(x) \geq 0$

i.e. $\cos x \geq 1-\dfrac{x^2}{2}$, d'où : $1-\dfrac{x^2}{2} \leq \cos x \leq 1$

Le graphique ci-dessous illustre la propriété démontrée :

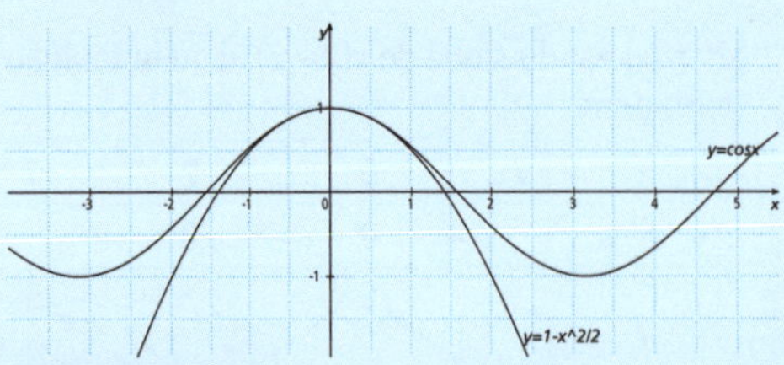

Exercice 7

Énoncé p. 25

1. $f\left(-\dfrac{\pi}{2}\right)=1+\dfrac{\pi}{2}\approx 1{,}79$

$f(0)=0\,;\ f\left(\dfrac{\pi}{6}\right)=1-\dfrac{\pi}{12}-\dfrac{\sqrt{3}}{2}\approx -0{,}13$

$f\left(\dfrac{\pi}{2}\right)=1-\dfrac{\pi}{4}\approx 0{,}21$

$f\left(\dfrac{5\pi}{6}\right)=1-\dfrac{5\pi}{12}+\dfrac{\sqrt{3}}{2}\approx 0{,}56$

$f(\pi)=2-\dfrac{\pi}{2}\approx 0{,}43$

2. $f'(x)=\sin x-\dfrac{1}{2}$ donc :

$f'(x) = 0 \Leftrightarrow \sin x=\dfrac{1}{2}$

$\Leftrightarrow x=\dfrac{\pi}{6}$ ou $x=\dfrac{5\pi}{6}$ (dans I)

3.

x	$-\pi$		$\dfrac{\pi}{6}$		$\dfrac{5\pi}{6}$		π
f'		$-$	0	$+$	0	$-$	
f	$f(-\pi)$	↘	$f\left(\dfrac{\pi}{6}\right)$	↗	$f\left(\dfrac{5\pi}{6}\right)$	↘	$f(\pi)$

4. $f'\left(\dfrac{\pi}{2}\right)=\dfrac{1}{2}$ donc l'équation de T est :

$y=\dfrac{1}{2}\left(x-\dfrac{\pi}{2}\right)+1-\dfrac{\pi}{4}$

Soit : $y=\dfrac{1}{2}x+1-\dfrac{\pi}{2}$

5. On obtient :

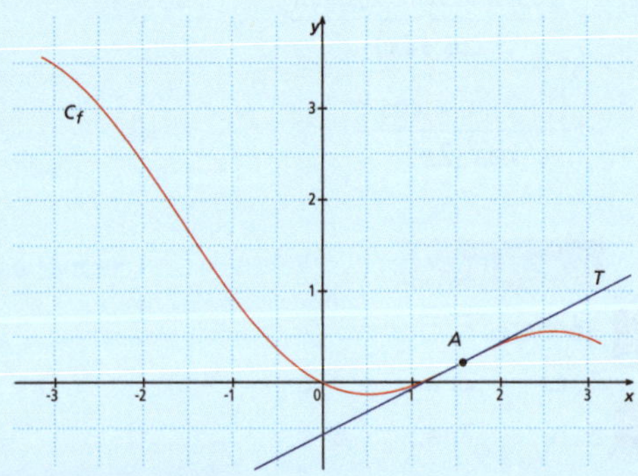

Exercice 8

Énoncé p. 25

Partie A

1. $(x-2)(x^2+ax+b)$
$= x^3 + ax^2 + bx - 2x^2 - 2ax - 2b$
$= x^3 + (a-2)x^2 + (b-2a)x - 2b$
Par identification (avec l'expression de $P(x)$) on en déduit le système :

$$\begin{cases} a-2=-15 \\ b-2a=62 \\ -2b=-72 \end{cases} \Leftrightarrow \begin{cases} a=-13 \\ b=36 \end{cases}$$

d'où : $P(x) = (x-2)(x^2-13x+36)$

2. $P(x) = 0$
$\Leftrightarrow x-2=0$ ou $x^2-13x+36=0$

En résolvant ces deux équations on obtient les trois solutions 2 ; 4 et 9.

$S = \{2; 4; 9\}$

Partie B

1. D'après le graphique T a pour coefficient directeur 8 et pour ordonnée à l'origine (– 12) donc son équation est : $y = 8x - 12$.

2. On constate que D coupe C_f en trois points dont les abscisses sont 2 ; 4 et 9. Ces trois nombres sont donc les solutions de l'équation $f(x) = x + 2$.
On a $f(x) \geq x + 2$ lorsque C_f est au-dessus de D, donc sur les intervalles [2 ; 4] et [9 ; 12].

Partie C

1. $f'(x) = 2x - 14 + \frac{72}{x^2}$ et

$\frac{2}{x^2}(x+2)(x^2 - 9x + 18)$

$= \frac{2}{x^2}(x^3 - 9x^2 + 18x + 2x^2 - 18x + 36)$

$= \frac{2}{x^2}(x^3 - 7x^2 + 36) = 2x - 14 + \frac{72}{x^2}$

Donc on a bien : $f'(x) = \frac{2}{x^2}(x+2)(x^2 - 9x + 18)$

2. Sur l'intervalle $I = [1 ; 12]$ on a $\frac{2}{x^2} > 0$ et $x + 2 > 0$ donc $f'(x)$ est du signe du polynôme $x^2 - 9x + 18$ qui a pour discriminant $\Delta = 9$ et donc deux racines $x_1 = 3$ et $x_2 = 6$.
D'où le tableau de variations (en accord avec le graphique) :

x	1		3		6		12
$f'(x)$		+	0	–	0	+	
$f(x)$	–21	↗	7	↘	4	↗	34

3. L'équation de T est : $y = f'(2)(x - 2) + f(2)$
or $f(2) = 4$ et $f'(2) = 8$
On obtient donc l'équation :
$y = 8(x - 2) + 4 \Leftrightarrow y = 8x - 12$

4. $f(x) = x + 2$

$\Leftrightarrow x^2 - 14x + 64 - \frac{72}{x} = x + 2$

$\Leftrightarrow x^2 - 15x + 62 - \frac{72}{x} = 0$

$\Leftrightarrow x^3 - 15x^2 + 62x - 72 = 0$

On retrouve bien l'équation $P(x) = 0$ et donc l'ensemble des solutions :

$S = \{2; 4; 9\}$

CHAPITRE 5

Exercice 1

Énoncé p. 28

1. $F(x) = 2x^3 - 4x^2 + 3x$

2. $F(x) = \frac{1}{2}x^4 - \frac{5}{3}x^3 + \frac{3}{2}x^2 - 2x$

3. $F(x) = 3x^5 - 2x^4 - 3x^3 + 5x^2$

4. $f(x) = \frac{1}{2}\left[2(2x-3)^2\right]$, donc :

$F(x) = \frac{1}{2}\left[\frac{1}{3}(2x-3)^3\right] = \frac{1}{6}(2x-3)^3$

5. $f(x) = \frac{1}{2}\left[2x(x^2+4)^3\right]$, donc :

$F(x) = \frac{1}{8}(x^2+4)^4$

Exercice 2

Énoncé p. 28

1. $F(x) = -\frac{3}{2}x^2 - \frac{6}{x}$

2. $F(x) = -\frac{5}{x+1}$

3. $f(x) = x^{-3} - 3x^{-4}$, donc :

$F(x) = \frac{1}{-2}x^{-2} - 3\left(\frac{1}{-3}x^{-3}\right)$

$F(x) = -\frac{1}{2x^2} + \frac{1}{x^3}$

4. $f(x) = 2\left[\frac{2x}{(x^2+3)^2}\right]$, donc : $F(x) = -\frac{2}{x^2+3}$

5. $f(x) = -5x + 1 + \frac{7}{x^2}$, donc :

$F(x) = -\frac{5}{2}x^2 + x - \frac{7}{x}$

6. $f(x) = 2\left[2(2x+3)^{-3}\right]$, donc :

$F(x) = 2\left[\frac{1}{-2}(2x+3)^{-2}\right]$

$F(x) = -\frac{1}{(2x+3)^2}$

Exercice 3

Énoncé p. 28

1. $f(x) = \frac{1}{4}\left[4\cos(4x)\right]$, donc : $F(x) = \frac{1}{4}\sin(4x)$

2. $f(x) = -\frac{1}{2}\left[-2\sin(5-2x)\right]$, donc

$F(x) = -\frac{1}{2}\left[-\cos(5-2x)\right]$

$F(x)=\frac{1}{2}\cos(5-2x)$

3. $f(x)=-\frac{1}{2}\left[6x\sin(1+3x^2)\right]$

$F(x)=\frac{1}{2}\cos(1+3x^2)$

4. $F(x)=\frac{1}{4}\sin^4 x$

5. $F(x)=\frac{1}{\cos x}$

Exercice 4

Énoncé p. 28

1. On trouve environ 30 carreaux.

2. aire(E) = $\int_1^4 f(x)\mathrm{d}x$ (en *ua*)

$F(x)=\frac{3}{4}x^2-\frac{4}{x^2}$, donc :

$F(4)-F(1)=\frac{47}{4}-\left(-\frac{13}{4}\right)=15$

D'où : aire(E) = 15 *ua*

3. 1 *ua* = 2 cm × 1 cm = 2 cm²
Donc : aire(E) = 30 cm²

Exercice 5

Énoncé p. 28

1. $f'(x) = 3x^2 - 12x + 9$
$\Delta = 36$; $x_1 = 1$; $x_2 = 3$
D'où le tableau de variations :

x	-1		1		3		4
$f'(x)$		$+$	0	$-$	0	$+$	
$f(x)$	-16	↗	4	↘	0	↗	4

Et la représentation graphique :

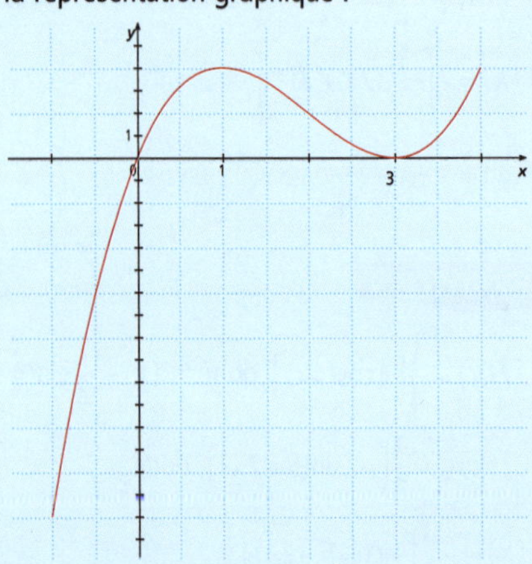

2. f est positive sur [0 ; 3], donc :
aire(E) = $\int_0^3 f(x)\mathrm{d}x$

$F(x)=\frac{1}{4}x^4-2x^3+\frac{9}{2}x^2$

$F(3)-F(0)=\frac{27}{4}=6{,}75$

Donc : aire(E) = 6,75 *ua*

Exercice 6

Énoncé p. 29

1. $F(x)=-3x^3+9x^2$

D'où : $I=F(2)-F(1)=6$

$G(x)=\frac{1}{3}x^3-8x-\frac{16}{x}$

D'où : $J=\frac{7}{3}$

2. a. La courbe représentative de f est la rouge (parabole).
b. I est l'aire sous la courbe représentative de f entre 1 et 2. De même J est l'aire sous la courbe représentative de g entre 1 et 2 (en *ua*).
c. L'aire du domaine hachuré est donc la différence de ces deux aires, c'est-à-dire $\frac{11}{3}$ *ua*.

Exercice 7

Énoncé p. 29

1. On a : $ax+b+\frac{c}{(x+1)^2}=\frac{(ax+b)(x+1)^2+c}{(x+1)^2}$

$=\frac{ax^3+(b+2a)x^2+(a+2b)x+b+c}{(x+1)^2}$

Par identification, on en déduit :

$$\begin{cases} a=-2 \\ b+2a=-1 \\ a+2b=4 \\ b+c=2 \end{cases} \text{ d'où : } \begin{cases} a=-2 \\ b=3 \\ c=-1 \end{cases}$$

Donc : $f(x)=-2x+3-\frac{1}{(x+1)^2}$

2. $F(x)=-x^2+3x+\frac{1}{x+1}$

Exercice 8

Énoncé p. 29

1. Les formules de linéarisation (Chap. 3) donnent :

$\cos^2 x=\frac{1+\cos(2x)}{2}$

$\sin^2 x=\frac{1-\cos(2x)}{2}$

Donc : $U(x)=\frac{1}{2}x+\frac{1}{4}\sin(2x)$ et,

$V(x)=\frac{1}{2}x-\frac{1}{4}\sin(2x)$

2. Une primitive de $f=u+v$ est $F=U+V$, donc :
$F(x)=x$
Ce résultat était prévisible puisque :
$f(x)=\cos^2 x+\sin^2 x=1$

Exercice 9

Énoncé p. 29

1. $f(x)=\frac{3}{2}[1-\cos(4x)]$

Donc $F(x)=\frac{3}{2}\left[x-\frac{1}{4}\sin(4x)\right]$

2. $g(x)=\frac{1}{4}\left[1+\cos\left(\frac{2\pi}{3}-2x\right)\right]$

$G(x)=\frac{1}{4}\left[x-\frac{1}{2}\sin\left(\frac{2\pi}{3}-2x\right)\right]$

CHAPITRE 6

Exercice 1

Énoncé p. 32

1. $\lim\limits_{x\to+\infty} 5x+1=+\infty$

2. $\lim\limits_{x\to+\infty} -3x-100=-\infty$

3. $\left.\begin{array}{l}\lim\limits_{x\to+\infty} x^2=+\infty\\ \lim\limits_{x\to+\infty} 5x+10=+\infty\end{array}\right\}\lim\limits_{x\to+\infty} x^2+5x+10=+\infty$

4. $\left.\begin{array}{l}\lim\limits_{x\to+\infty} -x^2=-\infty\\ \lim\limits_{x\to+\infty} -5x-2=-\infty\end{array}\right\}\lim\limits_{x\to+\infty} -x^2-5x-2=-\infty$

5. $\lim\limits_{x\to+\infty}\frac{1}{3x}=0$

6. $\left.\begin{array}{l}\lim\limits_{x\to+\infty} x^2=+\infty\\ \lim\limits_{x\to+\infty} 4x+5=+\infty\end{array}\right\}\lim\limits_{x\to+\infty} x^2+4x+5=+\infty$

Alors, $\lim\limits_{x\to+\infty}\frac{-3}{x^2+4x+5}=0$

7. $\left.\begin{array}{l}\lim\limits_{x\to+\infty} -2x^2=-\infty\\ \lim\limits_{x\to+\infty} -4x-5=-\infty\end{array}\right\}\lim\limits_{x\to+\infty} -2x^2-4x-5=-\infty$

Alors, $\lim\limits_{x\to+\infty}\frac{5}{-2x^2-4x-9}=0$

8. $\left.\begin{array}{l}\lim\limits_{x\to+\infty}\frac{1}{x}=0\\ \lim\limits_{x\to+\infty} -7x^2=-\infty\end{array}\right\}\lim\limits_{x\to+\infty}\frac{1}{x}-7x^2=-\infty$

Exercice 2

Énoncé p. 32

1. $\lim\limits_{\substack{x\to2\\x>2}} x-2=0^+$

Alors, $\lim\limits_{\substack{x\to2\\x>2}}\frac{-3}{(x-2)^2}=-\infty$

2. Tableau de signes de x^2-x-2 :

x	$-\infty$		-1		2		$+\infty$
x^2-x-2		$+$	0	$-$	0	$+$	

Alors, $\lim\limits_{\substack{x\to2\\x>2}} x^2-x-2=0^+$

D'où, $\lim\limits_{\substack{x\to2\\x>2}}\frac{1}{x^2-x-2}=+\infty$

Exercice 3

Énoncé p. 32

1.
$f(x)=-2x^3+4x^2-8$

$=-2x^3\left(1+\frac{4x^2}{-2x^3}-\frac{8}{-2x^3}\right)$

$=-2x^3\left(1-\frac{2}{x}+\frac{4}{x^3}\right)$

Or, $\lim\limits_{x\to+\infty} -2x^3=-\infty$

Et, $\left.\begin{array}{l}\lim\limits_{x\to+\infty}\frac{2}{x}=0\\ \lim\limits_{x\to+\infty}\frac{4}{x^3}=0\end{array}\right\}$

Donc, $\lim\limits_{x\to+\infty} 1-\frac{2}{x}+\frac{4}{x^3}=1$

Donc, $\lim\limits_{x\to+\infty} f(x)=-\infty$

De même, $\lim\limits_{x\to-\infty} -2x^3=+\infty$

Donc, $\lim\limits_{x\to-\infty} f(x)=+\infty$

2.
$f(x)=7x^4-14x^2+1$

$=7x^4\left(1-\frac{14x^2}{7x^4}+\frac{1}{7x^4}\right)$

$=7x^4\left(1-\frac{2}{x^2}+\frac{1}{7x^4}\right)$

Or, $\lim_{x \to +\infty} 7x^4 = +\infty$

Et, $\left.\begin{array}{l} \lim_{x \to +\infty} \dfrac{-2}{x^2} = 0 \\ \lim_{x \to +\infty} \dfrac{1}{7x^4} = 0 \end{array}\right\}$

Donc, $\lim_{x \to +\infty} 1 - \dfrac{2}{x^2} + \dfrac{1}{7x^4} = 1$

Donc, $\lim_{x \to +\infty} f(x) = +\infty$

De même, $\lim_{x \to -\infty} 7x^4 = +\infty$

Donc, $\lim_{x \to -\infty} f(x) = +\infty$

Exercice 4

Énoncé p. 32

1. $D_f = \left]-\infty;-2\right[\cup \left]-2;+\infty\right[$

$\lim_{x \to -\infty} f(x) = 1$

Donc, la droite d'équation : $y = 1$ est asymptote horizontale.

$\lim_{x \to +\infty} f(x) = 4$

Donc, la droite d'équation : $y = 4$ est asymptote horizontale.

$\lim_{\substack{x \to -2 \\ x < -2}} f(x) = -\infty$

$\lim_{\substack{x \to -2 \\ x > -2}} f(x) = +\infty$

Donc, la droite d'équation : $x = -2$ est asymptote verticale.

2. $D_g = \left]-\infty;+\infty\right[= \mathbb{R}$

$\lim_{x \to -\infty} g(x) = -3$

Donc, la droite d'équation : $y = -3$ est asymptote horizontale.

$\lim_{x \to +\infty} g(x) = 2$

Donc, la droite d'équation : $y = 2$ est asymptote horizontale.

Exercice 5

Énoncé p. 33

1. $y = 3$ est asymptote horizontale

$\lim_{x \to +\infty} f(x) = 3$

$x = 2$ est asymptote verticale.

$\lim_{\substack{x \to 2 \\ x > 2}} f(x) = +\infty$

2. $y = 2$ est asymptote horizontale

$\lim_{x \to +\infty} f(x) = 2$ et $\lim_{x \to -\infty} f(x) = 2$

$x = -3$ est asymptote verticale.

$\lim_{\substack{x \to -3 \\ x > -3}} f(x) = +\infty$ et $\lim_{\substack{x \to -3 \\ x < -3}} f(x) = -\infty$

Exercice 6

Énoncé p. 33

1. $3 + \dfrac{1}{x} = \dfrac{3x}{x} + \dfrac{1}{x} = \dfrac{3x+1}{x} = f(x)$.

$\lim_{x \to +\infty} \dfrac{1}{x} = 0$

Alors, $\lim_{x \to +\infty} f(x) = \lim_{x \to +\infty} \left(3 + \dfrac{1}{x}\right) = 3$

2. La droite d'équation $y = 3$ est asymptote horizontale.

3. $f(x) - 3 = 3 + \dfrac{1}{x} - 3 = \dfrac{1}{x}$

Sur $\left]0;+\infty\right[$, $\dfrac{1}{x} > 0$, donc la courbe représentative de f est au-dessus de son asymptote.

4. $\lim_{\substack{x \to 0 \\ x > 0}} \dfrac{1}{x} = +\infty$

Donc, $\lim_{\substack{x \to 0 \\ x > 0}} 3 + \dfrac{1}{x} = +\infty$

5. L'axe des ordonnées est asymptote verticale à la courbe représentative de f.

Exercice 7

Énoncé p. 33

1. $a + \dfrac{4}{x^2+1} = \dfrac{ax^2 + a + 4}{x^2+1}$.

Alors, $a = 5$

Donc, $f(x) = 5 + \dfrac{4}{x^2+1}$

$\lim_{x \to +\infty} x^2 + 1 = +\infty$

Alors, $\lim_{x \to +\infty} \dfrac{4}{x^2+1} = 0$

D'où, $\lim_{x \to +\infty} 5 + \dfrac{4}{x^2+1} = 5$

2. La droite d'équation $y = 5$ est asymptote horizontale à la courbe représentative de f en $+\infty$.

3. $f(x) - 5 = 5 + \dfrac{4}{x^2+1} - 5 = \dfrac{4}{x^2+1}$

Donc, $f(x) - 5 > 0$

La courbe représentative de f est au-dessus de son asymptote.

4. $\lim_{x \to -\infty} x^2 + 1 = +\infty$

Alors, $\lim_{x \to -\infty} \dfrac{4}{x^2+1} = 0$

D'où, $\lim_{x \to -\infty} 5 + \dfrac{4}{x^2+1} = 5$

5. La droite d'équation $y = 5$ est asymptote horizontale à la courbe représentative de f en $-\infty$.

CHAPITRE 7

Exercice 1

Énoncé p. 37

1. c. ; 2. c. ; 3. c. ; 4. b. ; 5. b. ; 6. b.

Justifications :

1. $1-\sqrt{2}$ est un nombre négatif donc son logarithme n'existe pas.

2. $\ln 4 + \ln 0{,}25 = \ln(4 \times 0{,}25)$
$= \ln 1 = 0$

3. $\ln x = -3 \Leftrightarrow x = e^{-3}$ et $e^{-3} = \dfrac{1}{e^3}$

4. $\ln(x-1) = 1 \Leftrightarrow \ln(x-1) = \ln e$
$\Leftrightarrow x - 1 = e \Leftrightarrow x = e + 1$

5. La fonction ln est strictement croissante donc :
$a < 1 \Leftrightarrow \ln a < \ln 1 \Leftrightarrow \ln a < 0$

6. $f'(x) = 4 + \dfrac{2}{x} = \dfrac{4x+2}{x}$

Exercice 2

Énoncé p. 37

Partie A

1. $f'(x) = \dfrac{2}{x+1} > 0$ sur $[0\,;15]$.

2.

x	0	15
$f'(x)$	+	
$f(x)$	1 ↗	≈ 6,5

3.

x	0	1	2	3	4	5	6	7
$f(x)$	1,0	2,4	3,2	3,8	4,2	4,6	4,9	5,2

x	8	9	10	11	12	13	14	15
$f(x)$	5,4	5,6	5,8	6,0	6,1	6,3	6,4	6,5

4.

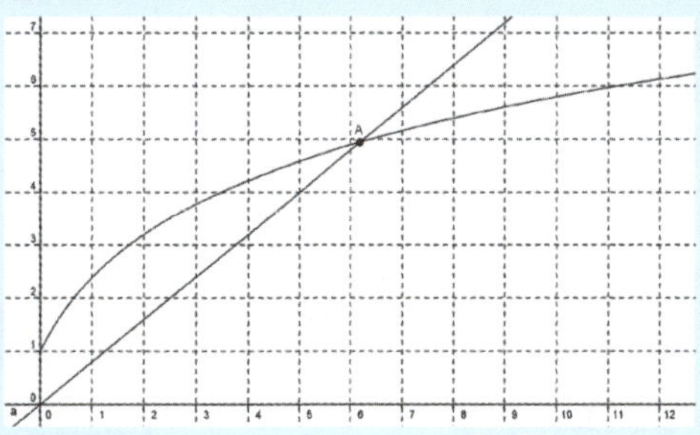

Partie B

1. Si l'entreprise vend x pièces, la recette exprimée en milliers d'euros est de $0{,}8x$.

2. Le bénéfice mensuel est égal à la recette moins les coûts, soit $B(x) = 0{,}8x - f(x)$
$B(x) = 0{,}8x - 1 - 2\ln(x+1)$.

3. $B(3) \approx -1{,}373 < 0$ donc l'entreprise n'est pas bénéficiaire.
$B(14) \approx 4{,}784 > 0$ donc l'entreprise est bénéficiaire.

4. L'entreprise est bénéficiaire quand la droite des recettes passe au-dessus de la courbe des coûts. Les deux courbes se coupent en A, mais comme le nombre de pièces doit être un nombre entier, l'entreprise doit fabriquer au moins 7 pièces.

Exercice 3

Énoncé p. 38 COMPRENDRE 6 EN VIDÉO

1. f est dérivable sur $\mathbb{R}_+^*$ et pour tout réel x strictement positif, on a :

$$f'(x) = \frac{\frac{1}{x} \times x^2 - 2x\ln x}{x^4}$$

$$f'(x) = \frac{x(1-2\ln x)}{x^4}$$

$$f'(x) = \frac{1-2\ln x}{x^3}$$

x^3 est positif sur $\mathbb{R}_+^*$ donc $f'(x)$ est du signe de $1 - 2\ln x$.

$f'(x) \geq 0 \Leftrightarrow 1 - 2\ln x \geq 0 \Leftrightarrow -2\ln x \geq -1$
$\Leftrightarrow \ln x \leq \dfrac{1}{2} \Leftrightarrow \ln x \leq \dfrac{1}{2}\ln(e)$
$\Leftrightarrow \ln x \leq \ln(\sqrt{e})$

$f'(x) \geq 0 \Leftrightarrow x \leq \sqrt{e}$

f est donc croissante sur $]0\,;\sqrt{e}[$ et décroissante sur $]\sqrt{e}\,;+\infty[$.

2. Limite en 0 : $\lim\limits_{x\to 0} \ln(x) = -\infty$

$\lim\limits_{x\to 0} x^2 = 0^+$

donc $\lim\limits_{x\to 0} \dfrac{\ln(x)}{x^2} = -\infty$

La courbe représentative de f admet donc l'axe des ordonnées comme asymptote verticale.

Limite en $+\infty$:

$\lim\limits_{x\to 0} \dfrac{\ln(x)}{x^2} = +\infty$ par croissance comparée

La courbe représentative de f admet donc l'axe des abscisses comme asymptote horizontale en $+\infty$.

3.

x	0		$\sqrt{e}$		$+\infty$
$f'(x)$		+	0	−	
$f(x)$	$-\infty$	↗	$\dfrac{1}{2e}$	↘	0

4. Pour trouver le point d'intersection de C_f avec l'axe des abscisses, on résout $f(x) = 0$, qui revient à $\ln x = 0$ et donc à $x = 1$.

L'équation de la tangente en ce point est :
$y = f'(1)(x-1) + f(1)$
$y = 1(x-1) + 0$
$y = x - 1$

5.

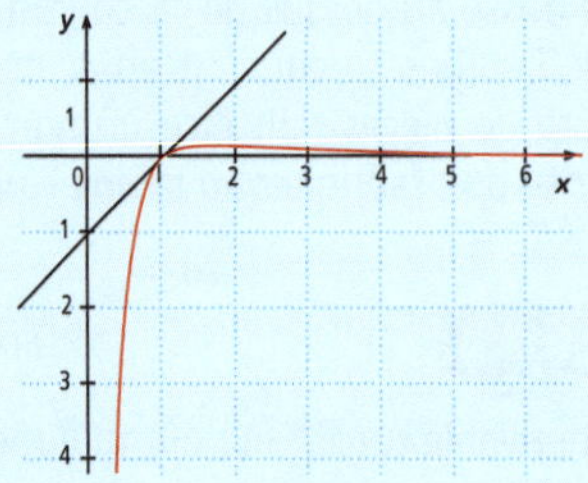

6. $F'(x) = \dfrac{\frac{-1}{x} \times x - (-\ln(x) - 1)}{x^2}$

$F'(x) = \dfrac{\ln(x)}{x^2} = f(x)$

Donc F est bien une primitive de f.

7. L'aire cherchée est :

$A = \int_1^6 f(x)dx = \left[\dfrac{-\ln(x)-1}{x}\right]_1^6$

$= \dfrac{-\ln(6)-1}{6} + 1$

$A = \dfrac{5-\ln(6)}{6}$

Exercice 4

Énoncé p. 38

1. $\lim\limits_{x \to -1} f(x) = -\infty$ donc C_f admet une asymptote verticale d'équation $x = -1$.

$\lim\limits_{x \to +\infty} f(x) = 0$ donc C_f admet une asymptote horizontale d'équation $y = 0$ (l'axe des abscisses).

2. $f'(x) = \dfrac{-1-\ln(1+x)}{(1+x)^2}$

3. $-1 - \ln(1+x) > 0$
$\Leftrightarrow -\ln(1+x) > 1$
$\Leftrightarrow \ln(1+x) < -1$
$\Leftrightarrow 1 + x < e^{-1}$
$\Leftrightarrow x < e^{-1} - 1$ $\qquad S =]-1\,;\, e^{-1} - 1[$

$f'(x)$ est du signe de $-1 - \ln(1+x)$ car $(1+x)^2$ est positif, donc $f'(x)$ est positif sur $]-1\,;\, e^{-1} - 1[$ et négatif sur $]e^{-1} - 1\,;\, +\infty[$.

4.

x	-1		$e^{-1} - 1$		$+\infty$
$f'(x)$		$+$	0	$-$	
$f(x)$	$-\infty$	↗	e	↘	0

$f(e^{-1} - 1) = \dfrac{2 + \ln(e^{-1})}{e^{-1}} = \dfrac{2-1}{e^{-1}} = \dfrac{1}{e^{-1}} = e$

5. $F'(x) = \dfrac{2}{1+x} + \dfrac{1}{2} \times 2 \times \dfrac{1}{1+x} \times \ln(1+x)$
$= \dfrac{2 + \ln(1+x)}{1+x}$

(formule utilisée : $(u^n)' = nu'u^{n-1}$ avec $u(x) = \ln(1+x)$ et $n = 2$)

6. $I = \int_0^2 f(x)\mathrm{d}x$

$= \left[2\ln(1+x) + \dfrac{1}{2}[\ln(1+x)]^2\right]_0^2$

$I = 2\ln(3) + \dfrac{1}{2}\ln(3)^2 \approx 2{,}80.$

7. $f(0) = 0$ donc f est positive sur l'intervalle $[0\,;\,2]$. I représente donc l'aire du domaine compris entre la courbe de f, l'axe des abscisses et les droites d'équation $x = 0$ et $x = 2$.

Exercice 5

Énoncé p. 38

1. $1 < pH < 7$
$\Leftrightarrow 1 < -\log[H_3O^+] < 7$
$\Leftrightarrow -7 < \log[H_3O^+] < -1$
$\Leftrightarrow \log(10^{-7}) < \log[H_3O^+] < \log(10^{-1})$
$\Leftrightarrow 10^{-7} < [H_3O^+] < 10^{-1}$

2. $pH = -\log[H_3O^+]$ donne
$pH = -\log(5{,}25 \times 10^{-2})$
$= -\log 5{,}25 - \log(10^{-2})$
$= -\log 5{,}25 + 2 \approx 1{,}3$
Le pH de cette solution est de 1,3.

3. $\log x = n \Leftrightarrow x = 10^n$
Alors $\log[H_3O^+] = -pH \Leftrightarrow [H_3O^+] = 10^{-pH}$
D'où pour une solution neutre :
$[H_3O^+] = 10^{-7}$ mol/L

4. Si $[H_3O^+]$ est multipliée par 10, alors
$pH = -\log(10 \times [H_3O^+])$
$= -\log 10 - \log[H_3O^+]$
$= -\log[H_3O^+] - 1$
Le pH diminue donc d'une unité.

CHAPITRE 8

Exercice 1

Énoncé p. 41

1. b. ; **2.** a. ; **3.** b. ; **4.** c. ; **5.** a. ; **6.** a. ; **7.** b.

Justifications :

1. $\dfrac{e^{3,5} \times e^4}{e^{5,5}} = \dfrac{e^{7,5}}{e^{5,5}} = e^2$

2. $\left(\dfrac{e^{0,8}}{e^{0,4}\times e^{-2,6}}\right)^{-\frac{1}{3}}=\left(\dfrac{e^{0,8}}{e^{-2,2}}\right)^{-\frac{1}{3}}=\left(e^{3}\right)^{-\frac{1}{3}}=e^{-1}$

3. $9e^{1-2\ln 3}=9\times\dfrac{e^{1}}{e^{2\ln 3}}=9\times\dfrac{e}{(e^{\ln 3})^{2}}=9\times\dfrac{e}{3^{2}}=e$

4. $e^{2x}=25 \Leftrightarrow 2x=\ln 25$
$\Leftrightarrow 2x=\ln(5^2) \Leftrightarrow 2x=2\ln 5 \Leftrightarrow x=\ln 5$

5. $(\ln u)'=\dfrac{u'}{u}$ donc $f'(x)=\dfrac{e^{x}}{3+e^{x}}$

6. $(e^{u})'=u'e^{u}$ donc $f'(x)=\dfrac{2}{x}e^{2\ln x+1}$ mais ce résultat ne figure pas dans les réponses proposées, il faut donc le transformer :

$e^{2\ln x+1}=e^{2\ln x}\times e^{1}=(e^{\ln x})^{2}\times e$
$=x^{2}\times e=ex^{2}$

Donc $f'(x)=\dfrac{2}{x}\times ex^{2}=2ex$

> **Remarque :** on aurait pu simplifier $f(x)$ avant de dériver, et obtenir $f(x) = ex^2$.
> La dérivée est alors évidente.

7. $f(x) = 10^x = e^{x\ln 10}$ donc
$f'(x) = (\ln 10)\, e^{x\ln 10} = (\ln 10) \times 10^x$.

Exercice 2

Énoncé p. 42

1. $f'(t) = 2\,e^{-2t} + (1 + 2t) \times (-2\,e^{-2t})$
$f'(t) = -4t\,e^{-2t}$
(On a utilisé la formule $(uv)' = u'v + v'u$.)

2. $e^{-2t} > 0$ car une exponentielle est toujours strictement positive.
Et $-4t \leq 0$ sur $[0 ; 3]$, donc $f'(t)$ est négatif sur $[0 ; 3]$.

t	0		3
$f'(t)$		–	
$f(t)$	1	↘	0,02

3. On trace la courbe représentative de f ainsi que la droite d'équation $y = 0,05$ dans une fenêtre adaptée et on détermine leur point d'intersection.

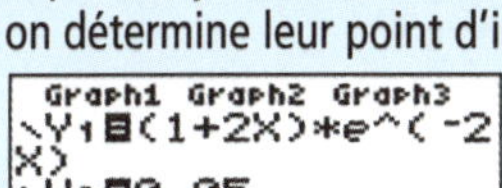

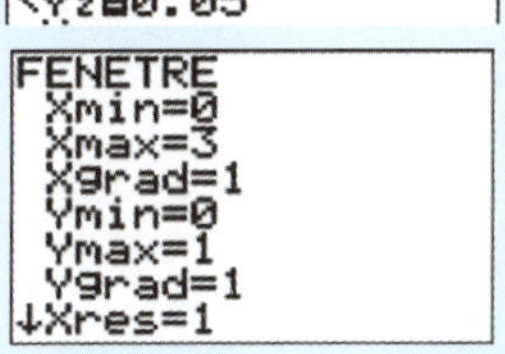

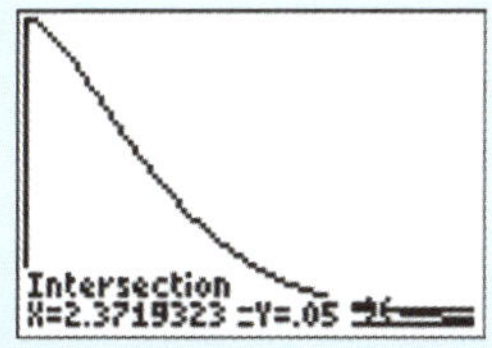

C'est donc au bout d'environ 2,37 h, soit environ 2 h 22 min que la communication se coupe.
On peut aussi utiliser les tables de la calculatrice.

Exercice 3

Énoncé p. 42

1. $f(x)=300(x-6)e^{-\frac{1}{4}x}=300xe^{-\frac{1}{4}x}-1800xe^{-\frac{1}{4}x}$
$=1200\left(\dfrac{1}{4}xe^{-\frac{1}{4}x}\right)-1800xe^{-\frac{1}{4}x}$

Or, $\lim\limits_{x\to+\infty}\dfrac{1}{4}xe^{-\frac{1}{4}x}=\lim\limits_{x\to+\infty}\dfrac{\frac{1}{4}x}{e^{\frac{1}{4}x}}=\lim\limits_{X\to+\infty}\dfrac{X}{e^{X}}=0$

Et, $\lim\limits_{x\to+\infty}e^{-\frac{1}{4}x}=\lim\limits_{X\to-\infty}e^{X}=0$

Alors, $\lim\limits_{x\to+\infty}f(x)=0$

La courbe représentative de f admet la droite $y = 0$ (l'axe des abscisses) comme asymptote horizontale.

2. $f'(x)=300e^{-\frac{1}{4}x}+300(x-6)\times\left(-\dfrac{1}{4}\right)e^{-\frac{1}{4}x}$
$=300e^{-\frac{1}{4}x}\left(1+\dfrac{x-6}{-4}\right)$
$=300e^{-\frac{1}{4}x}\left(\dfrac{-4+x-6}{-4}\right)$

$f'(x) = 75(10 - x)\,e^{-\frac{1}{4}x}$

3. 75 et $e^{-\frac{1}{4}x}$ sont positifs donc $f'(x)$ est du signe de $10 - x$.

x	6		10		$+\infty$
$f'(x)$		+	0	–	
$f(x)$	0	↗	$f(10)$	↘	0

$f(10) = 1200e^{-2,5} \approx 98,5$

4.

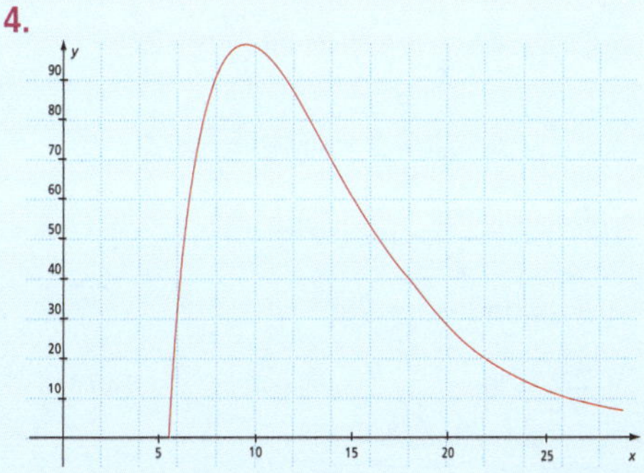

5. $F'(x)=-1200\left(e^{-\frac{1}{4}x}+\left(-\frac{1}{4}\right)e^{-\frac{1}{4}x}(x-2)\right)$

$F'(x)=-1200\left(1+\left(-\frac{1}{4}\right)(x-2)\right)e^{-\frac{1}{4}x}$

$F'(x)=-1200\dfrac{4-x+2}{4}e^{-\frac{1}{4}x}$

$F'(x) = -300(6-x)e^{-\frac{1}{4}x}$

$F'(x) = f(x)$

6. L'aire cherchée est :

$$A = \int_6^{30} f(x)dx = \left[-1200(x-2)e^{-\frac{1}{4}x}\right]_6^{30}$$

$$= -1200\times 28\times e^{-\frac{30}{4}}+1200\times 4\times e^{-\frac{6}{4}}$$

$A = -33\,600\ e^{-7,5} + 4\,800\ e^{-1,5}$ ua.

$A \approx 1\,052,44$ ua

(ua signifie unités d'aire.)

Unités : 5 mm sur l'axe des abscisses et 1 mm sur l'axe des ordonnées donc 1 ua = 5 mm²

D'où $A \approx 1\,052,44 \times 5 \approx 5\,262$ mm².

Exercice 4

Énoncé p. 42

1. $\lim\limits_{x\to+\infty} 2x-1=+\infty$ et $\lim\limits_{x\to+\infty} 2e^{-2x}=0$

donc $\lim\limits_{x\to+\infty} f(x)=+\infty$

Pour la limite de f en $-\infty$, il s'agit d'une forme indéterminée. Aussi, on transforme l'expression de f en mettant e^{-x} en facteur :

$f(x) = e^{-x}[2x\,e^{x} - e^{x} + 2e^{-x}]$

(On peut vérifier en développant que l'on retrouve bien l'expression de départ, en utilisant $e^{-x}\times e^{x} = 1$.)

$\lim\limits_{x\to-\infty} e^{x}=0$, $\lim\limits_{x\to-\infty} xe^{x}=0$ par croissance comparée

et $\lim\limits_{x\to-\infty} e^{-x}=+\infty$

donc $\lim\limits_{x\to-\infty}\left[2xe^{x}-e^{-x}+2e^{-x}\right]=+\infty$

et donc $\lim\limits_{x\to-\infty} f(x)=+\infty$

2. $f'(x) = 2 - 4e^{-2x}$

$f'(x) > 0 \Leftrightarrow 2 - 4e^{-2x} > 0 \Leftrightarrow 2 > 4e^{-2x}$

$\Leftrightarrow \frac{1}{2} > e^{-2x} \Leftrightarrow \ln(\frac{1}{2}) > -2x$

$\Leftrightarrow -\ln 2 > -2x \Leftrightarrow \frac{\ln 2}{2} < x$

$f(\frac{\ln 2}{2}) = 2\frac{\ln 2}{2} - 1 + 2e^{-\ln 2}$

$= \ln 2 - 1 + 2e^{\ln ½}$

$f(\frac{\ln 2}{2}) = \ln 2$

x	$-\infty$	$\frac{\ln 2}{2}$	$+\infty$
$f'(x)$	$-$	0	$+$
$f(x)$	$+\infty$ ↘	$\ln 2$	↗ $+\infty$

Exercice 5

Énoncé p. 43

1. $f(x) = 5 - (ax + b)e^{-4x}$

donc $f(0) = 5 - b = 3$ donc $b = 2$.

$f'(x) = -ae^{-4x} + 4(ax + b)e^{-4x}$ donc

$f'(0) = -a + 4 \times 2 = 5$ donc $a = 3$

2. Limite en $-\infty$: $f(x) = 5 - (3x + 2)e^{-4x}$;

$\lim\limits_{x\to-\infty} -(3x+2)=+\infty$ et $\lim\limits_{x\to-\infty} e^{-4x}=+\infty$

donc $\lim\limits_{x\to-\infty} f(x)=+\infty$

Limite en $+\infty$:

$f(x) = 5 - 3xe^{-4x} - 2e^{-4x}$; $\lim\limits_{x\to+\infty} -3xe^{-4x}=0$

(par croissance comparée en posant $X = -4x$) et $\lim\limits_{x\to+\infty} -2e^{-4x}=0$ donc $\lim\limits_{x\to+\infty} f(x)=5$ donc la courbe admet pour asymptote horizontale la droite d'équation $y = 5$ en $+\infty$.

3. $f'(x) = -3e^{-4x} + 4(3x + 2)e^{-4x}$

$f'(x) = (12x + 5)e^{-4x}$

e^{-4x} est toujours positif donc

$f'(x) > 0 \Leftrightarrow 12x + 5 > 0 \Leftrightarrow x > \frac{-5}{12}$

$f(\frac{-5}{12}) = 5 - (3 \times \frac{-5}{12} + 2)e^{-4\times\frac{-5}{12}}$

$= 5 - \frac{3}{4}e^{\frac{5}{3}} \approx 1,03$

x	$-\infty$	$\frac{-5}{12}$	$+\infty$
$f'(x)$	$-$	0	$+$
$f(x)$	$+\infty$ ↘	$f\left(\frac{-5}{12}\right)$	↗ 5

4. $f(x) < 5 \Leftrightarrow 5 - (3x + 2)e^{-4x} < 5$

$\Leftrightarrow (3x + 2)e^{-4x} > 0 \Leftrightarrow 3x + 2 > 0 \Leftrightarrow x > \frac{-2}{3}$

La courbe représentative de f est située sous la droite d'équation $y = 5$ sur $]\frac{-2}{3}\,;+\infty[$ (et donc au-dessus sur $]-\infty\,;\frac{-2}{3}[$).

5. La tangente cherchée a pour équation $y = f'(0)(x - 0) + f(0)$, donc $y = 5x + 3$.

6.

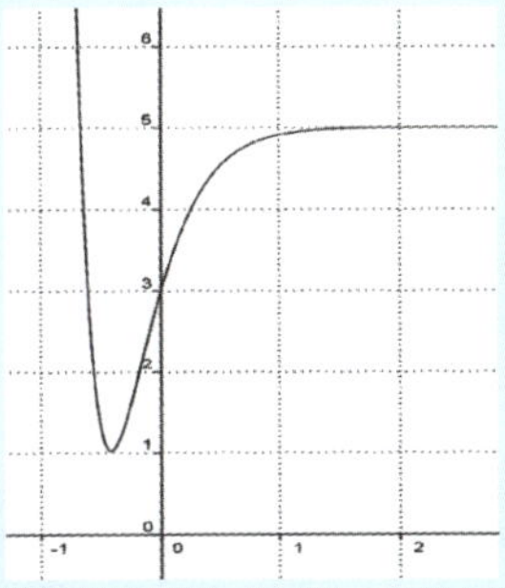

Exercice 6

Énoncé p. 43

1. $v'(t) = \dfrac{100}{-3} < 0$ donc v est décroissante sur $[0\,;+\infty[$.

2. $\lim\limits_{t\to+\infty} e^{\frac{-t}{3}} = 0$ donc $\lim\limits_{t\to+\infty} v(t) = 10$

La vitesse v est décroissante et sa limite en $+\infty$ est 10 m/s. Le mobile ne va donc jamais s'arrêter.

3. $v(t) < 20 \Leftrightarrow 100e^{\frac{-t}{3}} < 10$

$\Leftrightarrow e^{\frac{-t}{3}} < \dfrac{10}{100} \Leftrightarrow e^{\frac{-t}{3}} < 0{,}1$

$\Leftrightarrow \dfrac{-t}{3} < \ln(0{,}1)$

$\Leftrightarrow t > -3\ln(0{,}1) \approx 6{,}9$

La vitesse du mobile deviendra inférieure à 20 m/s à l'instant $t \approx 6{,}9$ s.

4. $\displaystyle\int_0^{20} v(t)\,dt = \int_0^{20}\left(100e^{\frac{-t}{3}} + 10\right)dt$

$= \left[-300e^{\frac{-t}{3}} + 10t\right]_0^{20}$

$= -300e^{\frac{-20}{3}} + 200 + 300$

$= 500 - 300e^{\frac{-20}{3}} \approx 499{,}6$

Le mobile aura parcouru 499,6 m entre les instants $t_1 = 0$ et $t_2 = 20$.

Exercice 7

Énoncé p. 43

Partie A

1. $g'(t) = \dfrac{t+1-t}{(t+1)^2} - \dfrac{1}{1+t}$

$g'(t) = \dfrac{1}{(t+1)^2} - \dfrac{1+t}{(t+1)^2}$

$g'(t) = \dfrac{-t}{(t+1)^2} \leq 0$ sur $\mathbb{R}_+$

2. La fonction g est donc décroissante sur $\mathbb{R}_+$.
De plus, $g(0) = 0 - \ln(1) = 0$ donc g est négative sur $\mathbb{R}_+$.

Partie B

1. f est sous la forme $f = uv$ avec $u(x) = e^{-x}$ donc $u'(x) = -e^{-x}$ et

$v'(x) = \ln(1 + e^x)$ donc $v'(x) = \dfrac{e^x}{1+e^x}$ d'où

$f'(x) = -e^{-x}\ln(1 + e^x) + \dfrac{e^x}{1+e^x}e^{-x}$

$f'(x) = e^{-x}\left(\dfrac{e^x}{1+e^x} - \ln(1 + e^x)\right)$

$f'(x) = e^{-x}g(e^x)$

2. e^{-x} est positif donc f' est du signe de g, donc négative d'après la partie A. f est donc décroissante sur $\mathbb{R}$.

Exercice 8

Énoncé p. 43

1. $f(x) = a^x = e^{x\ln a}$.
$f'(x) = (\ln a)\, e^{x\ln a} = (\ln a)\, a^x$
$f'(x)$ est du signe de $\ln a$, donc négatif si $a < 1$ et positif si $a > 1$.
La fonction f est donc décroissante sur $\mathbb{R}$ si $a < 1$ et croissante sur $\mathbb{R}$ si $a > 1$.

2. Cas $a > 1$: Alors $\ln a > 0$

$\lim\limits_{x\to-\infty} f(x) = \lim\limits_{x\to-\infty} e^{x\ln a} = \lim\limits_{X\to-\infty} e^X = 0$

$\lim\limits_{x\to+\infty} f(x) = \lim\limits_{x\to+\infty} e^{x\ln a} = \lim\limits_{X\to+\infty} e^X = +\infty$

x	$-\infty$		$+\infty$
$f'(x)$		$-$	
$f(x)$	0	↗	$+\infty$

Cas $a < 1$: Alors $\ln a < 0$

$\lim\limits_{x\to-\infty} f(x) = \lim\limits_{x\to-\infty} e^{x\ln a} = \lim\limits_{X\to+\infty} e^X = +\infty$

$\lim\limits_{x\to+\infty} f(x) = \lim\limits_{x\to+\infty} e^{x\ln a} = \lim\limits_{X\to-\infty} e^X = 0$

x	$-\infty$		$+\infty$
$f'(x)$		$+$	
$f(x)$	$+\infty$	↘	0

CHAPITRE 9

Exercice 1

Énoncé p. 46

1. (E_1) peut s'écrire sous la forme : $y' - \dfrac{1}{3}y = 0$

Alors, les solutions de (E_1) sont les fonctions f telles que : $f(x)=ke^{\frac{1}{3}x}$.

(E_2) : les solutions de (E_2) sont les fonctions f telles que : $f(x)=ke^{-x}+\frac{2}{1}=ke^{-x}+2$

(E_3) peut s'écrire sous la forme $y'-\frac{1}{3}y=1$.

Alors, les solutions de (E_3) sont les fonctions f telles que : $f(x)=ke^{\frac{1}{3}x}+\frac{1}{-\frac{1}{3}}=ke^{\frac{1}{3}x}-3$.

2. (E_1) : $f(0) = 3 \Leftrightarrow ke^0 = 3 \Leftrightarrow k = 3$

Alors, $f(x)=3e^{\frac{1}{3}x}$

(E_2) : $f(0) = 3 \Leftrightarrow ke^0 + 2 = 3 \Leftrightarrow k = 1$

Alors, $f(x) = e^{-x} + 2$

(E_3) : $f(0) = 3 \Leftrightarrow ke^0 - 3 = 3 \Leftrightarrow k = 6$

Alors, $f(x)=6e^{\frac{1}{3}x}-3$

Exercice 2

Énoncé p. 46

1. (E) est sous la forme $y'' + \omega^2 y = 0$ avec $\omega = 3$. Les solutions de (E) sont les fonctions f définies par : $f(x)=\lambda\cos(3x)+\mu\sin(3x)$

2.

$$\begin{cases} f(0)=\sqrt{2} \\ f'\left(\frac{\pi}{3}\right)=3\sqrt{2} \end{cases}$$

$$\Leftrightarrow \begin{cases} \lambda\cos 0+\mu\sin 0=\sqrt{2} \\ -3\lambda\sin(\pi)+3\mu\cos(\pi)=3\sqrt{2} \end{cases}$$

$$\Leftrightarrow \begin{cases} \lambda=\sqrt{2} \\ -3\mu=3\sqrt{2} \end{cases} \Leftrightarrow \begin{cases} \lambda=\sqrt{2} \\ \mu=-\sqrt{2} \end{cases}$$

Soit $f(x)=\sqrt{2}\cos(3x)-\sqrt{2}\sin(3x)$

3.

$$2\cos\left(3x+\frac{\pi}{4}\right)$$
$$=2\cos(3x)\cos\left(\frac{\pi}{4}\right)-2\sin(3x)\sin\left(\frac{\pi}{4}\right)$$
$$=2\cos(3x)\frac{\sqrt{2}}{2}-2\sin(3x)\frac{\sqrt{2}}{2}$$
$$=\sqrt{2}\cos(3x)-\sqrt{2}\sin(3x)$$
$$=f(x)$$

4.

$$f(x)=-\sqrt{2} \Leftrightarrow 2\cos\left(3x+\frac{\pi}{4}\right)=-\sqrt{2}$$
$$\Leftrightarrow \cos\left(3x+\frac{\pi}{4}\right)=\frac{-\sqrt{2}}{2}$$
$$\Leftrightarrow \cos\left(3x+\frac{\pi}{4}\right)=\cos\left(\frac{3\pi}{4}\right)$$

$$\begin{cases} 3x+\frac{\pi}{4}=\frac{3\pi}{4}+2k\pi, k\in\mathbb{Z} \\ \text{ou } 3x+\frac{\pi}{4}=-\frac{3\pi}{4}+2k'\pi, k'\in\mathbb{Z} \end{cases}$$

$$\Leftrightarrow \begin{cases} x=\frac{\pi}{6}+\frac{2k\pi}{3} \\ \text{ou } x=-\frac{\pi}{3}+\frac{2k'\pi}{3} \end{cases}$$

Soit $S=\left\{\frac{\pi}{6};\frac{\pi}{3};\frac{5\pi}{6};\pi;\frac{3\pi}{2};\frac{5\pi}{3}\right\}$

Exercice 3

Énoncé p. 46

1. (E) peut s'écrire sous la forme :

$y'' + \omega^2 y = 0$ avec $\omega=\frac{3}{2}$

Alors, les solutions sont de la forme :

$$f(t)=\lambda\cos\left(\frac{3}{2}t\right)+\mu\sin\left(\frac{3}{2}t\right)$$

2. D'où $f'(t)=-\lambda\frac{3}{2}\sin\left(\frac{3}{2}t\right)+\mu\frac{3}{2}\cos\left(\frac{3}{2}t\right)$

$$\begin{cases} f\left(\frac{\pi}{6}\right)=\sqrt{2} \\ f'\left(\frac{\pi}{6}\right)=0 \end{cases}$$

$$\Leftrightarrow \begin{cases} \lambda\cos\left(\frac{\pi}{4}\right)+\mu\sin\left(\frac{\pi}{4}\right)=\sqrt{2} \\ -\lambda\frac{3}{2}\sin\left(\frac{\pi}{4}\right)+\mu\frac{3}{2}\cos\left(\frac{\pi}{4}\right)=0 \end{cases}$$

$$\Leftrightarrow \begin{cases} \frac{\sqrt{2}}{2}\lambda+\frac{\sqrt{2}}{2}\mu=\sqrt{2} \\ -\frac{3\sqrt{2}}{4}\lambda+\frac{3\sqrt{2}}{4}\mu=0 \end{cases}$$

$$\Leftrightarrow \begin{cases} \lambda+\mu=2 \\ -\lambda+\mu=0 \end{cases}$$

$$\Leftrightarrow \begin{cases} \lambda=1 \\ \mu=1 \end{cases}$$

La solution particulière vérifiant les deux conditions initiales est donc :

$$f(t)=\cos\left(\frac{3}{2}t\right)+\sin\left(\frac{3}{2}t\right)$$

3.

$$\sqrt{2}\cos\left(\frac{3}{2}t-\frac{\pi}{4}\right)$$

$$=\sqrt{2}\left[\cos\left(\frac{3}{2}t\right)\cos\left(\frac{\pi}{4}\right)+\sin\left(\frac{3}{2}t\right)\sin\left(\frac{\pi}{4}\right)\right]$$

$$=\sqrt{2}\left[\frac{\sqrt{2}}{2}\cos\left(\frac{3}{2}t\right)+\frac{\sqrt{2}}{2}\sin\left(\frac{3}{2}t\right)\right]$$

$$=\cos\left(\frac{3}{2}t\right)+\sin\left(\frac{3}{2}t\right)$$

$$=f(t)$$

Exercice 4

Énoncé p. 47

1. g est dérivable et

$$g'(x)=\frac{-2\pi}{3}\sin\left(\frac{\pi}{3}x\right)+\frac{4\pi}{3}\cos\left(\frac{\pi}{3}x\right)$$

$$g''(x)=\frac{-2\pi^2}{9}\cos\left(\frac{\pi}{3}x\right)-\frac{4\pi^2}{9}\sin\left(\frac{\pi}{3}x\right)$$

Alors,

$$\pi^2 g(x)+9g''(x)$$

$$=\pi^2\left[2\cos\left(\frac{\pi}{3}x\right)+4\sin\left(\frac{\pi}{3}\right)x\right]+$$

$$9\left[\frac{-2\pi^2}{9}\cos\left(\frac{\pi}{3}x\right)-\frac{4\pi^2}{9}\sin\left(\frac{\pi}{3}x\right)\right]$$

$$=2\pi^2\cos\left(\frac{\pi}{3}x\right)+4\pi^2\sin\left(\frac{\pi}{3}x\right)$$

$$-2\pi^2\cos\left(\frac{\pi}{3}x\right)-4\pi^2\sin\left(\frac{\pi}{3}x\right)$$

$$=0$$

Donc g est solution de (E).

2. (E) peut s'écrire sous la forme :

$y''+\omega^2 y=0$ avec $\omega=\frac{\pi}{3}$

Alors, les solutions sont de la forme :

$$f(x)=\lambda\cos\left(\frac{\pi}{3}x\right)+\mu\sin\left(\frac{\pi}{3}x\right)$$

3. D'où $f'(x)=-\lambda\frac{\pi}{3}\sin\left(\frac{\pi}{3}x\right)+\mu\frac{\pi}{3}\cos\left(\frac{\pi}{3}x\right)$

Alors,

$$\begin{cases}f(0)=1\\ f'(0)=\frac{\pi}{3}\end{cases}\Leftrightarrow\begin{cases}\lambda=1\\ \mu=1\end{cases}$$

La solution particulière vérifiant les deux conditions initiales est donc :

$$f(x)=\cos\left(\frac{\pi}{3}x\right)+\sin\left(\frac{\pi}{3}x\right)$$

4.

$$\sqrt{2}\cos\left(\frac{\pi}{3}x-\frac{\pi}{4}\right)=$$

$$\sqrt{2}\left[\cos\frac{\pi}{4}\cos\left(\frac{\pi}{3}x\right)+\sin\frac{\pi}{4}\sin\left(\frac{\pi}{3}x\right)\right]$$

$$=\sqrt{2}\left[\frac{\sqrt{2}}{2}\cos\left(\frac{\pi}{3}x\right)+\frac{\sqrt{2}}{2}\sin\left(\frac{\pi}{3}x\right)\right]$$

$$=f(x)$$

5.

$$f(x)=1\Leftrightarrow\cos\left(\frac{\pi}{3}x-\frac{\pi}{4}\right)=\frac{1}{\sqrt{2}}$$

$$\Leftrightarrow\cos\left(\frac{\pi}{3}x-\frac{\pi}{4}\right)=\frac{\sqrt{2}}{2}$$

$$\Leftrightarrow\cos\left(\frac{\pi}{3}x-\frac{\pi}{4}\right)=\cos\left(\frac{\pi}{4}\right)$$

$$\begin{cases}\frac{\pi}{3}x-\frac{\pi}{4}=\frac{\pi}{4}+2k\pi,\ k\in\mathbb{Z}\\ \text{ou}\ \frac{\pi}{3}x-\frac{\pi}{4}=-\frac{\pi}{4}+2k'\pi,\ k'\in\mathbb{Z}\end{cases}$$

$$\Leftrightarrow\begin{cases}x=\frac{3}{2}+6k\\ \text{ou}\ x=0+6k'\end{cases}$$

Soit $S=\left\{0;\frac{3}{2}\right\}$

Exercice 5

Énoncé p. 47

1. Les solutions de (E) sont les fonctions u définies par $u(t)=ke^{-t}$.

2. $u(0)=12\Leftrightarrow ke^0=12\Leftrightarrow k=12$ donc,
$u(t)=12e^{-t}$

3. $u(t)\leq 0{,}6\Leftrightarrow 12e^{-t}\leq 0{,}6\Leftrightarrow e^{-t}\leq\frac{1}{20}$

$$\Leftrightarrow -t\leq\ln\left(\frac{1}{20}\right)\Leftrightarrow -t\leq-\ln(20)\Leftrightarrow t\geq\ln(20)$$

Alors $t_1=\ln(20)$

Et $t_1\approx 3$s.

Exercice 6

Énoncé p. 48

1. $y'+\frac{1}{10^3\times10^{-4}}y=\frac{10}{10^3}\Leftrightarrow y'+10y=10^{-2}$

2. Les solutions de cette équation sont les fonctions q telles que :

$q(t)=k\mathrm{e}^{-10t}+\dfrac{10^{-2}}{10}=k\mathrm{e}^{-10t}+10^{-3}$

$q(0)=0 \Leftrightarrow k=-10^{-3}$

Alors $q(t)=-10^{-3}\mathrm{e}^{-10t}+10^{-3}$

3.

$\left.\begin{array}{l}\lim\limits_{t\to+\infty}-10t=-\infty\\ \lim\limits_{X\to-\infty}\mathrm{e}^{X}=0\end{array}\right\}\lim\limits_{t\to+\infty}\mathrm{e}^{-10t}=0$

Alors, $\lim\limits_{x\to+\infty}q(t)=10^{-3}$

$q\ (t)=10^{-2}\mathrm{e}^{-10t}$ alors, pour $t\in\left[0;+\infty\right]$

$q\ (t)>0$ donc q est croissante.

Exercice 7

Énoncé p. 48

1. (E) : $q''(t)+\dfrac{1}{200.10^{-3}\times125.10^{-6}}q(t)=0$

$\Leftrightarrow\ q''(t)+\dfrac{1}{25.10^{-6}}q(t)=0$

(E) est sous la forme : $y''+\omega^2y=0$ avec $\omega=\dfrac{1}{5.10^{-3}}=200$

Alors, les solutions sont de la forme :

$q(t)=\lambda\cos(200t)+\ \ \sin(200t)$

2. $\begin{cases}q(0)=10^{-3}\\ q'(0)=0\end{cases}\Leftrightarrow\begin{cases}\lambda=10^{-3}\\ \mu=0\end{cases}$

alors $q(t)=10^{-3}\cos(200t)$

CHAPITRE 10

Exercice 1

Énoncé p. 51

1. $F(x)=\ln(x-5)$ donc :

$I_1=\ln3-\ln1=\ln3$

2. $F(x)=x^2+\mathrm{e}^x$ donc :

$I_2=(1+\mathrm{e})-(1)=\mathrm{e}$

3. $F(x)=2\ln(x^2+1)$ donc :

$I_3=2\ln1-2\ln5=-2\ln5$

4. $f(x)=\dfrac{1}{x}\ln x\quad F(x)=\dfrac{1}{2}(\ln x)^2$

Donc : $I_4=\dfrac{1}{2}(\ln3)^2$

5. $F(x)=-3\mathrm{e}^{-2x}$ donc : $I_5=-3\mathrm{e}^{-2}+3$

6. $F(x)=-\dfrac{1}{3}\cos(3x)$ donc :

$I_6=-\dfrac{1}{3}(\cos\pi-\cos0)=\dfrac{2}{3}$

Exercice 2

Énoncé p. 51

1. Dérivons F.

$F'(t)=(-4t-7)\mathrm{e}^{-t}+(-2t^2-7t-7)(-\mathrm{e}^{-t})$

$=(-4t-7+2t^2+7t+7)\mathrm{e}^{-t}=f(t)$

Donc F est bien une primitive de f.

2. $m=\dfrac{1}{4}\displaystyle\int_{-2}^{2}f(t)\mathrm{d}t$

$=\dfrac{1}{4}(F(2)-F(-2))$

$=\dfrac{1}{4}\left[-29\mathrm{e}^{-2}-(-\mathrm{e}^{2})\right]$

$=\dfrac{1}{4}(\mathrm{e}^2-29\mathrm{e}^{-2})\approx0{,}866$

Exercice 3

Énoncé p. 51

La demi-période est $\dfrac{\pi}{\omega}$ donc :

$\mu=\dfrac{\omega}{\pi}\displaystyle\int_0^{\frac{\pi}{\omega}}f(t)\mathrm{d}t$

$F(t)=-\dfrac{10}{\omega}\cos(\omega t)$ d'où $\mu=\dfrac{20}{\pi}$

Exercice 4

Énoncé p. 51

1. $I+J=\displaystyle\int_0^{\ln4}1\mathrm{d}x=\left[x\right]_0^{\ln4}=2\ln2$

2. $I-J=\displaystyle\int_0^{\ln4}\dfrac{\mathrm{e}^x}{\mathrm{e}^x+2}\mathrm{d}x=\left[\ln(\mathrm{e}^x+2)\right]_0^{\ln4}$

$I-J=\ln6-\ln3=\ln2$

3. On a : $\begin{cases}I+J=2\ln2\\ I-J=\ln2\end{cases}$

D'où : $I=\dfrac{3}{2}\ln2\quad J=\dfrac{1}{2}\ln2$

Exercice 5

Énoncé p. 51

1. On vérifie aisément l'égalité et on en déduit que pour $x\in[0\ ;1]$ on a : $f(x)-g(x)\geq0\Leftrightarrow f(x)\geq g(x)$

2. On obtient de même : $f(x)-h(x)=\dfrac{x^2(x^2-1)}{2(1+x^2)}$

On en déduit que pour $x\in[0\ ;1]$ on a :

$f(x)-h(x)\leq0\Leftrightarrow f(x)\leq h(x)$

3. D'après **1.** et **2.** on a, pour tout $x \in [0\ ;\ 1]$, $g(x) \leq f(x) \leq h(x)$
D'où l'on déduit que :

$$\int_0^1 g(x)\mathrm{d}x \leq \int_0^1 f(x)\mathrm{d}x \leq \int_0^1 h(x)\mathrm{d}x$$

$$\Leftrightarrow \left[x-\frac{x^2}{4}\right]_0^1 \leq I \leq \left[x-\frac{x^3}{6}\right]_0^1$$

$$\Leftrightarrow \frac{3}{4} \leq I \leq \frac{5}{6} \Leftrightarrow 0{,}75 \leq I \leq 0{,}84$$

NB : $I=\frac{\pi}{4}\approx 0{,}79$

Exercice 6

Énoncé p. 51

1. $\mu=\frac{1}{4-1}\int_1^4 f(x)\mathrm{d}x$

$F(x)=\frac{1}{3}x^3-6x-\frac{16}{x}$

Donc $\mu=\frac{1}{3}\left(-\frac{20}{3}+\frac{65}{3}\right)=5$

2. $\mu'=\frac{1}{a-1}\int_1^a f(x)\mathrm{d}x$

$\mu'=\frac{1}{a-1}\left[F(a)+\frac{65}{3}\right]$, donc :

$$\frac{1}{a-1}\left(\frac{1}{3}a^3-6a-\frac{16}{a}+\frac{65}{3}\right)=11$$

$$\Leftrightarrow \frac{a^4-18a^2-48+65a}{3a}=11(a-1)$$

$$\Leftrightarrow a^4-18a^2-48+65a=33a^2-33a$$

$$\Leftrightarrow a^4-51a^2+98a-48=0$$

$$\Leftrightarrow (a-1)^2(a^2+2a-48)=0$$

(Vérifier en développant)
On a donc $a = 1$ ou $a^2 + 2a - 48 = 0$
$\Delta = 196$; $a_1 = -8$; $a_2 = 6$
D'après la situation, on doit avoir $a > 1$, donc la seule valeur à retenir est $a = 6$.

Exercice 7

Énoncé p. 52

1. $f'(x)=\frac{2x}{1+x^2}-2x=\frac{-2x^3}{1+x^2}$

On a donc le tableau de variations :

x	$-\infty$		0		$+\infty$
$f'(x)$		$+$	0	$-$	
$f(x)$		↗	0	↘	

Le maximum de f est : $f(0) = \ln 1 = 0$

2. On en déduit que pour tout $x \in \mathbb{R}$ on a $f(x) \leq 0 \Leftrightarrow \ln(1 + x^2) \leq x^2$.

3. $g'(x)=\frac{2x^5}{1+x^2}$

x	$-\infty$		0		$+\infty$
$f'(x)$		$-$	0	$+$	
$f(x)$		↘	0	↗	

Le minimum de g est $g(0) = 0$.

4. On en déduit que pour tout $x \in \mathbb{R}$

$g(x) \geq 0 \Leftrightarrow \ln(1 + x^2) \geq x^2 - \frac{1}{2}x^4$

5. Des **2.** et **4.** on tire :

$x^2 - \frac{1}{2}x^4 \leq \ln(1 + x^2) \leq x^2$

6. D'où : $\int_0^1\left(x^2-\frac{1}{2}x^4\right)\mathrm{d}x \leq I \leq \int_0^1 x^2\,\mathrm{d}x$

$$\Leftrightarrow \left[\frac{1}{3}x^3-\frac{1}{10}x^5\right]_0^1 \leq I \leq \left[\frac{1}{3}x^3\right]_0^1$$

$$\Leftrightarrow \frac{7}{30} \leq I \leq \frac{1}{3} \Leftrightarrow 0{,}23 \leq I \leq 0{,}34$$

NB : $\frac{\pi}{2}-2+\ln 2\approx 0{,}26$

Exercice 8

Énoncé p. 52

Sur l'intervalle $[2\ ;\ 4{,}5]$ on a $f(x) \leq x-2{,}5$ donc :

$$\mathrm{A} = \int_2^{4,5}[x-2{,}5-f(x)]\mathrm{d}x$$

$$= \int_2^{4,5}\left(-2x^2+14x-24{,}5+\frac{9}{x}\right)\mathrm{d}x$$

$$= \left[-\frac{2}{3}x^3+7x^2-24{,}5x+9\ln x\right]_2^{4,5}$$

$$= -\frac{117}{4}+9\ln(4{,}5)+\frac{79}{3}-9\ln 2$$

$$= -\frac{35}{12}+9\ln(2{,}25)\approx 4{,}4$$

Exercice 9

Énoncé p. 52

1. L'abscisse de E est solution de l'équation :
$O(x) = D(x) \Leftrightarrow 0{,}036x^2 + 3{,}1x - 100 = 0$

$\Delta = 24{,}01$; $x_1=-\frac{1000}{9}$; $x_2=25$

Donc $x_E = 25$ et $y_E = O(25) = 40$
La quantité d'équilibre est de 25 000 unités, le prix d'équilibre est 40 €.

2. $\Omega = \left[0{,}02x^3 + 0{,}05x^2\right]_0^{25} = 343{,}75$

$\Delta = \left[0{,}008x^3 - 1{,}5x^2 + 100x\right]_0^{25} = 1687{,}5$

3. P = 25 × 40 – 343,75 = 656,25
C = 1687,5 – 25 × 40 = 687,5
Ces deux nombres sont exprimés en milliers d'euros (k€).

4.

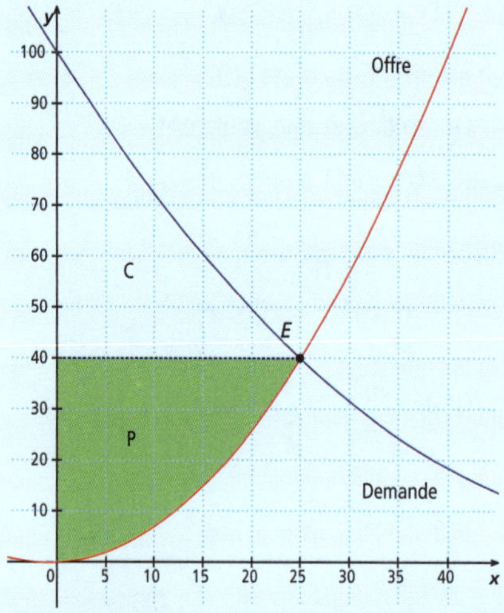

Exercice 10

Énoncé p. 53

1. $g'(x) = \frac{e^x}{1+e^x} - e^x = -\frac{e^{2x}}{1+e^x}$

Pour tout x on a $g'(x) < 0$, donc g est (strictement) décroissante.

$\lim_{x \to -\infty} g(x) = 0$ donc $g(x)$ est négatif sur $\mathbb{R}$.

2. $h'(x) = \frac{e^{3x}}{1+e^x} > 0$

h est croissante et $\lim_{x \to -\infty} h(x) = 0$ donc $h(x)$ est positif sur $\mathbb{R}$.

3. $g(x) \leq 0 \Leftrightarrow f(x) \leq e^x$

$h(x) \geq 0 \Leftrightarrow f(x) \geq e^x - \frac{1}{2}e^{2x}$

Donc : $e^x - \frac{1}{2}e^{2x} \leq f(x) \leq e^x$

4. On en déduit :

$\int_{-2}^{0}\left(e^x - \frac{1}{2}e^{2x}\right)dx \leq I \leq \int_{-2}^{0} e^x\,dx$

$\Leftrightarrow \left[e^x - \frac{1}{2}e^{2x}\right]_{-2}^{0} \leq I \leq \left[e^x\right]_{-2}^{0}$

$\Leftrightarrow \frac{3}{4} - e^{-2} + \frac{1}{4}e^{-4} \leq I \leq 1 - e^{-2}$

Donc : 0,61 ≤ I ≤ 0,87

Exercice 11

Énoncé p. 53

1. $G'(t) = 2e^{-2t} + 2t(-2e^{-2t})$
$G'(t) = (2 - 4t)e^{-2t} = g(t)$

2. Une primitive de f est donc définie par :
$F(t) = G(t) + 2t = 2t(1 + e^{-2t})$

Donc $\mu = \frac{1}{10}\left[F(10) - F(0)\right]$

$\mu = 2(1 + e^{-20}) \approx 2$ cm

CHAPITRE 11

Exercice 1

Énoncé p. 56

La durée du trajet X suit la loi uniforme sur [0 ; 1], donc de densité de probabilité

$f(x) = \frac{1}{1-0} = 1$

15 min = $\frac{1}{4}$ h et 20 min = $\frac{1}{3}$ h

$p\left(\frac{1}{4} \leq X \leq \frac{1}{3}\right) = \int_{\frac{1}{4}}^{\frac{1}{3}} 1dx = \frac{1}{3} - \frac{1}{4} = \frac{1}{12}$

Autre rédaction possible : puisque la durée du trajet est une variable aléatoire uniformément répartie sur [0 ; 1], la probabilité que la personne arrive dans un intervalle de temps de 5 minutes parmi 60 minutes est : $\frac{5}{60} = \frac{1}{12}$

Exercice 2

Énoncé p. 56

Soit X la variable aléatoire correspondant à la durée d'attente en minutes au guichet.

$p(X \leq 10) = \frac{10}{30} = \frac{1}{3}$

$p(X \geq 15) = \frac{15}{30} = \frac{1}{2}$

$p(20 \leq X \leq 25) = \frac{5}{30} = \frac{1}{6}$

Remarque : on peut également utiliser la forme intégrale : $p(X \leq 10) = \int_0^{10} \frac{dx}{30} = \frac{1}{3}$.

Exercice 3

Énoncé p. 56

1. $p(X \leq 200) = \int_0^{200} \lambda e^{-\lambda x}\,dx = \left[-e^{-\lambda x}\right]_0^{200}$

$p(X \leq 200) = 1 - e^{-200\lambda} = 0{,}5$

D'où $e^{-200\lambda} = 0{,}5$ donc $-200\lambda = \ln 0{,}5$

$-200\lambda = -\ln 2$ puis $\lambda = \frac{\ln 2}{200}$

2. La probabilité qu'un des composants pris au hasard ait une durée de vie inférieure à 300 semaines est :

$p(X \leq 300) = \int_0^{300} \lambda e^{-\lambda x}\,dx = \left[-e^{-\lambda x}\right]_0^{300}$

$p(X \leq 300) = 1 - e^{-300\lambda} = 1 - e^{-1,5\ln 2}$

$p(X \leq 300) = 1 - 2^{-1,5}$

Donc la probabilité qu'un des composants pris au hasard ait une durée de vie supérieure à 300 semaines est : $p(X \geq 300) = 1 - (1 - 2^{-1,5}) = 2^{-1,5} \approx 0,35$

3. On reconnaît la loi exponentielle de paramètre λ. La durée de vie moyenne d_m de ces composants est son espérance :

$\frac{1}{\lambda} = \frac{200}{\ln 2} \approx 289$ semaines

Les questions **1.** et **2.** peuvent être traitées plus rapidement en appliquant les formules $p(X \leq t) = 1 - e^{-\lambda t}$ et $p(X \geq t) = e^{-\lambda t}$.

Exercice 4

Énoncé p. 56

1. $p(X > 10) = 0,286$

donc $p(X < 10) = 1 - 0,286 = 0,714$

Or, $p(X < 10) = \int_0^{10} \lambda e^{-\lambda x}\,dx = \left[-e^{-\lambda x}\right]_0^{10}$

$p(X < 10) = -e^{-10\lambda} + 1 = 0,714$

D'où $e^{-10\lambda} = 0,286$ donc $-10\lambda = \ln 0,286$

D'où $\lambda = \frac{\ln 0,286}{-10} \approx 0,125$

2. $p(X < 0,5) = \int_0^{0,5} \lambda e^{-\lambda x}\,dx = \left[-e^{-\lambda x}\right]_0^{0,5}$

$p(X < 0,5) = 1 - e^{-0,125 \times 0,5}$

$p(X < 0,5) = 1 - e^{-0,0625} \approx 0,061$

3. $p(X > 10) = e^{-10 \times 0,125} = e^{-1,25} \approx 0,287$

4. On répète 15 fois dans des conditions d'indépendance une épreuve de Bernoulli (on prend un oscilloscope et on regarde si sa durée de vie est supérieure à 10 ans) avec une probabilité de succès de 0,287. La variable Y égale au nombre de succès suit donc une loi binomiale de paramètres $n = 15$ et $p = 0,287$.

La probabilité qu'au moins un oscilloscope ait une durée de vie supérieure à 10 ans est $p(Y \geq 1) = 1 - p(Y = 0)$

$p(Y \geq 1) = 1 - 0,287^0 \times 0,713^{15} \approx 0,994$

(on peut également effectuer ces calculs à l'aide des fonctions loi binomiale de la calculatrice).

5. Soit n le nombre d'oscilloscopes à acheter. Le raisonnement de la question **4.** reste valable.

$p(Y \geq 1) = 1 - 0,713^n > 0,999$

donc $0,713^n < 0,001$

$\ln 0,713^n < \ln 0,001$ donc $n > \frac{\ln 0,001}{\ln 0,713} \approx 20,4$

L'établissement devra acheter 21 oscilloscopes pour que la probabilité qu'au moins l'un d'entre eux fonctionne plus de 10 ans soit supérieure à 0,999.

Exercice 5

Énoncé p. 57

Partie A

1. $p(X \leq 1)$ est l'aire du domaine délimité par la courbe, l'axe des abscisses, l'axe des ordonnées et la droite d'équation $x = 1$.

2. La densité de probabilité de la loi exponentielle de paramètre λ est définie par $f(x) = \lambda e^{-\lambda x}$ donc $f(0) = \lambda$.

Le paramètre λ est donc l'ordonnée du point de la courbe d'abscisse 0, soit $\lambda = 1,5$.

Partie B

1. $p(X \leq 1) = 1 - e^{-1,5} \approx 0,777$

2. $p(X \geq 2) = e^{-1,5 \times 2} = e^{-3} \approx 0,050$

3. $p(1 \leq X \leq 2) = 1 - (p(X \leq 1) + p(X \geq 2))$

$p(1 \leq X \leq 2) \approx 1 - (0,777 + 0,050) \approx 0,173$

Partie C

1. La probabilité qu'un cylindre soit accepté est $1 - 0,05 = 0,95$.

On répète 10 fois et de manière indépendante une épreuve de Bernoulli (on prend un cylindre et on regarde s'il est accepté) avec une probabilité de succès de 0,95. La variable Y égale au nombre de succès suit une loi binomiale de paramètres $n = 10$ et $p = 0,95$.

$p(Y = 10) = 0,95^{10} \approx 0,599$.

2. La probabilité qu'au moins un cylindre soit refusé est $1 - 0,599 \approx 0,401$.

CHAPITRE 12

Exercice 1

Énoncé p. 61

Pour p(E), on entre sur Casio :

```
Normal C.D
Lower    :29.2
Upper    :29.4
σ        :0.2
μ        :30
Save Res:None
Execute
CALC
```

On obtient :

```
Normal C.D
p    =1.3182E-03
z:Low=-4
z:Up =-3
```

Donc $p(E) \approx 0,001$

Pour p(F), on obtient sur TI :

```
normalFRép(29.9,
30.1,30,.2)
         .3829249356
```

Donc p(F) ≈ 0,383

L'intervalle [29,8 ; 30,2] est l'intervalle $[\mu - \sigma ; \mu + \sigma]$. On sait donc que p(G) ≈ 0,683

Pour p(H), on peut calculer p(30,2 < X < 1000) par exemple ou utiliser la formule p(H) = 0,5 – p(30 ≤ X ≤ 30,2).

On obtient sur TI :

```
0.5-normalFRéP(3
0,30.2,30,0.2)
        .1586552601
```

Donc p(H) ≈ 0,159

Exercice 2

Énoncé p. 61

Sur une TI, on obtient :

```
normalFRéP(5.75,
6.2,6,.1)
        .9710402581
```

La probabilité qu'un rivet soit valable est 0,971, donc la probabilité qu'un rivet ne soit pas utilisable est 1 – 0,971 = 0,029.

Exercice 3

Énoncé p. 61

1. p(T < 2) ≈ 0,091

```
normalFRéP(0,2,3
,.75)
        .0911795958
```

p(T > 5) ≈ 0,004

```
normalFRéP(5,100
,3,.75)
        .0038304251
```

(on peut chercher la probabilité qu'il attende entre 5 et 100 minutes car aucun client n'attendra plus de 100 minutes)

p(2 < T < 5) ≈ 0,905

```
normalFRéP(2,5,3
,.75)
         .904958293
```

2. On cherche *x* tel que p(T < *x*) = 0,95. On utilise la fonction loi normale inverse de la calculatrice :

```
FracNormale(0.95
,3,0.75)
        4.233640219
```

x ≈ 4,234 min, soit 4 minutes 14 secondes.

Exercice 4

Énoncé p. 62

1.

```
Normal C.D
Lower    :64.8
Upper    :65.2
σ        :0.16
μ        :65
Save Res:None
Execute
CALC
```

```
Normal C.D
P     =0.78870045
```

La probabilité pour qu'un poids extrait au hasard dans la production soit conforme est d'environ 0,789, donc la probabilité qu'un poids ne soit pas conforme est d'environ :

1 – 0,789 = 0,211

2. $p(\mu - 2\sigma \leq X \leq \mu + 2\sigma) \approx 0{,}95$ donc on prend $a = 2\sigma = 2 \times 0{,}16 = 0{,}32$

3. Le graphique montre que

p(65 – *b* ≤ X ≤ 65 + *b*) = 0,90

revient à p(X ≤ 65 – *b*) = 0,05

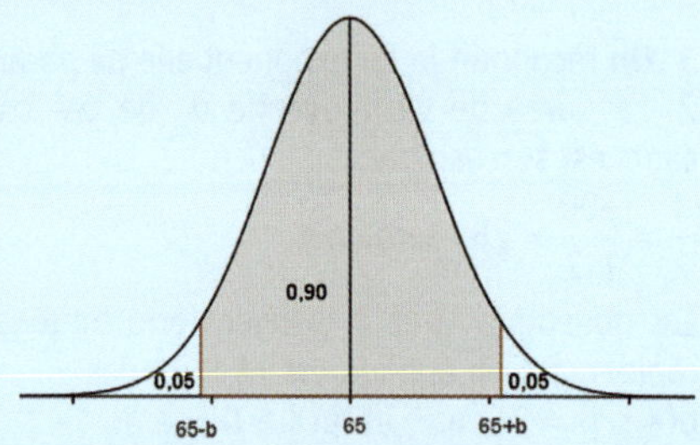

On utilise alors la fonction loi normale inverse de la calculatrice pour déterminer 65 – *b*.

```
Inverse Normal
Tail     :Left
Area     :0.05
σ        :0.16
μ        :65
Save Res:None
Execute
CALC
```

```
Inverse Normal
   x=64.7368234
```

On obtient 65 – *b* ≈ 64,74 donc *b* ≈ 0,26.

Exercice 5

Énoncé p. 62

1. p(Y ≥ 100) = 0,5 – p(98 ≤ Y ≤ 100)

```
0.5-normalFRéP(9
8,100,98,15)
        .4469648498
```

p(Y ≥ 100) ≈ 0,45

2.

```
normalFRéP(70,13
0,98,15)
        .9525773512
```

p(70 ≤ Y ≤ 130) ≈ 0,95 donc la probabilité qu'un français ait un QI exceptionnel est de 1 – 0,95 = 0,05.

3. p(98 – *h* < Y < 98 + *h*) = 0,90

En s'appuyant sur un graphique comme dans le **3.** de l'exercice 4, on se ramène à :

p(Y < 98 – *h*) = 0,05

```
FracNormale(0.05
,98,15)
        73.32719561
```

D'après la calculatrice, 98 – *h* ≈ 73,33, d'où *h* ≈ 24,67.

On a, par symétrie de la courbe,

p(Y > 98 + *h*) = 0,05

donc p(Y > 122,67) = 0,05

Il faut un QI supérieur à 122,67 pour être dans les 5 % des français les plus performants.

4. $p(Y < a) = 0{,}99$

```
FracNormale(0.99
,98,15)
      132.8952182
```

Donc $a \approx 132{,}90$.
Cela signifie que seul 1 % des français a un QI supérieur à 132,90.

Exercice 6

Énoncé p. 62

1. On répète 4 fois et dans des conditions d'indépendance une épreuve de Bernoulli (on prend une roulette et on regarde si elle est défectueuse) avec une probabilité de succès de 0,02.
La variable X, égale au nombre de succès, suit donc une loi binomiale de paramètres $n = 4$ et $p = 0{,}02$.

2. $p(X = 0) = 0{,}98^4 \approx 0{,}922$

3. $p(X \leq 1) \approx 0{,}998$

```
binomFRép(4,0.02
,1)
        .99766352
```

4. La variable Y suit une loi binomiale de paramètres $n = 1000$ et $p = 0{,}02$.
La variable Z doit avoir même espérance et même écart type, donc une espérance égale à $np = 1000 \times 0{,}02 = 20$ et un écart type égal à $\sqrt{npq} = \sqrt{1000 \times 0{,}02 \times 0{,}98} \approx 4{,}43$

5. $p(Z < 15{,}5) \approx 0{,}155$

```
normalFRép(0,15.
5,20,4.43)
      .1548588335
```

CHAPITRE 13

Exercice 1

Énoncé p. 65

$n = 30$ et $p = 0{,}5$: ils vérifient bien les conditions ($n \geq 30$, $np \geq 5$, $n(1 - p) \geq 5$).
L'intervalle de fluctuation asymptotique au seuil de 95 % est :

$$\left[0{,}5 - 1{,}96\sqrt{\frac{0{,}5 \times 0{,}5}{30}} ; 0{,}5 + 1{,}96\sqrt{\frac{0{,}5 \times 0{,}5}{30}}\right]$$

soit $[0{,}32 ; 0{,}68]$

Dans des conditions normales, la fréquence des victoires de Roméo sur 30 parties doit évoluer dans cet intervalle.
Or, Roméo a gagné 23 fois sur 30, donc avec une fréquence $f = \frac{23}{30} \approx 0{,}77$.
$0{,}77 \notin [0{,}32 ; 0{,}68]$, on peut donc penser en effet que Roméo triche avec une confiance de 95 % (on dit aussi avec un risque d'erreur de 5 %).

Exercice 2

Énoncé p. 65

On émet comme hypothèse que la probabilité qu'un candidat soit reçu avec le jury n° 3025 est $p = 0{,}7$ (70 % des candidats sont reçus).
$n = 40$ et $p = 0{,}7$ vérifient les conditions $n \geq 30$, $np \geq 5$, $n(1 - p) \geq 5$.
L'intervalle de fluctuation asymptotique au seuil de 95 % est :

$$I = \left[0{,}7 - 1{,}96\sqrt{\frac{0{,}7 \times 0{,}3}{40}} ; 0{,}7 + 1{,}96\sqrt{\frac{0{,}7 \times 0{,}3}{40}}\right]$$

soit $I = [0{,}56 ; 0{,}84]$.
Or, $f = \frac{23}{40} = 0{,}575 \in I$ donc la situation semble normale. On ne peut pas remettre le jury en question.

Exercice 3

Énoncé p. 65

$p = 0{,}30$ et $n = 180$
n et p vérifient les conditions $n \geq 30$, $np \geq 5$ et $n(1 - p) \geq 5$. L'intervalle de fluctuation asymptotique au seuil de 95 % est :

$$I = \left[0{,}3 - 1{,}96\sqrt{\frac{0{,}7 \times 0{,}3}{180}} ; 0{,}3 + 1{,}96\sqrt{\frac{0{,}7 \times 0{,}3}{180}}\right]$$

soit $I = [0{,}233 ; 0{,}367]$
Donc, la fréquence de personnes ne lisant aucun livre fluctue entre 0,233 et 0,367.
$0{,}233 \times 180 \approx 42$
$0{,}367 \times 180 \approx 66$
Le nombre de personnes ne lisant aucun livre dans un échantillon de 180 personnes est dans l'intervalle [42 ; 66] (avec un risque d'erreur de 5 %).

Exercice 4

Énoncé p. 65

1. On émet l'hypothèse que $p = 0{,}40$.
Les conditions $n \geq 30$, $np \geq 5$, $n(1 - p) \geq 5$ sont vérifiées donc l'intervalle de fluctuation asymptotique au seuil de 95 % est :

$$I = \left[0{,}40 - 1{,}96\sqrt{\frac{0{,}4 \times 0{,}6}{30}} ; 0{,}40 + 1{,}96\sqrt{\frac{0{,}4 \times 0{,}6}{30}}\right]$$

$I = [0{,}225 ; 0{,}575]$

$\frac{8}{30} \approx 0{,}267 \in I$

L'acheteur ne peut donc pas remettre en cause l'affirmation du grossiste.

2. On veut que 0,27 soit en dehors de l'intervalle de fluctuation, donc que :

$$0{,}27 < 0{,}40 - 1{,}96\sqrt{\frac{0{,}4 \times 0{,}6}{n}}$$

$$\frac{0{,}27 - 0{,}40}{-1{,}96} > \sqrt{\frac{0{,}24}{n}}$$

$$\left(\frac{0,13}{1,96}\right)^2 > \frac{0,24}{n}$$

$$n > \frac{0,24 \times 1,96^2}{0,13^2} \approx 54,6$$

L'acheteur doit prélever au moins 55 billes pour pouvoir remettre en cause l'affirmation du grossiste.

Exercice 5

Énoncé p. 65

1. On répète 560 fois et dans des conditions d'indépendance une épreuve de Bernoulli (on prend un passager et on regarde s'il se présente à l'embarquement) avec une probabilité de succès de 0,88. La variable X, égale au nombre de succès, suit donc une loi binomiale de paramètres $n = 560$ et $p = 0,88$.

On entre sur Casio :

```
Binomial C.D
Data     :Variable
x        :524
Numtrial:560
p        :0.88
Save Res:None
Execute
CALC
```

On obtient :

```
Binomial C.D
      p=0.99999596
```

La probabilité que l'avion ne soit pas plein est $p(X \leq 524) \approx 1$.

L'intervalle de fluctuation asymptotique au seuil de 95 % est :

$$I = \left[0,88 - 1,96\sqrt{\frac{0,88 \times 0,12}{560}} ; 0,88 + 1,96\sqrt{\frac{0,88 \times 0,12}{560}}\right]$$

$$I = [0,853 ; 0,907]$$

Entre 85,3 % et 90,7 % des 560 passagers devraient se présenter à l'embarquement, soit entre 478 et 508 passagers.

2. On effectue le même calcul en écrivant 600 au lieu de 560 et 525 au lieu de 524. On obtient :

```
Binomial C.D
      p=0.37132447
```

$p(X \leq 525) \approx 0,371$

Des passagers restent à terre si plus de 525 passagers se présentent à l'embarquement. La probabilité que des passagers restent à terre est donc :

$p(X > 525) \approx 1 - 0,371 \approx 0,629$

L'intervalle de fluctuation asymptotique au seuil de 95 % est :

$$I = \left[0,88 - 1,96\sqrt{\frac{0,88 \times 0,12}{600}} ; 0,88 + 1,96\sqrt{\frac{0,88 \times 0,12}{600}}\right]$$

$$I = [0,854 ; 0,906]$$

Entre 85,4 % et 90,6 % des 600 passagers devraient se présenter à l'embarquement, soit entre 512 et 544 passagers.

3. On peut remarquer que l'intervalle de fluctuation ne varie pas beaucoup entre la question **1.** et la question **2.** et considérer donc que, si la compagnie vend n billets, entre $0,854n$ et $0,906n$ passagers vont se présenter à l'embarquement.

La probabilité de remplir l'avion sera d'au moins 0,975 si $0,854n \geq 525$,

donc $n \geq \dfrac{525}{0,854}$ soit $n \geq 615$

4. La probabilité qu'au moins un passager reste à terre sera d'au plus 0,025 si $0,906n \leq 525$, donc

$n \leq \dfrac{525}{0,906}$ soit $n \leq 579$

Remarque : ces calculs sont approximatifs. Avec $n = 615$, la probabilité de remplir l'avion est d'environ 0,972.

Avec $n = 579$, la probabilité qu'un passager reste à terre est d'environ 0,018.

Solution un peu plus rigoureuse : si la compagnie vend n billets, alors l'intervalle de fluctuation asymptotique au seuil de 95 % est :

$$I = \left[0,88 - 1,96\sqrt{\frac{0,88 \times 0,12}{n}} ; 0,88 + 1,96\sqrt{\frac{0,88 \times 0,12}{n}}\right]$$

$$I = \left[0,88 - \frac{0,637}{\sqrt{n}} ; 0,88 + \frac{0,637}{\sqrt{n}}\right]$$

Pour la question **3.**, on doit résoudre :

$$0,88 - \frac{0,637}{\sqrt{n}} \geq \frac{525}{n}$$

soit $0,88n - 0,637\sqrt{n} - 525 \geq 0$, qui revient à $0,88x^2 - 0,637x - 525 \geq 0$ avec $x = \sqrt{n}$.

Après résolution de l'équation du second degré, en appliquant la règle de signes, on trouve $x \geq 24,79$ donc $n \geq 615$.

Démarche similaire pour la question **4.**

Exercice 6

Énoncé p. 66

1. $nf = 50 \times \dfrac{3}{50} = 3$

La condition $nf \geq 5$ n'est pas vérifiée. On ne peut donc pas conclure.

2. Fréquence de joints défectueux :

$$f = \frac{6}{80} = 0,075$$

Les conditions $n \geq 30$, $nf \geq 5$ et $n(1 - f) \geq 5$ sont bien vérifiées. L'intervalle de confiance au seuil de 0,95 est :

$$\left[0,075 - 1,96\sqrt{\frac{0,075 \times 0,925}{80}} ; 0,075 + 1,96\sqrt{\frac{0,075 \times 0,925}{80}}\right]$$

$I = [0,017 ; 0,133]$

3. L'amplitude de l'intervalle de confiance au seuil de 95 % est : $2\times 1{,}96\sqrt{\dfrac{0{,}075\times 0{,}925}{n}}$

$3{,}92\times\sqrt{\dfrac{0{,}069375}{n}}<0{,}04$

$\Leftrightarrow n>\dfrac{3{,}92^2\times 0{,}069375}{0{,}04^2}\Leftrightarrow n>666{,}2775$

Il faut prélever au moins 667 joints pour que l'amplitude de l'intervalle de confiance au seuil de 95 % soit inférieure à 0,04.

Exercice 7

Énoncé p. 66

Fréquence d'unités défectueuses avec l'ancien protocole : $\dfrac{12}{220}\approx 0{,}055$.

Intervalle de confiance au seuil de 0,95 avec l'ancien protocole :

$$I=\left[0{,}055-1{,}96\sqrt{\frac{0{,}055\times 0{,}945}{220}};0{,}055+1{,}96\sqrt{\frac{0{,}055\times 0{,}945}{220}}\right]$$

I = [0,023 ; 0,085].

Fréquence d'unités défectueuses avec le nouveau protocole : $\dfrac{5}{250}=0{,}02$.

Intervalle de confiance au seuil de 0,95 avec le nouveau protocole :

$$J=\left[0{,}02-1{,}96\sqrt{\frac{0{,}02\times 0{,}98}{250}};0{,}02+1{,}96\sqrt{\frac{0{,}02\times 0{,}98}{250}}\right]$$

J = [0,003 ; 0,037].

Les intervalles de confiance ne sont pas disjoints donc on ne peut en tirer aucune conclusion.

Exercice 8

Énoncé p. 66

1. $n = 800$ et $p = 0{,}52$

$$I=\left[0{,}52-1{,}96\sqrt{\frac{0{,}52\times 0{,}48}{800}};0{,}52+1{,}96\sqrt{\frac{0{,}52\times 0{,}48}{800}}\right]$$

I = [0,485 ; 0,555]

2. $n = 800$ et $p = 0{,}41$

$$J=\left[0{,}41-1{,}96\sqrt{\frac{0{,}41\times 0{,}59}{800}};0{,}41+1{,}96\sqrt{\frac{0{,}41\times 0{,}59}{800}}\right]$$

J = [0,376 ; 0,444]

3. La fréquence de femmes dans l'échantillon est :

$\dfrac{182+256}{800}\approx 0{,}548\in I$.

La fréquence des moins de 35 ans dans l'échantillon est : $\dfrac{161+182}{800}\approx 0{,}429\in J$.

L'échantillon est donc représentatif de la population.

4. Intervalle de confiance au seuil de 0,95 :

$$K=\left[0{,}22-1{,}96\sqrt{\frac{0{,}22\times 0{,}78}{800}};0{,}22+1{,}96\sqrt{\frac{0{,}22\times 0{,}78}{800}}\right]$$

K = [0,191 ; 0,249]

ANNALES

Exercice 1

Énoncé p. 67

Partie A

COMPRENDRE 7 EN VIDÉO

1. X suit la loi $\mathcal{N}(236 ; 8)$, à l'aide de la calculatrice, on obtient :

a. $p(X < 220) \approx 0{,}023$ **b.** $p(X > 250) \approx 0{,}040$

2. On sait que pour une variable X suivant la loi normale $\mathcal{N}(\mu, \sigma)$ on a :

$p(\mu - 2\sigma \leq X \leq \mu + 2\sigma) \approx 0{,}95$

COMPRENDRE 8 EN VIDÉO

Il faut donc $a = 2\sigma$ soit $a = 16$. On a donc :

$p(200 \leq X \leq 252) \approx 0{,}95$

Il y a donc 95 % de chances que la consommation journalière de l'entreprise soit comprise entre 220 et 252 kWh.

Partie B

1. À l'aide de la calculatrice, on obtient :

$p(Y = 0) \approx 0{,}442$ $p(Y = 1) \approx 0{,}368$

$p(Y = 2) \approx 0{,}146$

2. Les employés seront pénalisés si $Y > 2$ c'est-à-dire $Y \geq 3$.

Or $p(Y \geq 3) = 1 - [p(Y = 0) + p(Y = 1) + p(Y = 2)]$, d'où : $p(Y \geq 3) \approx 0{,}044$

Exercice 2

Énoncé p. 67

1. $|z_1|=\sqrt{2+6}=\sqrt{8}=2\sqrt{2}$

Soit θ_1 un argument de z_1, alors :

$\cos\theta_1=\dfrac{\sqrt{2}}{2\sqrt{2}}=\dfrac{1}{2}$ et $\sin\theta_1=\dfrac{\sqrt{6}}{2\sqrt{2}}=\dfrac{\sqrt{3}}{2}$

D'où $\theta_1=\dfrac{\pi}{3}$ et donc $z_1=2\sqrt{2}e^{i\frac{\pi}{3}}$. On trouve de même $z_2=2\sqrt{2}e^{i\frac{\pi}{4}}$.

2. $z_1^{24}=\left(2\sqrt{2}\right)^{24}e^{i\frac{24\pi}{3}}=2^{36}\in\mathbb{R}$ et

$z_2^{18}=\left(2\sqrt{2}\right)^{18}e^{i\frac{18\pi}{4}}=2^{27}e^{i\frac{\pi}{2}}=2^{27}i$

C'est donc un imaginaire pur.

3. a. $Z=\dfrac{(\sqrt{2}+i\sqrt{6})(2-2i)}{(2+2i)(2-2i)}$ d'où

$Z=\dfrac{\sqrt{6}+\sqrt{2}}{4}+i\dfrac{\sqrt{6}-\sqrt{2}}{4}$

b. $Z=\dfrac{2\sqrt{2}e^{i\frac{\pi}{3}}}{2\sqrt{2}e^{i\frac{\pi}{4}}}=e^{i\left(\frac{\pi}{3}-\frac{\pi}{4}\right)}=e^{i\frac{\pi}{12}}$

c. $e^{i\frac{\pi}{12}}=\cos\dfrac{\pi}{12}+i\sin\dfrac{\pi}{12}$ donc,

$\cos\dfrac{\pi}{12}=\dfrac{\sqrt{6}+\sqrt{2}}{4}$ et $\sin\dfrac{\pi}{12}=\dfrac{\sqrt{6}-\sqrt{2}}{4}$

Exercice 3

Énoncé p. 67

1. (E) est de la forme $y''+\omega^2y=0$ avec $\omega=\sqrt{2}$. Ses solutions sont donc les fonctions f définies sur $\mathbb{R}$ par : $f(x)=\lambda\cos(x\sqrt{2})+\mu\sin(x\sqrt{2})$ où λ et μ sont des réels.

2. a. $f(0)=\sqrt{2}$
et $f'(0)=-2$ car la tangente en A a pour coefficient directeur -2.

b. $f(0)=\sqrt{2}\Leftrightarrow\lambda=\sqrt{2}$ et,
$f'(x)=-\lambda\sqrt{2}\sin(x\sqrt{2})+\mu\sqrt{2}\cos(x\sqrt{2})$, donc :
$f'(0)=-2\Leftrightarrow\mu\sqrt{2}=-2\Leftrightarrow\mu=-\sqrt{2}$.
Finalement $f(x)=\sqrt{2}\cos(x\sqrt{2})-\sqrt{2}\sin(x\sqrt{2})$

c.

$$2\cos\left(x\sqrt{2}+\frac{\pi}{4}\right)=2\left[\cos(x\sqrt{2})\cos\frac{\pi}{4}-\sin(x\sqrt{2})\sin\frac{\pi}{4}\right]$$

$$=2\left[\frac{\sqrt{2}}{2}\cos(x\sqrt{2})-\frac{\sqrt{2}}{2}\sin(x\sqrt{2})\right]=f(x)$$

3. $m=\dfrac{\sqrt{2}}{\pi}\displaystyle\int_0^{\frac{\pi}{\sqrt{2}}}f(x)\,dx$. Or une primitive de f est la fonction F définie par : $F(x)=\sqrt{2}\sin\left(x\sqrt{2}+\dfrac{\pi}{4}\right)$.

Alors $F(\dfrac{\pi}{\sqrt{2}})=\sqrt{2}\sin\left(\pi+\dfrac{\pi}{4}\right)=-\sqrt{2}\sin\dfrac{\pi}{4}=-1$

et $F(0)=\sqrt{2}\sin\dfrac{\pi}{4}=1$.

D'où $m=-\dfrac{2\sqrt{2}}{\pi}\approx-0,9$

Exercice 4

Énoncé p. 68

Partie A

1. a. $f(0)=3$
$f'(0)$ est le coefficient directeur de $T=(BC)$ donc
$f'(0)=\dfrac{-2-3}{1-0}=-5$

$f'(1)=0$ car la tangente en A est horizontale.

b. $\lim\limits_{x\to+\infty}f(x)=3$

2. a. $f'(x)=be^{-x}+bx(-e^{-x})$ donc $f'(x)=b(1-x)e^{-x}$

b. $f(0)=3\Leftrightarrow a=3$ et $f'(0)=-5\Leftrightarrow b=-5$.
D'où $f(x)=3-5xe^{-x}$

Partie B

1. On peut écrire $f(x)=3-5\dfrac{x}{e^x}$.

Or $\lim\limits_{x\to+\infty}\dfrac{e^x}{x}=+\infty$ donc $\lim\limits_{x\to+\infty}\dfrac{x}{e^x}=0$

Et donc $\lim\limits_{x\to+\infty}f(x)=3$.

$\lim\limits_{x\to-\infty}e^{-x}=\lim\limits_{x\to+\infty}e^{x}=+\infty$, donc

$\lim\limits_{x\to-\infty}xe^{-x}=-\infty$ et $\lim\limits_{x\to-\infty}f(x)=+\infty$

2. $f'(x)=5(x-1)e^{-x}$ donc $f'(x)$ est du signe de $(x-1)$.
D'où le tableau de variations :

x	$-\infty$		1		$+\infty$
$f'(x)$		$-$	0	$+$	
$f(x)$	$+\infty$	↘	$3-\dfrac{5}{e}$	↗	3

3. $F'(x)=3+5\left[e^{-x}+(x+1)(-e^{-x})\right]$
d'où $F'(x)=f(x)$
F est donc une primitive de f.

4. f est positive sur l'intervalle $[0\ ;\ 1]$ donc l'aire (en *ua*) de E est égale à :

$\int_0^1 f(x)\,dx=F(1)-F(0)=3+10e^{-1}-5=10e^{-1}-2\approx1,68$ *ua*

Le domaine E est colorié en vert sur le graphique ci-dessous :

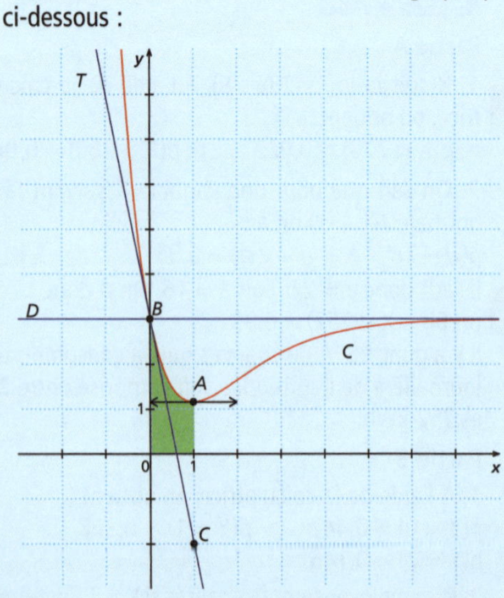

Physique-Chimie

COMPRENDRE EN VIDÉO
Retrouvez les vidéos sur www.hachette-education.com

Descriptif de l'épreuve de Physique–Chimie

Modalités de l'épreuve

	Épreuve écrite	Épreuve orale
Durée	3 heures	• Préparation : 20 minutes • Passage devant l'examinateur : 20 minutes
Coefficient	4	–
Notation	**20 points**	–

Sujet

Le sujet, composé de **deux ou trois parties indépendantes**, porte de manière équilibrée sur différents domaines du programme d'enseignement de la classe de Terminale. Les notions et capacités mobilisées dans les programmes des classes antérieures ne constituent pas le ressort principal du sujet ; elles doivent toutefois être maîtrisées par les candidats qui peuvent avoir à les utiliser.

Les compétences du programme d'enseignement de physique-chimie dans le domaine de la mesure et des incertitudes sont évaluées au travers de l'analyse de situations expérimentales présentes dans le sujet.

Le sujet procède d'une **approche thématique**, fondée sur les applications scientifiques et technologiques contemporaines, permettant d'articuler les connaissances et les capacités citées dans le programme d'enseignement de physique-chimie en les contextualisant. À ce titre, il s'appuie sur l'utilisation de documents.

Épreuve orale de contrôle

L'épreuve consiste en un entretien entre le candidat et un examinateur.

Le candidat tire au sort un sujet comportant deux questions permettant d'évaluer sa capacité à mobiliser ses connaissances en situation, sa capacité à raisonner, démontrer, argumenter et exercer son esprit d'analyse, ainsi qu'à extraire et organiser l'information utile.

1 Comment utiliser l'énergie solaire dans l'habitat ?

Habitat

COMPRENDRE 9 EN VIDÉO

1 Conversion thermique de l'énergie solaire

Il existe deux types de capteurs solaires qui convertissent l'énergie du Soleil, reçue par rayonnement, en énergie thermique.

A Mur à accumulation d'énergie

L'énergie reçue est accumulée le jour et restituée pendant la nuit. La capacité thermique est grande : **plusieurs dizaines de kWh** peuvent être fournis durant la nuit.

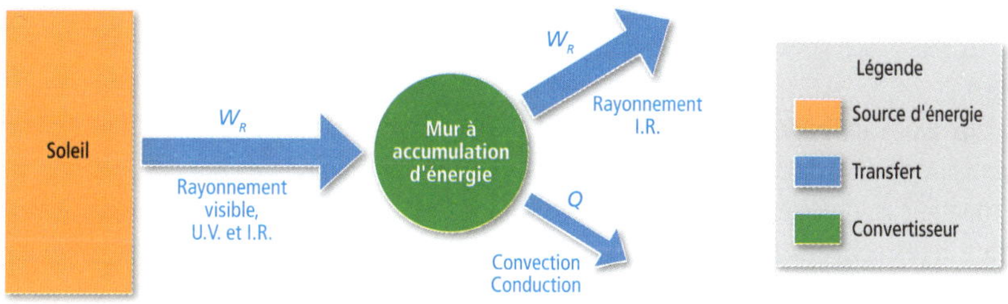

▲ Diagramme de conversions et transferts d'énergie pour un mur à accumulation

B Panneau thermique solaire

Un fluide caloporteur est chauffé par le rayonnement solaire, au niveau de l'absorbeur. Le fluide circule ensuite dans l'installation et apporte la chaleur là où elle est nécessaire (eau chaude et/ou chauffage). L'énergie fournie est de l'ordre de **quelques kWh** pour une journée ensoleillée.

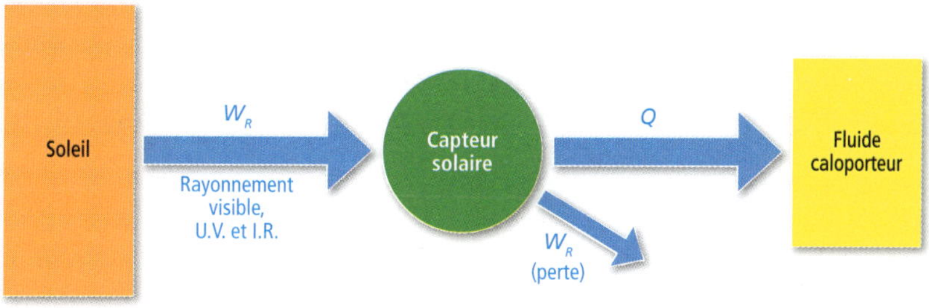

▲ Diagramme de conversions et transferts d'énergie pour un panneau thermique solaire

COMPRENDRE 10 EN VIDÉO

2 Conversion électrique de l'énergie solaire

• Un panneau solaire est constitué de plusieurs cellules photovoltaïques (reliées entre elles, en série et en parallèle) qui convertissent l'énergie du rayonnement solaire en énergie électrique.

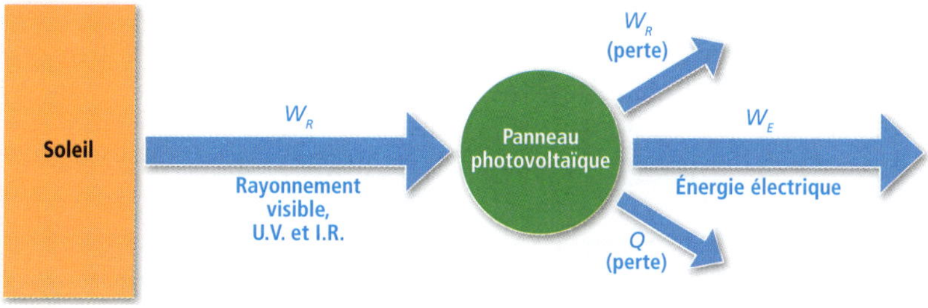

▲ Diagramme de conversions et transferts d'énergie pour un panneau solaire photovoltaïque

Physique-Chimie

- La caractéristique courant-tension $I = f(U)$ dépend de la puissance lumineuse reçue.
I_{cc} est le courant de court-circuit.
V_{co} est la tension en circuit ouvert (courant nul).
- La puissance crête (exprimée en watt-crête, Wc) est la puissance maximale délivrée par le panneau photovoltaïque sous un ensoleillement de 1 000 W/m^2, à la température de 25 °C.
- Dans une installation domestique, l'onduleur a pour rôle de transformer la tension continue délivrée par le panneau en tension alternative, utilisable sur le secteur.

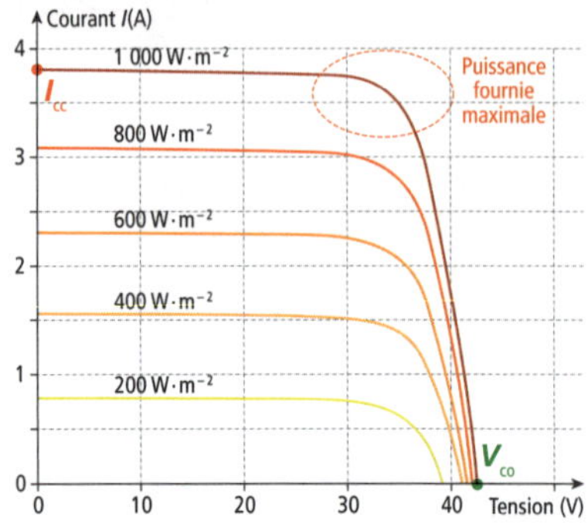

▲ Caractéristiques intensité-tension d'un panneau photovoltaïque

Exemple
1. Citer deux types de panneaux solaires utilisés dans le domaine de l'habitat.
2. Dans chaque cas, préciser la nature de l'énergie obtenue après conversion.

Solution **1.** Les panneaux thermiques solaires et les panneaux photovoltaïques sont utilisés dans le domaine de l'habitat.
2. Les panneaux thermiques solaires convertissent l'énergie reçue du Soleil en énergie thermique. Les panneaux photovoltaïques convertissent l'énergie du Soleil en énergie électrique.

3 Le Photon

Le modèle corpusculaire de la lumière permet d'expliquer le fonctionnement d'une cellule photovoltaïque : dans un semi-conducteur exposé à la lumière, un photon d'énergie suffisante peut arracher un électron, qui participe à la conduction de l'électricité.
À une onde électromagnétique (comme la lumière) de fréquence ν sont associés des photons qui transportent une énergie E, donnée par la relation :

$$E = h.\nu = h.\frac{c}{\lambda}$$

h est la constante de Planck, et $h = 6{,}62 \times 10^{-34}$ J.s
E s'exprime en joule (J), ν en hertz (Hz), λ en mètre (m). L'énergie d'un photon est souvent exprimée en électronvolt : 1 eV = $1{,}6 \times 10^{-19}$ J.

Exemple Deux photons arrivent au contact d'un capteur solaire. Le photon n° 1 a pour longueur d'onde $\lambda_1 = 4{,}85 \times 10^{-7}$ m, le photon n° 2 a pour longueur d'onde $\lambda_2 = 1{,}51 \times 10^{-6}$ m.
1. Calculer l'énergie E_1 du photon n° 1.
2. Calculer l'énergie E_2 du photon n° 2 et la comparer avec celle du photon n° 1. Compléter la phrase : « Plus la longueur d'onde d'un photon est… , plus son énergie est… . »

Solution **1.** $E_1 = h.c/\lambda_1 = 6{,}62 \times 10^{-34} \times 3{,}00 \times 10^8/4{,}85 \times 10^{-7} = 4{,}09 \times 10^{-19}$J
2. $E_2 = h.c/\lambda_2 = 6{,}62 \times 10^{-34} \times 3{,}00 \times 10^8/1{,}51 \times 10^{-6} = 1{,}32 \times 10^{-19}$ J $< E_1$
« Plus la longueur d'onde d'un photon est **grande**, plus son énergie est **faible**. » Réciproquement, « plus la longueur d'onde d'un photon est **petite**, plus son énergie est **élevée**. »

Exercices d'entraînement

Exercice 1 — 15 min

Corrigé p. 170

Grâce au « Plan Soleil » de l'agence de l'environnement et de la maîtrise de l'énergie (ADEME), de nombreux bâtiments collectifs exploitent, maintenant, les énergies renouvelables, en particulier le « solaire thermique ».

L'eau chaude de certains foyers est ainsi obtenue en utilisant des panneaux thermiques solaires.

1. Schématiser les transferts et conversions d'énergie dans un panneau thermique solaire.

2. Le débit du fluide caloporteur (ici, l'eau) circulant à l'intérieur des tuyaux est $D = 50$ L.h^{-1}. L'eau entre à la température $\theta_e = 18$ °C et sort à la température $\theta_s = 54$ °C. Calculer l'énergie reçue par l'eau pendant une durée d'une heure. En déduire la puissance fournie par le panneau.

Données : pour élever de 1 °C la température de 1 kg (donc 1 L) d'eau, il faut fournir une énergie de 4,21 kJ dans les conditions d'utilisation du panneau.

3. Le panneau thermique solaire h275 a pour surface $S = 2{,}6$ m^2. Calculer le rendement de ce panneau pour une puissance lumineuse reçue de 1 000 W.m^{-2}.

Exercice 2 — 10 min

Corrigé p. 170

Le constructeur fournit ci-dessous les caractéristiques électriques du module photovoltaïque 175 W Séries BP 4 utilisé pour alimenter en électricité un refuge isolé de haute montagne. La surface du panneau est $S = 1{,}25$ m^2.

	STC(1) **1 000 W/m²**	**NOCT**(2) **800 W/m²**
Puissance max. (P_{max})		126 W
Tension en P_{max} (V_{mpp})	35,4 V	31,5 V
Intensité en P_{max} (I_{mpp})	4,94 A	
Intensité de court-circuit (I_{sc})	5,45 A	4,41 A
Tension de marche à vide (V_{oc})	43,6 V	39,7 V
Rendement du module	14,0 %	

(1) STC : *Standard Test Conditions*, conditions normales de test.

(2) NOCT : *Normal Operating Cell Temperature*, température nominale d'utilisation des cellules.

1. Calculer la puissance maximale P_{max} délivrée par ce panneau photovoltaïque pour une puissance lumineuse reçue de 1 000 W.m^{-2}.

2. Calculer le rendement pour une puissance reçue de 800 W.m^{-2}. Que remarque-t-on ?

3. Calculer l'intensité du courant débité à la puissance maximale pour un éclairement reçu de 800 W.m^{-2}.

Exercice 3 **15 min** *Corrigé p. 170*

L'approvisionnement en eau est un réel problème dans de nombreux pays d'Afrique. L'utilisation de pompes électriques est aujourd'hui de plus en plus courante avec le développement de sources électriques photovoltaïques. Le document ci-dessous est donné par le constructeur du module photovoltaïque associé à une pompe à eau.

Electrical Data			
Peak power	P_{max}	(Wp)	80
Tolerance		(%)	+ 3/–3
Max. power current	I_{mp}	(A)	4,6
Max power voltage	V_{mp}	(V)	17,2
Short circuit current	I_{sc}	(A)	5,0
Open circuit voltage	V_{oc}	(V)	22,4
Temperature coefficient for P_{max}		(%/°C)	–0,50
Temperature coefficient for V_{oc}		(%/°C)	–0,35
Temperature coefficient for I_{sc}		(%/°C)	0,09
Max. system voltage		(V)	600

1. Vérifier que la valeur de la puissance crête P_{max} est correcte.

2. Les dimensions de ce module sont (en mm) 526 × 1 186. Calculer le rendement dans les conditions normales de test (1 000 W/m², à la température de 25 °C).

3. Le document ci-après représente des courbes caractéristiques de ce module photovoltaïque pour différentes puissances lumineuses reçues.

Electrical Performance
for different irradiation, at 25 °C

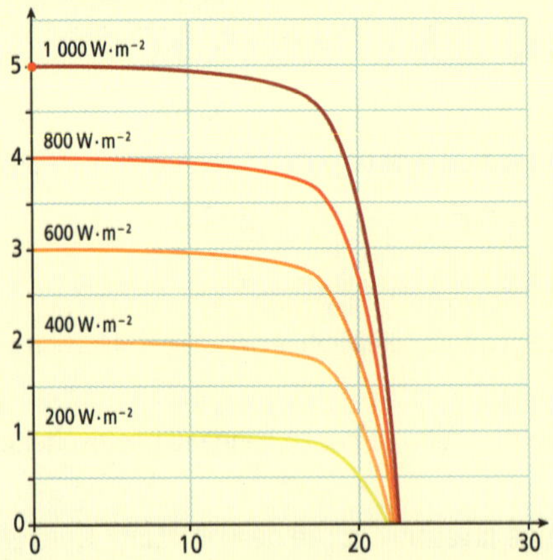

a. Préciser quelles sont les grandeurs (et leurs unités) en abscisse et en ordonnée.

b. Placer les points I_{cc} (intensité de court-circuit), V_{CO} (tension en circuit ouvert), et P_{max} (puissance crête sur la courbe dans les conditions normales de test.

2 Quels sont les comportements des fluides dans l'habitat ?

Habitat

Physique-Chimie

1 Notion de pression

A Fluides

Un fluide est un liquide ou un gaz, qui n'a pas de forme propre.

COMPRENDRE 11 EN VIDÉO

B Pression

Les molécules d'un fluide exercent sur une paroi de surface S des actions mécaniques modélisées par une force pressante perpendiculaire à la surface S et orientée du fluide vers la paroi. La pression p est définie par la relation :

$$p = \frac{F}{S}$$

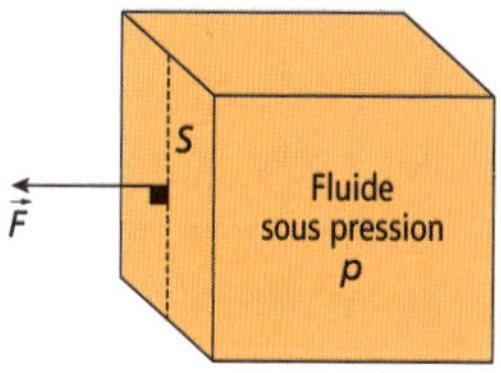

p s'exprime en pascal (Pa), F en newton (N), S en mètre carré (m^2).

2 Lois de l'hydrostatique

A Théorème fondamental de l'hydrostatique

Dans un fluide au repos, la pression dépend de la profondeur et de la différence de pression entre deux points A et B ; elle est donnée par la relation :

$$p_A - p_B = \rho.g.h$$

p_A et p_B s'expriment en Pa, ρ en $kg.m^{-3}$, g en $m.s^{-2}$, et h en m.

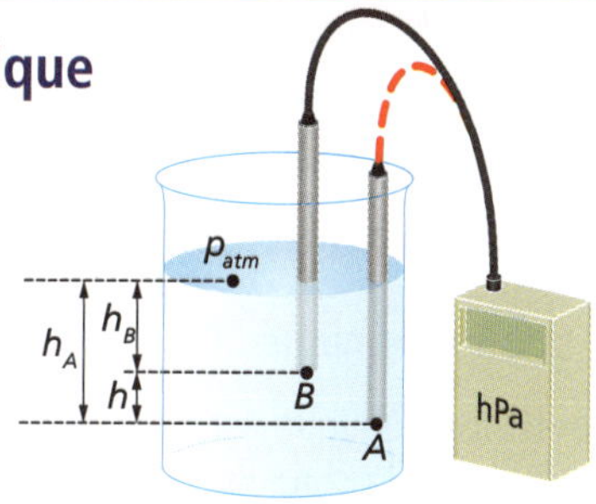

$p_A > p_B$

B Théorème de Pascal

Un liquide est incompressible, il transmet donc intégralement les variations de pression. Si ces variations sont dues à des forces s'exerçant sur des pistons, on a :

$\Delta p_A = \Delta p_B$ et donc : $\frac{F_2}{S_2} = \frac{F_1}{S_1}$

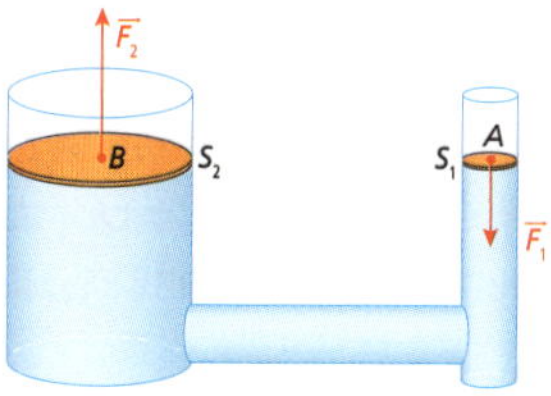

C Mesure de pression

Un manomètre mesure la pression au sein d'un fluide.
Certains manomètres mesurent la **pression absolue p**, d'autres **la pression relative**.
$\Delta p = p_M - p_{atm}$; p_{atm} au niveau de la mer est de l'ordre de 1 bar (10^5 Pa).
Par exemple, la pression de gonflage des pneus indiquée par les constructeurs automobiles est une pression relative. Une pression de gonflage de 2 bars signifie « deux bars au-dessus de la pression atmosphérique » et équivaut à une pression absolue de 3 bars.

Exemple On utilise deux manomètres différents, A et B, pour vérifier la pression dans un pneumatique. Les résultats sont les suivants : $p_A = 3{,}6$ bars ; $p_B = 2{,}6$ bars.
Lequel de ces manomètres donne la pression absolue ? La pression relative ?

Solution La pression absolue est la valeur de la pression en prenant pour référence celle dans le vide (elle est nulle). Il s'agit ici de la pression la plus élevée, $p_A = 3{,}6$ bars.
La pression relative est égale à la différence entre la pression absolue et la pression atmosphérique (de l'ordre de 1 bar). Il s'agit ici de $p_{rel} = 2{,}6$ bars.

3 Écoulement stationnaire

Notion d'écoulement

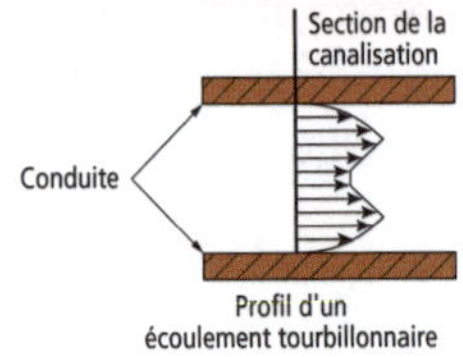

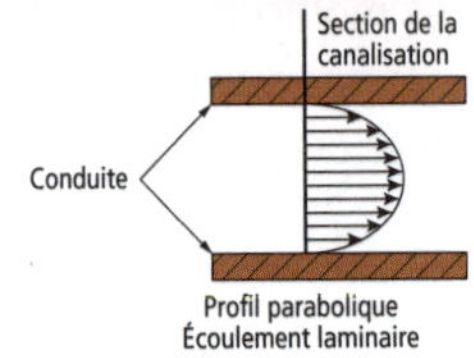

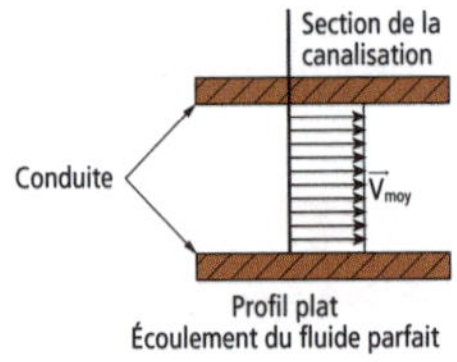

- Contrairement au solide, les particules d'un fluide peuvent se déplacer les unes par rapport aux autres, et le fluide peut donc s'écouler.
- Le profil de vitesse est la représentation du vecteur vitesse des particules de fluide en tout point de la section d'une canalisation.
- La vitesse moyenne de l'écoulement est la moyenne de toutes les vitesses.
- **Débit lors d'un écoulement permanent** : le débit est le rapport entre la quantité de fluide (masse m ou volume V) qui traverse une section droite d'une conduite et la durée Δt de l'écoulement.
- **Débit massique** : $Q_m = \dfrac{m}{\Delta t}$ s'exprime en kg.s^{-1}, m en kg et Δt en s.
- **Débit volumique** : $Q_v = \dfrac{V}{\Delta t}$ s'exprime en m^3.s^{-1}, V en m^3, et Δt en s.

Le débit volumique est aussi égal au produit de la vitesse moyenne v de l'écoulement par la section S de la conduite : $\boldsymbol{Q_v = v.S}$ (v s'exprime en m.s^{-1} et S en m^2).

4 Équation de continuité

Lors d'un écoulement, la conservation de la matière le long d'une veine de courant s'exprime par l'équation $Q_{1M} = Q_{2M}$ (conservation du débit massique).
Pour un fluide incompressible, le débit volumique se conserve : $S_1.v_1 = S_2.v_2$

Exemple Dans un immeuble, deux appartements utilisent de l'eau en même temps. Le débit fourni par l'arrivée d'eau de l'immeuble est $Q_0 = 5$ L.s^{-1}.
La canalisation se sépare en deux branches, une par appartement.
1. L'appartement n° 1 reçoit un débit $Q_1 = 3{,}5$ L.s^{-1}. Quelle est la valeur du débit Q_2 pour le second appartement ?
2. Les canalisations des deux appartements ont des sections différentes. La section de la canalisation de l'appartement n° 1 est $S_1 = 3 \times 10^{-4}$ m^2. Calculer S_2 pour que les vitesses d'écoulement soient les mêmes dans les deux canalisations.

Solution **1.** La loi de continuité entraîne, pour un fluide incompressible comme l'eau, la conservation du débit volumique.
On a donc $Q_0 = Q_1 + Q_2$, soit encore $Q_2 = Q_0 - Q_1 = 5 - 3{,}5 = 1{,}5$ L.s^{-1}.
2. Par définition, $Q_1 = S_1.v_1$ et $Q_2 = S_2.v_2$; l'égalité $v_1 = v_2$ s'écrit donc $Q_1/S_1 = Q_2/S_2$, ou encore : $S_2 = S_1.Q_2/Q_1$.
Au final, $S_2 = 3 \times 10^{-4} \times 1{,}5/3{,}5 = 1{,}3 \times 10^{-4}$ m^2.

A Équation de Bernoulli

La conservation de l'énergie entre les états 1 et 2 s'exprime par la relation :

$$\frac{1}{2}\rho.v_1^2 + p_1 + \rho.g.z_1 = \frac{1}{2}\rho.v_2^2 + p_2 + \rho.g.z_2$$

ρ s'exprime en kg.m^{-3} ; p en Pa ; v en m.s^{-1} ; z en m ; g en m.s^{-2}.

B Effet Venturi

Si la conduite est horizontale ($z_1 = z_2$), l'équation de Bernoulli devient :

$$\frac{1}{2}\rho.v_1^2 + p_1 = \frac{1}{2}\rho.v_2^2 + p_2.$$

Si $v_1 > v_2$, alors $p_1 < p_2$.

Exercices d'entraînement

Exercice 1 — 10 min

Corrigé p. 170

1. Rappeler le théorème fondamental de l'hydrostatique.

2. Dans une colonne remplie de mercure (liquide), quelle doit être la hauteur entre deux points A et B pour que la différence de pression entre ces deux points $\Delta p = p_A - p_B$ soit égale à la pression atmosphérique ?

Données : masse volumique du mercure
$\rho_{Hg} = 1{,}355 \times 10^4$ kg.m^{-3} ;
$p_{atm} = 1{,}013 \times 10^5$ Pa ;
intensité de la pesanteur : g = 9,81 m.s^{-2}.

3. Le millimètre de mercure (mm Hg) est une unité ancienne de pression. Justifier la conversion 1 mm Hg = 133 Pa.

Exercice 2 — 15 min

Corrigé p. 170

Un château d'eau alimente un immeuble en eau potable. La surface libre de l'eau est à la pression atmosphérique $p_{atm} = 10^5$ Pa. Elle est située à une hauteur $H = 30$ m au-dessus de la vanne qui ferme la canalisation principale de l'immeuble.

1. Calculer la valeur de la pression p_V au niveau de cette vanne (on considère que lorsque la vanne est fermée, l'eau ne circule pas).

2. La canalisation fermée a pour rayon $R_c = 3{,}0$ cm. Calculer la valeur de la force pressante F exercée par l'eau sur la vanne d'obturation.

3. Calculer la vitesse d'écoulement de l'eau v_c lorsqu'on ouvre la vanne (on considère que l'eau s'écoule à l'air libre, et on néglige la vitesse de l'écoulement au niveau de la surface libre de l'eau dans le château d'eau).

4. En déduire le débit volumique de l'écoulement.

Données : $g = 10$ m.s^{-2} ; $\rho_{eau} = 10^3$ kg.m^{-3}.

3 Comment utiliser un fluide pour chauffer ou refroidir ?

Habitat

1 Les différents états de l'eau et les changements d'état

A Les trois états de l'eau

À une pression donnée, le changement d'état d'un corps pur s'effectue à température constante. Cette température dépend de la pression.

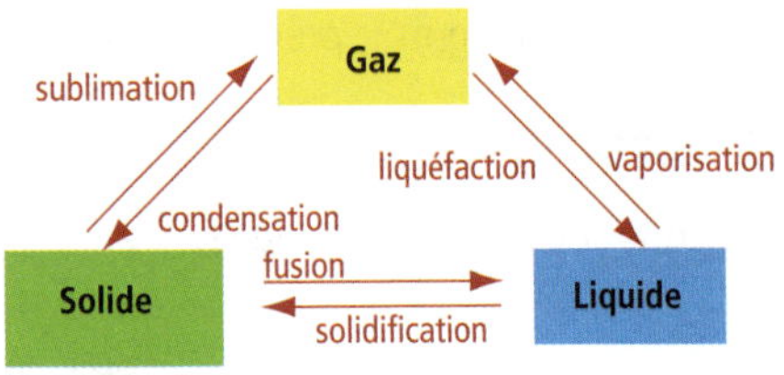

B Les domaines des états de l'eau

On peut établir alors le diagramme d'état de l'eau ci-contre :
On remarque qu'il existe une température et une pression auxquelles les 3 courbes se rejoignent : les trois états de la matière coexistent (solide, liquide et vapeur).

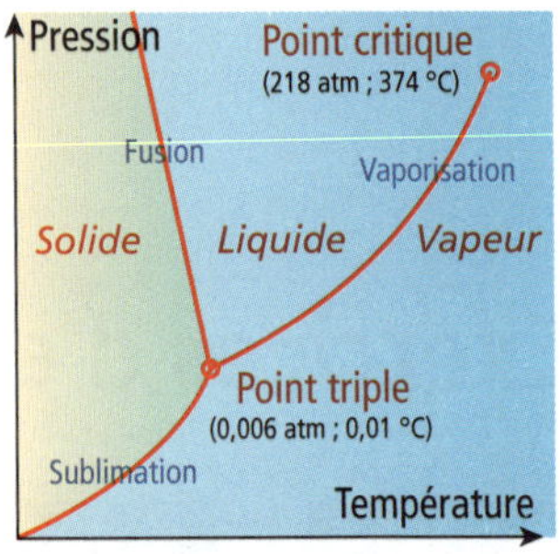

Exemple Observer le diagramme d'état de l'eau ci-dessous :

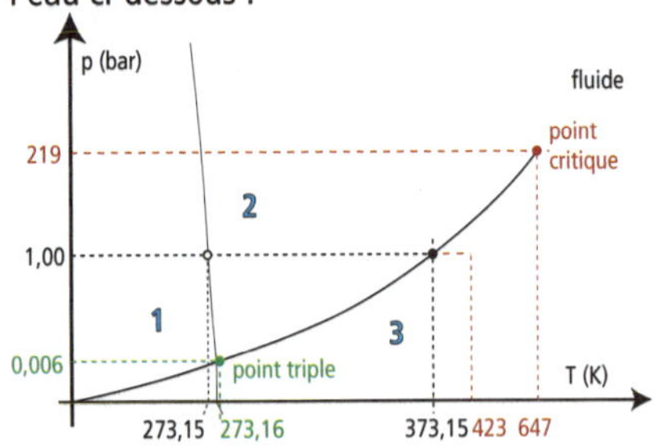

1. Dans quel état physique se trouve l'eau dans les domaines 1, 2 et 3 ?

2. À quoi correspond le point triple ?

3. Dans quel état physique se trouve l'eau à une pression $p = 10^5$ Pa à une température $\theta = 150$ °C ? Repérer approximativement le point correspondant sur le diagramme de phase.

Solution **1.** 1 : État solide – 2 : État liquide – 3 : État gazeux.

2. Au point triple, les états solide, liquide et gazeux coexistent.

3. $p = 10^5$ Pa soit $p = 1$ bar ; $\theta = 150$ °C et $T = 273 + 150 = 423$ K. L'eau se trouve donc à l'état gazeux.

2 Les deux modes de vaporisation de l'eau

- Le passage de l'eau liquide à la vapeur d'eau peut se faire de deux manières : par ébullition ou évaporation (si la pression due à la vapeur d'eau est inférieure à la pression de vapeur saturante).

- On appelle **chaleur latente**, ***L***, (ou enthalpie) de changement d'état d'un corps pur l'énergie qu'il échange avec le milieu extérieur pour le changement d'état de son unité de masse, à température constante. L s'exprime en $J.kg^{-1}$, ou $kJ.kg^{-1}$. Lors du changement d'état liquide vapeur pour l'eau, à 100 °C, la chaleur latente L_{vap} de changement d'état correspond à l'énergie qu'il faut fournir à 1 kg d'eau pour le faire passer de l'état liquide à l'état de vapeur. De même, lors de la liquéfaction, 1 kg de vapeur libèrera cette même quantité $L_{cond} = L_{vap}$ pour donner 1 kg d'eau liquide. Ainsi la quantité de chaleur échangée lors d'un changement d'état s'exprime par :

$$Q = m.L$$

J kg J.kg⁻¹

Cette chaleur latente de changement d'état s'explique par la nécessité de rompre les liaisons de Van der Waals entre les molécules d'eau polaires, ce qui nécessite un apport conséquent d'énergie.

Exemple On fait chauffer 0,5 L d'eau, initialement prise à 20 °C, dans une casserole au moyen d'une plaque électrique de puissance $P = 2\ 000$ W.

1. En considérant que 85 % de l'énergie délivrée par la plaque est transférée à l'eau, déterminer si celle-ci sera portée à la température d'ébullition au bout de 5 minutes.

2. Combien de temps faut-il pour faire bouillir la totalité de l'eau de la casserole ?

Données :

Capacité thermique de l'eau :
$C_{eau} = 4\ 180$ J.kg^{-1}.K^{-1}.

Chaleur latente de vaporisation de l'eau :
$L_v = 2{,}26 \times 10^6$ J.kg^{-1} (à 100 °C).

Solution **1.** Calculons l'énergie reçue par l'eau en 5 minutes :

$$E = \frac{85}{100} \times 2\ 000 \times 5 \times 60$$
$$= 0{,}51 \times 10^6 \text{ J} = 510 \text{ kJ}.$$

Pour que l'eau commence à bouillir, il faut porter sa température à 100 °C. L'eau doit alors recevoir une énergie E' :

$$E' = m_{eau}.c_{eau}(\theta_{eb} - \theta_{initial})$$

Avec $\theta_{eb} = 100$ °C,

$$E' = 0{,}5 \times 4180 \times 80 = 167200 \text{ J}$$
$$= 167{,}2 \text{ kJ}.$$

L'eau atteindra la température d'ébullition car $E > E'$.

2. Pour que toute l'eau soit en ébullition, il faut qu'elle reçoive une énergie E'' telle que :

$$E'' = m_{eau}.c_{eau}(\theta_{eb} - \theta_{initial}) + m_{eau}.L_v$$

Avec $\theta_{eb} = 100$ °C, $\theta_{initial} = 20$ °C.

Le calcul nous donne :
$E'' = 1{,}3 \times 10^6$ J $= 1\ 300$ kJ.

Calculons le temps nécessaire pour que l'énergie apportée soit égale à l'énergie E'' nécessaire pour porter toute l'eau à ébullition.

$E_0 = E'' = 1{,}3 \times 10^6$ J

Or $E_0 = 0{,}85P.t$. Donc $t = \dfrac{E_0}{0{,}85P}$

$$t = \frac{1{,}3 \times 10^6}{0{,}85 \times 2000}$$

on obtient : $t \approx 765$ s soit 12 minutes et 45 secondes.

Exercices d'entraînement

Exercice 1 **5 min** *Corrigé p. 171*

1. Quels sont les points communs et les différences entre l'ébullition et l'évaporation ?
2. Dessiner l'allure du graphique représentant l'évolution de la température de l'eau d'un glaçon pris à la température de −10 °C posé sur une plaque chauffante à 160 °C.
3. On chauffe de l'eau dans une casserole et on constate que la température ne monte pas au-delà de 100 °C. La température de l'eau va-t-elle augmenter si on augmente la puissance de chauffage ? Justifier la réponse.

Exercice 2 — 10 min

Corrigé p. 171

Dans une centrale nucléaire à eau pressurisée (REP), la chaleur dégagée par le réacteur nucléaire est captée par un circuit primaire qui contient de l'eau à une température de 286 °C à l'entrée du réacteur et de 323 °C à sa sortie.

La pression de l'eau dans ce premier circuit est égale à 155 bars.

Un échangeur de chaleur permet au circuit primaire de céder de la chaleur au circuit secondaire qui contient également de l'eau, pour la vaporiser. Cette vapeur d'eau sous pression assure la rotation des turbines de la centrale.

Au niveau des turbines l'eau du circuit secondaire se trouve à une pression de 55 bars et à l'état vapeur.

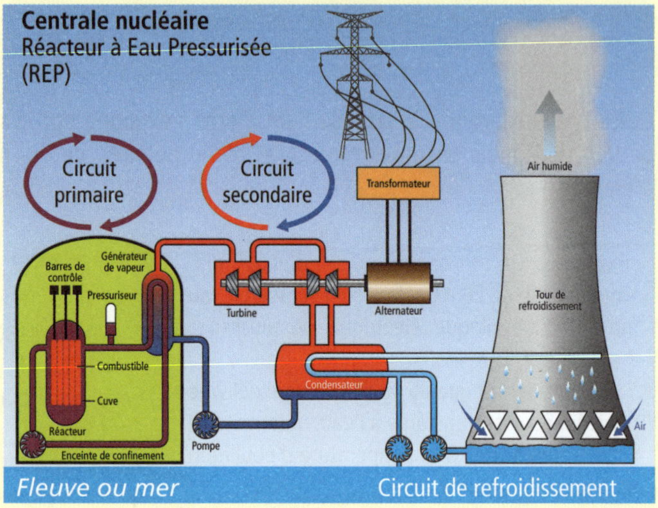

On donne ci-après le diagramme d'état (p,T) de l'eau correspondant à ces domaines de température et de pression.

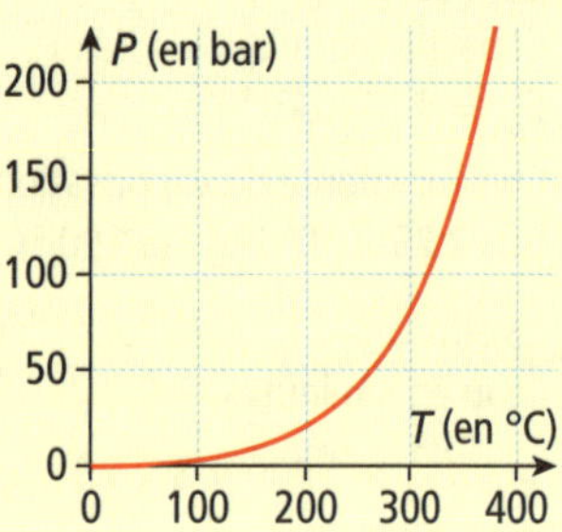

1. À quoi correspond la courbe rouge de ce diagramme ?
2. Préciser le domaine de l'eau liquide et celui de l'eau vapeur.
3. Indiquer, à l'aide du diagramme, l'état physique de l'eau dans le circuit primaire.
4. Quelle doit être la température minimum de l'eau au niveau des turbines pour qu'elle soit à l'état vapeur à la pression de 55 bars ?

Exercice 3 — 15 min

Corrigé p. 172

Un four à micro-ondes de puissance $P = 1\,000$ W est utilisé pour décongeler un potage, de masse $m = 500$ g, sorti du congélateur à une température $T_1 = -18$ °C.

On souhaite déterminer le temps de décongélation pour amener cette préparation culinaire, qui peut être assimilée à de l'eau (les aliments en contiennent en forte proportion), à l'état liquide à une température $T_2 = 0$ °C.

On suppose que le four fonctionne à pleine puissance lors de la décongélation rapide et que toute l'énergie qu'il fournit est absorbée par la préparation culinaire.

Données : $L_{f\,eau} = 334$ kJ.kg^{-1} ;
$c_{glace} = 2{,}22$ kJ.kg^{-1}.°C^{-1}.

1. Donner qualitativement la forme de la courbe d'évolution de la température de la préparation culinaire au cours de cette opération. Justifier la présence de deux parties distinctes dans cette courbe.
2. Calculer l'énergie que reçoit la préparation culinaire dans la première, puis dans la deuxième partie de la courbe.
3. En déduire le temps de l'opération de décongélation.

4 Ondes électromagnétiques et communications dans l'habitat

Habitat

COMPRENDRE 12 EN VIDÉO

1 Propriétés et structure des ondes électromagnétiques

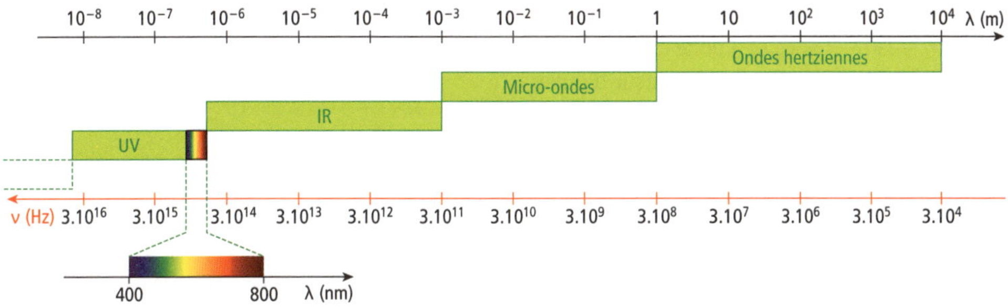

▲ Les rayonnements visibles, infrarouges (IR), micro-ondes et hertziens sont utilisés dans les communications

A Propriétés

• Les **ondes électromagnétiques (OEM)** utilisées dans les communications ont des longueurs d'onde qui vont de la lumière visible (≈ 400 à 800 nm) aux ondes hertziennes (jusqu'à 10 km). Ces ondes se propagent dans le vide ou dans l'air à la célérité $c = 3 \times 10^8$ m.s^{-1}.

• Une onde est caractérisée par sa fréquence ν.
La longueur d'onde λ dans le vide est liée à la période T ou à la fréquence ν par les relations :

$$\lambda = c.T$$

(λ en m ; c en m.s^{-1} ; T en s)

$$\lambda = \frac{c}{\nu}$$

(λ en m ; c en m.s^{-1} ; ν en Hz)

B Structure des OEM

Une onde électromagnétique est composée d'un champ électrique $\vec{E}$ et d'un champ magnétique $\vec{B}$. Les deux champs :
– sont périodiques dans le temps et dans l'espace ;
– sont perpendiculaires l'un à l'autre et à la direction de propagation ;
– ont des amplitudes en rapport constant ;
– ont la même fréquence et la même longueur d'onde.

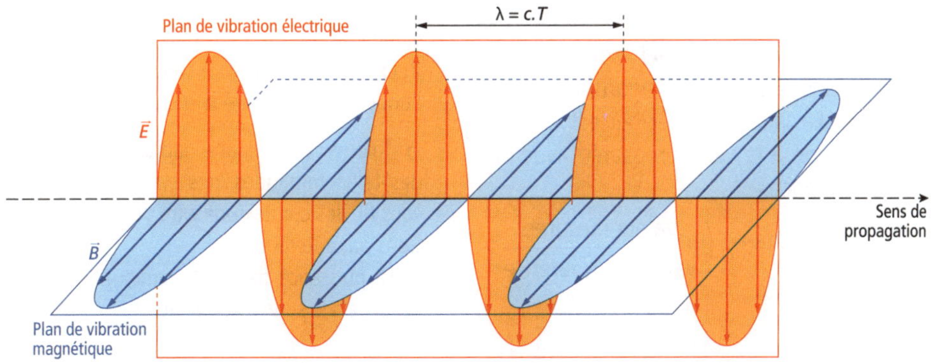

▲ Représentation spatiale du champ magnétique et du champ électrique d'une OEM

Le champ électrique se mesure en volt par mètre (V.m^{-1}) et le champ magnétique en Tesla (T).

Exemple Un capteur de présence d'une alarme sans fil communique avec la centrale de commande par l'intermédiaire d'une onde de fréquence 2,4 GHz.

1. Quelle est la célérité d'une onde électromagnétique ?

2. Exprimer la fréquence de l'onde en hertz.

3. En déduire sa période et sa longueur d'onde dans l'air.

Solution **1.** La célérité d'une onde électromagnétique est égale à 3×10^8 m.s^{-1}.

2. La fréquence est égale à : $2,4 \times 10^9$ Hz.

3. La longueur d'onde λ est égale à :

$$\lambda = \frac{c}{v} = \frac{3 \times 10^8}{2.4 \times 10^9} = 0,125 \text{ m.}$$

La période T est égale à :

$$T = \frac{\lambda}{c} = \frac{0,125}{3 \times 10^8} = 4,2 \times 10^{-10} \text{s.}$$

2 Cas particulier des ondes hertziennes

A Spectre et utilisation des ondes hertziennes

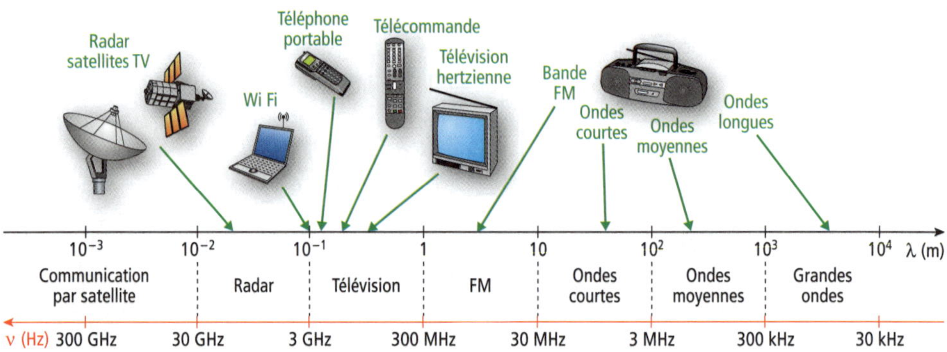

▲ Spectre des ondes hertziennes utilisées dans les communications

B Énergie transportée

Dans le cas des ondes hertziennes la densité volumique d'énergie transportée par l'onde est proportionnelle à la valeur moyenne du carré du champ électrique E.

C Décibels

Du fait des grandes variations possibles des grandeurs mesurées, celles-ci sont souvent exprimées dans une échelle logarithmique, en décibel (dB). La valeur en décibel est calculée par comparaison à la valeur mesurée avec une valeur de référence.

$$\text{Valeur en dB} = 10 \log_{10} \left(\frac{\text{valeur mesurée}}{\text{valeur de réference}} \right)$$

Exemple **1.** Citer deux appareils de la maison qui utilisent des ondes hertziennes pour communiquer.

2. Expliquer comment évolue la puissance de l'onde en fonction de la distance à la source.

Solution **1.** Dans une habitation, on utilise des télécommandes, des systèmes d'alarme sans fil, des connexions wifi, des communications par satellite,…

2. La puissance de l'onde diminue lorsque la distance à la source augmente.

2 Transmission par modulation d'une tension

On transmet les informations (signal modulant) en utilisant comme support une onde hertzienne (onde porteuse) de grande fréquence ν comprise entre 30 kHz et 30 GHz.

A Modulation d'amplitude

Dans le cas de la modulation d'amplitude, l'enveloppe de la porteuse prend la forme du signal modulant.

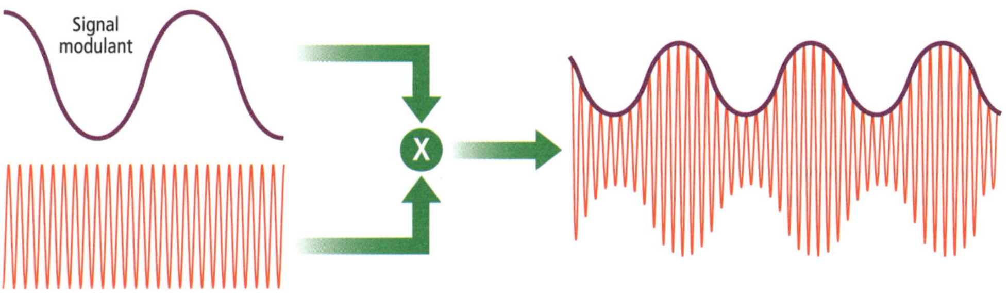

▲ Modulation d'amplitude

B Modulation de fréquence

Dans le cas de la modulation de fréquence, la fréquence de l'onde porteuse varie en fonction de la valeur du signal modulant.

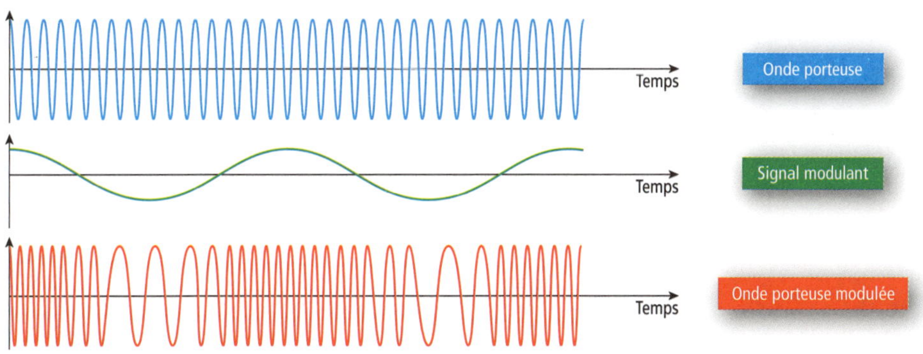

▲ Modulation de fréquence

Exercices d'entraînement

Exercice 1 **5 min** *Corrigé p. 172*

Recopier et corriger les phrases si nécessaire.

1. Les ondes électromagnétiques utilisées dans la communication ont des fréquences supérieures ou égales aux rayonnements visibles.
2. Une micro-onde a une plus grande longueur d'onde qu'une onde hertzienne.
3. Les ultraviolets sont utilisés pour les communications par télécommandes.

4. Les grandes ondes sont des ondes de grande longueur d'onde.

5. La fréquence des communications par satellite est plus grande que celle des communications par téléphone portable.

6. Une fibre optique permet le transport de l'information sous forme de rayonnement visible.

Exercice 2 10 min

Corrigé p. 172

Deux télécommandes produisent des signaux électromagnétiques dont les longueurs d'ondes sont respectivement 890 nm et 1 cm.

1. De quels types d'ondes s'agit-il ?

2. Quelle est la célérité c d'une onde électromagnétique dans l'air ?

3. Calculer les fréquences ν et les périodes T de ces signaux. ($\lambda = c.T = c/\nu$).

4. En déduire l'énergie transportée par les photons constituant ces ondes.
($E = h \,.\, c/\lambda$ avec $h = 6{,}626 \times 10^{-34}$ $J.s^{-1}$)

5. Quelle est l'onde la plus énergétique ?

6. En déduire si l'affirmation ci-après est vraie. La corriger si nécessaire. « Plus la fréquence d'une onde électromagnétique est grande moins elle transporte d'énergie. »

Exercice 3 10 min

Corrigé p. 172

Lors d'un cambriolage, l'alerte est donnée par le réseau de téléphonie mobile. Le signal ci-dessous est extrait de l'onde émise par la centrale.

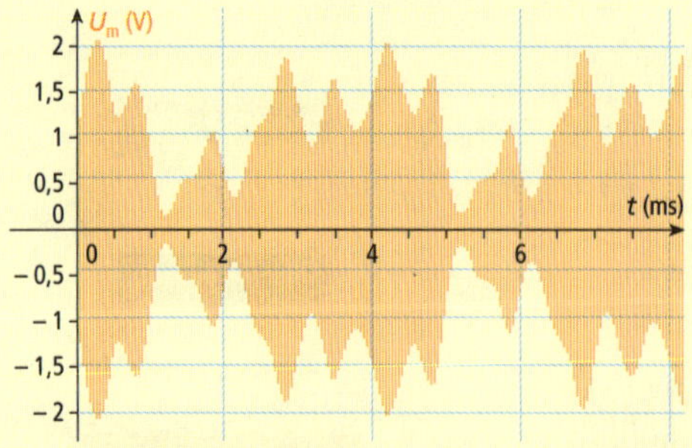

▲ Oscillogramme du signal modulé

1. Quelle est la technique utilisée pour transporter l'information ?

2. Le signal portant l'information est-il périodique ?

3. Si oui, quelle est la fréquence du signal portant l'information ?

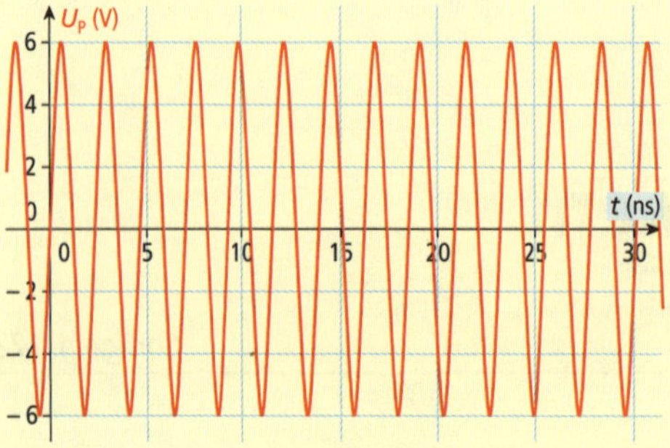

▲ Oscillogramme de l'onde porteuse

4. Ce signal module une onde porteuse.
Qu'est-ce qu'une onde porteuse ? Pourquoi est-elle indispensable au transport de l'information ?

5 Qu'est-ce que la domotique ?

La **domotique** regroupe l'ensemble des techniques de l'électronique, de l'informatique utilisées dans l'habitat dans le but d'améliorer la sécurité, le confort et la gestion des énergies.

1 Les capteurs

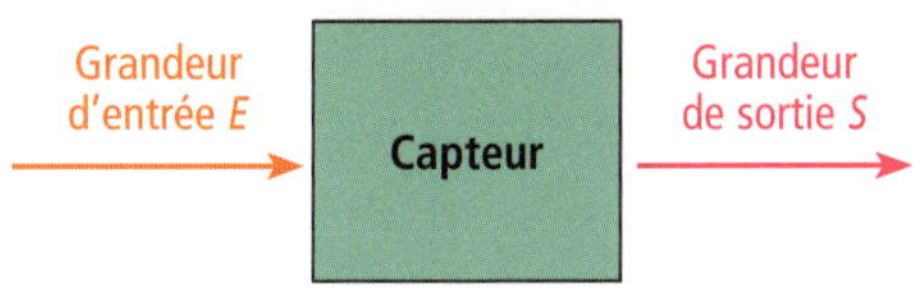

- Un capteur est un système qui convertit une **grandeur physique d'entrée *E*** (éclairement, température…) en une **grandeur de sortie mesurable *S***, le plus souvent électrique (tension, intensité, résistance…).
- Les capteurs utilisés dans l'habitat détectent des rayonnements (photodiode ou phototransistor), détectent des bruits (microphones), mesurent des températures (thermistance, capteur pyroélectrique), mesurent le taux d'humidité (capteur hygrocapacitif)…

Exemple Dans chacune des situations décrites ci-dessous, quel est le capteur mis en jeu ?

1. Lorsque la voiture d'Elsa est garée devant le portail, elle coupe un rayon infrarouge et le portail ne peut pas se fermer.

2. Lorsque la température dans le ballon d'eau chaude est suffisante, le système de chauffage s'arrête.

3. Lorsque le système de chauffage au gaz est mal réglé il produit du monoxyde de carbone et le système d'alarme se met en route.

4. Lorsque Paul prend sa douche, le système de ventilation hygrorégulé se met en route.

5. Lorsque le Soleil est à son zénith, la lumière extérieure ne peut pas être allumée.

Solution **1.** Il s'agit d'un capteur photoélectrique sensible aux infrarouges (photodiode, phototransistor).

2. Il s'agit d'un capteur thermosensible (thermistance, sonde Pt 100).

3. Il s'agit d'un capteur électrochimique qui produit un courant plus ou moins intense en fonction de la concentration en CO.

4. Il s'agit d'un capteur hygrocapacitif dont la capacité électrique varie en fonction de l'hygrométrie.

5. Il s'agit d'un capteur photosensible.

2 Grandeur analogique et grandeur numérique

Une valeur numérique est exprimée dans le **système binaire** (système de numération à base 2) par un mot binaire (suite de 0 et de 1 qui sont appelés des bits).

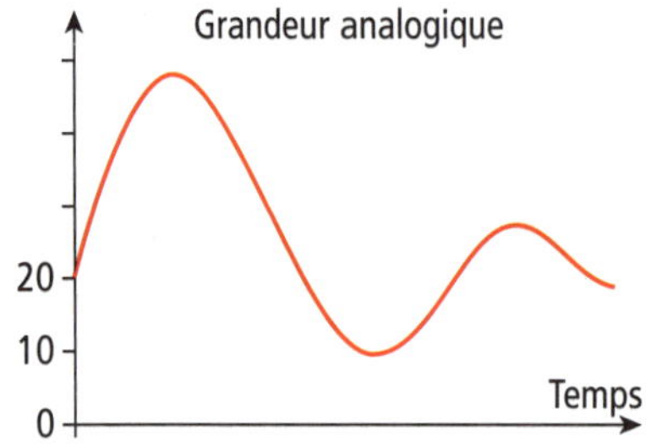

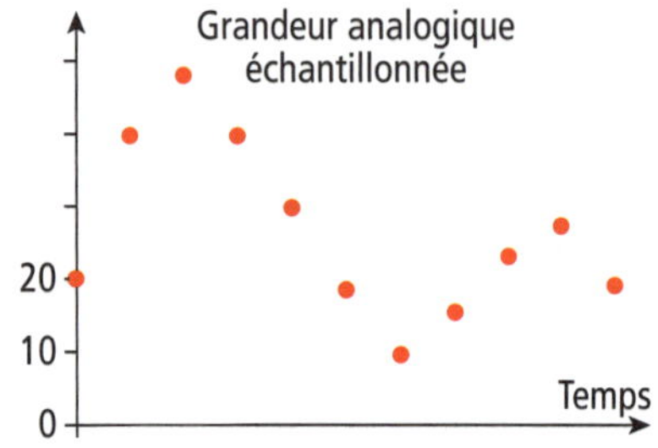

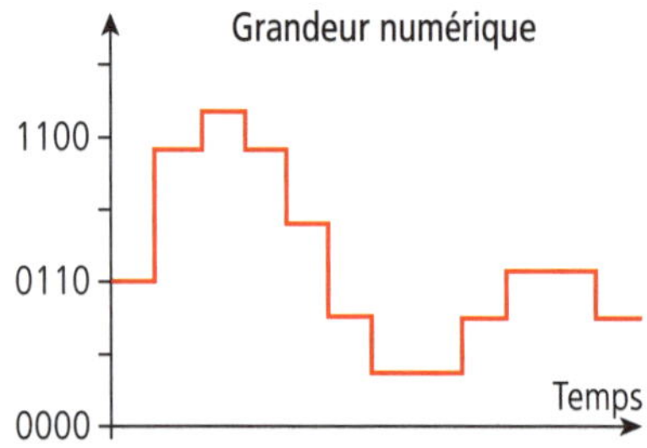

Exemple

Le poids du mot binaire sur 4 bits, **1010**, dont le bit de poids faible est à droite, est égal à :
$1 \times 2^3 + 0 \times 2^2 + 1 \times 2^1 + 0 \times 2^0 = 10$

Rang du bit	n	3	2	1	0
Valeur du bit (0 ou 1)	a_n	a_3	a_2	a_1	a_0
Poids	$a_n.2^n$	$a_3.2^3$	$a_2.2^2$	$a_1.2^1$	$a_0.2^0$

A Convertisseur analogique-numérique (CAN)

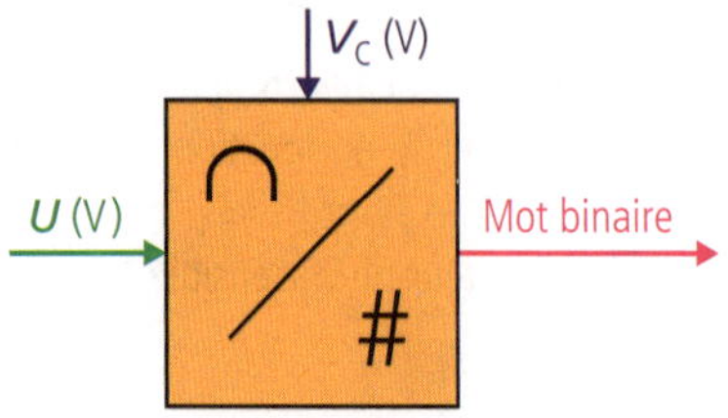

Exemple

Soit un convertisseur 4 bits dont le pas est 5 mA. Si l'intensité d'entrée est égale à 45 mA, la valeur décimale du mot binaire de sortie est 45/5 = 9.
Ce mot binaire est : 1001.

- Il convertit une grandeur d'entrée analogique U en un mot binaire. V_c est le calibre du convertisseur (valeur maximale de la grandeur d'entrée).
- On définit le **pas** $\boldsymbol{p}$ du convertisseur (appelé aussi résolution) comme la plus petite valeur de tension que peut mesurer le convertisseur. Pour un convertisseur de n bits, le pas est tel que

$$p = \frac{V_c}{2^n - 1}$$

Exemple Soit un CAN de 6 bits dont le calibre est 5 V.
1. Quel est le pas du CAN ? Arrondir à 10^{-3}.
2. Quelle est la valeur du mot binaire correspondant à une valeur d'entrée de 3,6 V ?
3. Déterminer le mot binaire correspondant.

Solution
1. $p = \frac{\text{calibre}}{2^n - 1} = \frac{5}{2^6 - 1} = 0{,}079\,V$.
2. La valeur de ce mot est $\frac{3{,}6}{0{,}079} = 45$.
3. Le mot binaire est donc : 101101.

B Convertisseur numérique-analogique (CNA)

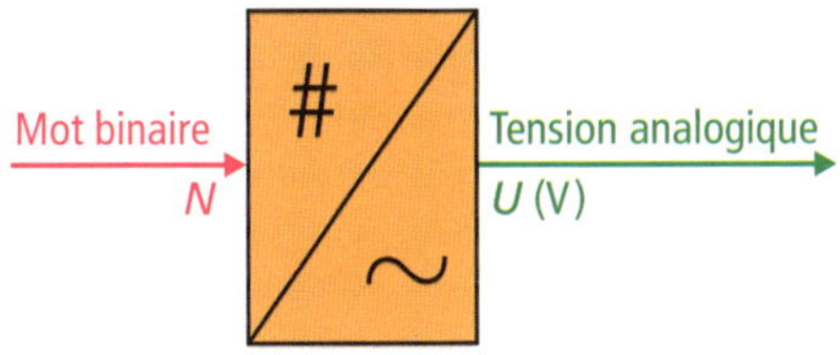

• Un convertisseur numérique analogique associe une tension analogique à une grandeur d'entrée sous forme de nombre binaire.
Entre deux valeurs binaires différentes d'une unité, la tension analogique augmente d'une valeur appelée le **pas *p*** avec $p = \frac{\text{pleine échelle}}{2^n - 1}$ avec n le nombre de bits du convertisseur.

• La valeur de la tension analogique est égale au pas que multiplie la valeur du mot binaire.

Exemple Soit un CNA de 5 bits dont la valeur de pleine échelle en sortie est 62 mA.
1. Quel le pas du CNA ?
2. Quelle est l'intensité en sortie du CNA si le mot en entrée est 00101 ? 10110 ?

Solution **1.** $p = \frac{62}{2^5 - 1} = 2\,mA$
2. La valeur décimale de 00101 est 5 donc l'intensité délivrée est $5 \times 2 = 10$ mA.
La valeur de 10110 est 22 donc l'intensité délivrée est $22 \times 2 = 44$ mA.

C Qu'est-ce qu'une chaîne d'information ?

• Dans une chaîne d'information, un ou plusieurs capteurs transmettent des informations à un calculateur qui pilote des actionneurs. Lors des transferts d'informations, une conversion des grandeurs peut être nécessaire.

• Dans l'exemple ci-dessous, l'éclairement du capteur permet au calculateur de piloter automatiquement l'ouverture ou la fermeture d'un volet roulant.

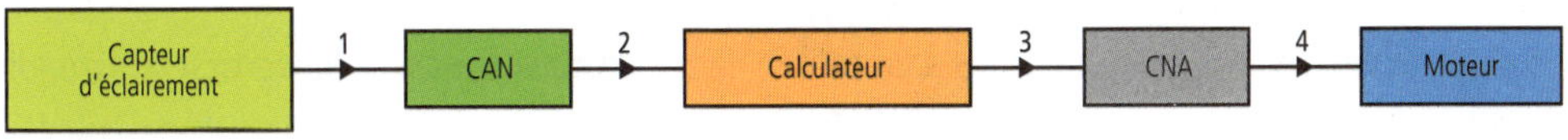

▲ Schéma de principe de régulation de l'ouverture automatique d'un volet roulant

Exercices d'entraînement

Exercice 1 — 10 min

Corrigé p. 173

On a obtenu le tableau ci-contre lors de l'étalonnage d'une thermistance placée dans un ballon d'eau chaude électrique.

1. Quelles sont la grandeur d'entrée et la grandeur de sortie de la thermistance ?
2. Représenter graphiquement les couples (θ ; R) dans un repère.
3. Évaluer la sensibilité de la thermistance en ($\Omega.°C^{-1}$).

θ (°C)	R (θ)
35	15
50	51
60	72
70	101
80	128
90	153
100	185

Exercice 2 — 10 min

Corrigé p. 173

1. Soit un convertisseur NA de 8 bits. Quand l'entrée vaut 00000001, le courant de sortie vaut 0,5 mA. Calculer les courants de sortie correspondant à des valeurs d'entrée de 11111111 et 10101101.
2. Soit un convertisseur NA de 8 bits. Quand l'entrée vaut 10101001, la tension de sortie a une valeur de 6,5 V. Calculer la tension de sortie maximale.
3. Un convertisseur NA 6 bits a un pas de progression de 40 mV. Calculer la tension de pleine échelle et la valeur d'entrée si la tension de sortie est égale à 1,68 V.

Exercice 3 — 10 min

Corrigé p. 173

Un régulateur de pH permet de réguler automatiquement le pH de l'eau des piscines.
Cet appareil est constitué d'une sonde qui mesure la concentration de l'eau en ions H^+ puis qui transmet cette information à un calculateur sous la forme d'une tension. À l'entrée du calculateur, cette tension est amplifiée puis convertie en signal numérique par un CAN 5 bits. Le calculateur traite alors l'information puis commande l'ajout de pH^- ou de pH^+ à des pompes péristaltiques selon les cas et si nécessaire.

1. Réaliser le schéma de principe d'un régulateur de pH.
2. Quel est le capteur utilisé ? Préciser sa grandeur d'entrée et de sortie.
3. Qu'est-ce qu'un CAN ?
4. Celui utilisé dans un régulateur de pH a un calibre de 5 V. Calculer le pas du convertisseur. Arrondir au centième.
5. Quel serait le mot binaire en sortie de ce convertisseur si la tension en entrée était de 2,4 V ?

6 Quel produit d'entretien choisir ?

Habitat

Physique-Chimie

Il existe de nombreux produits ménagers, qui peuvent contenir :
- des acides et des bases (détartrants, déboucheurs) ;
- des oxydants (agents de blanchiment et désinfectants : eau de Javel, eau oxygénée) ;
- des solvants (eau, solvants organiques, etc.) ;
- des enzymes.

1 Notion de couple acide-base

• **Un acide**, noté HA, est une espèce chimique (molécule ou ion) susceptible de céder, au moins, un proton H^+ :

$$HA = A^- + H^+$$

• **Une base**, notée A^-, est une espèce chimique (molécule ou ion) susceptible de capter, au moins, un proton H^+ :

$$A^- + H^+ = AH$$

• **Un acide HA et une base A^-**, appelée base conjuguée, constituent un couple acide-base noté HA/A^-, de demi-équation protonique :

$$HA = A^- + H^+$$

• **L'eau** peut jouer le rôle d'acide ou de base, et appartient aux deux couples H_3O^+/H_2O et H_2O/HO^-. On dit qu'elle a des propriétés amphotères, ou que c'est un ampholyte.

Exemple Pour détartrer une machine à café, on peut utiliser du vinaigre blanc, qui contient de l'acide éthanoïque CH_3COOH.
1. Quelle est la base conjuguée de l'acide éthanoïque ?
2. Écrire la demi-équation protonique correspondante.

Solution **1.** La base conjuguée de l'acide éthanoïque est l'ion éthanoate, de formule CH_3COO^- (on part de la formule de l'acide à laquelle on enlève un proton H^+).
2. La demi-équation protonique correspondant au couple acide-base CH_3COOH/CH_3COO^- est : $CH_3COOH = CH_3COO^- + H^+$.

2 Réaction acide-base en solution aqueuse

Une réaction acide-base met en jeu deux couples acide/base. Si l'on note A_1/B_1 et A_2/B_2 ces deux couples, on peut écrire :

$$\begin{array}{c} A_1 = B_1 + H^+ \\ B_2 + H^+ = A_2 \\ \hline A_1 + B_2 \rightarrow A_2 + B_1 \end{array}$$

3 pH et concentration en ions oxonium $[H_3O^+]$

• Par définition, le pH est lié à la concentration molaire de la solution en ions H_3O^+, nommés ions oxonium (ou hydronium), par la relation : $[H_3O^+] = 10^{-pH}$.

- Toute solution aqueuse contient des ions oxonium H_3O^+ et des ions hydroxyde HO^- tels que le produit $[H_3O^+].[HO^-]$ soit égal à une constante Ke appelée produit ionique de l'eau. Ke = 10^{-14} à 25 °C.
- Une solution acide a un pH inférieur à 7, une solution basique a un pH supérieur à 7. Une solution dont le pH est égal à 7 est neutre.
- Lorsqu'on dilue une solution acide, son pH augmente. Lorsqu'on dilue une solution basique, son pH diminue.

Exemple **1.** Le pH d'un vinaigre est égal à 2,6. Quelle est la concentration en ions oxonium H_3O^+ ?
2. Comment évolue le pH si on dilue le vinaigre ? Justifier.

Solution
1. $[H_3O^+] = 10^{-pH} = 10^{-2,6}$
$= 2,5 \times 10^{-3}$mol.L^{-1}.
2. Cette solution est acide. Le pH augmentera donc si on la dilue. En effet, si on dilue la solution, la concentration en ions oxonium H_3O^+ diminue, et donc le pH augmente.

4 Solubilisation

- Une liaison covalente dans laquelle l'un des deux atomes attire davantage que l'autre le doublet d'électrons est dite polarisée. Il y a apparition d'un petit excès de charge négative sur un atome, et un petit excès de charge positive sur l'autre.
- Dans une molécule comportant des liaisons polarisées, lorsque le centre des charges positives ne coïncide pas avec celui des charges négatives, la molécule est dite **polaire**. (C'est le cas de l'eau par exemple.) Sinon, elle est dite **apolaire**.

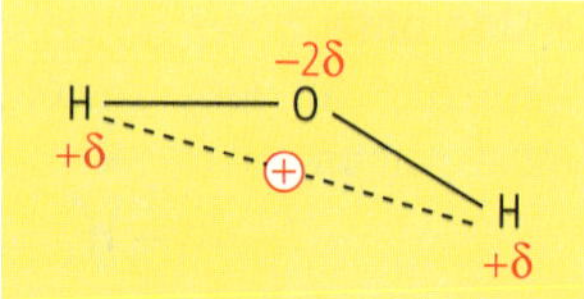

- Les composés polaires et ioniques ne sont solubles que dans des solvants polaires. En effet, il y a attraction électrostatique entre les parties chargées du solvant et les charges des ions ou des composés polaires.
- Les composés apolaires ne sont solubles que dans les solvants apolaires.
- Une substance amphiphile possède deux parties d'affinités différentes :
– une partie hydrophile (affinité pour l'eau) ;
– une partie lipophile (affinité pour les graisses). C'est le cas des **tensioactifs**.

Exercices d'entraînement

Exercice 1 **10 min** *Corrigé p. 173*

Un détartrant commercial contient 13,5 % en masse d'acide chlorhydrique (on peut l'assimiler à une solution aqueuse de chlorure d'hydrogène HCl). La masse volumique de ce produit d'entretien est $\rho = 1,08 \times 10^3$ g.L^{-1}.

1. Calculer la quantité de matière de chlorure d'hydrogène dans 1 L de détartrant.
Données : masses molaires atomiques en g.mol^{-1} : $M_H = 1,0$; $M_{Cl} = 35,5$.

2. Le tartre est essentiellement constitué de carbonate de calcium $CaCO_3$. Le but d'un déboucheur est de dissoudre le tartre lors d'une réaction acide-base, qui fait intervenir les couples H_3O^+/H_2O et $CO_2,H_2O/CO_3^{2-}$. Écrire l'équation de cette réaction.

3. Une cuvette de toilettes n'a pas été détartrée depuis très longtemps, et une masse $m = 150$ g de tartre s'y est déposée. Une bouteille de 1 L de ce détartrant est-elle suffisante pour éliminer tout le tartre ?
Données : masses molaires atomiques en $g.mol^{-1}$: $M_C = 12{,}0$; $M_O = 16{,}0$; $M_{Ca} = 40{,}1$.

Exercice 2 — 15 min

Corrigé p. 173

Un déboucheur est constitué d'une solution concentrée d'hydroxyde de sodium (ou soude NaOH). Sur l'étiquette, on peut lire que la soude est présente à 20 % en masse. Le déboucheur a une masse volumique $\rho = 1{,}2 \times 10^3\ g.L^{-1}$.

1. Montrer que la concentration molaire en hydroxyde de sodium du déboucheur est théoriquement $C = 6{,}0\ mol.L^{-1}$.
Données : masses molaires atomiques (en $g.mol^{-1}$) : $M_H = 1{,}0$; $M_O = 16$; $M_{Na} = 23$.

2. On décide de faire un dosage du déboucheur pour vérifier les données du fabricant. Pour cela on le dilue 10 fois, et on dose la solution *S* obtenue avec de l'acide chlorhydrique de concentration $c_A = 0{,}50\ mol.L^{-1}$.

- **a.** Les couples acide-base qui interviennent lors de la réaction de dosage sont : $H_3O^+/\ H_2O$ et $H_2O/\ HO^-$. Écrire les demi-équations protoniques de chaque couple.
- **b.** En déduire l'équation de réaction entre l'acide et le déboucheur.
- **c.** Un volume $V = 10$ mL de solution S réagit avec $V_A = 12{,}2$ mL d'acide chlorhydrique.

Calculer la concentration molaire en hydroxyde de sodium c_B de la solution dosée, puis du déboucheur. Est-ce compatible avec la donnée du fabricant ?

Exercice 3 — 15 min

Corrigé p. 174

1. Les canalisations d'évier de cuisine, par exemple, sont bouchées par des corps gras (triesters). Ceux-ci réagissent avec la soude du déboucheur pour former du carboxylate de sodium (assez soluble dans l'eau) et du glycérol, selon l'équation ci-dessous :

$$\begin{array}{l} R_1-COO-CH_2 \\ \qquad\qquad\quad | \\ R_2-COO-CH \\ \qquad\qquad\quad | \\ R_3-COO-CH_2 \end{array} \;+\; 3(HO^- + Na^+) \xrightarrow[\text{lente}]{\text{totale}} \begin{array}{l} R_1COO^- + Na^+ \\ \\ R_2COO^- + Na^+ \\ \\ R_3COO^- + Na^+ \end{array} \;+\; \begin{array}{l} HO-CH_2 \\ \qquad\;\; | \\ HO-CH \\ \qquad\;\; | \\ HO-CH_2 \end{array}$$

triester gras (triglycérides)	hydroxyde de sodium (soude)	carboxylate de sodium (savon)	propan-1,2,3-triol (glycérol)

- **a.** L'eau est-il un solvant polaire ou apolaire ? Justifier.
- **b.** Pourquoi les corps gras sont-ils quasiment insolubles dans l'eau ?
- **c.** Pourquoi le glycérol est-il soluble dans l'eau ?
- **d.** Expliquer comment agit le déboucheur à base de soude.

2. Le carboxylate de sodium est en partie soluble dans l'eau. Il possède une partie hydrophile et une partie lipophile.
Indiquer en justifiant chaque partie dans la représentation suivante : $R\!-COO^-, Na^+$.

3. Une tache d'huile (substance apolaire) peut-elle être enlevée avec de l'eau ?

4. L'utilisation de savon (carboxylate de sodium) et d'eau permet d'éliminer cette tache d'huile. Expliquer comment.

Annales du Bac

Sujet du bac : installation d'un panneau solaire photovoltaïque

(Corrigés p. 182)

Habitat

Les caractéristiques du panneau

Les caractéristiques d'un module photovoltaïque sont données dans le tableau ci-dessous lorsque le module reçoit une puissance rayonnante de 1 000 W sur 1 m² de surface de module.

Caractéristiques électriques (à 1 000 W.m⁻²)		
T cellules	25 °C	50 °C
P max (W)	36	32,5
U à P max (V)	16,3	14,4
I à 10 V (A)	2,29	2,28
I court-circuit* (A)	2,45	2,50
U circuit ouvert (V)	20,3	18,4

** L'intensité de court-circuit correspond à l'intensité du courant lorsque les deux bornes de la cellule photovoltaïque sont reliées par un fil conducteur (elle est en court-circuit).*

$$\text{Rendement } \rho = \frac{\text{puissance fournie par le module}}{\text{puissance reçue par le module}} \times 100$$

1. Donner l'allure de la caractéristique tension-intensité (tension en abscisse et intensité en ordonnée) de ce module photovoltaïque, à 50 °C, pour une puissance rayonnante reçue de 1 000 W.m^{-2}. On placera :

- **a.** le point de fonctionnement A correspondant à l'intensité de court-circuit ;
- **b.** le point de fonctionnement B correspondant à un circuit ouvert ;
- **c.** le point de fonctionnement C correspondant à la puissance électrique maximale disponible.

2. Ce module reçoit, à 50 °C, une puissance rayonnante surfacique de 1 000 W.m^{-2}. La tension à ses bornes, lorsqu'il fonctionne est égale à 10 V.

- **a.** D'après les données, quelle est la valeur de l'intensité I du courant ?
- **b.** Quelle est la puissance électrique fournie ?
- **c.** La surface du module est égale à 0,185 m². Calculer le rendement énergétique du module.

3. Réaliser un diagramme des transferts énergétiques pour un module photovoltaïque.

4. Lorsque le panneau fournit la puissance maximale, il débite un courant d'intensité 2,2 A. Quelle résistance doit-on brancher aux bornes du panneau solaire recevant 1 000 W.m^{-2} pour qu'il fournisse sa puissance maximale ?

5. Que peut-on conclure de l'influence d'une augmentation de la température sur les performances d'un panneau solaire photovoltaïque ? En est-il de même pour un panneau solaire thermique ?

L'installation du panneau

Afin d'optimiser le rendement du panneau, on utilise un vérin à double effet pour modifier l'inclinaison du panneau afin que les rayons solaires arrivent toujours perpendiculairement au panneau à midi au Soleil.

Le vérin double effet, schématisé ci-dessous, est destiné à régler l'inclinaison α de panneaux photovoltaïques afin d'assurer une conversion électrique optimale de l'énergie solaire.

Il possède les caractéristiques suivantes :
– diamètre du piston : $D = 110$ mm ;
– diamètre de la tige : $d = 56$ mm ;
– pression dans la chambre de pression ❶ : $p_1 = 20$ bars ;
– pression dans la chambre de contre-pression ❷ : $p_2 = 8$ bars.
On néglige les frottements.

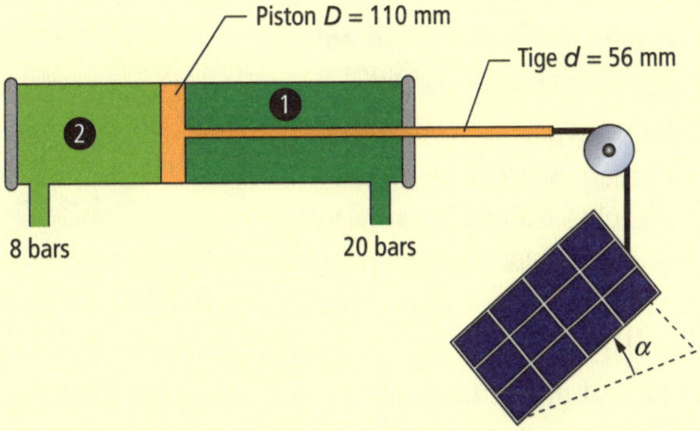

1. Calculer la valeur de la force pressante $\vec{F_1}$ exercée par le fluide sur le piston dans la chambre ❶.
2. Calculer la valeur de la force pressante $\vec{F_2}$ exercée par le fluide sur le piston dans la chambre ❷.
3. En déduire la direction, le sens et la valeur de la force $\vec{F_3}$ en bout de tige du vérin.
4. La rotation des panneaux photovoltaïques exige une tension de câble égale à 8 kN. Pour effectuer le levage, à quelle valeur faut-il régler la pression de la chambre de contre-pression 2 ? (La pression de la chambre 1 n'est pas modifiée.)

Étude du rayonnement reçu

Tous les corps, de par leur température, émettent un rayonnement de nature électromagnétique. La puissance rayonnée par l'unité de surface d'un corps dépend de l'état de sa surface, et augmente avec sa température (doc. ci-contre).

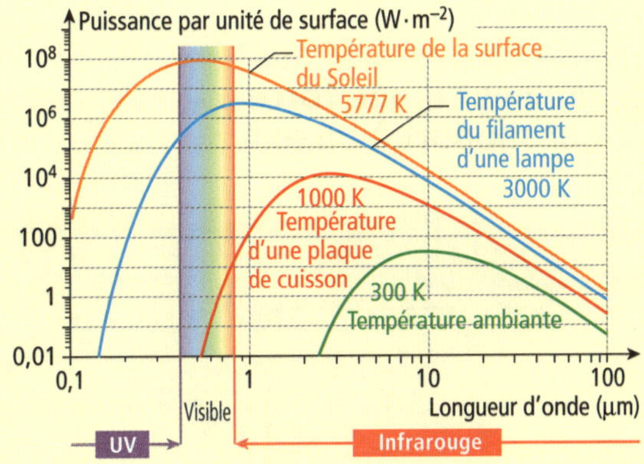

1. Quel type de rayonnement émettent les objets à température ambiante ainsi que le corps humain ?
2. D'après le document, quelle est la température de surface du Soleil ? Dans quel domaine de longueur d'onde se situe le maximum de puissance émise ?
3. a. Rappeler la relation qui permet de calculer l'énergie d'un photon.
b. En supposant que la puissance surfacique reçue par le panneau solaire est de 1 000 $W.m^{-2}$ et que cette puissance est assimilable à un flux de photons de lumière jaune ($\lambda = 550$ nm), calculer le nombre de tels photons reçus chaque seconde par le module de surface 0,185 m^2 .
Données : constante de Planck : $h = 6{,}62 \times 10^{-34}$ S.I ;
vitesse de la lumière dans le vide : $c = 3{,}0 \times 10^8$ $m.s^{-1}$.

7 Application d'une force ou d'un couple à un solide

Transport

1 Action mécanique s'exerçant sur un solide

A Effet d'une force

• Une force peut mettre en mouvement un solide, modifier son mouvement, le déformer.

• Une force peut être représentée par un vecteur $\vec{F}$ caractérisé par une direction (ou support), un sens, une valeur (ou intensité) qui s'exprime en newton (N) et généralement un point d'application.

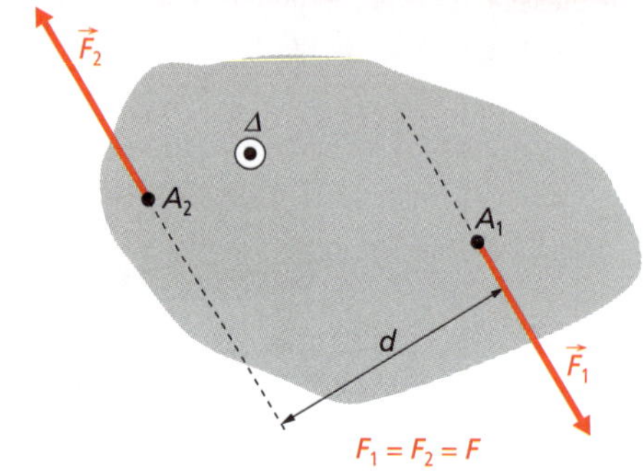

B Effet d'un couple

• Un couple de forces peut mettre un solide en rotation ou modifier sa vitesse de rotation.

• Un couple peut être représenté par deux forces de supports parallèles, de sens contraires et de mêmes valeurs.

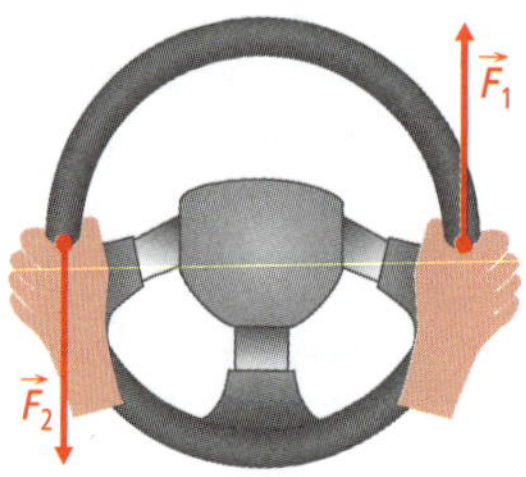

C Moment d'une force par rapport à un axe

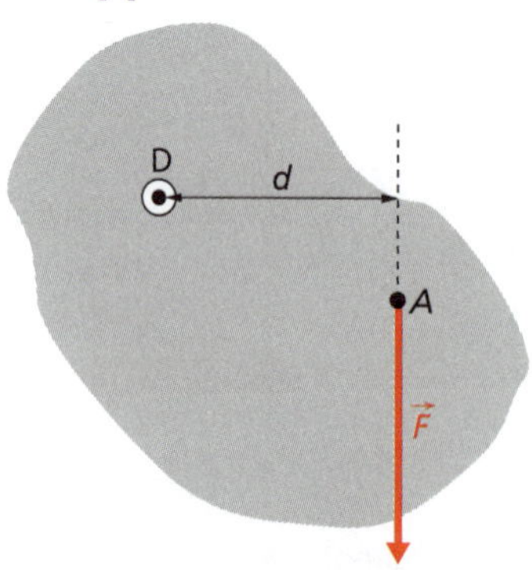

D Moment d'un couple

$\mathcal{M} = F.d$

newton-mètre (N.m) N m

Exemple Le schéma ci-dessous montre un camion-grue soulevant un arbre de masse $m = 750$ kg, $\alpha = 30°$ et $OA = 20$ m.

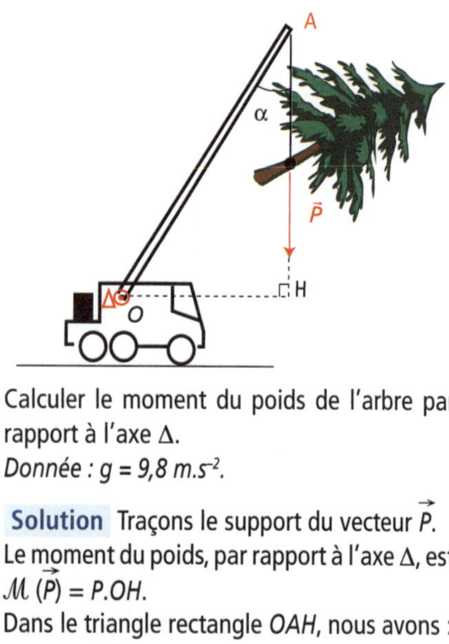

Calculer le moment du poids de l'arbre par rapport à l'axe Δ.
Donnée : $g = 9{,}8$ m.s^{-2}.

Solution Traçons le support du vecteur $\vec{P}$.
Le moment du poids, par rapport à l'axe Δ, est $\mathcal{M}(\vec{P}) = P.OH$.
Dans le triangle rectangle OAH, nous avons :
$\sin\alpha = \frac{OH}{OA}$; donc $OH = OA.\sin\alpha$;
par ailleurs $P = m.g$.
Donc : $\mathcal{M}(\vec{P}) = m.g.OA.\sin\alpha$.
Numériquement :
$\mathcal{M}(\vec{P}) = 750 \times 9{,}8 \times 20 \times \sin 30°$
$\mathcal{M}(\vec{P}) = 73{,}5 \times 10^3$ N.m.

2 Forces de contact

A Frottement entre solides

Il faut exercer une force suffisante $\vec{F}_m$ pour mettre le solide en mouvement : la réaction n'est plus perpendiculaire à la table ; elle s'incline du côté opposé à la force exercée.
On décompose $\vec{R} = \vec{f} + \vec{N}$.
$\vec{f}$ est appelée force de frottement.

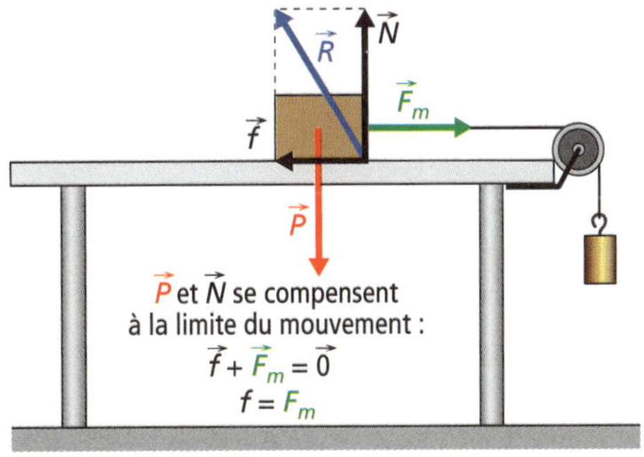

B Frottement fluide

Une force de frottement $\vec{f}$ entre un solide et un fluide est toujours colinéaire et de sens opposé à la vitesse. Sa valeur est :
– pour de faibles vitesses, proportionnelle à la vitesse : $f = h.v$;
– pour des vitesses élevées, proportionnelle au carré de la vitesse $f = h.\,v^2$.

3 Travail et puissance (force ou couple constant)

A Travail et puissance d'une force constante

Le travail de la force constante $\vec{F}$ exercée sur le chariot lors du déplacement de A à B de son point d'application est défini par :

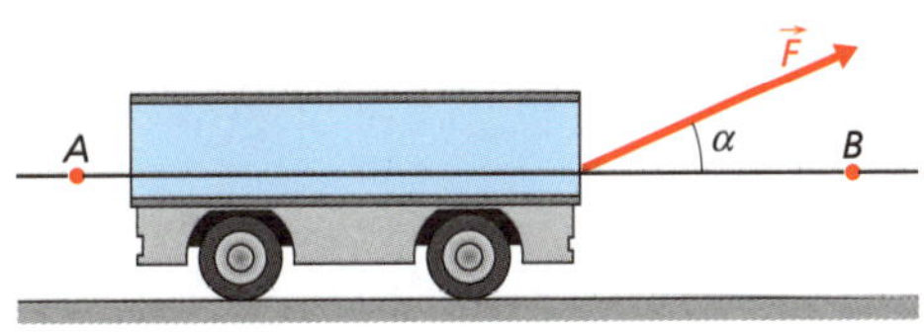

$$W_{AB}(\vec{F}) = F.AB.\cos\alpha$$

joule (J) newton (N) mètre (m)

Si ce travail est effectué pendant la durée Δt, la puissance moyenne développée par la force est :

$$P = \frac{W}{\Delta t}$$ (W en joule, t en seconde, P en watt).

$\alpha = 0$ $\cos\alpha = 1$	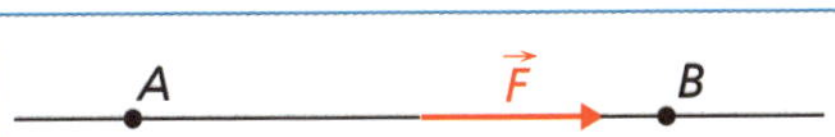	$W_{AB}(\vec{F}) = F.AB > 0$
$0 < \alpha < 90°$ $\cos\alpha > 0$	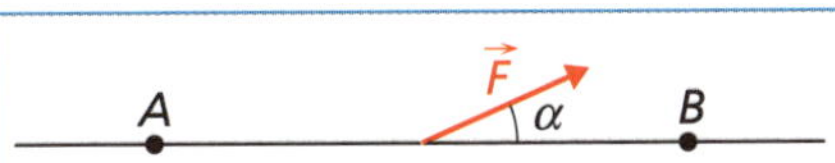	$W_{AB}(\vec{F}) = F.AB.\cos\alpha > 0$
$\alpha = 90°$ $\cos\alpha = 0$	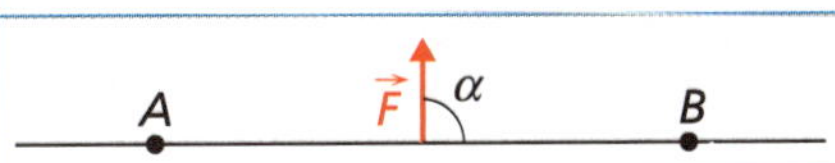	$W_{AB}(\vec{F}) = 0$
$90° < \alpha < 180°$ $\cos\alpha < 0$	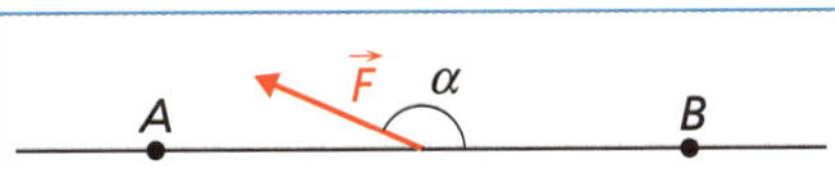	$W_{AB}(\vec{F}) = F.AB.\cos\alpha < 0$
$\alpha = 180°$ $\cos\alpha = -1$	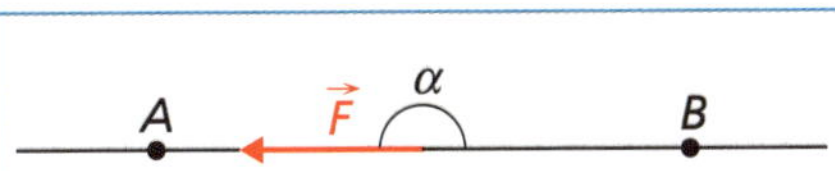	$W_{AB}(\vec{F}) = -F.AB < 0$

B Travail et puissance d'un couple

$$W = \mathcal{M}.\theta$$

joule (J) newton-mètre (N.m) radian (rad)

$$P = \frac{W}{\Delta t}$$

watt, joule (J), seconde (s)

Exemple Le couple moteur maximal développé par un scooter 50 cm^3 est de 3,5 N.m.
Calculer le travail de ce couple lorsque l'arbre moteur a effectué 10 000 tours.

Solution Le travail du couple est donné par :
$W = \mathcal{M}.\,\theta$
$\mathcal{M} = 3{,}5$ N.m.
θ est l'angle de rotation, en radian. Comme 1 tour est égal à $2.\pi$ rad,
$\theta = 10\,000 \times 2.\pi = 6{,}28 \times 10^4$ rad.
Donc $W = 3{,}5 \times 6{,}28 \times 10^4$
$= \mathbf{2{,}20 \times 10^5}$ **J.**

4 Effet d'une force ou d'un couple constant sur le mouvement

A Force et accélération linéaire

Dans un référentiel terrestre, la somme $\vec{F}$ des forces appliquées à un solide de masse m et l'accélération $\vec{a}$ de son centre de gravité, sont liées par la relation :

$$\vec{F} = m.\vec{a}$$

N kg m.s^{-2}

B Couple et accélération angulaire

Dans un référentiel terrestre, le moment $\mathcal{M}$ du couple appliqué à un solide mobile autour d'un axe Δ et l'accélération angulaire A, sont liés par la relation :

$$\mathcal{M} = J_\Delta \cdot A$$

N.m kg.m^2 rad.s^{-2}

J_Δ : moment d'inertie du solide par rapport à l'axe Δ (cours de Première).

5 Transfert d'énergie par travail

Dans un référentiel terrestre, le travail de la somme des forces (ou couples) appliquées à un solide est égal à la variation d'énergie cinétique du solide.

$$W_{AB}(\vec{F}) = \Delta Ec$$

W et Ec s'expriment en joule (J).

Exercices d'entraînement

Exercice 1 10 min

Corrigé p. 174

Un livre de masse m = 500 g est posé sur une table inclinée d'un angle α = 10 ° par rapport à l'horizontale. Le livre ne glisse pas et reste en équilibre.

1. Quelles sont les forces s'exerçant sur le livre en équilibre ?
2. Déterminer les caractéristiques de :
   a. la résultante $\vec{R}$ des forces exercées par la table sur le livre (réaction normale $\vec{N}$ et force de frottement $\vec{f}$) ;
   b. la force de frottement $\vec{f}$ qui s'exerce sur le livre.

Donnée : g = 9,8 m.s^{-2}.

Exercice 2 10 min

Corrigé p. 174

Un explorateur tire son traîneau d'un mouvement rectiligne uniforme sur une distance d = 1,2 km. L'angle que fait la corde avec le déplacement du traineau est α = 30°. Il exerce sur la corde une force constante de valeur 70 N.

1. Calculer le travail de cette force.
2. Sa vitesse moyenne est v = 3,0 km.h^{-1}. Calculer la puissance fournie par l'explorateur.

Exercice 3 10 min

Corrigé p. 174

Une moto de masse 140 kg, passe de 0 à 100 km.h^{-1} en 5 s.

1. Calculer son accélération.
2. Calculer la force motrice.

Exercice 4 10 min

Corrigé p. 175

Les tambours d'un frein exercent, sur une machine tournante, un couple de freinage supposé constant. La vitesse angulaire, initialement de 3 000 tr.min^{-1}, s'annule lorsque la partie tournante a effectué 100 tours.
Le moment d'inertie des parties tournantes est J_Δ = 100 kg.m^2.

1. Calculer la variation d'énergie cinétique des parties tournantes.
2. Calculer le travail du couple de freinage.
3. Calculer la valeur absolue du moment de ce couple.

Physique-Chimie

8 Quels carburants pour demain ?

Transport

1 Différents carburants, différentes origines

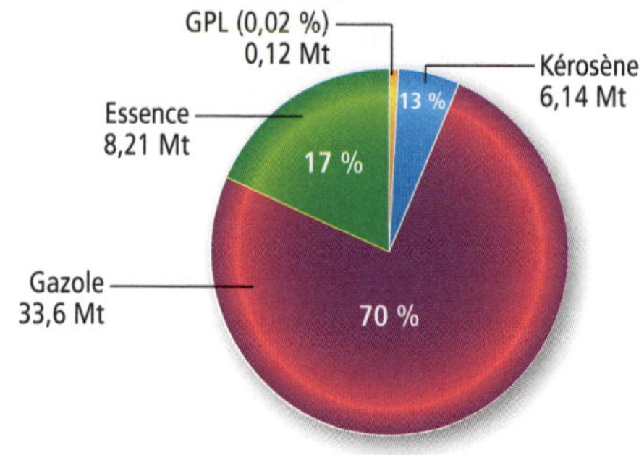

Union française des industries pétrolières (UFIP)

▲ Consommation de carburant en France (2010) (en millions de tonnes Mt)

A Le pétrole

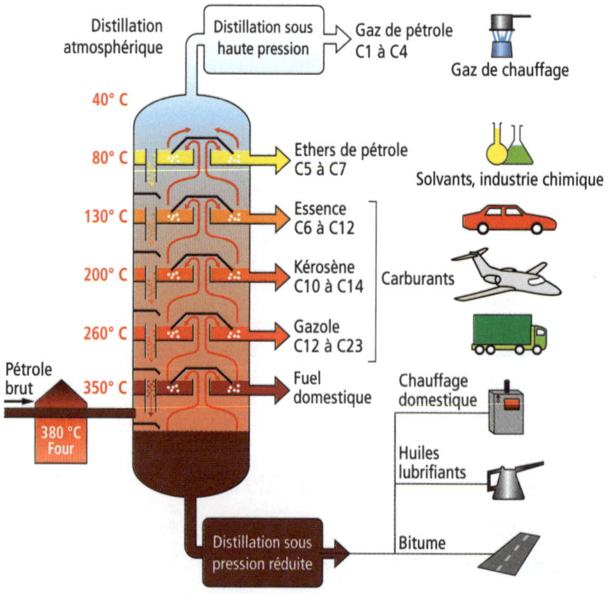

▲ Distillation fractionnée du pétrole

• C'est une énergie fossile dont les réserves sont limitées. Il s'agit d'un mélange complexe d'hydrocarbures provenant de la décomposition et de la transformation de matière organique durant des millions d'années. Pour séparer les nombreux hydrocarbures linéaires et cycliques du pétrole, on utilise le fait que la température d'ébullition des hydrocarbures augmente avec leur nombre d'atomes de carbone. Le raffinage du pétrole permet de séparer par fractions de distillation les carburants que nous utilisons pour les transports.

• Après distillation, les diverses fractions sont soumises à des traitements spécifiques tels que le **craquage** (permet de convertir des hydrocarbures lourds en hydrocarbures plus légers), l'**isomérisation** (pour obtenir des alcanes ramifiés ayant un plus grand indice d'octane).

B Les biocarburants

- La raréfaction du pétrole a orienté les chercheurs vers d'autres sources d'approvisionnement en hydrocarbures.
- Parmi eux, on trouve les « agrocarburants » appelés ainsi car ils sont issus de produits provenant de l'agriculture (biodiesel, bioéthanol). Leur production est limitée par la surface des terres cultivables et par l'équilibre nécessaire à trouver entre alimentation et carburant. D'autres pistes sont à l'étude ou vont bientôt être exploitées :
– utilisation de déchets agricoles, forestiers, pour un début de commercialisation vers 2020 ;
– utilisation de certaines algues pouvant conduire avec un bon rendement à la production d'hydrocarbures.

2 Combustion des carburants

Les carburants sont constitués d'alcanes de formule générale C_nH_{2n+2}.
Leur combustion dans le dioxygène s'écrit :

$$C_nH_{2n+2} + \frac{3n+1}{2}O_2 \rightarrow nCO_2 + (n+1)H_2O$$

État	Avancement	$C_nH_{2n+2} + \frac{3n+1}{2}O_2 \rightarrow nCO_2 + (n+1)H_2O$			
		n_{alcane}	nO_2	nCO_2	nH_2O
Initial	0	n_0	n_1	0	0
Intermédiaire	x	$n_0 - x$	$n_1 - \frac{3n+1}{2}x$	nx	$(n+1)x$
Final	x_{max}	0	0	nx_{max}	$(n+1)x_{max}$

A Dans un moteur à combustion

- Le carburant mélangé à l'air explose dans un cylindre en provoquant une forte compression sur le piston. L'énergie chimique dégagée par la combustion explosive est transformée en partie en énergie mécanique.
- Le PCI (pouvoir calorifique inférieur) du carburant indique la quantité d'énergie qu'il libère par unité de masse ou de volume, l'eau formée étant à l'état vapeur.

B Dans un moteur essence

L'explosion est déclenchée par l'étincelle d'une bougie. Pour éviter l'autoallumage du carburant avant l'étincelle (sous l'effet de la pression et de la température), on choisit un carburant à haut **indice d'octane** et possédant une température d'auto-inflammation (TAI) élevée.

C Dans un moteur diesel

Au contraire, le gazole est injecté, sous très forte pression, dans l'air comprimé (300 bars, 600 °C) où il s'auto-enflamme. On recherche alors un indice de cétane élevé et une TAI faible.

Exemple L'essence est constituée de milliers d'alcanes ayant un nombre d'atomes de carbone compris entre 4 et 12. Dans notre étude, on assimilera l'essence à de l'octane (C_8H_{18}). Une voiture roule à la vitesse constante de 130 km/h. La consommation affichée est de 5,8 L/100 km.

1. Écrire l'équation de la réaction de combustion de l'octane dans l'air.
Cette réaction dégage une énergie
$Q = 5\,097\ kJ.mol^{-1}$.

2. Déterminer la quantité d'octane correspondant à la combustion de 5,8 L d'octane sachant que la densité de l'octane est $d = 0{,}703$.

3. En déduire l'énergie fournie par l'essence à la voiture.

Solution **1.** Équation de la combustion de l'octane dans le dioxygène :
$C_8H_{18} + 12{,}5O_2 \rightarrow 8CO_2 + 9H_2O$

2. Masse d'octane consommé pour un parcours de 100 km :
$m_0 = 0{,}703 \times 5{,}8$
$m_0 = 4{,}1\ kg = 4\,100\ g$
Masse molaire de l'octane :
$M_0 = 8 \times M_c + 18 \times M_H$
$M_0 = 114\ g.mol^{-1}$
Quantité d'octane :
$n_0 = \frac{m_0}{M_0}.n_0 = \frac{4100}{114}$ soit $n_0 = 36$ mol

3. $Q = 5\,097 \times 36 = 1{,}83.10^5$ kJ
$\approx 1{,}8 \times 10^8$ J.

3 Les dangers de la combustion des carburants

L'émanation de vapeurs de carburants, mélangées à l'air, peut conduire à la formation d'atmosphères explosives. L'eau est alors inefficace pour éteindre les feux de carburants. En effet, les hydrocarbures n'étant pas miscibles à l'eau et étant plus légers que cette dernière, les feux se propagent ainsi plus rapidement.

Exemple **1.** Classer les carburants suivant les critères « issus du pétrole » et « biocarburants » :
- essence sans plomb 98 ;
- diester éthylique dérivé du colza ;
- GPL ;
- méthane issu de la fermentation des déchets alimentaires ;
- bioéthanol ;
- gazole.

2. On donne les caractéristiques de deux carburants. Indiquer le carburant utilisé dans un moteur diesel et celui utilisé dans un moteur essence.

	Carburant 1	Carburant 2
μ ($kg.L^{-1}$)	0,75	0,84
PCI ($MJ.kg^{-1}$)	44	43
TAI	400 °C	220 °C
Indice d'octane	95-98	15-20

Solution **1.** L'essence SP98, le GPL et le gazole sont issus du pétrole.
Le diester éthylique dérivé du colza, le bioéthanol et le méthane, issus de la fermentation des déchets alimentaires, sont des biocarburants.

2. Le carburant 2 a une température d'auto-inflammation plus basse que le carburant 1 et un indice d'octane beaucoup plus faible que ce dernier ; il sera donc adapté à un moteur diesel et le carburant 1 à un moteur essence.

Exercices d'entraînement

Exercice 1 5 min

Corrigé p. 175

L'essence, utilisée dans les moteurs à combustion des voitures, est un mélange d'hydrocarbures dont les chaînes comprennent de 4 à 10 atomes de carbone. La température d'ébullition du pentane (C_5H_{12}) est égale à 36 °C, sous la pression atmosphérique. Le kérosène utilisé comme carburant des avions comprend des hydrocarbures de 10 à 13 atomes de carbone.

1. Comment varie la température d'ébullition des hydrocarbures en fonction de la longueur de leur chaîne ?

2. Dans une colonne de distillation à plateaux de pétrochimie, le pétrole brut est introduit à sa base à une température de 350 °C. Expliquer le principe d'une colonne à distillation fractionnée de pétrochimie.

3. Le kérosène est-il récupéré sur des plateaux situés au-dessus, ou en-dessous de ceux qui permettent de récupérer l'essence ?

Exercice 2 15 min

Corrigé p. 175

On peut assimiler le gazole à un alcane de formule brute $C_{21}H_{44}$. La masse volumique du gazole est $\mu = 0{,}845\ kg.L^{-1}$

Une voiture à moteur diesel consomme 3,4 L aux 100 km.

Données : Masses molaires :

$M(H) = 1\ g.mol^{-1}$, $M(C) = 12\ g.mol^{-1}$, $M(O) = 16\ g.mol^{-1}$

1. Quelle quantité molaire de gazole trouve-t-on dans 1 L de gazole ?

2. Écrire l'équation de combustion du gazole dans le dioxygène de l'air.

3. En utilisant un tableau d'avancement, déterminer la quantité molaire de dioxyde de carbone rejeté lors de la combustion d'un litre de gazole (on considèrera que le dioxygène est en excès).

4. En déduire la masse de CO_2 dégagé par kilomètre parcouru.

9 Comment fonctionnent les piles et les accumulateurs ?

Transport

Les piles et accumulateurs sont des générateurs électrochimiques de courant continu, produisant de l'énergie électrique à partir d'une transformation chimique. Les accumulateurs sont rechargeables alors que les piles ne le sont pas.

1 Grandeurs caractéristiques

A Force électromotrice (f.e.m.) ou tension à vide

La tension aux bornes d'une pile en circuit ouvert ($I = 0$) est appelée force électromotrice E (f.e.m.) du générateur.

B Quantité d'électricité disponible dans une pile ou capacité

$$Q_{max} = I.\Delta t$$

coulomb (C) ampère (A) seconde (s)

Q_{max} s'exprime aussi en ampère-heure (Ah) : 1 A.h = 3 600 C

C Énergie volumique, énergie massique

L'énergie volumique s'exprime en $Wh.cm^{-3}$, l'énergie massique s'exprime en $Wh.kg^{-1}$.
L'énergie totale W_t emmagasinée par une pile de fém E est donnée par la relation :

$$W_t = Q_{max}.E$$

joule (J) coulomb (C) volt (V)

Exemple Une pile bouton a la forme d'un disque de 1 cm de diamètre et de 4 mm d'épaisseur. Elle peut faire circuler un courant de 100 µA sous une tension de 1,3 V pendant une durée de 1 000 h.

Calculer :

1. sa capacité en A.h ;
2. l'énergie totale fournie en joule ;
3. son énergie volumique en $Wh.cm^{-3}$.

Solution **1.** Expression et calcul de la capacité en A.h :

$I = 100 \times 10^{-6}$ A ;

$Q_{max} = I.\Delta t = 100 \times 10^{-6} \times 1\,000$
$= 0{,}1$ A.h.

2. Énergie totale fournie :

$W_t = Q_{max}.E$, or

$Q_{max} = 0{,}1$ A.h $= 0{,}1 \times 3\,600 = 360$ C

$W_t = 360 \times 1{,}3 = 468$ J.

3. Énergie volumique :

$W_v = W_t/v$; v est le volume d'un cylindre :

$v = s.h = \pi.(d^2/4).h$

$V = \pi \times (10^{-2})^2 \times 4 \times 10^{-3}/4$
$= 3{,}14 \times 10^{-7} m^3$;

$W_v = 468/(3{,}14 \times 10^{-7}) = 1{,}5 \times 10^9 J.m^{-3}$

1W.h = 3 600 J et 1 $cm^3 = 10^{-6} m^3$ d'où :

$W_v = 1{,}5.10^9/(3\,600 \times 10^6)$
$= 0{,}4 W.h.cm^{-3}$.

2 Fonctionnement d'une pile

COMPRENDRE 13 EN VIDÉO

A Pile Daniell

Pôle négatif de la pile (anode : entrée du courant dans la pile)
Oxydation qui libère des électrons :
$Zn = Zn^{2+} + 2e^-$
Le métal Zn est oxydé. Il est consommé et il se forme des ions Zn^{2+}.

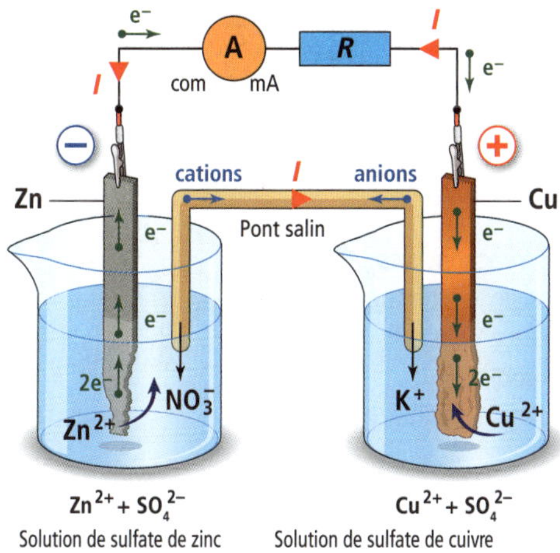

Pôle positif de la pile (cathode)
Réduction qui capte les électrons :
$Cu^{2+} + 2e^- = Cu$
Les ions Cu^{2+} sont réduits. Ils sont consommés et il se forme du métal Cu.

Lorsque la pile fonctionne une transformation chimique a lieu.
L'équation de réaction de cette transformation est le bilan des réactions électrochimiques qui se produisent aux électrodes : $Cu^{2+} + Zn \rightarrow Cu + Zn^{2+}$

B Généralisation

Soit une pile faisant intervenir les couples redox Ox_1/Red_1 et Ox_2/Red_2.
Au pôle négatif (anode) il se produit l'oxydation du réducteur 1 : $Red_1 = Ox_1 + n_1e^-$
Au pôle positif (cathode) il se produit la réduction de l'oxydant 2 : $Ox_2 + n_2e^- = Red_2$.

• **Bilan électrochimique**

$$\begin{array}{rcll} Red_1 & = & Ox_1 + n_1e^- & \times n_2 \\ Ox_2 + n_2e^- & = & Red_2 & \times n_1 \\ \hline n_2Red_1 + n_1Ox_2 & \rightarrow & n_2Ox_1 + n_1Red_2 & \end{array}$$

• **Relation entre capacité de la pile et quantités de matières formées ou consommées**

Soit n la quantité de moles d'électrons échangées (c'est-à-dire fournie par le réducteur à l'oxydant) pendant le temps Δt, alors :

$$Q_{max} = n.\,N_A.e$$

N_A est le nombre d'Avogadro et e la charge élémentaire.
Le produit $N_A.e = 1$ F est appelé faraday (F) ; 1 F = 96 500 C.mol⁻¹. D'où $Q_{max} = n.F$
Supposons que le réactif limitant lors du fonctionnement de la pile soit Red_1 et considérons l'équation de réaction de l'oxydation : $Red_1 = Ox_1 + n_1e^-$.
Lorsqu'une mole de réducteur est consommée, n_1 moles d'électrons sont libérées. Lorsque la quantité initiale de réducteur, soit $n(Red_1)_i$ moles a réagi, $n_1 \times n(Red_1)_i$ moles d'électrons ont été produites, soit une quantité d'électricité : $Q_{max} = n_1 .\, n(Red_1)_i .\, F$

Exemple Une pile au lithium de f.e.m. 3,5 V a la forme d'un cylindre de volume 0,0563 dm^3. Son énergie volumique est égale à 1 240 $Wh.dm^{-3}$.
Les couples en présence sont :
$SOCl_2/S$ et Li^+/Li.
Le lithium s'oxyde. Le chlorure de thionyle $SOCl_2$ est réduit et il se forme du soufre S et du dioxyde de soufre SO_2.
Données : masse molaire en $g.mol^{-1}$:
Li = 6,9. F = 96 500 C.
1. Écrire les équations des réactions aux électrodes puis celle de la réaction de fonctionnement.
2. Quelle est l'énergie stockée en joule ?
3. Quelle est la capacité en coulomb ?
4. Quelle est la masse minimale de lithium nécessaire ?

Solution **1.** Équations des réactions aux électrodes :
oxydation du lithium : $Li = Li^+ + e^-$;
réduction du chlorure de thionyle :
$2SOCl_2 + 4\ e^- = S + SO_2 + 4\ Cl^-$
Équation de la réaction de fonctionnement :
$2SOCl_2 + 4\ Li \rightarrow S + SO_2 + 4\ Cl^- + 4\ Li^+$.
2. Énergie stockée :
$W_t = 1\ 240 \times 0{,}0563 = 69{,}81 W.h$
$= 69{,}81 \times 3\ 600 = 2{,}5 \times 10^5$ J.
3. Capacité :
$W_t = Q_{max}.E$; $Q_{max} = W_t/E$
$= 2{,}5 \times 10^5/3{,}5 = 7{,}1 \times 10^4$ C.
4. Masse minimale de lithium :
$Li = Li^+ + e^-$
$Q_{max} = n_1 . n(Red_1)_i . F$ avec $n_1 = 1$ et $n(Red_1)_i = n(Li)_i$ d'où
$n(Li)_i = Q_{max}/F$
$= 7{,}1 \times 10^4/96\ 500 = 0{,}74$ mol.
Masse de lithium : $0{,}74 \times 6{,}9 = 5{,}1$ g.

3 Fonctionnement d'un accumulateur

- Un accumulateur électrique est un dispositif destiné à stocker l'énergie électrique et à la restituer ultérieurement.

On représente un accumulateur au plomb par le schéma suivant :

- ⊖ Pb | H_2SO_4 |électrolyte| PbO_2 | Pb ⊕

Lors du fonctionnement de l'accumulateur :
– dans le premier compartiment, le plomb est oxydé :
$Pb = Pb^{2+} + 2\ e^-$;
– dans le deuxième compartiment, l'oxyde de plomb est réduit :
$PbO_2 + 2\ H^+ + 2e^- = PbO + H_2O$.
Ces deux réactions principales qui se produisent lors du fonctionnement d'un accumulateur sont réversibles.

Exercices d'entraînement

Exercice 1 **10 min** *Corrigé p. 175*

On réalise une pile faisant intervenir les couples oxydant-réducteur Cu^{2+}/Cu et Ag^+/Ag.
Les lames d'argent et de cuivre plongent respectivement dans une solution de nitrate d'argent, une solution de nitrate de cuivre de concentrations à 1 $mol.L^{-1}$. On utilise un pont salin contenant une solution ionique saturée de nitrate d'ammonium.
Un ampèremètre en série avec un conducteur ohmique de résistance $R = 100\ \Omega$ est placé entre les bornes de la pile. Le conducteur ohmique est parcouru par un courant de très faible intensité dans le sens de l'argent vers le cuivre.

1. Faire un schéma annoté de la pile en indiquant le sens de circulation des électrons dans le conducteur ohmique.

2. Interpréter le fonctionnement de la pile en écrivant les deux demi-équations aux électrodes puis l'équation de la réaction globale.

3. Quel rôle joue le pont salin ? Indiquer sur le schéma le mouvement des porteurs de charge dans le pont.

Exercice 2 — 10 min

Corrigé p. 176

L'accumulateur nickel/cadmium est constitué de deux électrodes solides, l'une est en cadmium (Cd(s)) et l'autre en oxyde de nickel NiO(OH) (s). Ces deux électrodes sont séparées par un isolant imbibé d'une solution d'hydroxyde de potassium K^+(aq) + HO^-(aq).

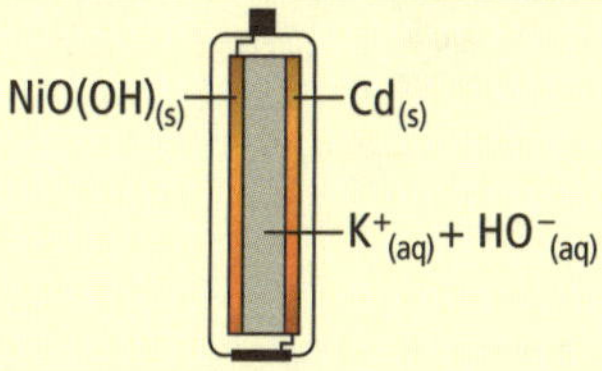

1. Lorsqu'il alimente un récepteur électrique, l'accumulateur est-il le siège d'une transformation spontanée ou forcée ?

2. Les équations des réactions qui se déroulent sur chaque électrode sont :

$NiO(OH) + H_2O + e^- = Ni(OH)_2 + HO^-$

$Cd + 2HO^- = Cd(OH)_2 + 2\ e^-$

a. Quels sont les couples oxydant-réducteur mis en jeu ?

b. Nommer le type de la réaction qui se produit sur chaque électrode.

c. En déduire la polarité de chaque électrode.

d. Écrire la réaction globale de fonctionnement de cet accumulateur lors de sa décharge.

Exercice 3 — 15 min

Corrigé p. 176

Une pile à combustible est composée de deux électrodes séparées par un électrolyte (exemple : l'acide phosphorique H_3PO_4). Elle est alimentée en dihydrogène et en dioxygène en continu. Le fonctionnement de la pile repose sur une réaction d'oxydo-réduction au niveau des électrodes.

Données : $M_H = 1{,}0\ g.mol^{-1}$;
$M_O = 16{,}0\ g.mol^{-1}$;
Constante d'Avogadro :
$N_A = 6{,}02\ 10^{23}\ mol^{-1}$.
Charge électrique élémentaire :
$e = 1{,}6\ 10^{-19}\ C$;
Faraday : $1\ F = 96\ 500\ C.mol^{-1}$

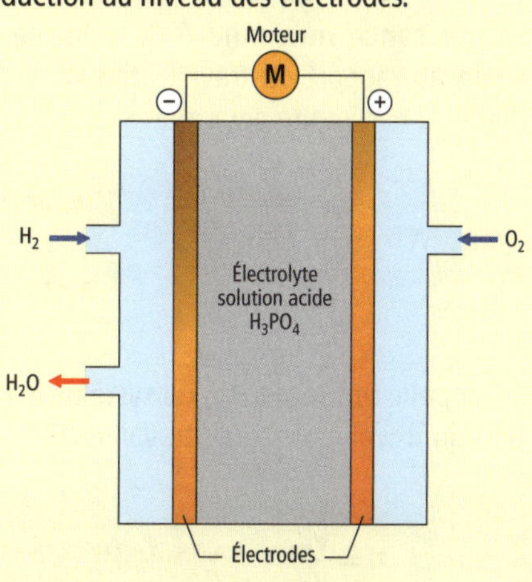

1. Quelle est la nature des porteurs de charges à l'extérieur de la pile ?

2. Légender le schéma de la pile ci-contre en indiquant le sens conventionnel de circulation du courant électrique *I* et le sens de circulation des porteurs de charges à l'extérieur de la pile.

3. Les couples d'oxydoréduction mis en jeu dans la réaction sont : $H^+_{(aq)} / H_{2\,(g)}$ et $O_{2\,(g)} / H_2O_{(l)}$.

a. Écrire les demi-équations électroniques pour chaque couple quand la pile débite.

b. En déduire l'équation de la réaction modélisant la transformation ayant eu lieu dans la cellule de réaction.

4. Le réactif qui est oxydé est appelé le « combustible » de la pile.

Parmi les espèces chimiques présentes dans les couples, laquelle constitue le combustible ? Préciser le nom de l'électrode où se produit l'oxydation. Cette électrode est-elle le pôle positif ou négatif de la pile ?

10 Chaînes de conversion électromécanique

Transport

COMPRENDRE 14 EN VIDÉO

1 Schématisation d'une chaîne énergétique

Les rectangles représentent des réservoirs d'énergie, le cercle un convertisseur d'énergie et les flèches des transferts d'énergie.

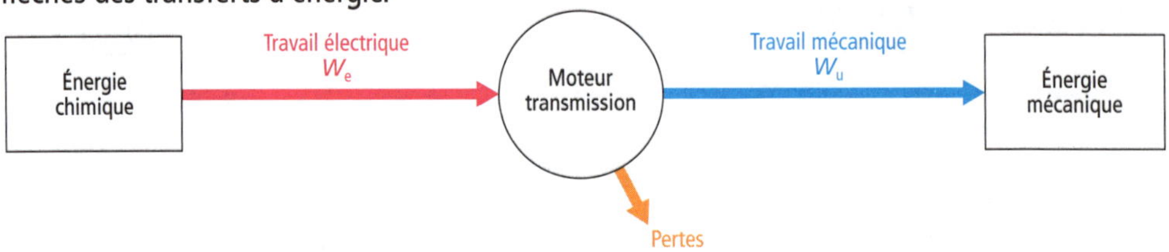

Exemple Considérons la situation d'un portail mis en mouvement par un vérin hydraulique.
Recopier et compléter le schéma énergétique ci-dessous avec les mots suivants :
vérin, énergie hydraulique, énergie mécanique.

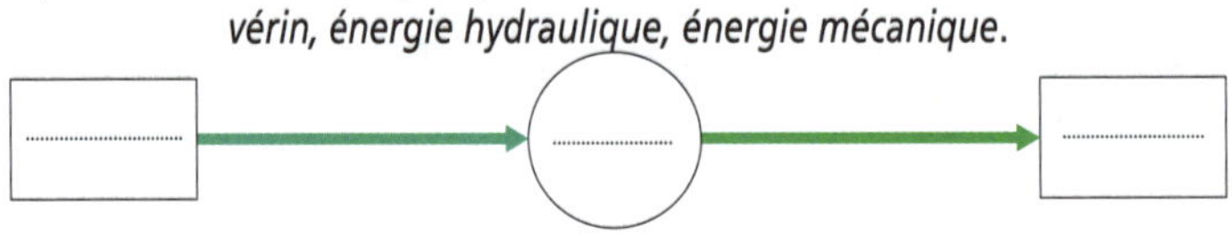

Solution

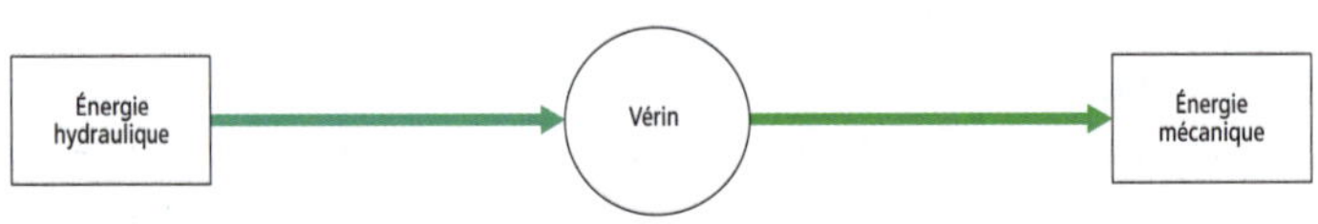

2 Puissance moyenne et rendement

La **puissance moyenne *P*** du véhicule est égale au rapport du travail utile W_u sur la durée Δt nécessaire pour effectuer le travail.

$$P = \frac{W_u}{\Delta t}$$

watt (W) ← P ; W_u → joule (J) ; Δt → seconde (s)

On appelle **rendement** η du système le rapport du travail utile sur le travail reçu.

$$\eta = \frac{W_u}{W_e}$$

W_u, W_e → joule (J)

Exemple L'ouverture du portail de la première partie implique un travail du vérin de 3 300 J durant 15 secondes.

1. Calculer la puissance développée par le vérin.

2. L'énergie électrique consommée par le système est égale à 4 200 J. Calculer le rendement du système.

Solution **1.** La puissance est donnée par la formule : $P = \frac{W}{t} = \frac{3300}{15} = 220\ \text{W}$.

2. Le rendement du système est donné par la formule :

$\eta = \frac{W_u}{W_e} = \frac{3300}{4200} = 0{,}79$.

3 Chaîne énergétique des moteurs à combustion interne

Le rendement d'un moteur à combustion interne avoisine 25 %. 75 % de l'énergie consommée est perdue.

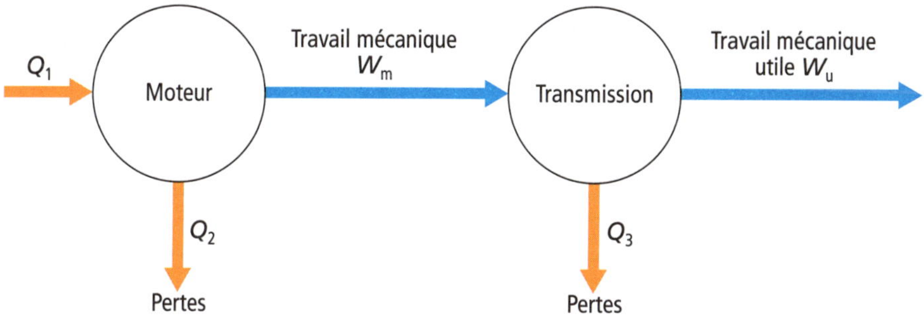

▲ Chaîne énergétique du moteur à combustion interne

Exemple Une voiture à moteur à combustion interne consomme 9 litres de carburant tous les 100 km.

1. Quel est le rendement approximatif du système de propulsion de ce type de véhicule ?

2. Quel volume de carburant est utilisé uniquement pour la propulsion lorsque la voiture parcourt 100 km ?

3. En quoi est converti le reste de l'énergie fournie par le carburant ?

Solution **1.** Un moteur à combustion interne a un rendement d'environ 25 %.

2. $V = 0,25 \times 9 = 2,25$ L. Seulement 2,25 litres sur les 9 consommés servent réellement à faire avancer la voiture, lors d'un parcours de 100 km.

3. Environ 75 % du carburant consommé sont convertis en chaleur par le moteur ou par le système de transmission.

4 Moteur électrique

- Un moteur électrique est un système réversible. Il peut convertir un travail électrique en travail mécanique ou faire l'inverse.

Le rendement d'un moteur électrique dépasse généralement 90 %.

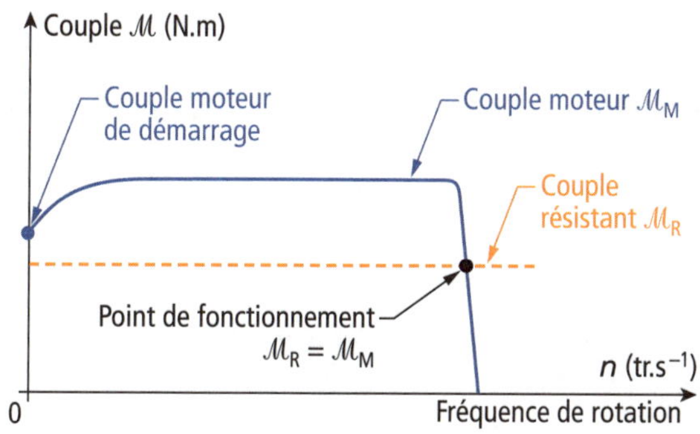

- La caractéristique couple moteur-fréquence de rotation d'un moteur électrique permet de déterminer le point de fonctionnement du moteur en fonction de la valeur du couple résistant.

Exemple Une voiture électrique développe une puissance mécanique de 6,7 kW pour rouler à 90 km.h^{-1}. À cette vitesse, le moteur tourne à 8 500 tr/min et le rendement du système moteur-transmission est égal à 0,7.

1. Calculer la puissance reçue par le système moteur-transmission.

2. La batterie a une capacité de 30 kWh. Combien de temps le véhicule pourra-t-il rouler à 90 km.h^{-1} ?

3. Quelle est la distance parcourue si le trajet dure 45 minutes ?

4. Calculer la fréquence de rotation du moteur en tours par seconde.

Solution **1.** La puissance utile P_u est la puissance mécanique de la voiture. La puissance reçue par le système moteur-transmission est :

$$P_r = \frac{P_u}{\eta} = \frac{6{,}7}{0{,}7} = 9{,}6\,kW$$

La puissance reçue par le système moteur-transmission est de *9,6 kW*.

2. La puissance reçue est la puissance électrique fournie par la batterie
d'accumulateurs. La batterie fournit, pendant le temps *t* une énergie :

$$E = P_r.t\text{ ; donc } t = \frac{E}{P_r} = \frac{30}{9{,}6} = 3{,}1\text{h}$$

La voiture peut rouler environ 3,1 heures à la vitesse de 90 km.h^{-1}.

3. 45 min = 0,75 h.
Distance parcourue $d = 90 \times 0{,}75 = 67{,}5$ km.
La voiture parcourt 67,5 km en 45 min.

4. Fréquence de rotation du moteur :
$n = 8\,500/60 = 142$ tr.s^{-1}.

Exercices d'entraînement

Exercice 1 — 10 min

Corrigé p.176

Représenter la chaîne énergétique associée à la situation décrite dans les cas ci-dessous :

1. Un voilier se déplace sur un plan d'eau grâce à la force du vent.
2. Un cycliste se déplace sur un vélo électrique sans se fatiguer parce qu'il est aidé par un moteur électrique.
3. La batterie d'une voiture hybride se recharge lors de la descente d'un col en montagne.

Exercice 2 — 15 min

Corrigé p. 177

Tiphaine a calculé que, pour rouler à une vitesse constante de 90 km.h^{-1} avec sa voiture électrique, la puissance mécanique nécessaire au déplacement du véhicule est de 5,5 kW. La voiture est équipée d'une batterie de capacité égale à 24 kWh.

1. Schématiser la chaîne énergétique mise en jeu.
2. Le rendement du système moteur transmission du véhicule est égal à 0,74. En déduire la valeur de P_r la puissance reçue par ce système.
3. Quelle est la puissance fournie par la batterie ?
4. Calculer la durée durant laquelle Tiphaine pourra rouler à 90 km.h^{-1}. (Rappel : $E = P.t$).
5. En déduire la distance parcourue par Tiphaine avant que la batterie soit épuisée.
6. Le constructeur indique que ce modèle de voiture électrique a une autonomie de 220 km. Cette valeur est-elle vérifiée ?

11 Quels matériaux pour les véhicules ?

1 Structure des matériaux

A Les trois catégories de matériaux

Les métaux

Leurs atomes constituent des agencements ordonnés et répétitifs sur de grandes distances : ce sont des matériaux cristallins.

Les céramiques

Les céramiques traditionnelles (argile, feldspath, kaolin, quartz).
Les céramiques techniques sont formées des céramiques ioniques et des céramiques covalentes.

Matériaux

Les polymères

Ils sont composés de longues chaînes de monomères formant des unités qui se répètent. On distingue : les thermoplastiques, les thermodurcissables, les élastomères.

B Les alliages

La plupart des métaux sont utilisés sous forme d'alliages obtenus en additionnant des atomes étrangers en plus ou moins grande quantité ; on obtient alors des matériaux répondant à des propriétés mécaniques, chimiques (corrosion) ou de mises en œuvre supérieures. Les aciers sont des alliages fer-carbone avec moins de 2 % de carbone.

C Les composites

Les **matériaux composites** sont constitués par l'assemblage d'au moins deux matériaux non miscibles ayant une bonne aptitude à l'adhésion. Ils permettent :
– un **gain de masse** (amélioration des performances) ;
– une **longévité accrue** (meilleur amortissement) ;
– une **corrosion inexistante** (économie de maintenance).
Par exemple, pour le kevlar/verre, le kevlar (polymère) constitue la **matrice** et le verre (céramique) le **renfort**.

Exemple Le schéma ci-dessous détaille la composition de la dérive d'un avion moderne. Par rapport à une dérive métallique, le nombre de rivets et d'éléments formant cette dérive est divisé par 20.

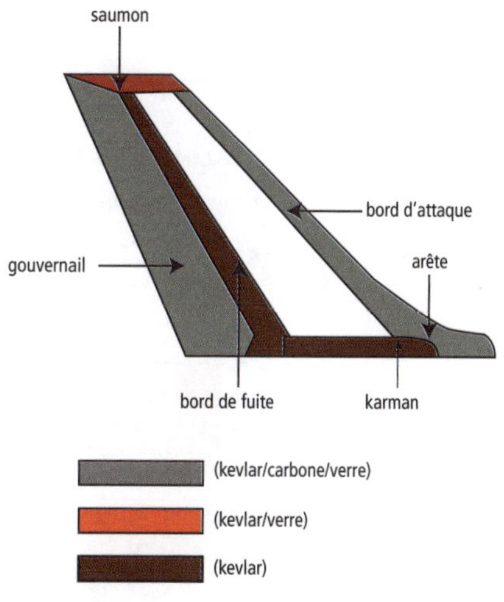

1. À quelles catégories appartiennent les matériaux constituant cette dérive ? Quels sont la matrice et le renfort du composite utilisé dans le saumon de dérive ?
2. Pourquoi la diminution des éléments constituant la dérive présente-t-elle un intérêt pour le constructeur ?
3. Pourquoi le saumon de dérive ne contient-il pas de carbone ?
4. La masse volumique moyenne des matériaux utilisés pour cette dérive est $\rho = 1{,}8$ g.cm^{-3}. Pourquoi cette valeur influe-t-elle sur le gain en masse lorsque l'avion est chargé ?

Solution 1. Les matériaux constituant cette dérive sont des composites sauf le karman et le bord de fuite qui sont en polymère. Pour le saumon de dérive, la matrice est en kevlar et le renfort est en verre.

2. La diminution des éléments constituant la dérive présente une baisse du coût de fabrication.

3. Le saumon de dérive est une « pointe » de la structure de l'avion : il est en matériaux isolants (kevlar et verre) afin de ne pas attirer la foudre : le carbone, conducteur électrique, en est exclu.

4. La masse volumique moyenne de 1,8 g.cm^{-3} est nettement inférieure à celle des métaux (2,7 g.cm^{-3} pour les alliages d'aluminium) : elle entraîne un gain de la masse à vide de l'avion. De la diminution de la masse à vide découle la diminution de la motorisation, donc du carburant consommé, donc de la masse en charge : elle autorise ainsi un gain en masse payante (passagers, fret,…).

2 Comportement des matériaux

A Contraintes mécaniques

Pour étudier les déformations des matériaux face aux sollicitations, on pratique des essais mécaniques (traction, torsion, flexion, dureté, compression, flambage…).
L'essai de traction permet de déterminer le module de Young :

$$E = \frac{\sigma}{\varepsilon}$$

avec σ la contrainte (Pa)
et ε la déformation.
$\varepsilon = \Delta l / l_0$ est l'allongement relatif.

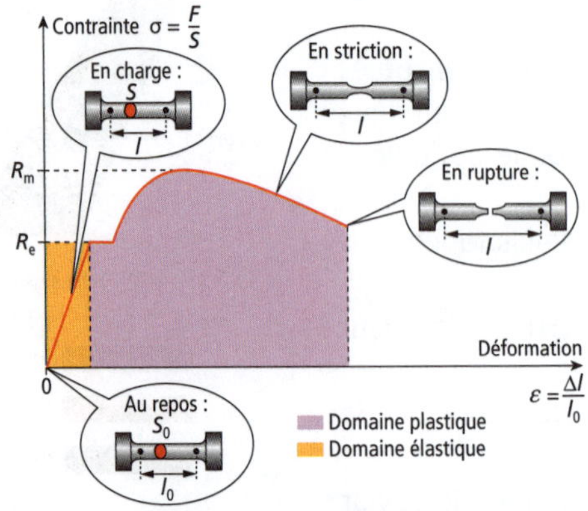

▲ **Courbe de traction d'un métal : au-delà de la limite élastique**
R_e, les déformations sont irréversibles.
R_m est la résistance à la traction.

Exemple Un échantillon de Kevlar a les dimensions suivantes : longueur 200 mm, largeur 5 cm, épaisseur 1 mm. On l'étire (essai de traction) dans le sens de la longueur et on mesure la force *F* de traction en fonction de l'allongement Δl. On obtient le tableau suivant :

Allongement (mm)	0	3	6	10
Force de traction (kN)	0	101,25	202,5	335,5
Allongement (mm)		15	18	20
Force de traction (kN)		506,25	607,5	675

1. Représenter la force de traction en fonction de l'allongement. La déformation de cet échantillon est-elle dans le domaine élastique ?

2. Calculer le module d'élasticité *E* du kevlar (module de Young).

Solution **1.** La caractéristique est un segment de droite qui passe par l'origine, donc la valeur de la force est proportionnelle à l'allongement : la déformation est bien élastique.

2. La droite passe par le point de coordonnées (20 ; 675). Le module d'élasticité est donné par :

$$E = \frac{\sigma}{\varepsilon} = \frac{F.l_0}{S.\Delta l}$$

$$= \frac{675\times10^{3}\times2\times10^{-1}}{(5\times10^{-2}\times10^{-3})\times20\times10^{-3}}$$

$= 135 \times 10^9$ Pa soit 135 GPa.

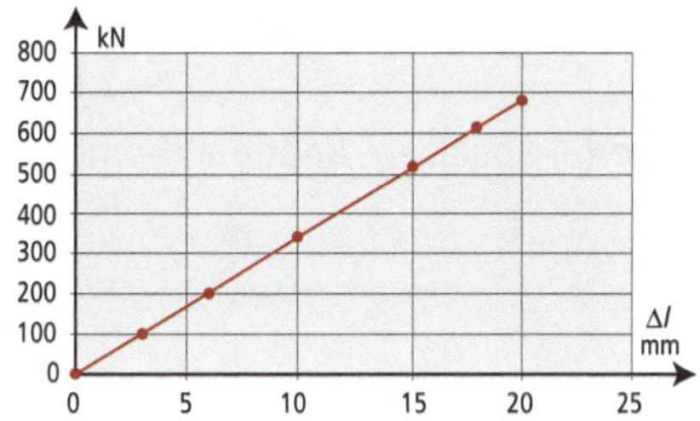

B Contraintes thermiques : dilatation-contraction

Un changement de température entraîne une modification de la longueur qui s'exprime avec la loi : $\Delta l = l_0.\alpha.\Delta\theta$

avec Δl variation de longueur (m) ;
l_0 longueur initiale (m) ;
α coefficient de dilatation linéaire $(°C)^{-1}$; $\Delta\theta$ variation de température (°C).

Exemple Une tige métallique de 15 cm maintenant un pot d'échappement s'allonge de 0,25 mm lorsque la température passe de 20 °C à 90 °C. Déterminer le coefficient de dilatation du matériau la constituant.

Solution Le changement de température entraîne une modification de la longueur de la tige selon la loi $\Delta l = l_0.\alpha.\Delta\theta$

On a $\alpha = \dfrac{\Delta l}{l_0.\Delta\theta}$

avec $\Delta l = 0{,}25 \times 10^{-3}$ m ;
$l_0 = 15 \times 10^{-2}$ m et $\Delta\theta = 90 - 20 = 70$ °C.
On obtient :

$$\alpha = \frac{0{,}25\times10^{-3}}{15\times10^{-2}\times70} = 23{,}8 \times 10^{-6}\ (°C)^{-1}$$

(c'est un alliage d'aluminium).

3 Corrosion des métaux

A Corrosion par le dioxygène

L'oxydation des métaux est possible dans les atmosphères gazeuses telles que l'air. Il se forme une couche d'oxyde à la surface du métal.

Aluminium : la couche d'alumine est protectrice.

Fer : la couche de rouille est poreuse et l'oxydation du fer se poursuit. Il faut protéger le fer par des peintures.

B Corrosion aqueuse électrolytique

Ce phénomène se produit au contact de deux métaux différents en présence d'un électrolyte, par formation d'une pile électrochimique.

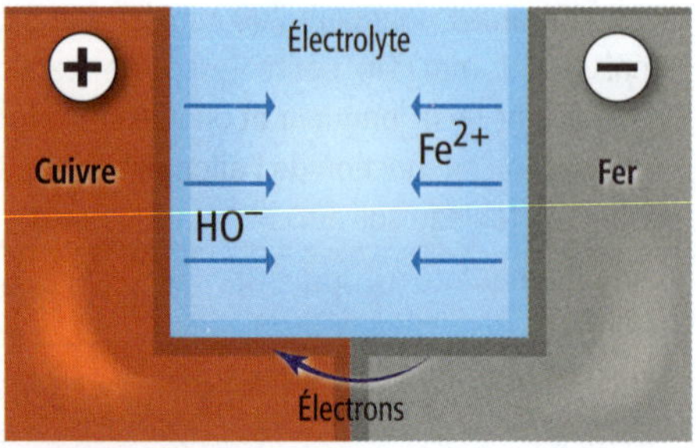

• Principe d'une pile électrochimique

Envisageons un contact fer-cuivre.
Le cuivre va jouer le rôle de borne « + » de la pile et le fer celui de la borne « – ».

À la borne (+) appelée « **cathode** », le milieu devient basique par apparition d'ions hydroxyde HO^- à partir du dioxygène dissous ; c'est une *réduction* :

$$O_2 + 2\ H_2O + 4\ e^- = 4\ HO^-$$

À la borne (–) appelée « **anode** » (borne de sortie du courant électrique), le fer s'est **oxydé** :

$$Fe = Fe^{2+} + 2\ e^-.$$

Exercices d'entraînement

Exercice 1 **15 min** *Corrigé p. 177*

On désire calculer la masse volumique du fer à partir de sa structure cubique centrée (CC) schématisée à l'aide de sphères (ou parties sphériques) représentant des atomes.

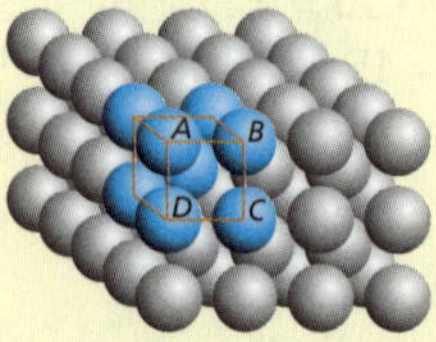

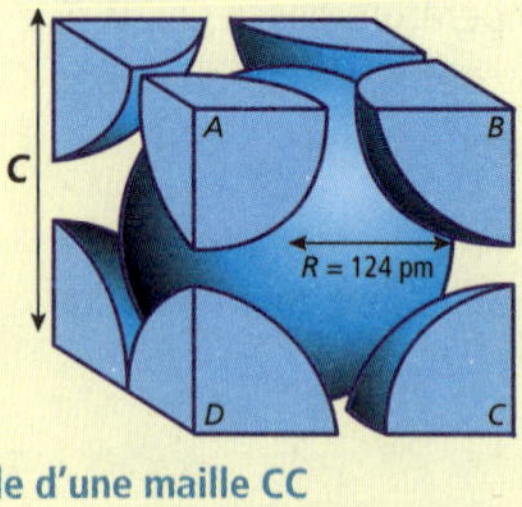

▲ Représentation traditionnelle d'une maille CC

1. En utilisant la classification périodique des éléments, calculer la masse d'un atome de fer.
2. Chaque atome situé au coin de la maille compte pour $\frac{1}{8}$ car il appartient à 8 mailles distinctes.

Montrer que la masse de fer contenue dans une maille est égale à $1{,}85 \times 10^{-22}$ g.

3. Sur la diagonale, les sphères représentant les atomes sont tangentes. Montrer que le côté d'un cube peut s'exprimer en fonction du rayon R d'une sphère par $a = \frac{4R}{\sqrt{3}}$. En déduire le volume occupé par cette maille en cm^3.

4. Calculer la masse volumique de fer.

Données : $N_A = 6{,}02 \times 10^{23}\ mol^{-1}$; masse molaire du fer : $M = 55{,}8\ g.mol^{-1}$.

Exercice 2 — 10 min

Corrigé p. 178

Le chromage des pare-chocs ou des poignées d'automobiles de collection s'effectue par électrolyse contenant des ions chrome III (Cr^{3+}).

1. À quel pôle du générateur de tension continue faut-il relier le pare-chocs ? Écrire la réaction de réduction des ions chrome III.

2. Pourquoi est-il nécessaire de réaliser une agitation constante de la solution ?

3. La surface à chromer est de 15 dm^2 et l'on désire un dépôt dont l'épaisseur soit au moins égale à 40 µm. Quelle est la masse de chrome à déposer ? L'intensité du courant est de 600 A. Quelle sera la durée de l'opération ?

Données :
masse volumique du chrome = $7,19 \times 10^3$ $kg.m^{-3}$;
masse molaire du chrome = 52 $g.mol^{-1}$;
constante de Faraday F = $9,65 \times 10^4$ $C.mol^{-1}$.
La quantité d'électricité qui parcourt un circuit durant Δt est $Q = I \times \Delta t = F \times n(e^-)$ avec $n(e^-)$ la quantité d'électrons mise en jeu.

Exercice 3 — 15 min

Corrigé p. 178

Soumis répétitivement à plusieurs cycles de contrainte, les polymères ne donnent pas la même réponse en fatigue comme le montrent les courbes suivantes obtenues avec différents polymères :

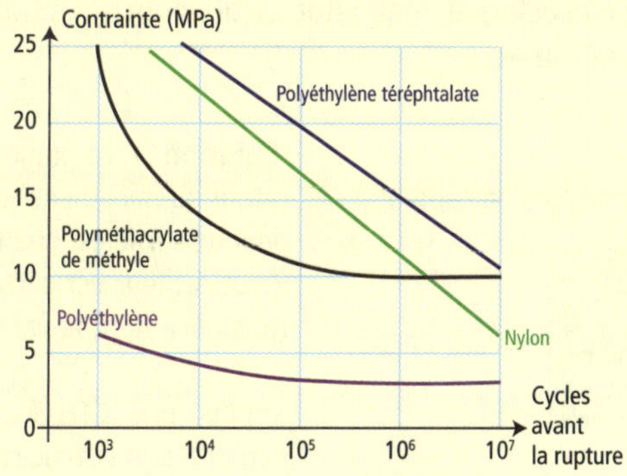

▲ Nombre de cycles avant la rupture

1. La limite de fatigue est la contrainte entraînant la rupture du polymère au bout d'un certain nombre de cycles. Quelle est la limite de fatigue pour le polyéthylène après 10^5 cycles de contrainte ? Comparer cette valeur avec celle du polyéthylène téréphtalate.

2. Pour une contrainte donnée, la durée de vie en fatigue est le nombre de cycles nécessaires pour provoquer la rupture. Du polyméthacrylate de méthyle (plexiglas) ou du nylon, lequel a la meilleure durée de vie lorsqu'ils sont soumis à une contrainte de 12 MPa ? En est-il de même pour 8 MPa ?

3. Pour une fréquence des essais de 20 Hz, quelle est la durée, en heure et minute, d'un test réalisé avec un million de cycles avant la rupture ?

12 Comment fonctionne une chaîne d'informations dans un véhicule ?

Transport

1 Les capteurs dans un véhicule

Passifs ou actifs (nécessitant une alimentation électrique), ils transforment la grandeur d'entrée en grandeur électrique : tension ou intensité du courant.

A Grandeurs physiques mesurées

- Pression du carburant, pression de gaz...
- Température d'eau, d'air, de gaz d'échappement...
- Fréquence de rotation du moteur, des roues...
- Position ou angle de vanne, de pédale d'accélérateur, du volant...
- Force, accélération...
- Débit d'air admis dans les cylindres...
- Composition du mélange (dosage carburant/air)...

B Principes de fonctionnement des capteurs

Un capteur peut être : piézoélectrique, magnétorésistif, inductif, optique, à effet Hall, capacitif, électrochimique, potentiométrique...

Exemple
Le schéma représente le principe d'un capteur.

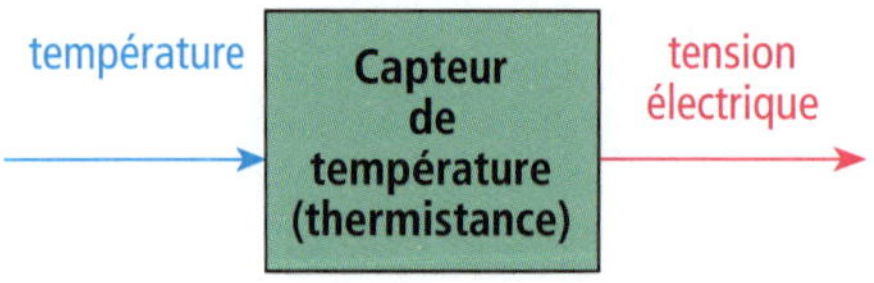

1. Indiquer les grandeurs d'entrée et de sortie du capteur.
2. Expliquer son fonctionnement.

Solution **1.** La grandeur d'entrée est la température du milieu environnant la sonde ; la grandeur de sortie est une tension électrique.
2. Le capteur est constitué d'une thermistance, résistance dont la valeur varie avec la température :
– pour une CTN (coefficient de température négatif), la résistance diminue lorsque la température augmente ;
– pour une CTP (coefficient de température positif), la résistance augmente lorsque la température augmente.

2 Spectre d'un signal périodique

Tout signal périodique de période f peut être décomposé en une somme de fonctions sinusoïdales de fréquences f, $2f$, $3f$, $4f$,...
Le spectre des amplitudes présente les différentes fréquences contenues dans le signal.
Utilisation : la numérisation du spectre est plus économique en données et en temps et permet de mieux restituer le signal en mode analogique.

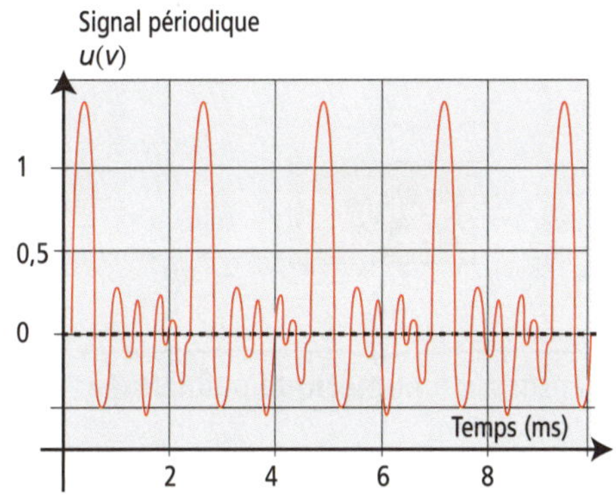

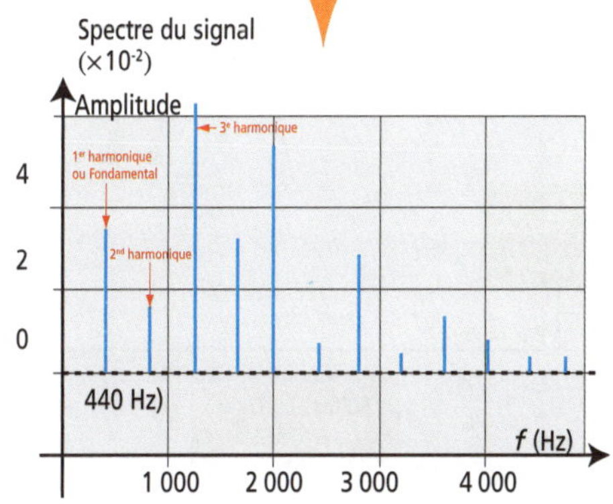

Exemple

Un signal électrique et son spectre (décomposition en série de Fourier) sont représentés.

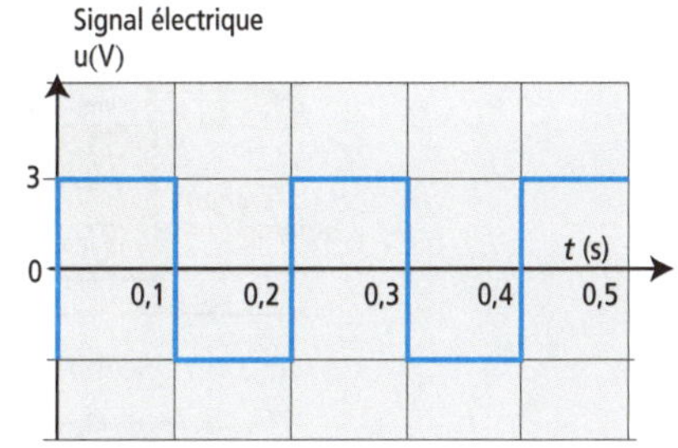

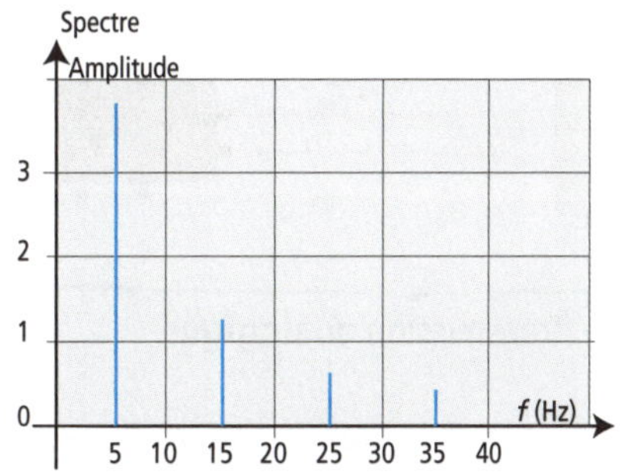

1. Quelle est la fréquence du fondamental ? Celle du premier harmonique non nul ? Celle du second harmonique non nul ?
2. Comparer la fréquence du fondamental à celle du signal.

Solution **1.** La fréquence du fondamental (première raie) est 5 Hz, celle du second harmonique non nul (seconde raie) est 15 Hz, celle du troisième harmonique : 25 Hz.
2. La fréquence du fondamental est égale à celle du signal électrique : 5 Hz.

COMPRENDRE 15 EN VIDÉO

3 La chaîne d'informations dans un véhicule

A La relation entre capteur et actionneur

- Le signal sortant du capteur est transmis au calculateur qui lui est associé.
Selon l'information reçue, celui-ci peut activer ou non l'actionneur.

- L'information est également transmise au calculateur central qui gère et coordonne toutes les fonctions du véhicule : si l'information peut être utile à d'autres calculateurs du véhicule, le calculateur central la leur transmet.

B La transmission capteur-calculateur

C'est une **transmission analogique** qui s'effectue très souvent par une liaison 4 mA – 20 mA constituée par une « boucle de courant ».

C Les calculateurs

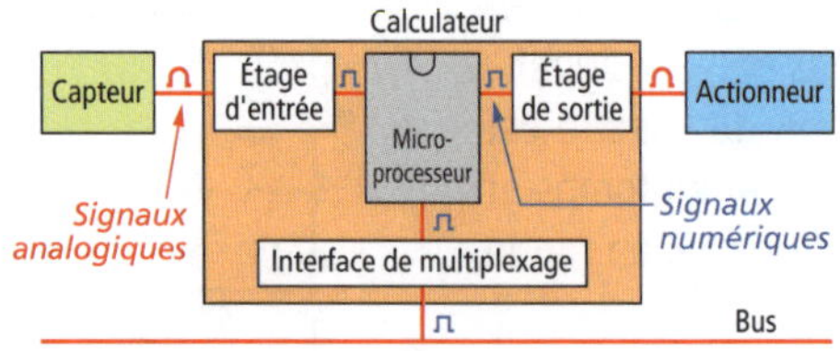

▲ Tous les calculateurs sont reliés au calculateur principal par multiplexage.

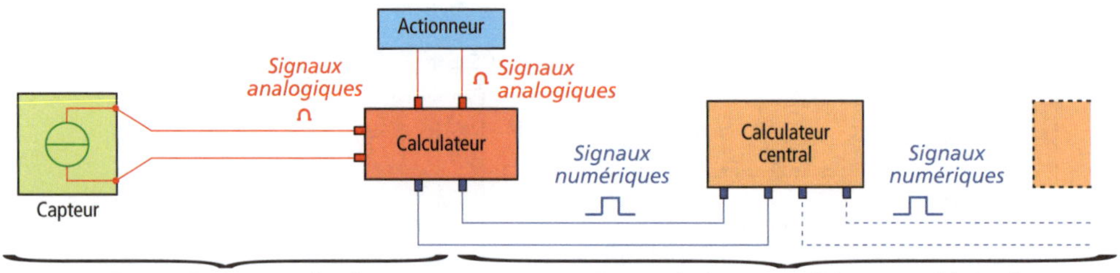

- **L'étage d'entrée** transforme les signaux analogiques du capteur en signaux numériques.
- **L'étage de sortie** met en œuvre les actionneurs : afficheurs des données, moteurs à courant continu, moteurs pas à pas, électrovannes (alimentation en carburant, en gaz…), lampes d'éclairage, actionneurs piézoélectriques (injection HDI), résistances chauffantes…

D Le multiplexage

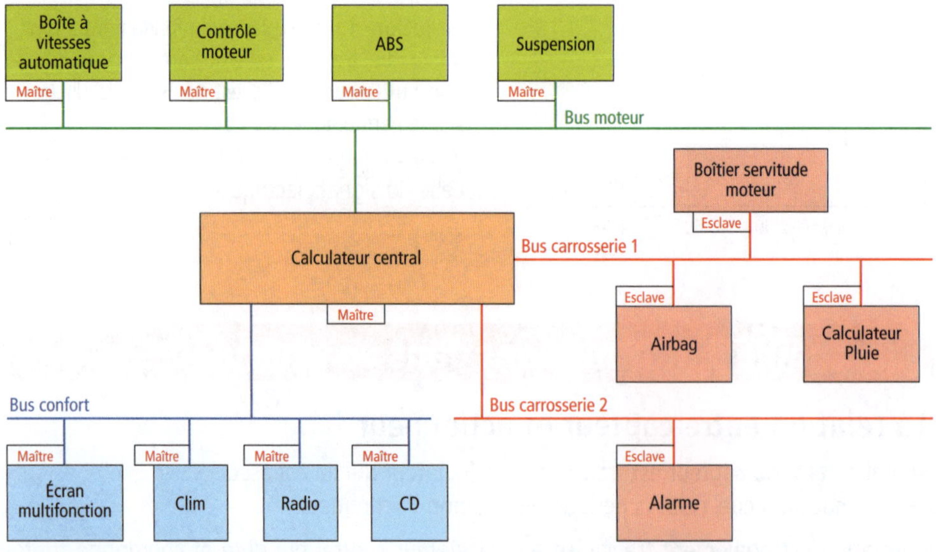

Le multiplexage permet la mise en commun et l'échange d'informations entre les différents calculateurs, en utilisant le minimum de câbles électriques et de capteurs.

Les informations **numériques** circulent simultanément ou successivement dans des circuits appelés **bus**.

Exemple Une partie du circuit des capteurs d'un véhicule est représentée.

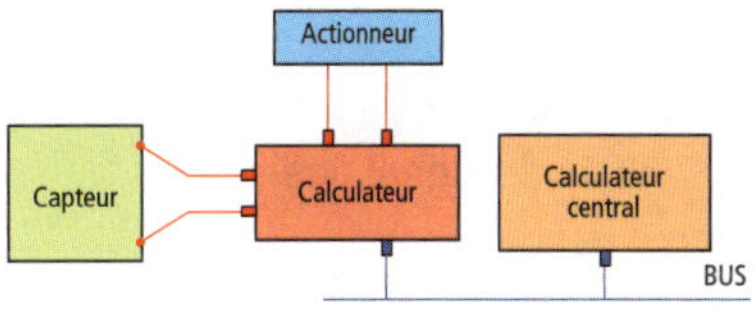

1. Quels organes sont reliés entre eux par un circuit analogique ? Par un circuit numérique ?
2. Quelle information circule dans le bus reliant les calculateurs (choisir parmi les 3 graphiques proposés ci-après) ?

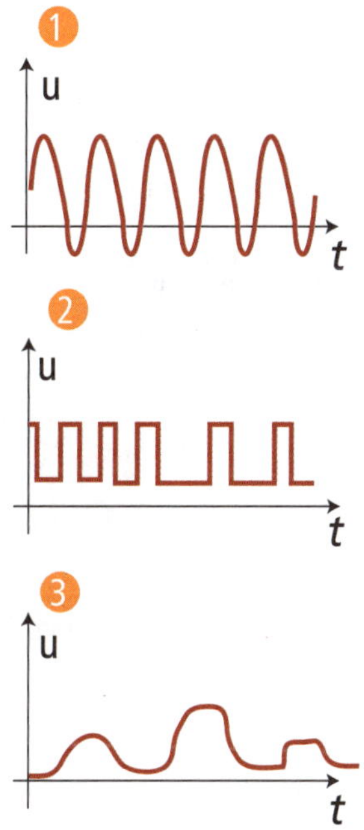

Solution 1. Les signaux analogiques circulent entre les capteurs et les calculateurs, ainsi qu'entre les capteurs et les actionneurs (on y rencontre aussi des signaux numériques).
Les signaux entre les différents calculateurs sont tous numérisés (technique du multiplexage).
2. Le signal numérique est le numéro 2. Il ne prend que deux valeurs de tension.

Exercices d'entraînement

Exercice 1 — 5 min

Corrigé p. 178

1. Citer quatre écrans présents sur le tableau de bord d'une automobile.
2. Dans chaque cas, préciser la grandeur physique mesurée.

Exercice 2 — 5 min

Corrigé p. 178

Une tension électrique a été enregistrée par une interface Exao (graphique 1). Le logiciel fournit une analyse de Fourier (graphique 2).

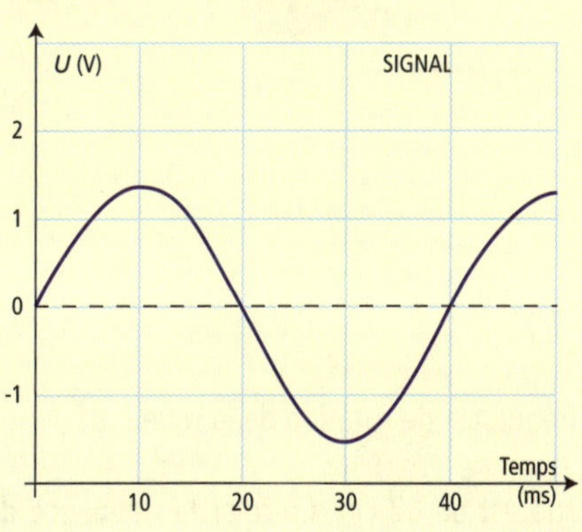

▲ Graphique 1

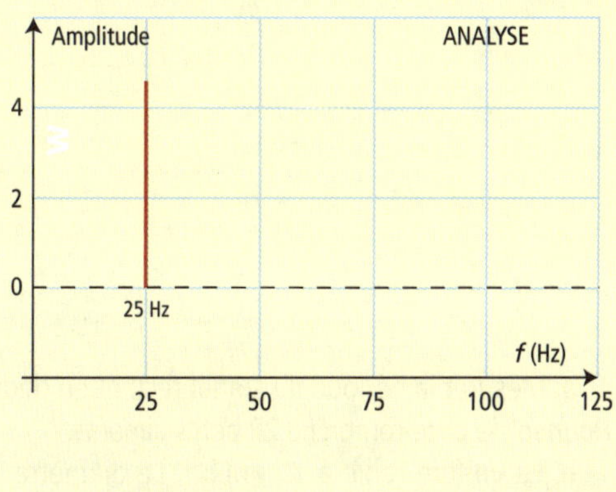

▲ Graphique 2

1. Graphique 1 : quelle est la forme du signal enregistré ? Quelle est sa fréquence ?
2. Graphique 2 :
   a. Quelle est la grandeur en abscisse ? La grandeur en ordonnée ?
   b. Que représente la barre verticale sur le graphique ? À quelle fréquence correspond-elle ?
   c. Ce type de spectre permet-il de conclure sur la nature exacte du signal analysé ?

Exercice 3 15 min

Corrigé p. 178

Le capteur placé sur une roue de véhicule utilise l'effet magnéto-résistif : la résistance du capteur varie lorsqu'un champ magnétique la traverse.

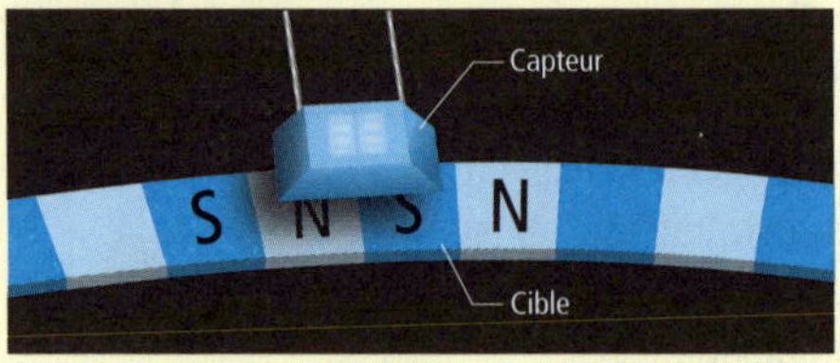

Un disque, solidaire de la roue du véhicule comprend sur son bord extérieur une « piste » avec un grand nombre de petits aimants. La sonde du capteur, constituée d'un matériau magnéto-résistif, est placée face à la piste.

1. Ce capteur peut-il indiquer la fréquence de rotation de la roue, même pour de très petites vitesses ?
2. Le branchement du capteur est le suivant :

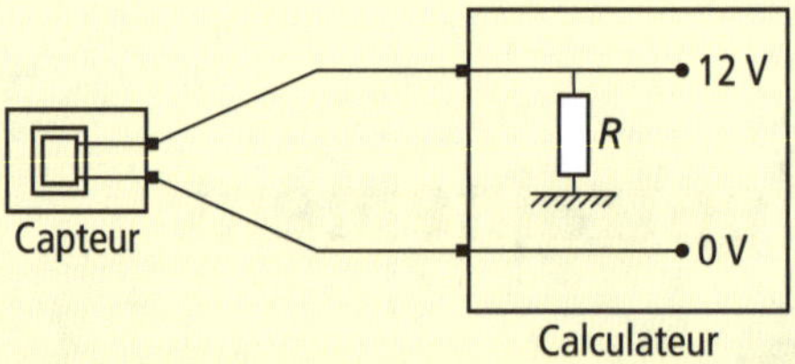

   a. Sous quelle tension électrique fonctionne-t-il ? D'où provient l'alimentation électrique ?
   b. Ce type de capteur est-il appelé « capteur actif » ou « capteur passif » ? Justifier la réponse.
3. Pour vérifier le bon fonctionnement du capteur, un mécanicien tourne la roue à la main. Il observe l'oscillogramme ci-dessous à l'entrée du calculateur, aux bornes de la résistance R :

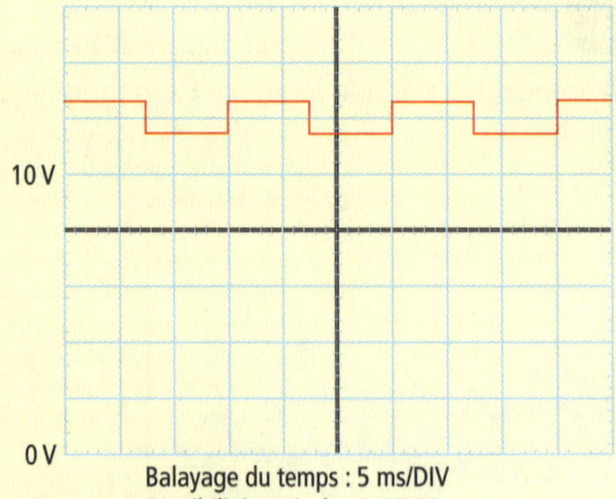

Balayage du temps : 5 ms/DIV
Sensibilité verticale : 2 V/DIV

   a. Mesurer la période du signal reçu et en déduire la fréquence de rotation de la roue.

Donnée : la piste comprend 28 petits aimants

   b. La voiture roule à 75 km.h^{-1}. Le diamètre de la roue est de 62 cm. Calculer la fréquence de rotation de la roue et en déduire la fréquence du signal émis par le capteur.
   c. Dessiner approximativement l'oscillogramme observé (balayage du temps : 1 ms/DIV).

Exercice 4 — 15 min

Corrigé p. 179

Le débitmètre à fil chaud est un capteur permettant de connaître la masse d'air qui entre dans les cylindres. Dans un moteur diesel, son signal est utilisé pour déterminer le rapport $\frac{\text{air}}{\text{gazole}}$ admis, afin de réguler l'ouverture de la sonde EGR.

Principe : le passage d'un courant d'air chaud modifie la valeur R_{fil} d'une résistance (fil de platine ou thermistance CTP). Ce fil chaud constitue une résistance d'un pont de Wheatstone ; une résistance de compensation R_{comp} est réglée par l'électronique pour que le pont de Wheatstone soit équilibré.

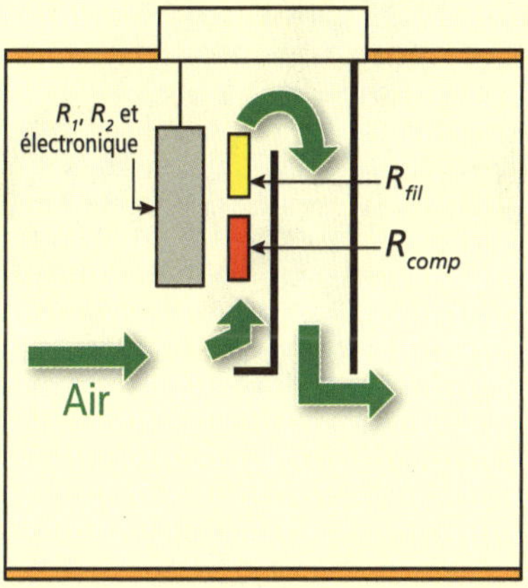

▲ Conduit de mesure

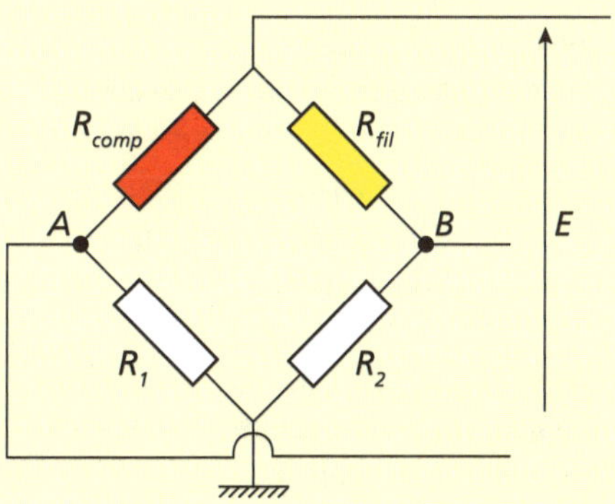

▲ Schéma électrique du pont de weatstone

Données : la tension U_{AB} à la sortie du pont est égale à :

$$U_{AB} = \frac{R_{fil}.R_1 - R_{comp}.R_2}{(R_1 + R_{fil})(R_2 + R_{comp})}.E.$$

Le pont est équilibré si $U_{AB} = 0$ V.

1. Qu'est-ce qu'une thermistance CTP ?
2. Quelle condition remplissent les quatre résistances du pont pour que celui-ci soit équilibré ?
3. Si le courant d'air est plus chaud, comment varie la valeur de la résistance R_{comp} pour rétablir l'équilibre du pont ?
4. Application numérique : $R_1 = 10$ kΩ, $R_2 = 1$ kΩ, $R_{fil} = 6{,}54$ Ω.
Calculer R_{comp} à l'équilibre.

Annales du Bac

Sujet du bac : étude d'une voiture électrique

(Corrigés p. 183)

Transport

Le bilan énergétique du véhicule

L'automobile étudiée est un petit véhicule dont la motorisation est entièrement électrique, en utilisation de ville.

Le moteur entraînant la rotation des roues est un système réversible :

– en traction, il se comporte comme un moteur et convertit l'énergie électrique en énergie mécanique ;

– lors des phases de freinage, il se comporte en génératrice et convertit l'énergie mécanique en énergie électrique et peut ainsi recharger partiellement ses batteries d'accumulateurs.

Le calculateur-convertisseur reçoit les paramètres des capteurs, commande le moteur et met en forme la tension électrique délivrée au moteur.

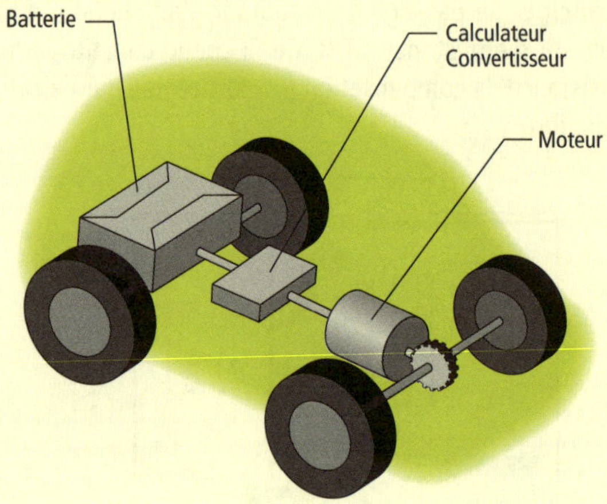

1. Le bilan énergétique

En mode « traction »

a. Compléter la chaîne énergétique schématisée, en utilisant les mots suivants : électrique, mécanique, moteur, pertes.

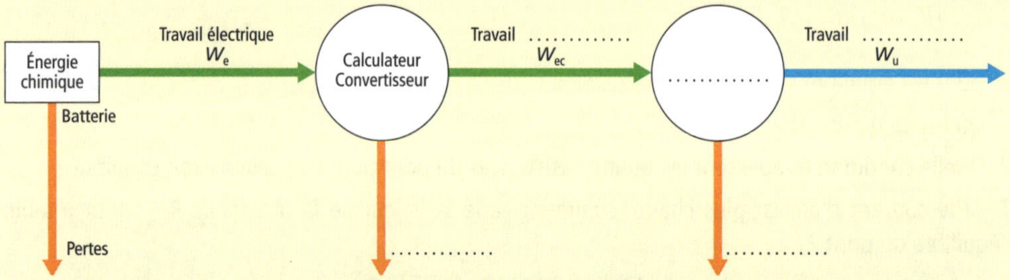

b. Le travail mécanique utile délivré aux roues, pendant une durée de 30 min de fonctionnement, à la vitesse moyenne de 50 km.h^{-1}, est de 1,40 kWh. Le rendement global du véhicule est $\eta = 0{,}792$.
Calculer le travail électrique délivré par la batterie (seul réservoir d'énergie du véhicule) de la voiture. Le rendement de celle-ci est de 92 %.
En déduire la valeur de l'énergie chimique stockée (c'est l'énergie nominale de la batterie).

c. Donner la puissance moyenne du véhicule.

d. Le rendement du calculateur-convertisseur est de 0,90. En déduire le rendement du moteur électrique.

En phase de freinage

e. En s'aidant de la chaîne en mode traction, schématiser la chaîne énergétique de la voiture en phase de freinage, lorsqu'elle assure la recharge partielle de sa batterie.

2. Le fonctionnement

Lorsque la voiture roule, elle doit vaincre deux forces (exprimées en newton) :

– **la résistance à l'air** (le traînage aérodynamique) : $F_A = \frac{1}{2}k.a.S.v^2$ dans laquelle :

k : le Cx, constante dépendant de la forme de la voiture : ici $k = 0,35$.

a : masse volumique de l'air : $a = 1,3$ kg.m^{-3}.

S : aire de la surface frontale, ici $S = 1,8$ m^2.

v : vitesse de la voiture, en m.s^{-1}.

– **les frottements de roulement** : $F_R = b.m.g.$ *dans laquelle* :

b : constante dépendant de l'état des pneus : b = 0,012 pour des pneus bien gonflés.

m : masse de la voiture : 1 tonne.

$g = 9,81$ N.kg^{-1}.

a. Calculer les valeurs des deux forces F_A et F_R appliquées au véhicule lorsqu'il roule à 50 km/h^{-1}.

b. En déduire la puissance du véhicule pour se déplacer à cette vitesse (*Rappel* : $P = F.v$).

c. L'énergie électrique disponible dans la batterie est de 15 kWh. Calculer la durée moyenne de déplacement possible, ainsi que la distance parcourue.

Les batteries du véhicule

Le véhicule est équipé de deux types de batteries d'accumulateurs :

– une batterie au plomb de 12 V destinée aux instruments du tableau de bord et au démarrage ;

– une batterie haute tension (HT) constituant le réservoir d'énergie, assurant l'entraînement du moteur.

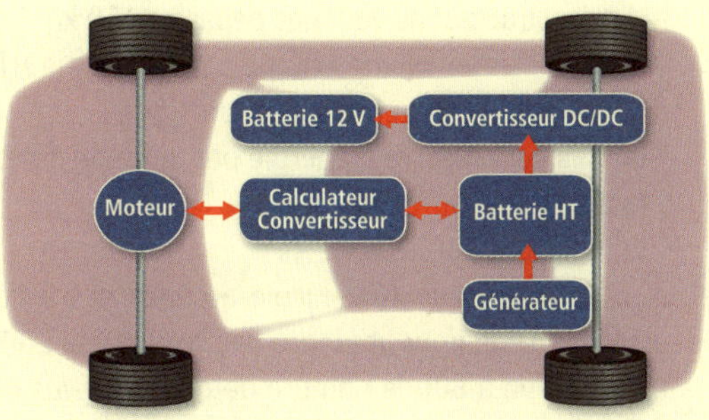

1. La batterie au plomb

Décharge de la batterie

a. Indiquer les points communs et les différences entre une pile et un accumulateur.

b. Lors de la décharge de la batterie, deux réactions chimiques se produisent aux électrodes.

À la cathode (électrode +), la transformation chimique se traduit par l'équation :

$PbO_2 + SO_4^{2-} + ...H^+ + ...e^- = PbSO_4 + ...H_2O$

Compléter l'équation bilan.

c. Est-ce une oxydation ? Une réduction ? Indiquer le couple redox agissant.

d. Indiquer la nature de la transformation chimique se produisant à l'anode, pour le couple redox Pb^{2+}/Pb. Écrire l'équation bilan de la transformation.

e. Lors du démarrage, la batterie fournit 140 A pendant une durée de 1,4 s. Calculer la quantité Q d'électricité fournie par la batterie.

f. Calculer la masse de plomb qui a subi une transformation chimique lors du démarrage.

Données : $Q = 96\,500$ C pour 1 mol d'électrons déplacée. M(Pb) = 207,2 g.mol^{-1}.

Charge de la batterie

g. Lors de la charge, les électrodes sont reliées aux bornes + et – du générateur. Quel est alors le nom de chaque électrode de la batterie ?

h. Quelle transformation chimique a lieu à l'anode, sachant que le couple rédox agissant est $PbO_2 / PbSO_4$? Écrire l'équation bilan de la transformation.

2. La batterie HT

Le tableau ci-dessous donne les caractéristiques de trois types d'accumulateurs.

Type	Au plomb	Ni-MH	Li-Ion
Densité d'énergie (Wh/kg)	30 à 50	60 à 120	120 à 190
Énergie volumique (Wh/L)	75 à 120	220 à 330	220 à 330
Nombre de cycles (durée de vie)	400 à 1 200	1 500	500 à 1 000
Tension par élément	2 V	1,2 V	3,6 V
Autodécharge (par mois)	5 %	30 %	5 %
Température de fonctionnement	– 20 °C à 60 °C	– 20 °C à 60 °C	– 20 °C à 60 °C

Pour constituer la batterie HT du véhicule, le constructeur s'est fixé une énergie embarquée de 15 kWh.

a. Calculer la masse des batteries pour les trois types d'accumulateurs. Exprimer le résultat sous forme d'encadrement.

b. Le constructeur ne veut pas dépasser 150 kg. Quel type d'accumulateurs doit-il choisir ?

c. Déterminer le volume occupé par la batterie HT choisie (résultat sous forme d'encadrement).

d. Quel modèle d'accumulateur présente :

– la meilleure réserve d'énergie par unité de masse ?

– la plus faible autodécharge ?

– la meilleure durée de vie ?

e. Le constructeur du véhicule a choisi des accumulateurs Li-Ion. Combien d'éléments doit-on placer en série pour atteindre une tension de 200 V ?

f. On estime à 800 le nombre de cycles prévus pour la batterie. La distance moyenne parcourue par cycle est d'environ 200 km.

Calculer la distance parcourue avant le changement de la batterie.

Étude d'un capteur de vitesse

Ce capteur de fréquence de rotation placé sur l'arbre moteur, est constitué d'une bobine surmontée d'un aimant permanent. Deux fils électriques relient les deux bornes de la bobine au calculateur associé.

Le capteur est placé en face d'une roue dentée ferromagnétique, comprenant 52 dents identiques, solidaire de l'arbre moteur.

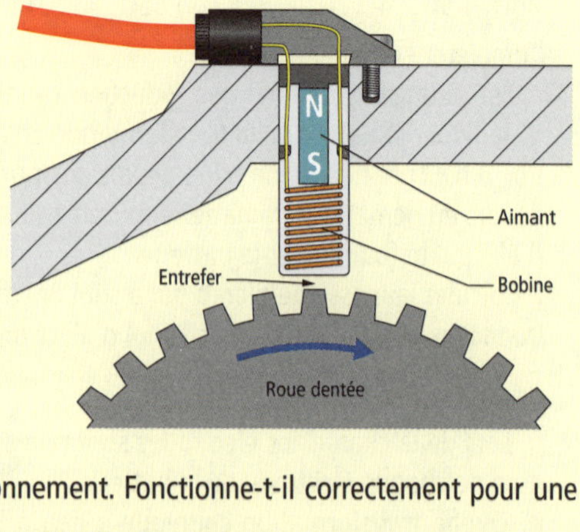

1. Principe de fonctionnement du capteur

a. Ce capteur est-il actif ou passif ? Justifier la réponse.

b. Expliquer le principe physique de son fonctionnement. Fonctionne-t-il correctement pour une faible fréquence de rotation du moteur ?

c. Quelle est la grandeur d'entrée du capteur ? La grandeur de sortie ?

2. Réalisation d'une mesure

L'oscillogramme ci-après a été obtenu en branchant un oscilloscope aux bornes d'arrivée des deux fils sur le calculateur.

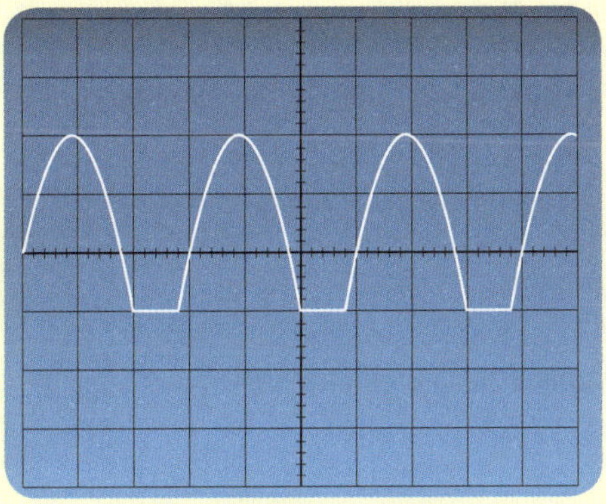

Balayage du temps : 0,2 ms/DIV
Sensibilité verticale : 20 mV/DIV

a. Indiquer les grandeurs physiques, en abscisse et en ordonnée, sur l'oscillogramme. Le signal reçu est-il analogique ou numérique ?

b. Calculer la fréquence de rotation du moteur, exprimée en tours par minute.

c. Lorsque la mesure est effectuée, la troisième vitesse est enclenchée et la « démultiplication totale » (rapport de la fréquence de rotation des roues à celle du moteur) est de 0,202.
Le diamètre d'une roue 175/65-R14 est de 56,0 cm.
Déterminer, en $km.h^{-1}$, la vitesse de déplacement de la voiture.

d. La voiture roule à 90 $km.h^{-1}$, la cinquième vitesse étant enclenchée (rapport de démultiplication de 0,354). Les réglages de l'oscilloscope étant inchangés, dessiner l'oscillogramme obtenu.

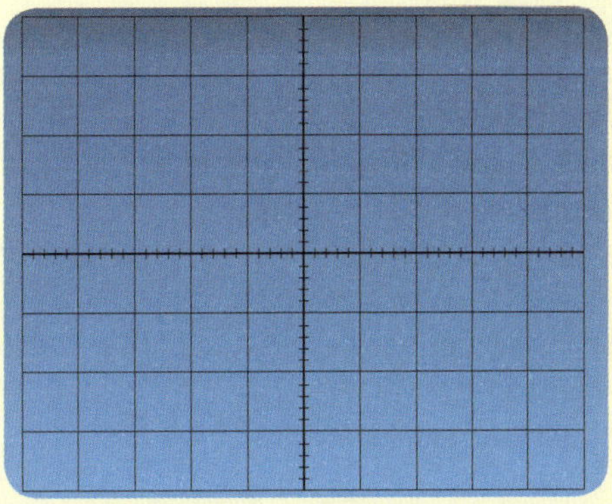

Commande de verrouillage/déverrouillage des portières

1. Les ondes électromagnétiques

a. Sur le diagramme, les longueurs d'onde des ondes électromagnétiques sont précisées.

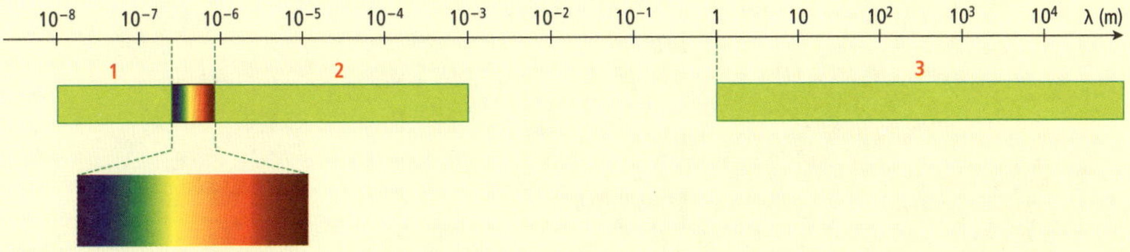

Indiquer les zones, 1, 2 ou 3, correspondant aux ondes hertziennes, aux radiations ultraviolettes et aux radiations infrarouges.

b. Calculer la longueur d'onde d'une onde O_1 de fréquence 150 MHz. Calculer la fréquence d'une onde O_2 de longueur d'onde 10^{-4} m.

Donnée : célérité d'une onde électromagnétique dans le vide : $c = 3{,}0 \times 10^8$ m.s^{-1}.

c. En s'aidant du diagramme ci-dessus, préciser la nature de l'onde O_1 et la nature l'onde O_2.

2. La commande à infrarouges

Cette commande émet un rayonnement infrarouge correspondant à l'onde O_2.

Dans une commande infrarouge de fermeture centralisée de portière, le signal émis par une DEL est une succession de pics. Le récepteur est placé dans un boîtier situé dans le bloc « plafonnier ».

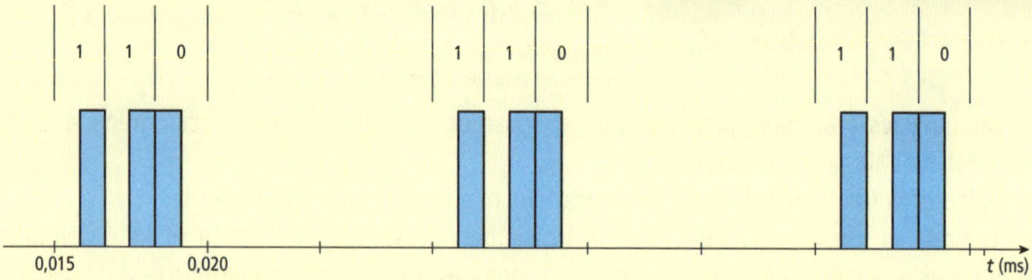

a. Vérifier que c'est un signal binaire constitué par le mot 110. Expliquer le codage.

b. Ce signal est-il périodique ? Si oui, déterminer sa fréquence f.

c. Nommer un composant électronique pouvant servir de récepteur du signal émis par la DEL.

3. La commande à ondes radio

La commande infrarouge a été remplacée par une commande à ondes radio (onde O_1).

Un document technique précise : « *L'atténuation de l'amplitude d'une onde électromagnétique augmente lorsque la fréquence de l'onde augmente. Lorsqu'une onde rencontre un obstacle, elle peut le contourner d'autant plus facilement que sa longueur d'onde est importante.* »

a. Quel type de commande (à infrarouge ou à onde radio) permet une commande à distance du verrouillage/déverrouillage des portières ? Expliquer la réponse.

b. Quel type de commande ne peut fonctionner que si l'émetteur est dirigé avec précision vers le récepteur ?

c. Calculer le niveau de puissance, exprimé en dBm, fourni par une commande de puissance réelle 65 mW (puissance de référence : $P_0 = 1$ mW).

Rappel : Niveau de puissance ou gain (en dBm) $= 10 \log \frac{P}{P_0}$.

d. Calculer la puissance réelle d'une seconde commande, exprimée en watt, dont le niveau de puissance est égal à 15 dBm.

13 Les ondes magnétiques au service de la santé

COMPRENDRE 12 EN VIDÉO

1 Les ondes électromagnétiques et la santé

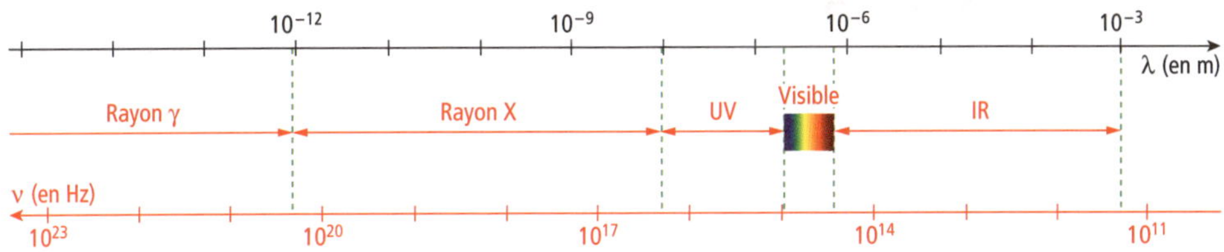

• Les ondes électromagnétiques concernant la santé ont de grandes fréquences et de courtes longueurs d'onde.

• Chaque photon d'une onde de fréquence ν (en Hz) transporte une énergie E (en J) donnée par la relation :

mètre par seconde ($m.s^{-1}$)

$$E = h.\nu = \frac{h.c}{\lambda}$$

joule (J) — hertz (Hz) — mètre (m)

h étant la constante de Planck :
$h \approx 6{,}626 \times 10^{-34}$ J.s.

• L'énergie d'un photon est d'autant plus grande que la fréquence de l'onde émise est grande, ou que sa longueur d'onde est petite.

Exemple Vérifier qu'un photon de rayons X de longueur d'onde 5×10^{-11} m est 1 000 fois plus énergétique qu'un photon de rayonnement ultraviolet de longueur d'onde 5×10^{-8} m.

Solution L'énergie du photon de rayons X est :

$$E = \frac{h.c}{\lambda} = \frac{6{,}63 \times 10^{-34} \times 3{,}00 \times 10^{8}}{5 \times 10^{-11}}$$
$$= 3{,}98 \times 10^{-15}\ \text{J}$$

L'énergie du photon de rayon UV est :

$$E = \frac{h.c}{\lambda} = \frac{6{,}63 \times 10^{-34} \times 3{,}00 \times 10^{8}}{5 \times 10^{-8}}$$
$$= 3{,}98 \times 10^{-18}\ \text{J}$$

L'énergie du photon X est bien 1 000 fois supérieure à celle du photon UV.
On peut éviter les calculs en notant que l'énergie d'un photon est inversement proportionnelle à la longueur d'onde, la longueur d'onde du photon X étant 1 000 fois plus petite que celle du photon UV, son énergie est 1000 fois supérieure.

2 La puissance du rayonnement

Tous les corps émettent un rayonnement, essentiellement dans le visible et l'infrarouge.

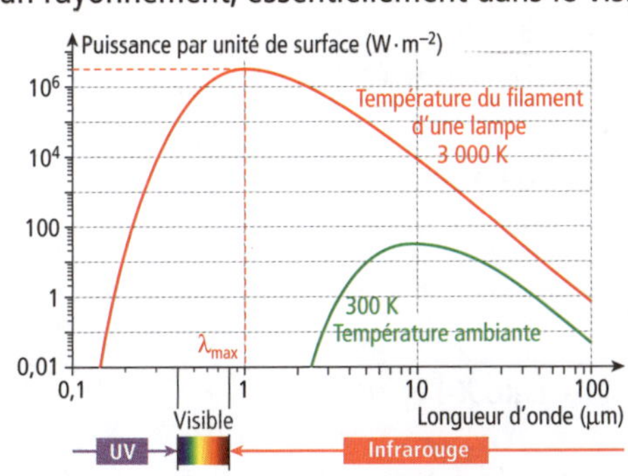

• **Loi de Wien :** la température absolue T d'un corps est liée à la longueur d'onde λ_{max} de la radiation qui correspond à la puissance de rayonnement maximale par :

$$\lambda_{max}.T = A$$

mètre (m) — kelvin (K)

avec $A = 2{,}898 \times 10^{-3}$ m.K .

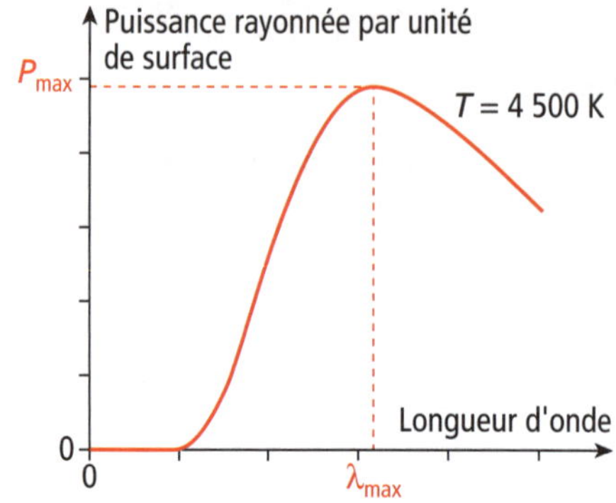

• L'**émittance M** (en $W.m^{-2}$) émise par un corps à la température absolue T se calcule par la relation (loi de Stefan) : $M = 5{,}67 \times 10^{-8}\, \varepsilon \cdot T^4$.

• L'**émissivité** ε est un coefficient sans unité, compris entre 0 et 1 (pour un corps noir). Plus ε est voisin de 1, plus le matériau est capable d'absorber les rayonnements reçus.

Exemple La courbe représente l'émittance d'un corps à une température donnée.

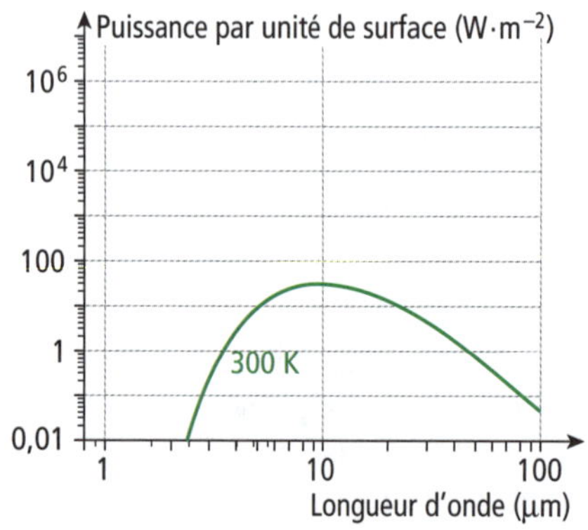

1. Quelle est la température du corps, exprimée en °C ?

2. Quel est le type de rayonnement émis par le corps à cette température ?

3. Pour quelle longueur d'onde le corps émet-il une puissance rayonnée maximale ?

4. Vérifier la constante de la loi de Wien : $2{,}898 \times 10^{-3}$ m.K.

Solution **1.** Température du corps :
$\theta = T - 273 = 300 - 273 = 27$ °C.

2. Le rayonnement se produit sur la plage : 2×10^{-6} m et 100×10^{-6} m (0,1 mm), ce qui correspond à des radiations infrarouges.

3. La puissance rayonnée par unité de surface est maximale pour $\lambda_{max} = 10$ µm.

4. Calculons l'expression :
$\lambda_{max}.T = 10 \times 10^{-6} \times 300 = 3{,}0 \times 10^{-3}$ unités SI, valeur très voisine de $2{,}898 \times 10^{-3}$ unités SI.

3 L'absorption des ondes électromagnétiques

• L'absorption d'une onde électromagnétique par un matériau dépend :
– de la longueur d'onde de la radiation ;
– du numéro atomique de la matière traversée ;
– de l'épaisseur de la matière.

• L'**intensité** I d'un faisceau de rayons X dépend de l'épaisseur x de la substance traversée selon la relation :

$$I = I_0 . e^{-\mu . x}$$

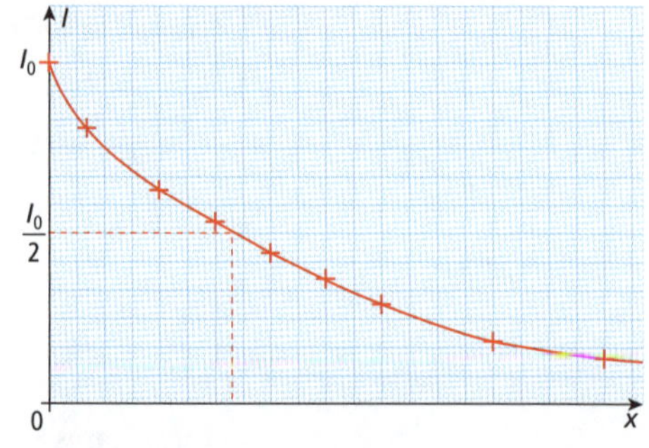

I_0 est l'intensité initiale du faisceau, X l'épaisseur de matière traversée.
μ est le coefficient d'absorption linéaire, exprimé en m^{-1}.

Exemple $I(x)$ représente l'intensité d'un faisceau de rayons γ dans une paroi de plomb, en fonction de l'épaisseur x (mm) traversée.

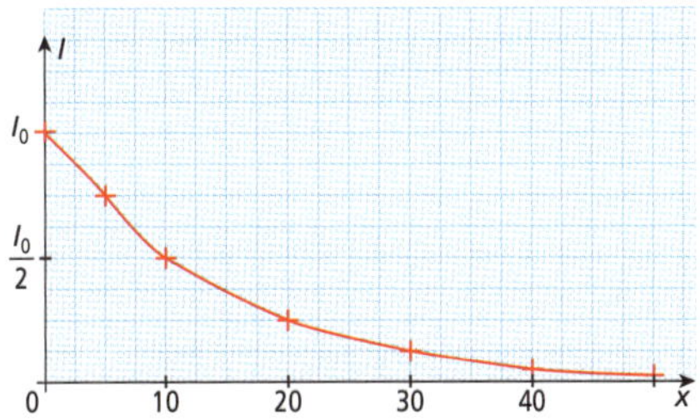

1. Quel pourcentage de l'intensité initiale I_0 du rayonnement traverse 20 mm de plomb ?

2. Quelle épaisseur de plomb permet d'arrêter 50 % du faisceau ? 87,5 % (7/8) du faisceau ?

Solution **1.** Par lecture, le quart de I_0 soit 25 % du faisceau traverse 20 mm de plomb.

2. L'épaisseur de plomb pour absorber 50 % du faisceau (donc 50 % du faisceau est transmis) est 10 mm ; pour en absorber 87,5 %, il faut 30 mm de plomb.

On peut continuer la démarche graphique : 99,2 % du rayonnement (1/128e est transmis) est absorbé par 70 mm de plomb.

4 Ondes électromagnétiques et santé

Infrarouges **800 nm < λ < 1 mm**	Les infrarouges sont émis par les corps chauds. Très absorbés par l'eau et les tissus du corps humain, ils peuvent provoquer des brûlures.
Visibles **400 nm < λ < 800 nm**	Les radiations visibles favorisent la photosynthèse des plantes.
Ultraviolets **A : de 320 à 400 nm** **B : de 280 à 320 nm** **C : de 10 nm à 280 nm** **Les UV B et C sont absorbés par la couche d'ozone.**	Les UV provoquent le bronzage de la peau et activent la synthèse de la vitamine D. Ils sont d'autant plus dangereux que leur longueur d'onde est courte et sont la cause principale du cancer de la peau et des cataractes.
Rayons X **10^{-3} nm < λ < 10 nm**	Ces rayons très pénétrants sont utilisés en radiographie. Très dangereux, ils peuvent provoquer des cancers.
Rayons γ **$\lambda < 10^{-3}$ nm**	Produits par des accélérateurs de particules ou par des réactions nucléaires, ils sont très énergétiques et pénétrants. Extrêmement dangereux, ils traversent plusieurs mètres de béton et provoquent des cancers.

Physique-Chimie

Exercices d'entraînement

Exercice 1 — 5 min

Corrigé p. 179

Comparons des rayonnements ultraviolets de fréquences différentes : des UV A de longueur d'onde 0,380 µm et des UV B de longueur d'onde 0,300 µm.

Données :

$c = 3,00 \times 10^8$ m.s^{-1} ; $h = 6,63 \times 10^{-34}$ J.s ;

énergie d'un photon : $E = \dfrac{h.c}{\lambda}$

1. Calculer l'énergie d'un photon d'un rayonnement UV A et celle d'un rayonnement UV B.

2. Quel est le rayonnement UV le plus dangereux pour la santé ? Quelles parties du corps humain peuvent être atteintes par les UV ?

Exercice 2 — 5 min

Corrigé p. 179

Un tableau affiche l'épaisseur nécessaire, exprimée en millimètres, pour arrêter 95 % du rayonnement X.

Substance	Épaisseur selon la longueur d'onde		
	λ = 0,03 nm	λ= 0,10 nm	λ = 0,25 nm
carbone (Z = 6)	93 mm	7,5 mm	0,7 mm
fer (Z = 26)	0,9 mm	0,3 mm	0,03 mm
plomb (Z = 82)	0,16 mm	0,03 mm	0,004 mm

1. Comment varie l'absorption du rayonnement X lorsque la longueur d'onde augmente ? Lorsque le numéro atomique Z de la substance traversée augmente ?

2. Quel métal doit-on utiliser pour sécuriser des installations de radiologie : le fer ou le plomb ? Justifier la réponse.

3. Le corps humain est constitué essentiellement d'atomes de carbone (Z = 6), d'hydrogène (Z = 1) et d'oxygène (Z = 8). Un rayonnement de rayons X « durs », de longueur d'onde 0,03 nm, peut-il traverser les tissus du corps humain ?

4. Pour faciliter la radiologie médicale des voies digestives et de la vésicule biliaire, on fait ingurgiter au patient un composé de bismuth (Z = 83) ou d'iode (Z = 53). Pourquoi ?

Exercice 3 — 5 min

Corrigé p. 179

Les métaux, même légers, peuvent absorber les rayons X. Le graphique ci-dessous représente l'intensité du rayonnement X de longueur d'onde λ = 0,25 nm pour deux métaux légers : l'aluminium et le béryllium, en fonction de l'épaisseur du métal.

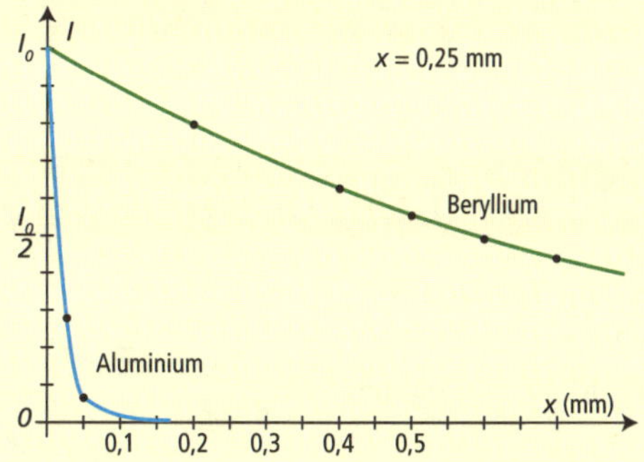

1. Quel métal absorbe le plus efficacement les rayons X ? La réponse est-elle conforme à la théorie, sachant que les numéros atomiques du béryllium et de l'aluminium sont respectivement Z = 4 et Z = 13 ?

2. Quel pourcentage de l'intensité initiale du rayonnement est observé après la traversée d'une épaisseur de 0,05 mm d'aluminium (prendre $\varepsilon = 1$) ?

3. Quelle épaisseur de béryllium absorbe 44 % du rayonnement ?

Exercice 4 — 10 min

Corrigé p. 179

Un laser excimère, utilisé pour la chirurgie des yeux, émet un rayonnement monochromatique réglable et dépendant de la puissance : λ_1 = 248 nm pour une puissance P_1 = 3,5 W ou λ_2 = 193 nm pour une puissance P_2 = 1,5 W.

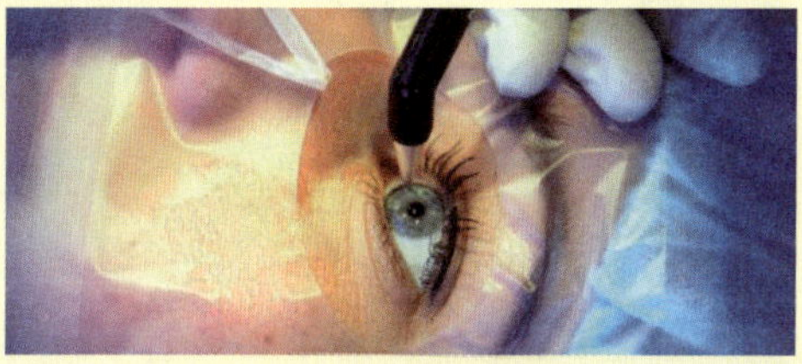

1. Calculer les fréquences des rayonnements émis par les deux radiations. À quel domaine des ondes électromagnétiques appartiennent-elles ?

2. Quelle est l'énergie, exprimée en joule, d'un photon de chacune de ces radiations ? La convertir en eV.

3. Quelle est l'énergie absorbée par les tissus lors d'un tir durant 6 nanosecondes lorsque le laser est réglé sur 248 nm ?

4. Quel est le nombre de photons transportés par le faisceau laser pendant cette durée ?

Données : $c = 3{,}00 \times 10^8$ m.s^{-1} ;
$h = 6{,}62 \times 10^{-34}$ J.s ; 1 eV = $1{,}60 \times 10^{-19}$ J.

Exercice 5 — 15 min

Corrigé p. 180

Le Soleil émet une puissance rayonnée de $3{,}8 \times 10^{26}$ W pour une surface extérieure de $6{,}1 \times 10^{18}$ m^2.

1. Calculer la puissance rayonnée par le Soleil par unité de surface (c'est l'émittance *M*).

2. En appliquant la relation :
$M = 5{,}67 \times 10^{-8}\ \varepsilon.T^4$, déterminer la température T moyenne à la surface du Soleil. La convertir en degrés Celsius.

3. Pour cette température, le Soleil est considéré, par les astrophysiciens, comme une étoile naine « jaune tirant sur blanc ». En utilisant la loi de Wien :
$\lambda_{max}.T = 2{,}898 \times 10^{-3}$, vérifier que la lumière émise par le Soleil possède une longueur d'onde maximale λ_{max} qui est celle d'une radiation visible.

14 Champ magnétique et diagnostic médical

Santé

1 Caractéristiques d'un champ magnétique

Le champ magnétique $\vec{B}$ est une grandeur vectorielle. En un point de l'espace :
– sa direction est celle que prend une aiguille aimantée ;
– son sens va du pôle sud de l'aiguille vers son pôle nord ;
– sa valeur est mesurée avec un teslamètre et s'exprime en tesla (T).

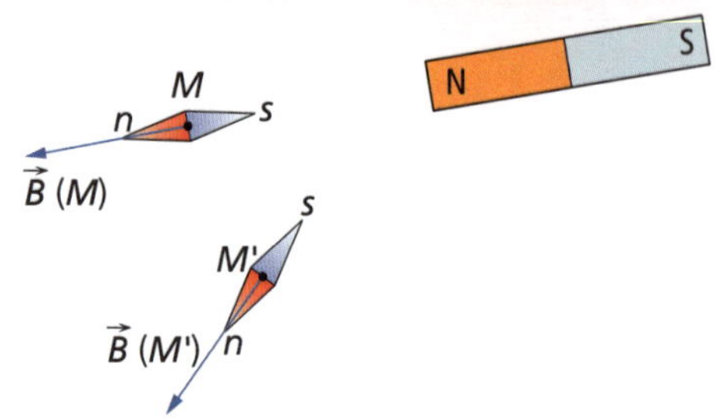

▲ Le vecteur champ magnétique

2 Champ magnétique créé par des aimants

Les lignes de champ magnétique sortent par le pôle nord et entrent par le pôle sud d'un aimant.

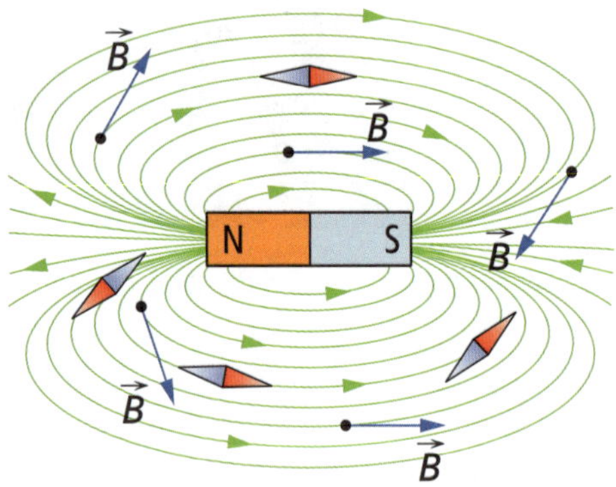

▲ Spectre magnétique

Ce sont des lignes orientées tangentes en chaque point au vecteur champ magnétique

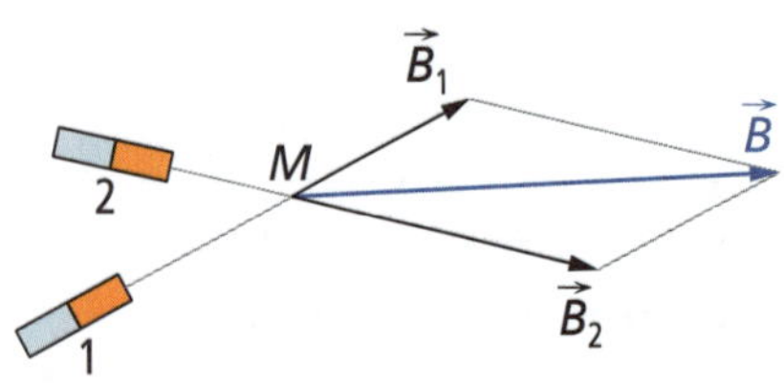

▲ Superposition de champs magnétiques

Les champs magnétiques s'ajoutent comme des vecteurs.

Exemple

On dispose de deux aimants identiques que l'on place comme l'indique le document, symétriquement par rapport à un point O. Chaque aimant crée, en O, un champ de 20 mT.

1. Représenter les champs $\vec{B}_1(O)$ et $\vec{B}_2(O)$ créés en O par chaque aimant.

2. Calculer la valeur du champ $\vec{B}(O)$ résultant.

3. Reprendre les deux questions précédentes si on retourne l'aimant 1.

Solution **1.** Les lignes de champ rentrent par le pôle sud d'un aimant. On a donc la représentation suivante :

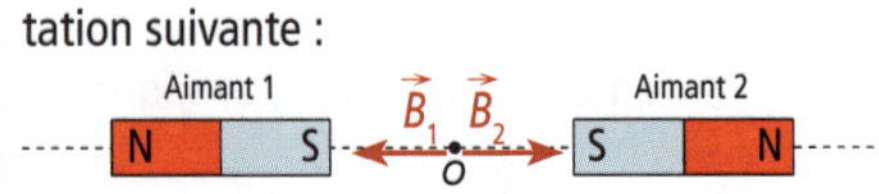

2. $\vec{B} = \vec{B}_1 + \vec{B}_2$. Les champs $\vec{B}_1$ et $\vec{B}_2$ ont même la valeur, la même direction mais des sens opposés : leur somme est nulle : $\vec{B} = \vec{0}$.

3. On a maintenant la représentation suivante :

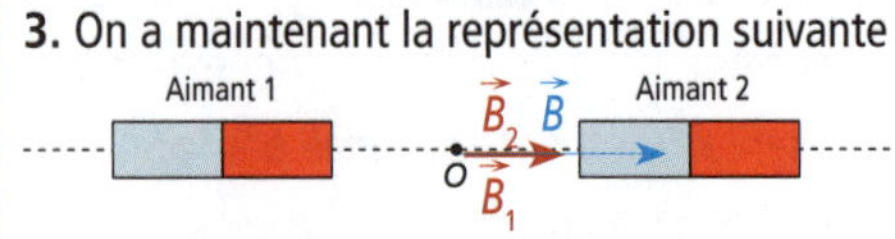

On a maintenant : $\vec{B} = \vec{B}_1 + \vec{B}_2 = 2\vec{B}_1$

Donc **B = 40 mT**.

COMPRENDRE 16 EN VIDÉO

3 Champ magnétique créé par des courants

A Champ créé par un courant rectiligne

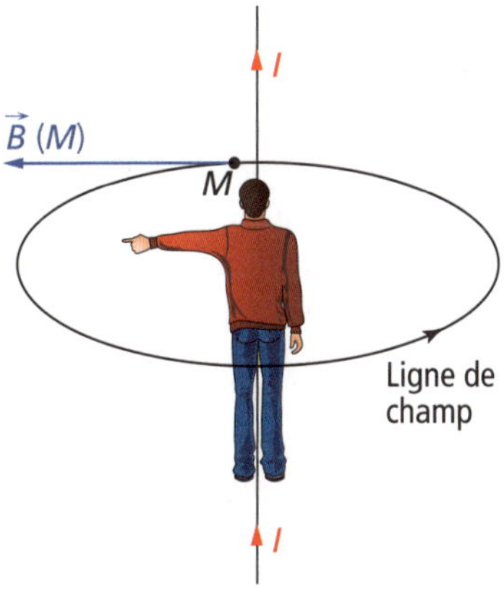

Les lignes de champ sont des cercles centrés sur le fil. Leur sens dépend du sens du courant.
La valeur du champ magnétique est proportionnelle à l'intensité du courant.

• **Règle du bonhomme d'Ampère :** le bonhomme d'Ampère est placé sur le fil, le courant entrant par ses pieds, sortant par sa tête. Regardant le point *M* où il veut connaître le sens du champ : il voit $\vec{B}(M)$ dirigé sur sa gauche.

B Champ créé par un solénoïde

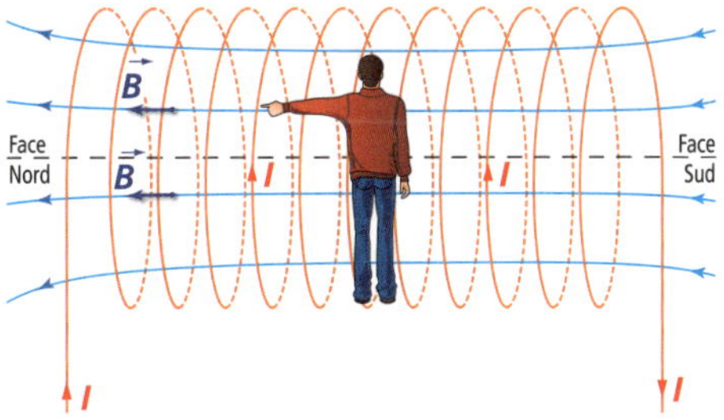

• À l'intérieur d'un solénoïde les lignes de champ sont parallèles : **le champ est uniforme**. Il a pour valeur :
$B = 4.\pi.\ 10^{-7}.\ n.I$
B en tesla (T), *n* nombre de spires par mètre, *I* en ampère (A).

• Le sens du champ magnétique dépend du sens du courant et sa valeur est proportionnelle à l'intensité du courant.

Exemple

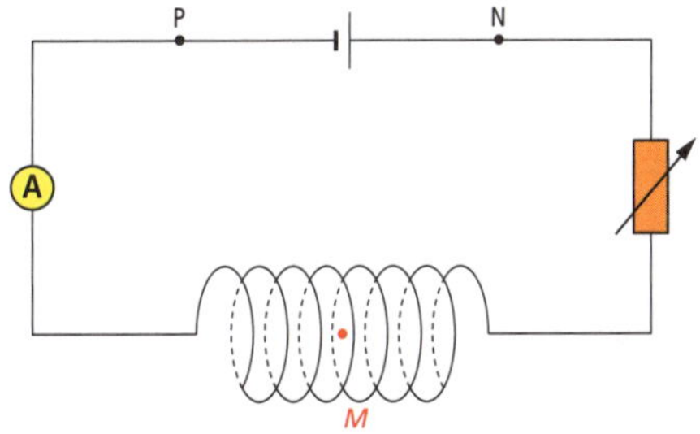

1. Indiquer le sens du courant dans le solénoïde. Représenter le champ magnétique au point M. Indiquer les faces sud et nord. Comment sont les lignes de champ à l'intérieur du solénoïde ?
2. La valeur du champ magnétique en M est donnée par : $B = 4.\pi.\ 10^{-7}.\ n.I$.
a) Que représente *n* ?
b) Le solénoïde a une longueur L = 40 cm. La valeur du champ en M est de 20 mT. L'intensité du courant est I = 5 A. Calculer son nombre de spires.

Solution

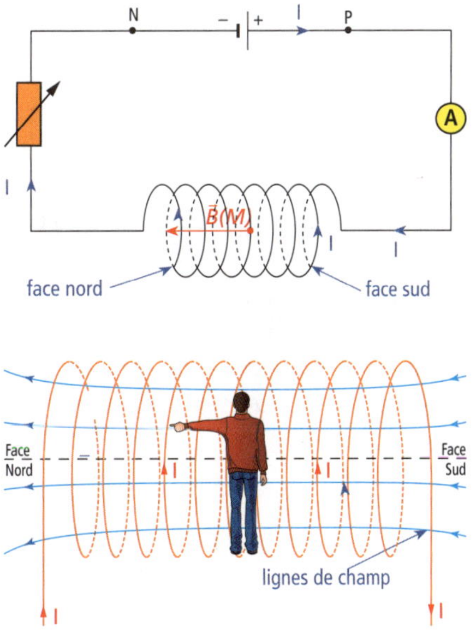

Physique-Chimie

1. Le sens du champ magnétique à l'intérieur du solénoïde, l'orientation des lignes de champ et les noms des faces sont donnés par la règle du bonhomme d'Ampère.
Les lignes de champ, de même orientation que le champ magnétique, sortent par la face nord du solénoïde et entrent par la face sud. Elles sont parallèles à l'intérieur du solénoïde car le champ y est uniforme.

2. a) n représente le nombre de spires par mètre.

b) $n = \dfrac{B}{4.\pi.10^{-7}.I}$;

prenons une des deux valeurs de B et de I pour calculer n ;

$$n = \frac{0{,}02}{4.\pi.10^{-7} \times 5} = 3\,180 \text{ spires par mètre}$$

Le nombre de spires du solénoïde est donc $N = n.L = 3\,180 \times 0{,}40$; $\boldsymbol{N} =$ **1270 spires**.

4 Champ magnétique terrestre

Le champ magnétique terrestre peut être considéré comme le champ créé par un aimant droit placé au centre de la Terre ; le pôle **nord** de cet aimant pointe dans une direction voisine du **Sud géographique**. Sa valeur est de l'ordre de 50 µT. Une boussole d'axe vertical n'est sensible qu'à la composante horizontale de ce champ.

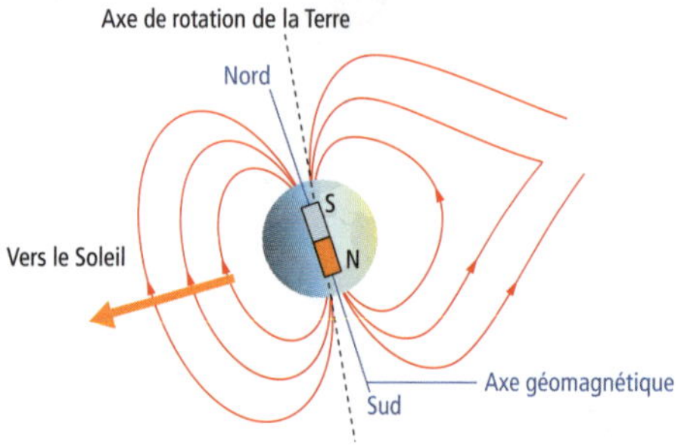

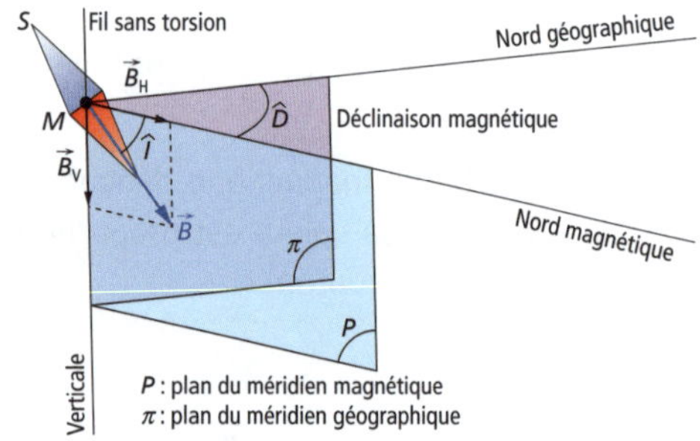

Exercices d'entraînement

Exercice 1 **10 min** *Corrigé p. 180*

Un aimant droit est disposé dans le plan horizontal d'une aiguille aimantée, selon une direction perpendiculaire à celle du nord magnétique (document ci-dessous).

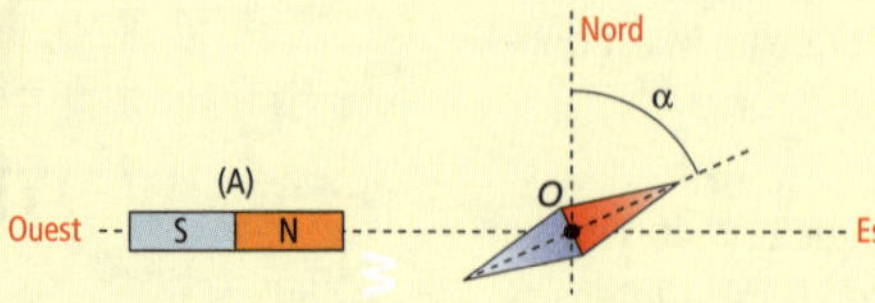

L'aiguille aimantée pivote d'un angle $\alpha = 60°$.

1. Pourquoi l'aiguille pivote-t-elle ?
2. Quels sont la direction et le sens du champ magnétique total $\vec{B}$, en O ?
3. Représenter graphiquement en O :

- la composante horizontale $\vec{B}_H$ du champ magnétique terrestre ;
- le champ $\vec{B}_A$ créé par l'aimant ;
- le champ $\vec{B}$ total.

a. Trouver la relation entre B_H, B_A et α.
b. Calculer B_A sachant que $B_H = 2 \times 10^{-5}$ T.
c. Calculer B.

Exercice 2 — 10 min

Corrigé p. 180

Un fil de cuivre est placé au-dessus d'une boussole, suivant la direction sud-nord (magnétique).
On fait circuler un courant dans ce fil. L'aiguille de la boussole tourne d'un angle $\alpha = 40°$ comme l'indique le schéma.

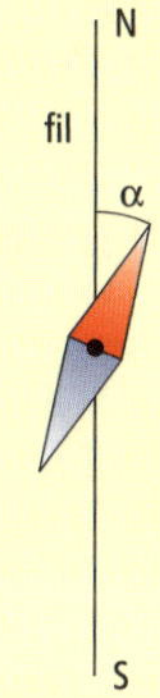

1. Représenter le champ $\vec{B}_c$ créé par le courant au niveau de la boussole. Quel est le sens du courant dans le fil ?
2. Pourquoi l'aiguille ne tourne-t-elle pas de 90° ?
3. Déterminer le champ créé par le courant sachant que la composante horizontale du champ magnétique terrestre est $B_H = 2 \times 10^{-5}$ T.
4. Indiquer qualitativement ce qui se passe si :
   a. on augmente l'intensité du courant ;
   b. on inverse le sens du courant.

Exercice 3 — 10 min

Corrigé p. 181

Dans une décharge d'automobiles, une grue soulève à l'aide d'un électroaimant, la carcasse d'acier d'une épave de masse 500 kg.
La surface de contact de l'électroaimant avec la poutrelle a une aire S = 400 cm².

1. Dans un électroaimant, quelle est la source du champ magnétique ?
2. Calculer la valeur du champ magnétique nécessaire pour assurer le levage.
Données : force portante d'un électroaimant :
$F = B^2.S / (2\,\mu_0)$; $\mu_0 = 4\,\pi\,.\,10^{-7}$ S.I ; $g = 9{,}8$ m.s^{-2}.
3. Donner une autre source de champ magnétique. Pourquoi n'utilise-t-on pas cette méthode pour remplacer l'électroaimant ci-dessus ?

15 Comment mesurer la radioactivité ?

santé

1 Le noyau atomique

• **La notation symbolique d'un noyau est :**

$${}^{A}_{Z}X$$

nombre de nucléons, nombre de protons, nombre de neutrons : $A = Z + N$

• **Des isotopes ont :**

$${}^{A}_{Z}X \quad {}^{A'}_{Z}X$$

Des nombres de nucléons différents

Le même nombre de protons

2 La radioactivité

Certains noyaux, du fait même de leur composition, ne sont pas stables. On appelle **radioactivité naturelle**, la désintégration spontanée et aléatoire de noyaux pères instables en vue de former des noyaux fils plus stables. Cette désintégration s'accompagne de l'émission d'une petite particule de nature différente selon le type de désintégration et d'un rayonnement très énergétique dû à la désexcitation du noyau fils formé lors de cette désintégration : un rayonnement γ.

COMPRENDRE 17 EN VIDÉO

Les types de radioactivité	α	β^-	β^+
Particule émise	${}^{4}_{2}He$	${}^{0}_{-1}e^-$	${}^{0}_{+1}e^+$

Exemple Compléter les équations de désintégrations radioactives suivantes et indiquer s'il s'agit d'une désintégration α, β^- ou β^+.

$${}^{174}_{73}Ta \rightarrow {}^{174}_{72}Hf + ...$$

$${}^{241}_{94}Pu \rightarrow ... + {}^{0}_{-1}e$$

$${}^{207}_{83}Bi \rightarrow {}^{207}_{82}Pb + ...$$

$${}^{210}_{84}Po \rightarrow {}^{206}_{82}Pb + ...$$

Solution

$${}^{174}_{73}Ta \rightarrow {}^{174}_{72}Hf + {}^{0}_{+1}e$$

Désintégration β^+

$${}^{241}_{94}Pu \rightarrow {}^{241}_{95}Am + {}^{0}_{-1}e$$

Désintégration β^-

$${}^{207}_{83}Bi \rightarrow {}^{207}_{82}Pb + {}^{0}_{+1}e$$

Désintégration β^+

$${}^{210}_{84}Po \rightarrow {}^{206}_{82}Pb + {}^{4}_{2}He$$

Désintégration α

• **L'équation d'une réaction nucléaire vérifie :**

$${}^{A}_{Z}X = {}^{A'}_{Z'}Y + {}^{a}_{z}q$$

noyau père — noyau fils — particule émise

la conservation du nombre de nucléons : $A = A' + a$

la conservation des charges : $Z = Z' + z$

3 Évolution de la radioactivité avec le temps

• **L'activité A** d'un échantillon d'atomes radioactifs correspond au nombre de désintégrations par seconde que subit cet échantillon.

• On définit la **période radioactive** (ou demi-vie) d'un élément radioactif comme étant le temps au bout duquel l'activité d'un élément radioactif a été divisée par deux. Elle correspond également à la durée nécessaire pour que la moitié des noyaux d'un échantillon d'éléments radioactifs se désintègre.

Au bout de 20 périodes, l'activité d'un échantillon d'éléments radioactifs est négligeable.

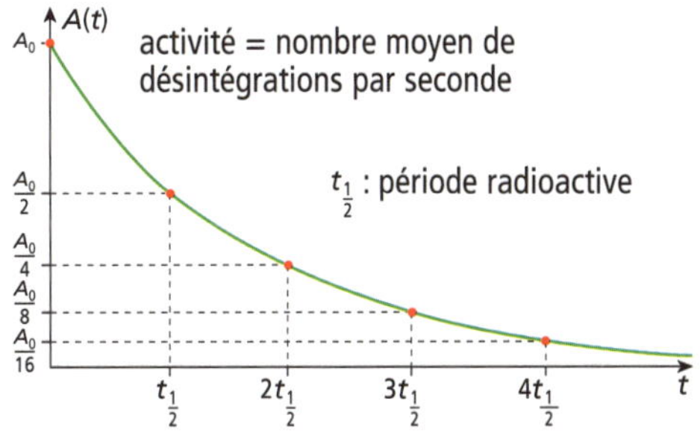

Exemple L'iode 131, $^{131}_{58}I$ a une période radioactive de 8 jours. Un échantillon contient initialement une masse $m_0 = 2{,}0 \times 10^{-2}$ g d'iode 131.

1. Donner la composition de l'iode 131.

2. Calculer la masse d'iode 131 restante après 8 jours.

3. Calculer la masse d'iode 131 restante après 40 jours.

4. Au bout de combien de temps peut-on considérer l'échantillon comme étant inactif ?

Solution **1.** L'iode 131 possède 131 nucléons dont 53 protons et 78 neutrons.

2. Après 8 jours il restera une masse

$m_8 = \frac{m_0}{2} = 1{,}0 \times 10^{-2}$g d'iode 131.

3. Après 40 jours, il restera une masse

$m_{40} = \frac{m_0}{2^5} = 6{,}2 \times 10^{-4}$g d'iode 131.

4. Un échantillon est considéré comme inactif au bout de 20 périodes, soit 160 jours.

4 Dangers et prévention

Il existe plusieurs grandeurs permettant d'évaluer le risque encouru en cas d'irradiation ou de contamination :

- **La dose absorbée *D* :**

gray (*Gy*) ← $D = \frac{E}{m}$ → E : Énergie des radiations (J) ; m : Masse de corps irradié (kg)

- **L'équivalent de dose ED : ED = D.FQ** où FQ est un facteur de qualité tenant compte de la nature des divers rayonnements et particules. ED est exprimée en **Sievert** (Sv).

Exercices d'entraînement

Exercice 1 **5 min** *Corrigé p. 181*

Le molybdène 99 est un élément radioactif utilisé dans de nombreux examens médicaux et notamment pour la recherche de tumeurs osseuses de la face. La désintégration du molybdène 99 (émetteur β^-) donne comme noyau fils le technétium 99 qui se trouve dans un état métastable (ou excité), $^{99}_{43}Tc$ Ce noyau se désexcite, avec une période de 6 heures, en émettant un rayonnement gamma d'énergie égale à 140 keV.

1. Quelle est la nature du rayonnement gamma ?
2. Donner l'équation de la désintégration du technétium 99 métastable.
3. Calculer la longueur d'onde dans le vide de ce rayonnement.

Données : 1 eV = $1{,}6 \times 10^{-19}$ J ;
h = $6{,}63 \times 10^{-34}$ J.s et c = $3{,}00 \times 10^{8}$ m.s^{-1}.

Exercice 2 — 5 min

Corrigé p. 181

Le cobalt 57 ${}^{57}_{27}Co$ est utilisé en radiothérapie, sa période radioactive est de 270 jours. L'activité d'une dose administrée à un patient est $A_0 = 7{,}4 \times 10^7$ Bq.

1. Il existe une autre forme du cobalt : ${}^{60}_{27}Co$. Comment qualifie-t-on ces deux nucléides ?
2. Quelle sera l'activité du cobalt 57 au bout de 270 jours ? Au bout de 810 jours ?
3. Au bout de combien de temps pourra-t-on considérer que la dose injectée est inactive ?

Exercice 3 — 10 min

Corrigé p. 181

Une personne de masse m = 72 kg restée à proximité d'une source radioactive a reçu une énergie égale à E = 0,2 joule.

1. Donner la relation liant la dose absorbée à l'énergie reçue par le patient de masse m en précisant les unités employées.
2. Calculer la dose absorbée D par cette personne.
3. Déterminer l'équivalent de dose ED reçue si le facteur de qualité est égal à 1.
4. En s'aidant des données ci-dessous, déterminer si une telle irradiation peut être nocive pour le patient.

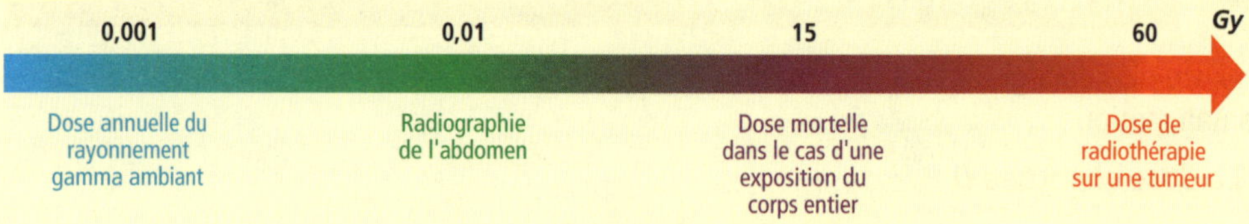

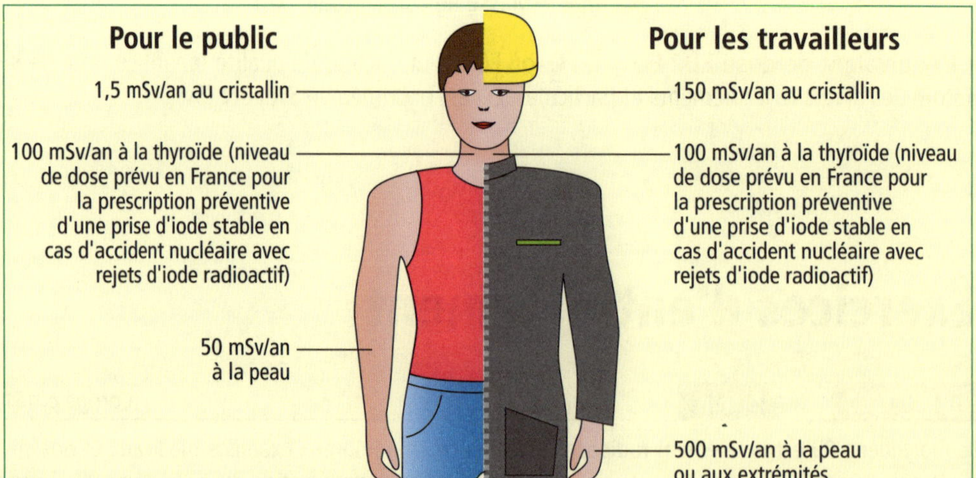

Annales du Bac

Sujet du Bac : installation d'un camp de recherche en botanique

(Corrigés p. 185)

Santé

Le sujet s'intéresse à la mise en place et au fonctionnement d'un camp mobile pour la recherche en botanique.

Les produits d'entretien

L'armoire des produits d'entretien du camp mobile contient :
Eau de Javel ; Harpic détartrant ; acide chlorhydrique 23 % ; lessive de soude ; déboucheur Destop (contient de l'hydroxyde de sodium) ; eau oxygénée ; essence F ; éthanol ; acide éthanoïque...

1. Utilisation et dangers

a. Quels produits sont des solutions acides ? Lesquels sont des solutions basiques ?

b. Quel produit est un désinfectant ? Lequel est à la fois un antiseptique et un désinfectant ?

c. Sur le flacon de Harpic, on peut observer le dessin ci-contre :

Quel nom donne-t-on à ce dessin ?
La solution de Harpic est-elle inflammable ? Corrosive ? Toxique ?
Quelles précautions doit-on prendre pour l'utiliser ?

2. Couple acide-base

L'acide éthanoïque a pour formule brute : $C_2H_4O_2$.

a. Écrire sa formule semi-développée.

b. Écrire l'équation montrant que l'acide éthanoïque peut libérer un proton.

c. Citer le couple acide/base correspondant en précisant l'acide et la base.

d. L'eau peut jouer le rôle d'un acide ou d'une base car elle intervient dans deux couples acide/base : H_2O/HO^- et H_3O^+/H_2O.
Quel adjectif donne-t-on à cette propriété de l'eau ? Écrire les deux équations prouvant cette propriété.

3. La solution de Harpic

La solution de Harpic commerciale est un liquide de masse volumique $\rho = 1\,010$ g.L^{-1}.
L'étiquette du flacon précise : « Acide chlorhydrique : 6,95 g pour 100 g de produit ».
On note C_1 la concentration molaire en ions H_3O^+ de la solution commerciale.
On obtient une solution S_2 de concentration C_2 en diluant 20 fois la solution du commerce.
10 mL de la solution S_2 sont dosés avec précision par l'ajout d'une solution d'hydroxyde de sodium de concentration $C_B = 0,1$ mol.L^{-1}. L'évolution de la réaction est suivie par la mesure du pH du milieu réactionnel.

a. Écrire l'équation de la réaction chimique entre le détartrant et la solution de soude.

b. Citer le matériel nécessaire à la réalisation de l'expérience. Dessiner le montage à réaliser.

c. On obtient la courbe pH = f(V_B), exprimant la valeur du pH en fonction du volume de la solution de soude ajoutée.

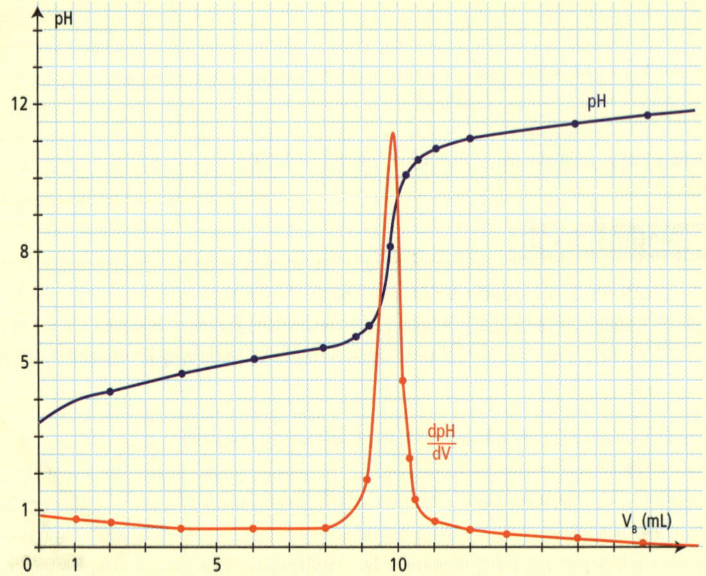

Déterminer graphiquement la valeur du volume équivalent V_{BE} .
Calculer la concentration molaire en acide chlorhydrique de la solution S_2 ; en déduire la concentration de la solution commerciale.

d. Comparer le résultat obtenu à l'indication de l'étiquette du flacon. Calculer l'erreur relative sur la mesure de la masse d'acide chlorhydrique.

L'installation de la réserve d'eau

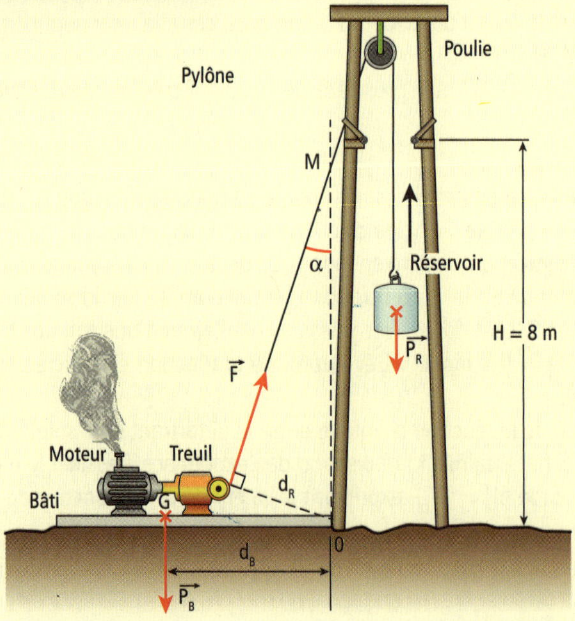

La mise en place de l'unité de recherche est effectuée par modules séparés. Un de ces modules installés dans le camp concerne l'approvisionnement en eau.

Le réservoir a la forme d'un cylindre de polypropylène placé sur un pylône de 8 m de hauteur.

La mise en place du réservoir est effectuée par un treuil, entraîné par un moteur à essence, installé sur un bâti posé sur le sol.

G est le centre de gravité du bâti et de son équipement.
Données :
Masse du bâti, du treuil et de son moteur : 340 kg ;
Masse du réservoir vide : 175 kg ;
Diamètre du tambour du treuil : 12 cm ;
Rendement du moteur : 35 % ; rendement du treuil : 65 % ;
$g = 9{,}81\ N.kg^{-1}$.
Lorsque le treuil hisse le réservoir, on s'intéresse à trois forces :
– $\vec{P}_R$ le poids du réservoir ;
– $\vec{P}_B$ le poids du bâti avec moteur et treuil ;
– $\vec{F}$ la tension du câble exercée sur le tambour du treuil.

1. Quelle est la relation entre les valeurs des forces $\vec{P}_R$ et $\vec{F}$ lorsque le réservoir monte à vitesse constante ?

2. Calculer le moment de la force $\vec{F}$ par rapport à l'axe du tambour du treuil.

3. Les normes de sécurité imposent de majorer le poids de la charge de 30 %.

Vérifier que la condition d'équilibre pour éviter le basculement du bâti autour du point O s'écrit :

$m_B.d_B > 1{,}3\ m_R.OM.\sin\alpha$, m_B et m_R représentant les masses du bâti et du réservoir.

4. Application numérique : $\alpha = 15°$; $d_B = 1{,}8$ m ; $OM = 7{,}2$ m.

Est-il utile de fixer des masses additionnelles sur le bâti pour éviter son basculement ?

5. L'élévation du réservoir en haut du pylône a duré 40 s. Calculer le travail mécanique mis en œuvre ainsi que la puissance délivrée par l'ensemble {moteur + treuil}.

6. Calculer le rendement de l'ensemble {moteur + treuil}.

En déduire l'énergie fournie au moteur pour l'opération de levage. Quelle est sa nature ? D'où provient-elle ?

Utilisation de l'eau

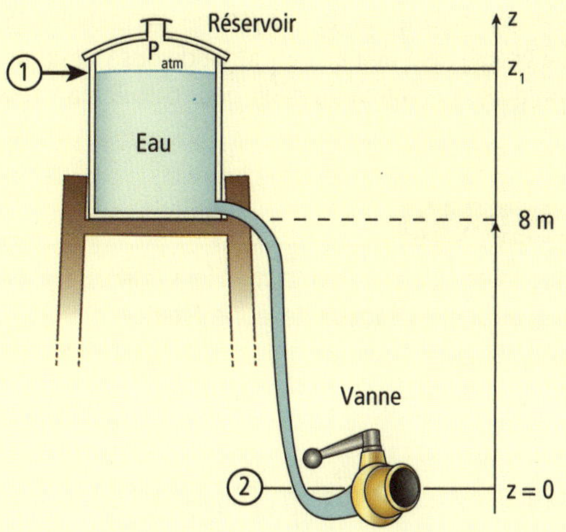

Physique-Chimie

1. Le réservoir d'eau

La surface libre de l'eau dans le réservoir est à la pression atmosphérique : 10^5 Pa.

a. Calculer la pression de l'eau au niveau de la vanne, au pied du pylône, lorsqu'elle est fermée.

b. Calculer la force qui s'applique sur la vanne (sa section est un disque de diamètre 14 mm).

Données : $\rho_{eau} = 1\ 000$ kg.m^{-3} ; g = 9,81 N.Kg^{-1}. Niveau de l'eau dans le réservoir : 1,80 m.

c. L'installation en aval de la vanne fonctionne correctement avec une pression d'eau de 1,65 bar. Peut-on utiliser toute l'eau contenue dans le réservoir ?

2. Vanne ouverte

Lorsque l'on ouvre la vanne, la pression de l'eau au niveau de celle-ci est égale à la pression atmosphérique.

On note (1) le niveau de la surface libre de l'eau dans le réservoir et (2) le niveau de la vanne.

Rappel : Bernoulli entre deux points 1 et 2 : $\frac{1}{2}\rho.v_1^2 + p_1 + \rho.g.z_1 = \frac{1}{2}\rho.v_2^2 + p_2 + \rho.g.z_2$

a. Si on néglige la vitesse de l'eau dans le réservoir, montrer que la relation de Bernoulli devient :

$\rho.g.z_1 = \frac{1}{2}\rho.v_2^2$.

b. Calculer la vitesse d'écoulement de l'eau au niveau de la vanne lorsque la hauteur d'eau dans le réservoir est de 1,80 m ; puis lorsqu'elle est de 20 cm.

3. Nettoyeur haute pression

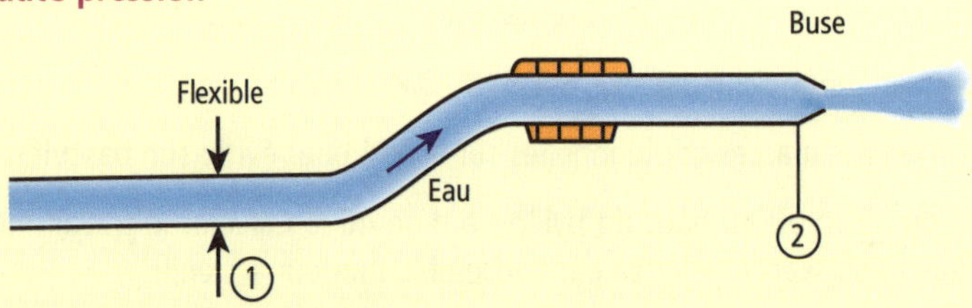

Un nettoyeur HP est relié à la vanne. Son débit est de 300 L.h^{-1}.

– Le flexible a pour diamètres intérieur/extérieur : 6 mm/14 mm.

– La buse de sortie : S = 0,64 mm^2.

a. Le débit d'un fluide se calcule par :

$Q = S.v$, relation dans laquelle S est l'aire de la section du fluide, v sa vitesse d'écoulement. Indiquer les unités des grandeurs de cette relation.

Exprimer le débit du nettoyeur dans l'unité du système international (S.I.).

b. Calculer la vitesse d'écoulement de l'eau en sortie de buse (résultat arrondi à 10^{-2} unité S.I.).

c. Appliquer l'équation de conservation du débit pour calculer la vitesse de l'eau dans le flexible HP.

Une datation au carbone 14

L'équipe de chercheurs vivant dans le camp mobile s'intéresse à des espèces de fougères et recherche leur présence ainsi que l'époque de leur existence.

1. Réactions de désintégration

a. Le polonium subit une désintégration α. Compléter son équation bilan.

$^{210}_{84}Po \xrightarrow{\alpha} {}^{206}_{82}Pb + ...$

b. Le carbone 14 radioactif est un émetteur β^-. Compléter l'équation de sa désintégration :

$^{14}_{6}C \xrightarrow{\beta-} {}^{...}_{...}..... + {}^{0}_{-1}.....$

Données : $_5B$; $_6C$; $_7N$; $_8O$.

2. La datation d'une fougère

Les chercheurs ont découvert des fossiles d'une fougère existant toujours à notre époque. Pour dater la période à laquelle cette fougère s'est fossilisée, ils réalisent une datation au carbone 14.

Principe de la datation au carbone 14

Les plantes, organismes vivants, échangent avec l'atmosphère lors de la photosynthèse. Tant que la plante est vivante, sa teneur en carbone 14 est constante, égale à celle de l'atmosphère.

Lorsque la plante meurt et se fossilise, sa teneur en carbone 14 commence à décroître.

Il suffit de mesurer l'activité d'un échantillon du fossile et de la comparer à celle de la plante vivante.

L'échantillon de la plante vivante produit 792 désintégrations de carbone 14 par minute, l'échantillon de la plante fossile en produit 540.

Donnée : durée de demi-vie du carbone 14 : 5 570 ans.

a. Quelle est l'unité d'activité lorsque le temps est exprimé en seconde ? Convertir les valeurs du texte dans cette unité.

b. Qu'appelle-t-on « durée de demi-vie $t_{½}$ » d'un élément radioactif ?

c. Indiquer les valeurs de $t_{½}$, $2t_{½}$ et $3t_{½}$. Calculer les activités correspondant aux dates 0, $t_{½}$, $2t_{½}$ et $3t_{½}$.

Dans un graphique, reporter les dates (exprimées en année) en abscisse et les activités (exprimées en désintégrations par seconde) en ordonnée.

Placer les points correspondant à ces couples (date ; activité).

Les échelles sont imposées : en abscisse : 1 cm pour 1 000 ans ; en ordonnée, 1 cm pour 1 désintégration par seconde.

d. Déduire du graphique l'âge de la fougère fossilisée.

e. À l'aide de la relation $A = A_0 e^{-k.t}$, dans laquelle $k = \dfrac{\ln 2}{5570}$, A_0 : l'activité à la date $t = 0$, A : l'activité à la date t, calculer l'âge t de la fougère fossilisée et comparer le résultat à celui obtenu graphiquement.

CORRIGÉS

CHAPITRE 1

Exercice 1

Énoncé p. 101

1. Voir le premier paragraphe du cours.

2. En 1 heure de temps, 50 L d'eau circulent dans le circuit sous le panneau, et reçoivent l'énergie du soleil par rayonnement. L'élévation de température de l'eau est $\Delta\theta = \theta_s - \theta_e = 54 - 18 = 36$ °C.
L'énergie reçue par l'eau pendant une durée d'une heure est donc :
$E = 50 \times 36 \times 4{,}21 = 7{,}6 \times 10^3$ kJ $= 7{,}6 \times 10^6$ J.
La puissance fournie par le panneau est $P = E/3600$ (car 1 W correspond à 1 J.s^{-1}).
$\boldsymbol{P} = 7{,}6 \times 10^6/3600 = 2{,}1 \times 10^3$ W = **2,1 kW.**

3. Le panneau solaire reçoit une puissance égale au produit de sa surface par la puissance lumineuse reçue, soit : 2,6 × 1 000 = 2 600 W = 2,6 kW.
Le rendement η est défini par le rapport entre la puissance fournie et la puissance reçue.
$\eta = 2{,}1\ /2{,}6 = 0{,}81 =$ **81 %**.

Exercice 2

Énoncé p. 101

1. $\boldsymbol{P_{max}} = U_{mpp}.I_{mpp} = 35{,}4 \times 4{,}94 =$ **175 W.**

2. $\eta = P_{max}/P_{reçue} = P_{max}/(S \times 800) = 126/(1{,}25 \times 800)$ = **12,6 %**. Ce rendement est inférieur à celui obtenu lorsque le panneau est utilisé lors d'un meilleur éclairement.

3. $\boldsymbol{I_{mpp}} = P_{max}/U_{mpp} = 126/31{,}5 =$ **4,00 A.**

Exercice 3

Énoncé p. 102

1. $P_{max} = I_{mp}.V_{mp} = 4{,}6 \times 17{,}2 = 79$ W, soit quasiment la valeur annoncée par le constructeur.

2. La surface du module photovoltaïque est $S = 0{,}526 \times 1{,}186 = 0{,}624$ m^2. La puissance reçue par le panneau dans les conditions normales de test est $P_{reçue} = 1\,000 \times 0{,}624 = 624$ W.
Le rendement est $\boldsymbol{h} = P_{max}/P_{reçue} = 79/624 =$ **12,7 %**

3. a. L'axe des abscisses représente la tension en volt. L'axe des ordonnées représente l'intensité en ampère.

b. Les conditions normales de test sont réalisées pour une puissance lumineuse reçue égale à 1 000 W.m^{-2}, on place donc les points demandés sur la courbe du haut.

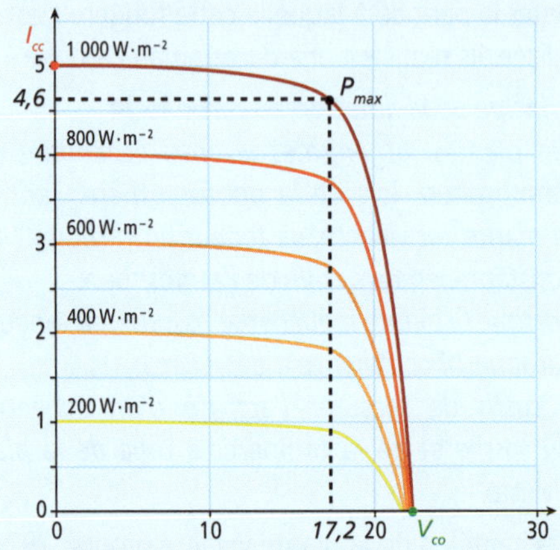

CHAPITRE 2

Exercice 1

Énoncé p. 105

1. Voir cours.

2. La hauteur h entre les deux points est
$\boldsymbol{h} = \Delta p/(\rho_{Hg}.g) = 1{,}013 \times 10^5/(1{,}355 \times 10^4 \times 9{,}81)$
$=$ **0,762 m.**

3. 0,762 m = 762 mm de mercure (762 mm Hg) correspondent à une différence de pression $\Delta p = 1{,}013 \times 10^5$ Pa.
1 mm Hg correspond donc à
$1{,}013 \times 10^5/762 = 133$ Pa.

Remarque : le centimètre de mercure (cm Hg) est utilisé en médecine pour mesurer la tension artérielle.

Exercice 2

Énoncé p. 105

1. Il faut appliquer le théorème fondamental de l'hydrostatique :
$p_V - p_{atm} = \rho.g.H.$
On a donc $\boldsymbol{p_V} = p_{atm} + \rho.g.H = 10^5 + 10^3 \times 10 \times 30$
$= 4 \times 10^5$ Pa = **4 bars.**

2. $F = p_V.S$ avec $S = \pi.R_c^{\,2}$.
On a donc $\boldsymbol{F} = p_V.\pi.R_c^{\,2} = 4 \times 10^5 \times \pi \times 9 \times 10^{-4}$
$=$ **1,1 × 10³ N.**

3. Il faut ici appliquer l'équation de Bernoulli :
$\frac{1}{2}\rho v_1^2 + p_1 + \rho.g.z_1 = \frac{1}{2}\rho v_2^2 + p_2 + \rho.g.z_2.$
Au niveau de la surface libre de l'eau dans le château d'eau : $v_1 = 0$; $p_1 = p_{atm}$; $z_1 = H$.

Attention : la pression à la sortie de la vanne n'est pas égale à la pression statique précédente (4 bars) ; elle est égale à la pression atmosphérique, car l'eau sort à l'air libre.

À la sortie de la vanne, $v_2 = v_C$; $p_2 = p_{atm}$; $z_2 = 0$.

L'équation de Bernoulli donne : $\frac{1}{2}\rho.v_c^2 = \rho.g.H$
Donc $v_c = [2g.H)]^{1/2}$
$v_c = [2 \times 10 \times 30]^{1/2} = \mathbf{24,5\ m.s^{-1}}$.

4. Le débit volumique est $Q_V = S.v_c = \pi.R_c^2.v_c$
$Q_V = \pi \times 9 \times 10^{-4} \times 24,5 = \mathbf{7,0 \times 10^{-2}\ m^3s^{-1}}$.

CHAPITRE 3

Exercice 1

Énoncé p. 107

1. **Points communs :**
– l'énergie cinétique des molécules d'eau permettent à ces dernières de s'échapper du liquide ;
– l'eau passe de l'état liquide à l'état gazeux.
Cette opération consomme de l'énergie (le café refroidit au fur et à mesure que l'évaporation se produit).
Différences :
– l'évaporation est un phénomène spontané qui se produit à toute température comprise entre 0 °C et la température d'ébullition ;
– l'ébullition nécessite de placer le liquide à la température de changement d'état pour une pression donnée.

2. **Allure du graphique :**

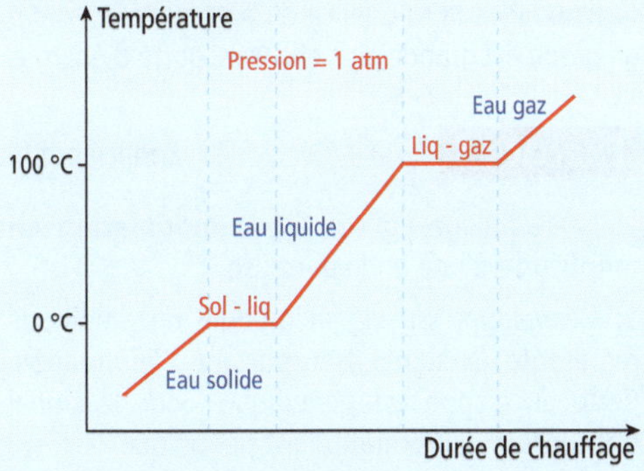

3. La température de l'eau n'augmente pas si on augmente la puissance de chauffage. Toute l'énergie apportée par ce chauffage sert à vaporiser l'eau.

Exercice 2

Énoncé p. 108

1. La courbe rouge correspond aux températures de vaporisation de l'eau en fonction de la pression.

2. **Domaines :**

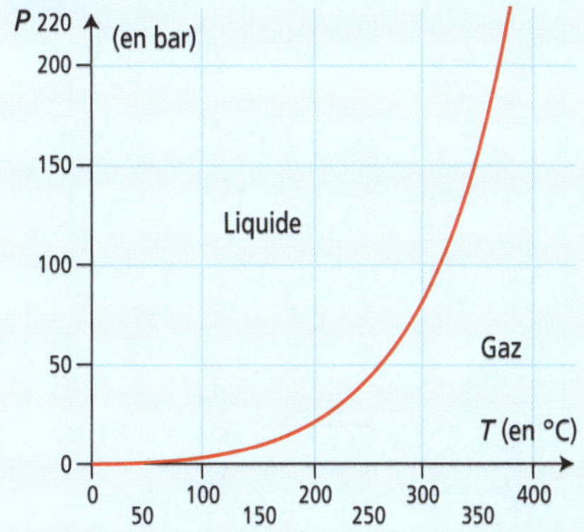

3. **État physique de l'eau dans le circuit primaire.**
En se plaçant à 155 bars, on lit une température de changement d'état de 350 °C supérieure à 323 °C. Par conséquent, dans le circuit primaire, l'eau est sous forme liquide.

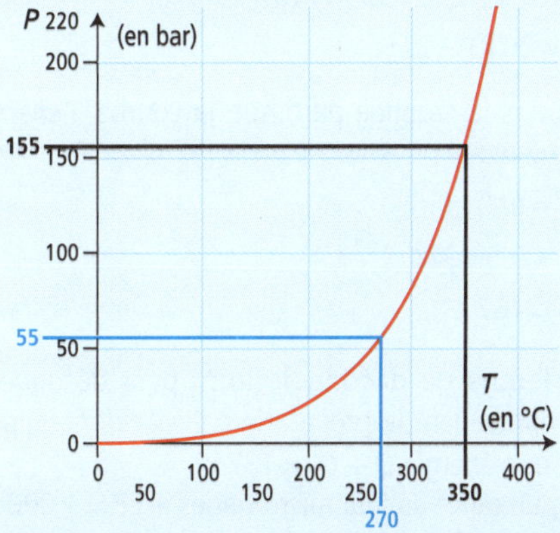

4. D'après la courbe, pour une pression de 55 bars, la température de vaporisation de l'eau est de 270 °C. Pour que l'eau soit à l'état de vapeur à la pression de 55 bars, il faut que la température soit au minimum **égale à 270 °C** au niveau de la turbine.

Exercice 3

Énoncé p. 108

1. **Forme de la courbe d'évolution de la préparation.**

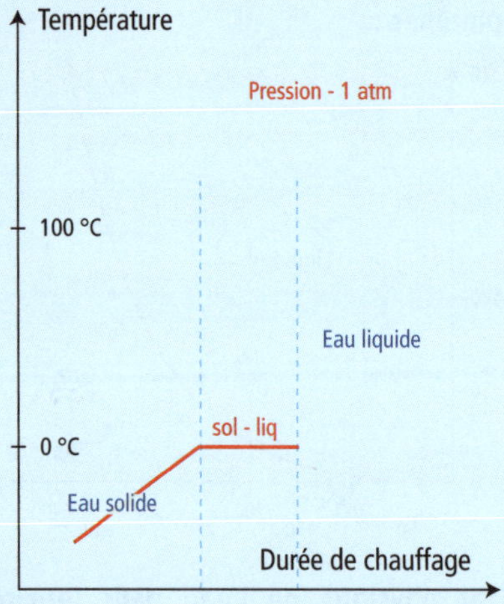

2.

- Dans la première partie de la courbe, l'énergie reçue est :

$Q = m.c_{glace}(T - T_1)$

$Q = 0,5 \times 2,22 \times (0 - (-18))$

$\mathbf{Q = 20\ kJ}$

- Dans la seconde partie de la courbe, l'énergie reçue est :

$Q = m.L_{f\ eau}$

$Q = 0,5 \times 334$

$\mathbf{Q = 167\ kJ}$

3. **Temps de décongélation** : pour décongeler complètement la préparation, il faut donc apporter une énergie $Q + Q' = 187$ kJ.
La puissance du four micro-ondes est P = 1 000 W.
L'énergie Q_{four} apportée à la préparation s'exprime par : $Q_{four} = P.\Delta t$.
Sachant que toute l'énergie fournie par le four est absorbée par la préparation, on peut donc écrire : $Q_{four} = Q + Q' = 187$ kJ.

Ainsi $\Delta t = \dfrac{Q + Q'}{P}$ soit $\Delta t = \dfrac{187\,000}{1000}$.

On trouve donc Δt = **187s = 3 min 7s.**

CHAPITRE 4

Exercice 1

Énoncé p. 111

1. **Faux** : les ondes électromagnétiques utilisées dans la communication ont des fréquences ***inférieures*** ou égales aux rayonnements visibles.

2. **Faux** : une micro-onde a une plus ***petite*** longueur d'onde qu'une onde hertzienne.

3. **Faux** : les ***infrarouges*** sont utilisés pour la communication par télécommande.

4. **Vrai.**

5. **Vrai.**

6. **Vrai.**

Exercice 2

Énoncé p. 112

1. Une onde électromagnétique de longueur d'onde 890 nm est **une onde infrarouge** (IR). Une onde de 1 cm de longueur d'onde est **une micro-onde**.

2. La célérité d'une onde électromagnétique dans l'air est égale à : **c ≈ 3×10^8 m.s^{-1}**.

3. La fréquence d'une onde électromagnétique est liée à sa longueur d'onde par la relation $\nu = c/\lambda$.
Pour une onde de longueur d'onde 890 nm :
$\nu_{890} = (3 \times 10^8)/(890 \times 10^{-9}) = \mathbf{3,4 \times 10^{14}}$ **Hz** soit $T = 1/\nu = \mathbf{3,0 \times 10^{-15}}$ **s.**
Pour une onde de longueur d'onde 1 cm :
$\nu_{1cm} = (3\times10^8)/(10^{-2}) = 3 \times 10^{10}$ Hz = **30 GHz** soit **T = $3,3 \times 10^{-11}$ s.**

4. L'énergie transportée par une onde de longueur d'onde 890 nm est : $E_{890} = 6,626 \times 10^{-34} \times 3 \times 10^8/(890 \times 10^{-9}) = \mathbf{2,2 \times 10^{-19}}$ **J.**
L'énergie transportée par une onde de longueur d'onde 1 cm est :
$E_{1cm} = 6,626 \times 10^{-34} \times 3 \times 10^8/(10^{-2}) = \mathbf{2,0 \times 10^{-23}}$ **J.**

5. L'onde, dont la fréquence est la plus grande, donc la longueur d'onde la plus petite, est la plus énergétique.

6. **Faux.** Plus la fréquence d'une onde électromagnétique est grande plus elle transporte d'énergie.

Exercice 3

Énoncé p. 112

1. La technique utilisée est la **modulation en amplitude** d'une onde porteuse.

2. L'enveloppe du signal modulé en amplitude représente le signal transportant l'information. Cette enveloppe est périodique, donc le signal transportant l'information est périodique.

3. La période de ce signal est de 4 ms. La fréquence correspondante est : $1/(4 \times 10^{-3})$ = **250 Hz.**

4. Une **onde porteuse** est un signal sinusoïdal de grande fréquence qui permet de transporter l'information sur de grandes distances. Elle est indispensable au transport de l'information car, grâce à sa puissance et à sa fréquence, elle permet une diffusion de l'information dans toutes les directions de l'espace et sur de grandes distances.

CHAPITRE 5

Exercice 1

Énoncé p. 116

1. La grandeur d'entrée est la **température** et la grandeur de sortie est la **résistance électrique**.

2.

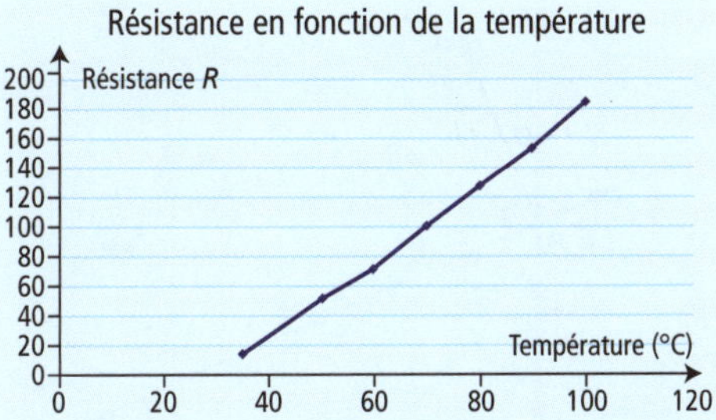

3. La courbe est pratiquement un segment de droite. La sensibilité est environ égale à $\frac{185-15}{100-35}$ = **2,6 Ω.°C⁻¹**.

Exercice 2

Énoncé p. 116

1. L'intensité si la sortie est 11111111 est 255 × 0,5 = **127,5 mA**.
L'intensité si la sortie est 10101101 est 173 × 0,5 = **86,5 mA**.

2. La valeur décimale du mot donné est 169. La tension de sortie maximale est donc

$\frac{6,5}{169} \times 255 =$ **9,8 V**.

3. La tension de pleine échelle est égale à $40 \times (2^6 - 1)$ = 2 520 mV = **2,52 V**.
Si la tension de sortie est égale à 1,68 V, la valeur décimale d'entrée est $\frac{1,68}{0,04}$ = **42**. Le mot binaire est donc : 101010.

Exercice 3

Énoncé p. 116

1. Réponse en bas de page.

2. Le capteur utilisé est un **pH-mètre**. Sa grandeur d'entrée est la concentration en ions H^+ et sa grandeur de sortie est une tension.

3. CAN signifie **convertisseur analogique-numérique**.

4. $p = \frac{calibre}{2^n - 1} = \frac{5}{2^5 - 1}$ = **0,16 V**.

5. La valeur du mot binaire serait $\frac{2,4}{0,16} = 15$.
Le mot binaire serait donc : **01111**.

CHAPITRE 6

Exercice 1

Énoncé p. 118

1. On utilise la relation n = m/M
avec m = $\rho.V.$%massique = $1,08 \times 10^3 \times 1 \times 0,135$ = 145,8 g
et $M_{HCl} = M_H + M_{Cl} = 1,00 + 35,5 = 36,5$ g.mol⁻¹.
On obtient **n = 4,00 mol**.

2. Il faut combiner l'équation de dissociation du carbonate de calcium :
$CaCO_{3(s)} \rightarrow Ca^{2+} + CO_3^{2-}$ avec l'équation acido-basique faisant intervenir les couples H_3O^+/H_2O et $CO_2, H_2O/CO_3^{2-}$.
$H_3O^+ \rightarrow H_2O + H^+$ (× 2)
$CO_3^{2-} + 2\,H^+ \rightarrow H_2O + CO_2$, d'où l'équation acido-basique : $2\,H_3O^+ + CO_3^{2-} \rightarrow 3\,H_2O + CO_2$.
Finalement, l'**équation recherchée est** :
$CaCO_{3(s)} + 2\,H_3O^+ \rightarrow CO_{2(g)} + 3\,H_2O + Ca^{2+}$.

3. x mol de $CaCO_{3(s)}$ réagissent avec $2x$ mol de H_3O^+. La quantité de matière d'ions carbonate qui doit réagir est $n = m/M$ avec $m = 150$ g et
$M = M_{Ca} + M_C + 3.M_O = 40,1 + 12,0 + 3 \times 16,0$ = 100, 1 g.mol⁻¹.
On obtient $n = 150/100,1 = 1,50$ mol.
Il faut donc 2 × 1,50 = 3,00 mol d'acide chlorhydrique pour éliminer tout le tartre. **Une bouteille de détartrant suffira** (4,00 > 3,00).

Exercice 2

Énoncé p. 119

1. $C = n/V$ avec V = 1 L ; $n = 0,2\rho.V/M_{NaOH}$. On a $M_{NaOH} = M_{Na} + M_O + M_H = 23 + 16 + 1,0 = 40$ g.mol⁻¹
donc $n = 0,20 \times 1,2 \times 10^3 \times 1/40 = 6,0$ mol. Au final, C = 6,0/1 = 6,0 mol.L⁻¹, ce qui est attendu.

2. a. Demi-équation pour le couple H_3O^+/H_2O :
$H_3O^+ = H_2O + H^+$ (1)
Demi-équation protonique pour le couple H_2O/HO^- : $H_2O = HO^- + H^+$ (2)

b. Il y a réaction entre les ions oxonium H_3O^+ et les ions hydroxyde HO^-, ce qui donne :
$H_3O^+ + HO^- \rightarrow 2\,H_2O$.

1.

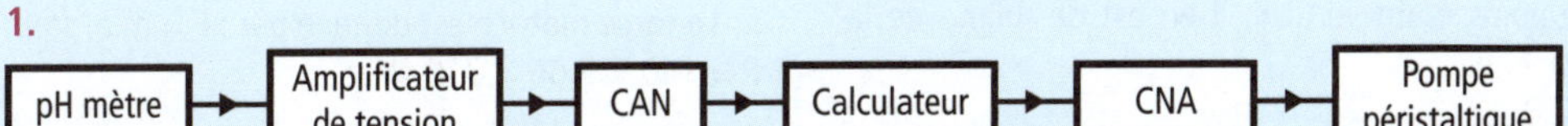

c. D'après l'équation, la quantité de matière d'ions oxonium est égale à celle des ions hydroxyde. On a donc $c_A.V_A = c_B.V$,
d'où $c_B = c_A.V_A/V = 0,5 \times 12,2/10 =$ **0,61 mol.L⁻¹**.
Le déboucheur commercial étant dix fois plus concentré, sa concentration est égale à $10 \times c_B = 6,1$ mol.L^{-1}, ce qui est compatible avec la donnée du fabricant.

Exercice 3

Énoncé p. 119

1. a. L'eau est un **solvant polaire** (voir cours).
b. Les corps gras possèdent de longues chaînes apolaires qui empêchent la solubilisation par l'eau, qui est polaire.
c. Le glycérol possède trois liaisons polarisées qui peuvent former des liaisons hydrogène avec des molécules d'eau ; le glycérol est donc soluble dans l'eau.
d. La soude réagit avec les corps gras insolubles dans l'eau, ce qui forme des espèces chimiques toutes plus ou moins solubles dans l'eau. Il suffit, quelques temps après l'utilisation d'un déboucheur (la réaction est lente), de rincer à l'eau pour éliminer les produits obtenus et ainsi déboucher les canalisations obstruées.

2. R– est une longue chaîne carbonée, qui ne possède pas de liaisons polarisées, et est donc parfaitement apolaire. La partie $-COO^-$, Na^+ est polaire, ce qui rend possible au final la solubilisation du savon dans l'eau en ion carboxylate $R-COO^-$ et en ion sodium Na^+.

3. L'huile étant apolaire, **elle ne peut être dissoute dans l'eau**, et l'eau seule ne peut donc pas éliminer une tache d'huile.

4. L'utilisation de savon permet de faire le lien entre l'eau et l'huile. La partie apolaire des ions carboxylate pénètre dans l'huile, laissant la partie polaire dans l'eau, et par une action mécanique, la tache d'huile peut être lavée par le mélange eau + savon.

CHAPITRE 7

Exercice 1

Énoncé p. 125

1. Le livre est soumis à son poids $\vec{P}$ et à la réaction $\vec{R}$ de la table.
Le livre étant en équilibre, ces deux forces se compensent : $\vec{P} + \vec{R} = \vec{0}$.
Le poids étant vertical, il en est de même de la réaction.
Ces deux forces sont donc verticales, l'une vers le bas, l'autre vers le haut, de même valeur R = P = m.g.
m.g = 0,500 × 9,8 = 4,9 N. Donc R = 4,9 N.

2. Schématisons ces forces à partir d'un même point A :

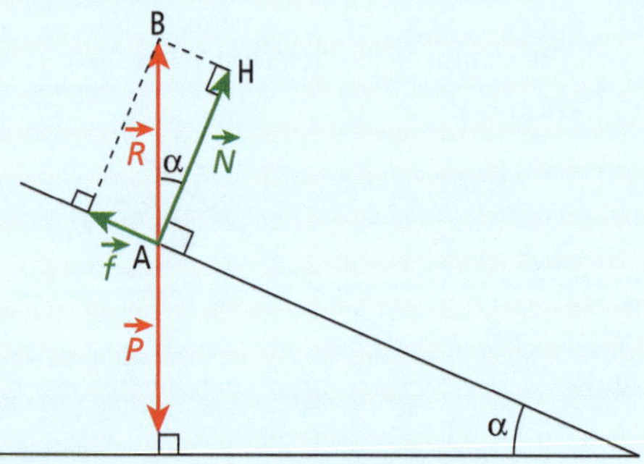

Décomposons $\vec{R}$, suivant $\vec{N}$ perpendiculaire au plan et $\vec{f}$ parallèle au plan. $\vec{f}$ est appelé force de frottement.
L'angle en A du triangle rectangle BAH est aussi égal à α (angles à côtés perpendiculaires).

Donc $\sin\alpha = \dfrac{BH}{AB} = \dfrac{f}{R}$; donc $f = R.\sin\alpha$.

Numériquement : $f = 4,9 \times \sin 10° = 0,85$ N.

Exercice 2

Énoncé p. 125

1. Le travail de cette force est : W = F.d.cosα.
Or $d = 1,2$ km $= 1,2 \times 10^3$ m ;
donc $W = 70 \times 1,2 \times 10^3 \times \cos 30° = 72,7 \times 10^3$ J
soit 72,7 kJ ≈ **73 kJ**.

2. Calculons la durée mise par l'explorateur pour parcourir la distance $d = 1,2$ km.

$\Delta t = \dfrac{d}{v}$; $t = \dfrac{1,2}{3} = 0,4$ h soit $0,4 \times 3\,600 = 1\,440$ s.

La puissance développée est $P = \dfrac{W}{\Delta t}$.

Avec W en newton et t en seconde, on trouve P en watt : $P = \dfrac{72,7 \times 10^3}{1440} =$ **50 W**.

Exercice 3

Énoncé p. 125

1. L'accélération a est égale à la variation de vitesse par seconde.

$100 \text{ km.h}^{-1} = \dfrac{100}{3,6} = 27,8 \text{ m.s}^{-1}$.

$a = \dfrac{\Delta v}{\Delta t} = \dfrac{27,8}{5} =$ **5,56 m.s⁻²**.

2. La force motrice est donnée par : F = m.a, soit : F = 140 × 5,56 = 778 N.

Exercice 4

Énoncé p. 125

1. L'énergie cinétique initiale est :

$$Ec = \frac{1}{2}.J_{\Delta}.\omega^2 \text{ avec } \omega = \frac{3000.2.\pi}{60} \text{ rad.s}^{-1}$$

soit $\omega = 314$ rad.s^{-1}.

$$Ec = \frac{1}{2} \times 100 \times 314^2 = 4{,}93 \times 10^6 \text{ J.}$$

L'énergie finale est nulle.
Donc Δ**Ec** = Ec(final) – Ec(initial) = **– 4,93 × 10⁶ J.**

2. Le travail du couple de freinage est égal à cette variation d'énergie cinétique :
W = – 4,93 × 10⁶ J.
Ce travail est négatif (forces de frottement).

3. Le travail du couple est donné par :

$$W = \mathcal{M}.\theta \text{ soit } \mathcal{M} = \frac{W}{\theta}.$$

Il faut exprimer θ en radian.
$\theta = 100$ tr $= 100 \times 2 \times \pi$ rad $= 628$ rad.
Raisonnons en valeur absolue (grandeur positive)

$$|\mathcal{M}| = \frac{4{,}93 \times 10^6}{628} = \mathbf{7{,}85 \times 10^3 \text{ N.m.}}$$

CHAPITRE 8

Exercice 1

Énoncé p. 129

1. La température d'ébullition **augmente** avec la longueur de la chaîne carbonée.

2. On sépare les différentes fractions du pétrole en utilisant le fait que la température d'ébullition des divers composants du pétrole augmente avec la longueur de la chaîne carbonée. Aussi les fractions lourdes seront-elles recueillies en bas de la colonne de distillation alors que les fractions les plus légères seront recueillies en haut de cette colonne.

3. Les molécules de kérosène contiennent plus d'atomes de carbone et, par conséquent leurs chaînes carbonées sont plus longues que celles de l'essence. On récupèrera le kérosène sur les plateaux situés au-dessous de ceux de l'essence.

Exercice 2

Énoncé p. 129

1. Masse d'un litre de gazole :
$m_g = \mu.V = 0{,}845 \times 1 = 0{,}845$ kg
$= 845$ g
Masse molaire du gazole :
$M_g = 21 \times M_c + 44\ M_H$
$= 21 \times 12 + 44 \times 1 = 296$ g.mol^{-1}
Quantité molaire dans un litre de gazole :

$$n_g = \frac{m_g}{M_g}$$

$$n_g = \frac{845}{296} = \mathbf{2{,}86\ mol}$$

2. **Équation bilan.**
$C_{21}H_{44} + 32O_2 \rightarrow 21CO_2 + 22H_2O$

3. Quantité de dioxyde de carbone rejeté : tableau en bas de page.

4. Masse de dioxyde de carbone rejeté par km parcouru.
La voiture rejette 60,1 moles de dioxyde de carbone par litre de gazole consommé. La voiture consomme 3,4 L de gazole tous les 100 km, soit $3{,}4 \times 10^{-2}$ L par km parcouru. Autrement dit, la quantité molaire de dioxyde de carbone rejeté, pour un parcours d'un kilomètre, est :
$n_{CO_2} = 3{,}4 \times 10^{-2} \times 60{,}1 \approx 2{,}0$ mol.
Cela correspond à une masse de 2,0 × 44 = **88 g** de dioxyde de carbone rejeté par kilomètre.

CHAPITRE 9

Exercice 1

Énoncé p. 132

1. **Schéma annoté de la pile.**

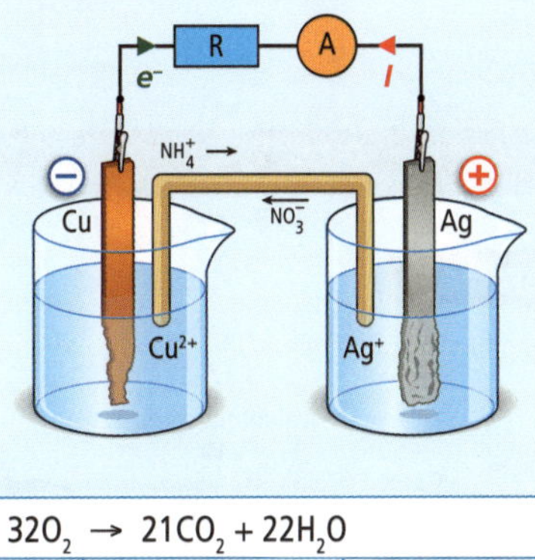

État	Avancement	$C_{21}H_{44} + 32O_2 \rightarrow 21CO_2 + 22H_2O$			
		n_g	nO_2	nCO_2	nH_2O
Initial	0	2,86	Excès	0	0
Intermédiaire	x	2,86 – x	Excès	$21x$	$22x$
Final	x_{max} = 2,86 mol	0	Excès	$21x_{max}$ = 60,1 mol	$22x_{max}$ = 62,9 mol

Physique-Chimie

Le sens de circulation des électrons dans le conducteur ohmique est l'inverse de celui du courant soit du cuivre vers l'argent.

2. Équations des réactions aux électrodes :
Oxydation : Cu (s) = Cu^{2+} (aq) + 2 e^-
Réduction : Ag^+ (aq) + e^- = Ag (s)
Équation de la réaction globale :
Cu (s) + 2 Ag^+(aq) → Cu^{2+}(aq) + 2 Ag (s)

3. Le pont salin permet la continuité du circuit électrique. Les cations ammonium circulent dans le sens du courant et les anions nitrate en sens inverse (voir schéma).

Exercice 2

Énoncé p. 133

1. Lorsqu'il alimente un récepteur électrique, l'accumulateur est le siège d'une transformation spontanée.

2. a. Les **couples oxydant-réducteur** mis en jeu sont :
NiO(OH)/ $Ni(OH)_2$:
NiO(OH) + H_2O + e^- = $Ni(OH)_2$+ HO^-,
et $Cd(OH)_2$/Cd : Cd + 2HO^- = $Cd(OH)_2$ + 2e^-

b. Sur l'électrode de cadmium, le cadmium est oxydé, sur l'électrode constituée par un composé du nickel il y a une **réduction**.

c. L'électrode siège d'une oxydation : soit le cadmium est le pôle négatif, et le composé du nickel siège d'une réduction est le pôle positif.

d. **Réaction globale** de fonctionnement de cet accumulateur lors de sa décharge :
2 NiO(OH) +2 H_2O + Cd + 2HO^- → 2$Ni(OH)_2$ + 2HO^-+ $Cd(OH)_2$
Soit 2 NiO(OH) +2 H_2O + Cd → 2$Ni(OH)_2$ + $Cd(OH)_2$.

Exercice 3

Énoncé p. 133

1. Les porteurs de charges à l'extérieur de la pile sont **les électrons**.

2. Schéma légendé : le courant circule du pôle ⊕ de la pile vers le pôle ⊖ à l'extérieur de la pile. Les électrons circulent en sens opposé.

3. a. Couple $H^+_{(aq)}/H_{2\,(g)}$: 2 $H^+_{(aq)}$ + 2 e^- = $H_{2\,(g)}$
Couple $O_{2\,(g)}/H_2O_{(l)}$: $O_{2\,(g)}$ + 4$H^+_{(aq)}$ + 4e^- = 2$H_2O_{(l)}$

b. **Équation de la réaction globale :**
2 $H_{2\,(g)}$ + $O_{2\,(g)}$ → 2 $H_2O_{(l)}$

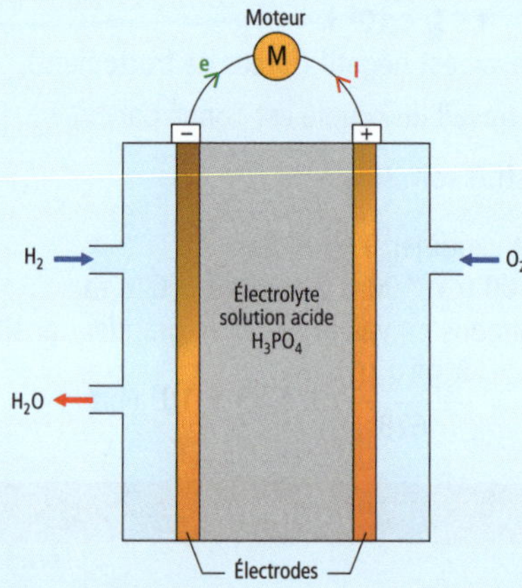

4. Une oxydation est une perte d'électrons :
$H_{2\,(g)}$ = 2 $H^+_{(aq)}$ + 2 e^-
Le réactif qui est oxydé est le réducteur H_2, c'est le « combustible » de la pile.
L'électrode où se produit l'oxydation s'appelle l'anode.
$O_{2\,(g)}$ + 4$H^+_{(aq)}$ + 4e^- = 2$H_2O_{(l)}$
Elle cède des électrons, c'est donc le pôle négatif.

CHAPITRE 10

Exercice 1

Énoncé p. 136

1.

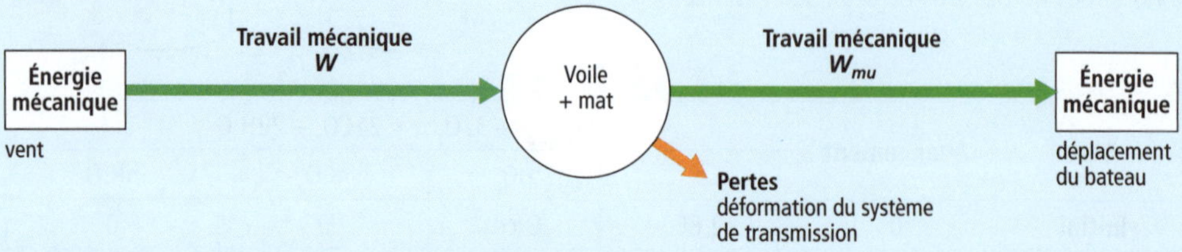

2.

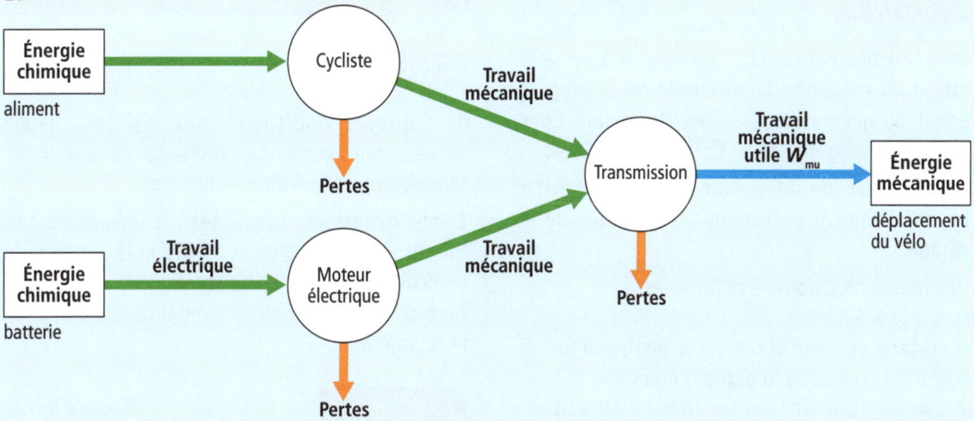

3.

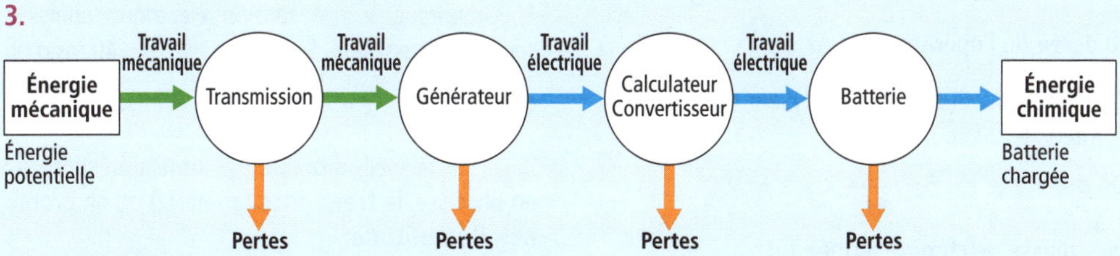

Exercice 2

Énoncé p. 136

1. Chaîne énergétique

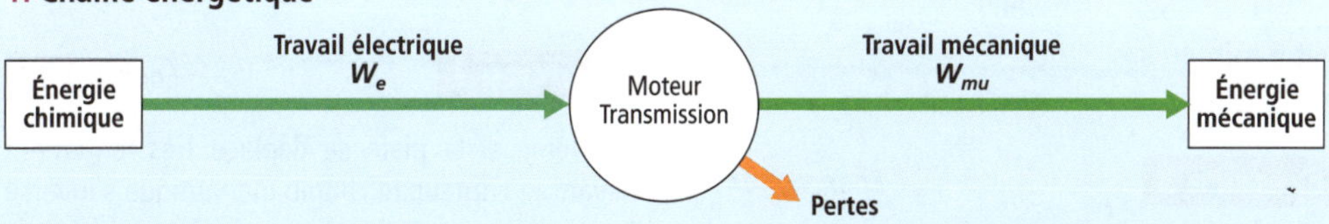

2. $P_r = \frac{Pu}{\eta} = \frac{5,5}{0,74} = 7,4$ kW. La puissance reçue par le moteur est de **7,4 kW.**

3. La puissance reçue par le moteur est égale à la puissance fournie par la batterie.
$P_{batterie}$ **= 7,4 kW.**

4. $t = \frac{E}{P} = \frac{24}{7,4} = 3,2$ La voiture peut rouler environ **3,2 heures** à la vitesse de 90 km.h^{-1}.

5. Distance parcourue pendant la décharge de la batterie : $d = v \times t = 90 \times 3,2 = 288$ km. Tiphaine pourra parcourir **288 km** à 90 km.h^{-1}.

6. Oui, cette valeur est vérifiée.

CHAPITRE 11

Exercice 1

Énoncé p. 140

1. Masse d'un atome de fer :

$$m = \frac{M}{N} = \frac{55,8}{6,02 \times 10^{23}} = \mathbf{9,27 \times 10^{-23}\ g.}$$

2. Dans une maille, le nombre d'atomes est égal à un atome central plus les huit huitièmes des atomes situés au sommet du cube :

$n = 1 + 8 \times \frac{1}{8} = 2$ atomes.

La masse de la matière contenue dans le cube est :

$m_{maille} = 2 \times 9,27 \times 10^{-23} = 1,85 \times 10^{-22}$ g.

3. La diagonale du cube en fonction de l'arête a est : $d = a\sqrt{3}$. Elle correspond à quatre rayons d'atome. On a donc $a = \frac{4R}{\sqrt{3}}$ et le volume de la maille est :

$$V = \left(\frac{4R}{\sqrt{3}}\right)^3 = \left(\frac{4 \times 124 \times 10^{-10}}{\sqrt{3}}\right)^3 = \mathbf{2,35 \times 10^{-23}\ cm^3}.$$

4. Masse volumique du fer :

$$\rho_{fer} = \frac{m}{V} = \frac{1,85 \times 10^{-22}}{2,35 \times 10^{-23}} = \mathbf{7,87\ g.cm^{-3}}.$$

Exercice 2

Énoncé p. 141

1. La réduction des ions Cr^{3+} en chrome a lieu à **la cathode**, c'est-à-dire à l'électrode reliée au pôle négatif du générateur : le pare-chocs sera donc relié au pôle négatif. On a : $\mathbf{Cr^{3+} + 3e^- = Cr}$.

2. L'agitation de la solution permet d'éviter l'appauvrissement en cations au voisinage de la cathode.

3. La masse de chrome à déposer est :
$m_{Cr} = V.\rho = S.e.\rho$
S : surface du pare-chocs ; e : épaisseur de la couche ; ρ : masse volumique du métal.
On a $\mathbf{m_{Cr}} = 15 \times 10^{-2} \times 40 \times 10^{-6} \times 7,19 \times 10^3$
$= 4,314 \times 10^{-2}$ kg soit **43,14 g**.

La durée de l'opération est $\Delta t = \dfrac{Q}{I}$

Q : charge traversant l'électrolyseur (C) ;
I : intensité du courant (A).

On a $Q = n(e^-) \times F = \dfrac{m_{Cr}}{M_{Cr}} \times 3 \times F$

m_{Cr} : masse de chrome formée (g) ;
M_{Cr} : masse molaire de chrome (g).
On obtient la durée de l'électrolyse :

$$\Delta t = \frac{Q}{I} = \frac{43,14}{52} \times 3 \times \frac{96500}{600} = 400 \text{ s}$$

soit **6 min 40 s**.

Exercice 3

Énoncé p. 141

1. Après 10^5 cycles, pour le polyéthylène, la contrainte correspondant à la limite de fatigue est de **3 MPa**. Pour le polyéthylène téréphtalate, on relève sur sa courbe de fatigue **20 MPa** : il supporte, pour le même nombre de cycles avant la rupture, une contrainte près de sept fois plus grande que le polyéthylène.

2. La durée de vie en fatigue du nylon est supérieure à celle du polyméthacrylate de méthyle lorsque la contrainte est de 12 MPa (il supporte un million de cycles avant la rupture contre 50 000 pour le méthacrylate de méthyle, soit 20 fois plus). En revanche, pour une contrainte de 8 MPa, la durée de vie en fatigue du nylon est inférieure à celle du polyméthacrylate de méthyle.

3. Avec 10^6 cycles réalisés avant la rupture à la fréquence de 20 Hz, la durée des tests est :

$\Delta t = 10^6 \times \dfrac{1}{20} = 5 \times 10^4$ s soit **13h 53 min**.

CHAPITRE 12

Exercice 1

Énoncé p. 145

1. **Capteurs habituellement visibles** : jauge de carburant, compteur de vitesse, compte-tours, température d'eau dans le radiateur.

2. **Les grandeurs mesurées** : le volume de carburant (essence, gazole, GPL...), la vitesse du véhicule, la fréquence de rotation du moteur (au niveau du vilebrequin), la température d'eau dans le radiateur.

Exercice 2

Énoncé p. 145

1. Graphique 1 : la tension électrique analysée semble **sinusoïdale**. Sa période est : $T = 40$ ms d'où une fréquence $f = \dfrac{1}{T} = \dfrac{1}{40x10^{-3}} = 25\,\text{Hz}$.

2. a. Sur le second graphique, sont représentées : en abscisse, la **fréquence** (en hertz) et, en ordonnée, **l'amplitude**.
b. La barre verticale est le **fondamental du signal** : sa fréquence est de **25 Hz**.
c. Le signal ne comporte pas d'harmoniques, la tension analysée est bien sinusoïdale.

Exercice 3

Énoncé p. 146

1. Même si la piste se déplace très lentement devant le capteur, le champ magnétique s'inverse à chaque passage devant un aimant : ce type de capteur permet de mesurer les très faibles vitesses.

2. a. Le capteur est alimenté sous **12V** : cette tension continue est délivrée par la batterie d'accumulateurs au plomb du véhicule.
b. Ce type de capteur nécessitant une alimentation extérieure est appelé « **capteur actif** ».

3. a. La période du signal est $T_s = 3 \times 5 =$ **15 ms**.
La durée d'un tour de roue est donc égale à :
$\Delta t = 15 \times 28 = 420$ ms lors de cet essai.
Soit une fréquence de

$$f = \frac{1}{\Delta t} = \frac{1}{420x10^{-3}} \approx 2,38\text{Hz}$$

ou **143 tr.min^{-1}**.
b. 75 km.h^{-1} = 20,38 m.s^{-1}.
Circonférence de la roue :
$L = \pi \times D = \pi \times 0,62 \approx 1,948$ m.
Durée d'un tour de roue : L : v = $9,35 \times 10^{-2}$ s
soit une fréquence de rotation de : 10,70 tr.s^{-1}
ou 642 tr.min^{-1}.

La fréquence d'un motif (passage d'un petit aimant) est : 10,70 × 28 = **300 tr.s⁻¹** soit une durée ou période de : $T_{motif} = \frac{1}{f} = \frac{1}{300} = \mathbf{3{,}33\,ms}$.

c. Oscillogramme observable à 75 km.h⁻¹ :

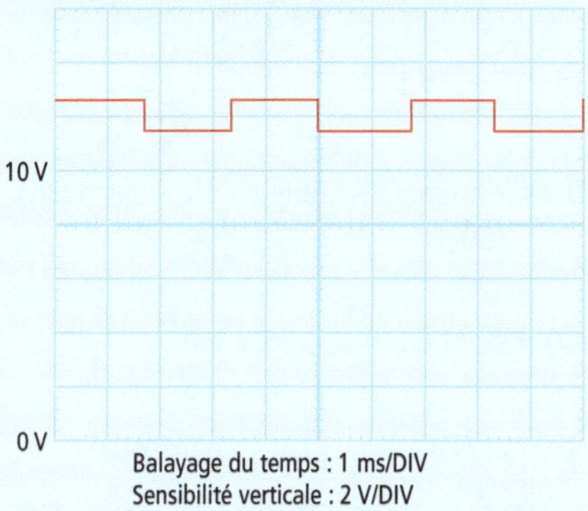

Exercice 4

Énoncé p. 147

1. Une **thermistance** est une résistance variable dont la résistance augmente quand la température augmente.

2. $U_{AB} = 0$ lorsque $R_{fil} . R_1 - R_{comp} . R_2 = 0$.

3. Si la température de l'air augmente, la résistance R_{fil} augmente. Pour conserver $U_{AB} = 0$, le second terme du membre de gauche de l'expression doit également augmenter, donc R_{comp} doit augmenter.

4. Application numérique :
L'expression donne :

$$R_{comp} = \frac{R_{fil}.R_1}{R_2} = \frac{6{,}5 \times 10 \times 10^3}{1 \times 10^3} = \mathbf{65\ \Omega}$$

CHAPITRE 13

Exercice 1

Énoncé p. 156

1. **Calcul des énergies de photons :**
– pour un rayonnement UV A :

$$E_1 = \frac{h.c}{\lambda_1} = \frac{6{,}63 \times 10^{-34} \times 3{,}00 \times 10^8}{380 \times 10^{-9}} = 5{,}23 \times 10^{-19}\ \text{J}$$

ou 3,27 eV.
– pour un rayonnement UV B :

$$E_2 = \frac{h.c}{\lambda_2} = \frac{6{,}63 \times 10^{-34} \times 3{,}00 \times 10^8}{300 \times 10^{-9}} = 6{,}63 \times 10^{-19}\ \text{J}$$

ou 4,14 eV.

2. Le rayonnement **UV B**, le plus dangereux pour la santé, est le plus énergétique.
La **peau** et les **yeux** sont les organes à protéger impérativement.

Exercice 2

Énoncé p. 156

1. L'épaisseur de matière diminue lorsque la longueur d'onde augmente, donc l'absorption du rayonnement X augmente lorsque la longueur d'onde augmente.
L'épaisseur de matière diminue lorsque les numéros atomiques augmentent (de Z = 6 à Z = 82), donc l'absorption du rayonnement X augmente également lorsque le numéro atomique Z de la substance traversée augmente.

2. On utilisera un métal de fort numéro atomique, comme le **plomb**.

3. Un rayonnement de rayons X « durs » de 0,03 nm peut traverser quelques centimètres de tissus du corps humain (voir deuxième ligne, deuxième colonne du tableau).

4. Le bismuth (Z = 83) ou l'iode (Z = 53) absorbent fortement les rayons et rendent ces parties du corps très visibles.

Exercice 3

Énoncé p. 156

1. **L'aluminium** absorbe mieux les rayons X que le béryllium. Pratiquement tout le rayonnement est absorbé par une épaisseur de 0,2 mm d'aluminium. Ce résultat est conforme à la théorie : ce sont les atomes de numéro atomique le plus élevé qui absorbent le plus les rayons X.

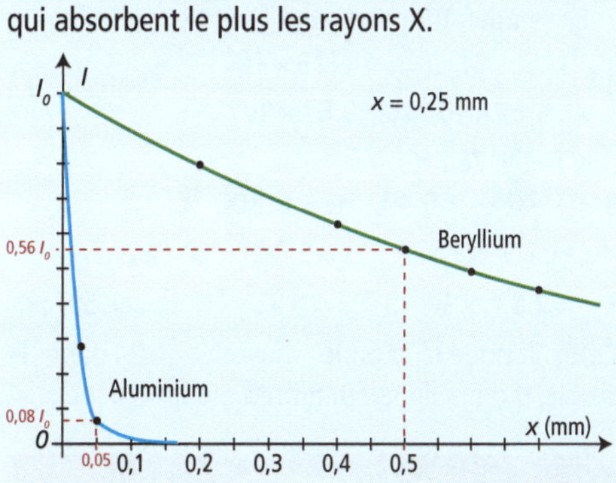

2. Pour une épaisseur de 0,05 mm d'aluminium, **8 %** environ de l'intensité du rayonnement subsiste.

3. Si 44 % du rayonnement sont absorbés, il subsiste 56 % de l'intensité initiale I_0, ce qui correspond sur le graphique à une épaisseur **x = 0,5 mm** de béryllium.

Exercice 4

Énoncé p. 157

1. Calcul des fréquences des rayonnements émis par les deux radiations :

$$\nu_1 = \frac{c}{\lambda_1} = \frac{3{,}00 \times 10^8}{248 \times 10^{-9}} = \mathbf{1{,}21 \times 10^{15}\,Hz}$$

Et

$\nu_2 = \frac{c}{\lambda_2} = \frac{3{,}00 \times 10^8}{193 \times 10^{-9}} = \mathbf{1{,}55 \times 10^{15} Hz}$

Ce sont des UV.

2. Les énergies d'un photon de chacune de ces radiations :

$E_1 = h.\nu_1 = 6{,}63 \times 10^{-34} \times 1{,}21 \times 10^{15} = 8{,}02 \times 10^{-19}$ J

soit 5,00 eV.

Et

$E_2 = h.\nu_2 = 6{,}63 \times 10^{-34} \times 1{,}55 \times 10^{15} = 1{,}03 \times 10^{-18}$ J

soit 6,42 eV.

3. La puissance du laser est alors de 3,5 W d'où une énergie transmise :

W = P.t = 3,5 × 6 × 10⁻⁹ = 2,1 × 10⁻⁸ J.

4. Le nombre de photons transportés par le faisceau laser pendant cette durée est égal à :

$n = W/E_1 = 2{,}1 \times 10^{-8} / 8{,}02 \times 10^{-19} = \mathbf{2{,}6 \times 10^{10}}$ **photons.**

Exercice 5

Énoncé p. 157

1. La puissance rayonnée par le Soleil par unité de surface est :

$$M = \frac{P}{S} = \frac{3{,}82 \times 10^{26}}{6{,}1 \times 10^{18}} = \mathbf{6{,}3 \times 10^7 W.m^{-2}}$$

2. La température moyenne T vérifie :

$$T^4 = \frac{M}{5{,}67 \times 10^{-8} \varepsilon} = \frac{6{,}26 \times 10^7}{5{,}67 \times 10^{-8}} = 1{,}10405 \times 10^{15}$$

soit **T = 5 764 K.**

θ = T – 273 = 5 492 °C ≈ **5 500 °C.**

3. La loi de Wien : $\lambda_{max}.T = 2{,}898 \times 10^{-3}$ entraîne :

$\lambda_{max} = 2{,}898 \times 10^{-3}/5\,764 = 5{,}02 \times 10^{-7}$ m, soit 502 nm.

Cette longueur d'onde moyenne est dans le visible, d'où la dénomination d'étoile « blanche ».

CHAPITRE 14

Exercice 1

Énoncé p. 160

1. L'aiguille aimantée s'oriente naturellement suivant la direction Sud-Nord. Le champ créé par l'aimant au point O est dirigé vers l'est puisque les lignes de champ sortent du pôle nord. L'aiguille prend la direction de la somme de ces deux champs.

2. En O, le champ magnétique total a la direction indiquée par l'aiguille aimantée, dirigé du pôle sud vers le pôle nord de cette aiguille et fait un angle de 60° avec la direction Sud-Nord terrestre.

3. Nous avons $\vec{B} = \vec{B}_A + \vec{B}_H$

La construction graphique est donc la suivante :

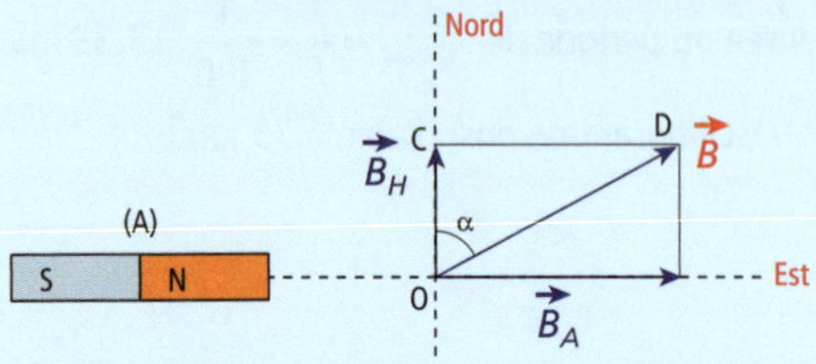

a. Dans le triangle rectangle ODC nous avons :

$\tan \alpha = \frac{CD}{OC}$

Or $CD = B_A$ et $OC = B_H$; donc $\tan \alpha = \frac{B_A}{B_H}$

Soit $\mathbf{B_A = B_H. \tan\alpha}$

b. $\mathbf{B_A}$ = 2 × 10⁻⁵ × tan60° = **3,5 × 10⁻⁵ T.**

c. D'après le théorème de Pythagore dans le triangle ODC :

$B^2 = B_A^{\ 2} + B_H^{\ 2}$

Avec $B_A = 3{,}5 \times 10^{-5}$ T et $B_H = 2 \times 10^{-5}$ T on en déduit **B = 4,0 × 10⁻⁵ T.**

Exercice 2

Énoncé p. 161

1. Sur le schéma, au niveau de la boussole, le champ créé par le courant circulant dans le fil, est dirigé vers la droite du fil (vers l'Est) puisque l'aiguille dévie dans cette direction. D'après la règle du bonhomme d'Ampère, le courant circule dans le fil du Nord vers le Sud.

2. L'aiguille ne tourne pas de 90° car elle est aussi soumise à la composante horizontale $\vec{B}_H$ du champ magnétique terrestre.

3. L'aiguille prend la direction du champ $\vec{B}$ total :

$\vec{B} = \vec{B}_c + \vec{B}_H$

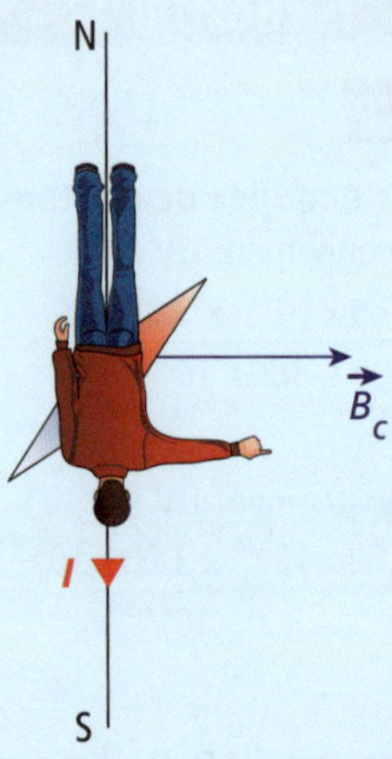

Déterminons $\vec{B}_c$ par une construction graphique :

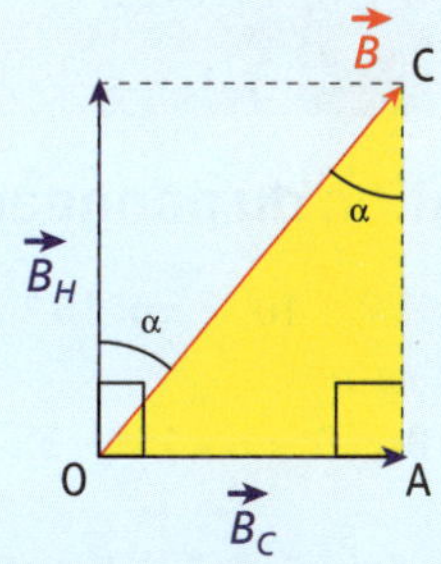

Dans le triangle rectangle OAC : $\tan \alpha = \frac{OA}{AC}$ soit

$\tan \alpha = \frac{B_C}{B_H}$

D'où : $B_c = B_H . \tan \alpha$;
Numériquement avec $B_H = 2 \times 10^{-5}$ T et $\tan 40° = 0{,}84$, il vient $B_c = 1{,}7 \times 10^{-5}$ T.

4. a. Si on augmente l'intensité du courant, on augmente la valeur de B_c et la déviation de l'aiguille augmente.

b. Si on inverse le sens du courant, le champ $\vec{B}_c$ change de sens et l'aiguille dévie dans l'autre sens.

Exercice 3

Énoncé p. 161

1. La source de champ magnétique est le courant circulant dans la bobine de l'électroaimant.

2. L'électroaimant doit exercer une force dont l'intensité est au moins égale au poids de la carcasse de l'épave soit $F = m.g$; $F = 500 \times 9{,}8 = 4{,}9 \times 10^3$ N

Or $F = B^2.S/(2\mu_0)$, donc $B = \sqrt{\frac{2.\mu_0.F}{S}}$

Avec $\mu_0 = 4\pi . 10^{-7}$ *S.I*, $F = 4{,}9 \times 10^3$ N et $S = 400 \times 10^{-4}$ m², on trouve $\boldsymbol{B = 0{,}55}$ **T**.

3. Des aimants permanents sont aussi source de champ magnétique. Mais dans ce cas, il serait impossible d'annuler le champ pour laisser tomber la carcasse métallique comme c'est possible dans un électroaimant en coupant le courant.

CHAPITRE 15

Exercice 1

Énoncé p. 163

1. Le rayonnement gamma est un **rayonnement de type électromagnétique**. Il résulte de la désexcitation du noyau fils de technétium 99 formé lors de la désintégration du molybdène 99.

2. Équation de désintégration :

$${}^{99}_{42}Mo \rightarrow {}^{99}_{43}Tc + {}^{0}_{-1}e$$

3. $E = \frac{h.c}{\lambda}$ donc $\lambda = \frac{h.c}{E}$

$E = 140 \times 10^3 \times 1{,}6 \times 10^{-19} = 2{,}24 \times 10^{-14}$ J
Ainsi la longueur d'onde du rayonnement est : $\boldsymbol{\lambda = 8{,}9 \times 10^{-12}}$ **m**.

Exercice 2

Énoncé p. 164

1. On dit que ces deux noyaux sont **isotopes** : ils ont le même numéro atomique et des nombres de masse différents.

2. Au bout de 270 jours, l'activité du cobalt 57 aura été **divisée par 2** soit $A_{270} = 3{,}7 \times 10^7$ Bq.
Au bout de 810 jours, soit 3 périodes radioactives, l'activité sera de : $A_{810} = \frac{A_0}{8} = \boldsymbol{9{,}2 \times 10^6}$ **Bq**.

3. La dose injectée sera considérée comme inactive au bout de 20 périodes soit **5 400 jours**.

Exercice 3

Énoncé p. 164

1. Dose absorbée

$$D = \frac{E}{m}$$

gray (Gy) : D
(J) E : énergie des rayonnements radioactifs reçue par un corps
(kg) m : la masse du corps

2. Dose absorbée par la personne :

$D = \frac{0{,}2}{72} = \boldsymbol{2{,}8 \times 10^{-3}}$ **Gy**.

3. **ED** = D × FQ = $\boldsymbol{2{,}8 \times 10^{-3}}$ **Sv**.

4. Cette irradiation n'est pas nocive pour le patient.

ANNALES – SUJET 1

Énoncé p. 120

Les caractéristiques du panneau

1.

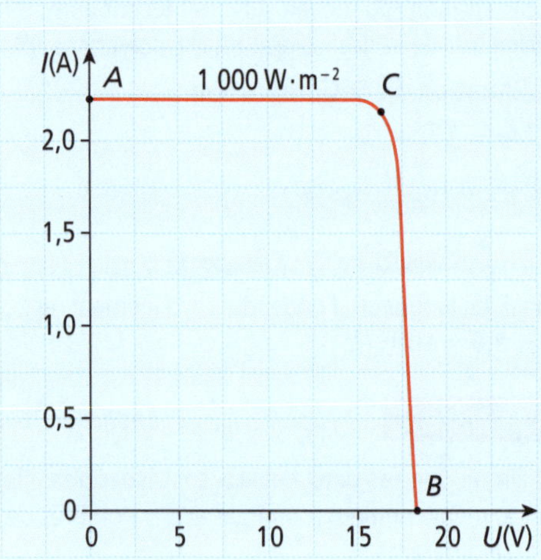

2. a. $I = 2{,}28$ **A.**
b. $P = U.I = 22{,}8$ **W.**
c. Rendement : 22,8/185 = **12,3 %.**

3. Réponse voir schéma ci-dessous.

4. $P = U.I$; $U = R.I$; $P = R.I^2$
P_{max} = 32,5 W (donnée du tableau). D'après la forme de la caractéristique, I = 2,2 A environ. On en déduit R de l'ordre de **6,7 Ω.**

5. À 25 °C les performances sont meilleures. Une augmentation de température diminue donc les performances d'un panneau solaire photovoltaïque. C'est le contraire pour un panneau solaire thermique.

L'installation du panneau

1. $F_1 = p_1.S_1 = 20 \times 10^5 \times \pi \times 10^{-6} \times (55^2 - 28^2)$
$= \mathbf{14{,}08 \times 10^3}$ **N.**

2. $F_2 = p_2.S_2 = 8 \times 10^5 \times \pi \times 10^{-6} \times 55^2 = \mathbf{7{,}60 \times 10^3}$ **N.**

3. En bout de tige : $F_3 = F_1 - F_2 = 6{,}48 \times 10^3$ N, horizontale et vers la gauche.

4. $F'_2 = p'_2.S_2 = F_1 - F'_3$

soit $p'_2 = \dfrac{F_1 - F_3}{S_2} = \dfrac{(14{,}08 - 8) \times 10^3}{\pi \times 55^2 \times 10^{-6}} =$

$6{,}40 \times 10^5$ Pa soit **6,40 bars.**

Étude du rayonnement reçu

1. Les objets à température ambiante ainsi que le corps humain émettent un rayonnement **infrarouge.**

2. La température de surface du Soleil est de l'ordre de **5 800 °C.** Le maximum de puissance se situe dans **le visible** 400 nm < λ < 800 nm.

3. a. $E = h.\nu = h.\dfrac{c}{\lambda}$.

b. Énergie d'un photon de longueur d'onde λ = 550 nm = 550 × 10^{-9} m :
$E_1 = 3{,}6 \times 10^{-19}$ J.
Énergie reçue par seconde par le module : 185 J.
Nombre de photons reçus par seconde : $\mathbf{5{,}1 \times 10^{20}}$.

3.

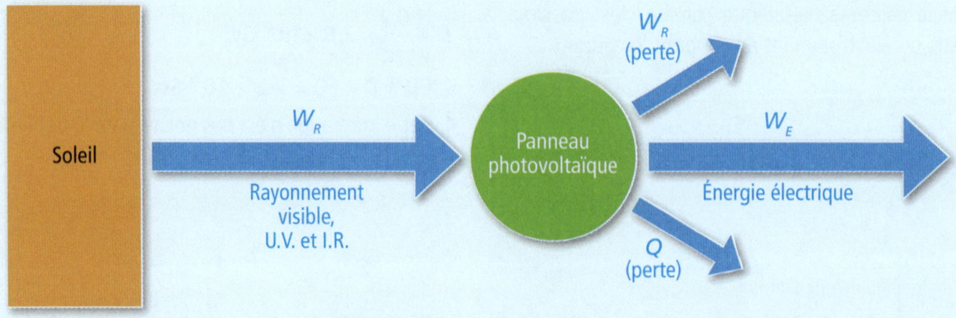

ANNALES – SUJET 2

Énoncé p. 148

Le bilan énergétique du véhicule

1. a. La chaîne énergétique complétée : réponse en bas de page.

b. Le travail électrique fourni par la batterie :

$$W_e = \frac{W_u}{\eta} = \frac{1,4}{0,792} = \mathbf{1,77\ kWh.}$$

Énergie chimique stockée : 1,77/0,92 = **1,92 kWh**.

c. La puissance de la voiture :

$$P = \frac{W_u}{t} = \frac{1,4}{0,5} = \mathbf{2,8\ kW}$$ pour cette vitesse.

d. $\eta = \eta_{Calculateur} \times \eta_{Moteur}$ d'où

$$\eta_{Moteur} = \frac{0,792}{0,90} = 0,88 \text{ soit } \mathbf{88\ \%}.$$

e. Le schéma de la régénération de la batterie : Réponse en bas de page.

2. a. Calculs des deux forces :
Vitesse v = 50 km.h^{-1} soit 13,89 m.s^{-1}.
$F_A = 0,5 \times 0,35 \times 1,3 \times 1,8 \times (13,89)^2 =$ **79 N** ;
$F_R = 0,012 \times 1\,000 \times 9,81 =$ **118 N**
Donc une force totale F = 197 N.

b. La puissance du véhicule :
$P = F.v = 197 \times 13,89 = 2\,740$ W soit **2,74 kW**.

c. L'énergie électrique disponible, fournie par la batterie est de 15 kWh. L'énergie mécanique utile est donc de 15 × 0,792 = 11,9 kWh.

D'où la durée de roulement du véhicule :
11,9 / 2,74 = **4,34 h**.
Il peut parcourir 4,34 × 50 = **217 km**.

Les batteries du véhicule

1. a. Pile et accumulateur sont des réservoirs d'énergie chimique présentant la même forme et dotés de deux bornes électriques : ils délivrent de l'énergie électrique (courant continu).
Les accumulateurs sont rechargeables, les piles ne le sont pas.

b. Équation bilan équilibrée :

$$PbO_2 + SO_4^{-2} + 4H^+ + 2e^- = PbSO_4 + 2H_2O$$

c. C'est une **réduction** du dioxyde de plomb (l'oxydant) ; le couple redox est **$PbO_2/PbSO_4$**.

d. À l'anode se produit l'**oxydation du plomb** :
$Pb = 2Pb^{2+} + 2e^-$.

e. La quantité d'électricité fournie :
$Q = I.t = 140 \times 1,4 =$ **196 C**.

f. À 196 C correspond un nombre de moles d'électrons déplacés : 196 : 96 500 = $2,03 \times 10^{-3}$ mol.
La quantité de matière de plomb oxydé est :

$$n = \frac{n_{électrons}}{2} = 1,015 \times 10^{-3} \text{ mol soit une masse}$$

$m = 1,015 \times 10^{-3} \times 207,2 =$ **0,210 g de plomb**.

g. La borne + est l'anode, la borne – la cathode.

1. a.

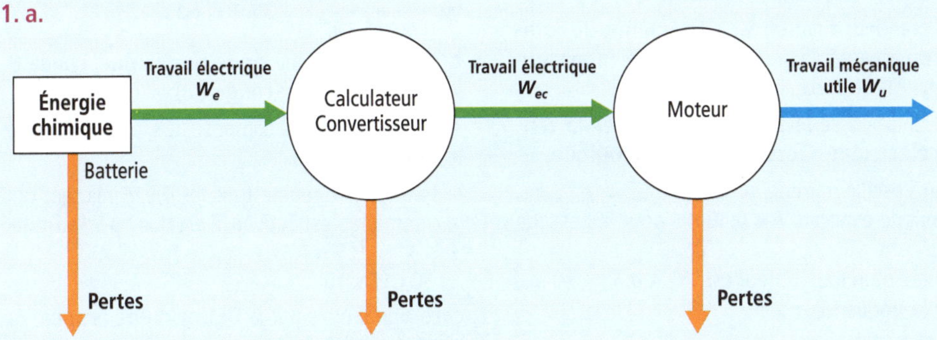

e.

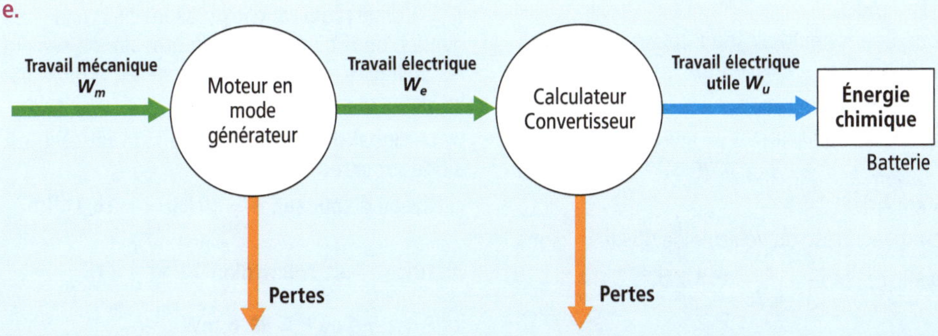

h. À l'anode, a lieu une oxydation du sulfate de plomb :
$PbSO_4 + 2\ H_2O = PbO_2 + SO_4^{2-} + 4\ H^+ + 2e^-$
L'équation bilan de la charge :
$2\ PbSO_4 + 2\ H_2O \rightarrow PbO_2 + 2\ SO_4^{2-} + 4\ H^+ + Pb$

2. a. Les masses pour les accumulateurs : au plomb : **entre 300 et 500 kg** ; au Ni-MH : **entre 125 et 250 kg** ; au Li-Ion : **entre 79 et 125 kg**.

b. Il choisira les accumulateurs **au Li-Ion**.

c. Le volume des batteries occupera de **45 à 68 L**.

d. La meilleure réserve d'énergie par unité de masse : Li-Ion ; la plus faible autodécharge : au plomb et Li-Ion ; la meilleure durée de vie : Ni-MH.

e. 200 : 3,6 = 56 soit **56 éléments** en série.

f. 800 × 200 = **160 000 km** avant de changer les batteries.

Étude d'un capteur de vitesse

1. a. C'est un capteur **passif**, car il ne nécessite pas une alimentation électrique.

b. La variation du champ magnétique dans la bobine, lorsqu'une dent de la roue se trouve en face de l'aimant permanent provoque l'apparition d'une tension induite aux bornes de la bobine ; cette tension disparaît lorsque le capteur se trouve face à un creux. Lorsque la fréquence de rotation du moteur est faible, la tension induite est très petite et le signal n'est pas exploitable au-dessous d'une certaine vitesse.

c. La grandeur d'entrée est la **fréquence de rotation du moteur**, la grandeur de sortie, **la tension électrique induite**.

2. a. En abscisse **le temps**, en ordonnée **la tension électrique**. C'est un **signal analogique**.

b. Sur l'oscillogramme, on mesure $3T$ = 1,75 ms. La période est donc T = 0,58 ms pour le passage d'une dent.
La durée d'un tour moteur est : 52 × 0,58 = 30 ms.
D'où la fréquence moteur :

$$f = \frac{1}{T} = \frac{1}{0{,}030} = 33{,}3 \text{ tr.s}^{-1}$$ Soit **2 000 tr.min⁻¹**.

c. Pour une démultiplication totale de 0,202 : $f_{Roue} = 0{,}202 \times f_{Moteur} = 6{,}73$ tr.s^{-1}.
Circonférence de la roue : L = π × D = 176 cm.
La vitesse de déplacement de la voiture est :
$v = f_{Roue} \times L = 6{,}73 \times 1{,}76 = 11{,}8$ m.s^{-1} ou **42,6 km.h^{-1}**.

d. Pour une vitesse du véhicule de 90 km.h^{-1} soit 25 m.s^{-1}, $f_{Roue} = \frac{v}{L} = \frac{25}{1{,}76} = 14{,}2$ tr.s^{-1}.

La fréquence de rotation du moteur est :
$$f_{Moteur} = \frac{f_{Roue}}{0{,}354} = 40{,}1 \text{ tr.s}^{-1}.$$
La durée d'un tour de roue est donc de : 1/40,1 = 0,0249 s et la durée du passage d'une dent, de : 0,0249/52 = 0,479 ms. C'est la période du signal enregistré. La fréquence étant plus grande, l'amplitude de la tension est plus grande sur l'oscillogramme.

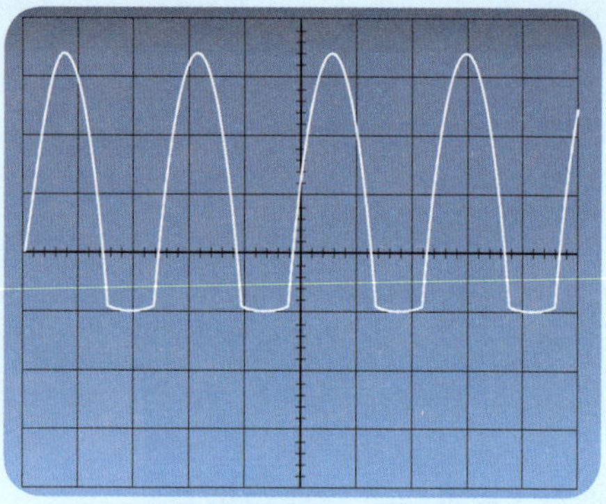

Balayage du temps : 0,2 ms/DIV
Sensibilité verticale : 20 mV/DIV

Commande du verrouillage/déverrouillage des portières

1. a. Zone 1 : ultraviolets, **zone 2** : infrarouges, **zone 3** : ondes hertziennes.

b. Onde O_1 : $\lambda = \frac{c}{\nu} = \frac{3 \times 10^8}{150 \times 10^6} = 2$ m ; onde $\mathbf{O_2}$:
$$\nu = \frac{c}{\lambda} = \frac{3 \times 10^8}{10^{-4}} = 3 \times 10^{12} \text{ Hz}.$$

c. L'onde O_1 est une **onde hertzienne**, l'onde O_2 une **radiation infrarouge** (IR).

2. a. C'est un signal composé de 0 et de 1 formant le mot binaire 110.

b. Le signal se répète tous les 0,015 ms tant que la commande est activée, il est donc **périodique**.
$$f = \frac{1}{0{,}015 \times 10^{-3}} = 66{,}7 \text{ kHz}.$$

c. Le signal émis par la DEL peut être reçu par un **phototransistor** ou une **photodiode**.

3. a. L'onde radio car elle possède une grande longueur d'onde : 2 m ; elle contourne donc aisément les obstacles, alors que l'onde IR est arrêtée par les petits obstacles.

b. Le signal IR n'est perçu que si le faisceau est dirigé sur le récepteur.

c. Niveau de puissance = $10 \log \frac{P}{P_0}$ = **18,1 dBm**.

d. $10 \log \frac{P}{P_0} = 15$ dBm d'où $10 \log \frac{P}{1} = 15$;
$\log P = 1{,}5$ d'où P = **31,6 mW**.

ANNALES – SUJET 3

Énoncé p. 165

Les produits d'entretien

1. a. Harpic détartrant et la bouteille d'acide chlorhydrique 23 % contiennent de l'acide chlorhydrique et sont des **solutions acides**.
Destop déboucheur et lessive de soude contiennent de l'hydroxyde de sodium et sont des **solutions basiques**.

b. **L'eau de Javel désinfecte, l'eau oxygénée** est un antiseptique et un désinfectant.

c. C'est un **pictogramme de sécurité** : le produit est corrosif. Il faut le manipuler en portant des lunettes, des gants et un vêtement de protection.

2. a. L'acide éthanoïque a pour formule semi-développée : $CH_3 - COOH$.

b. **Équation protonique** : $CH_3 - COOH = CH_3 - COO^- + H^+$.

c. C'est le couple $CH_3 - COOH/ CH_3 - COO^-$ dans lequel $CH_3 - COOH$: acide et $CH_3 - COO^-$: base.

d. L'eau est **amphotère**. Les équations s'écrivent : $H_3O^+ = H_2O + H^+$ et $H_2O = HO^- + H^+$.

3. a. $H^+ + HO^- \rightarrow H_2O$.

b. **Matériel** : agitateur électrique, bécher, turbulent, pied + pince, burette de 25 mL, pH-mètre, pipette de 10 mL et pipeteur.
Dessin du montage :

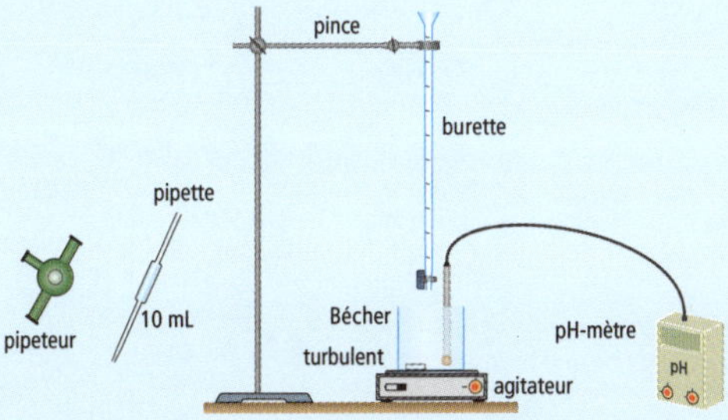

c. Lecture de $V_{BE} = 9,8$ mL.

$C_A.V_A = C_B.V_{BE}$ d'où

$$C_A = \frac{C_B.V_{BE}}{V_A} = \frac{0,100 \times 9,8 \times 10^{-3}}{10 \times 10^{-3}} = 0,098 \text{ mol.L}^{-1}.$$

La concentration en acide chlorhydrique de la solution commerciale est :
$C_1 = 20C_2 = 1,96$ mol.L^{-1} ce qui correspond à une concentration massique :
$1,96 \times 10^{-3} \times 36,5 =$ **71,5 g.L^{-1}**.

d. 100 g de solution occupent 100/1,010 = 99 mL. La masse d'acide présente dans 100 g de solution est : $0,099 \times 71,5 = 7,08$ g.

L'erreur est de : 7,08 – 6,95 = 0,13 g soit une erreur relative de 0,13/6,95 = **1,9 %**.

L'installation de la réserve d'eau

1. $F = P_R$.

2. Le moment de $\vec{F}$ par rapport à l'axe du tambour est :
$\mathcal{M}_{\vec{F}/\Delta} = m_R.g.H = 175 \times 9,81 \times 6 \times 10^{-2} \approx$ **103 Nm**.

3. Le bâti est soumis à deux forces qui tendent à le faire basculer autour de l'axe O :
– $\vec{F}$ dans le sens des aiguilles d'une montre,
– $\vec{P_B}$ dans le sens contraire.
Il y a équilibre si $\mathcal{M}_{\vec{F}/\Delta} < \mathcal{M}_{\vec{P_B}/O}$ avec $d_R = H \times \sin \alpha$.

Si on tient compte du coefficient de sécurité sur la charge, celle-ci devient $\frac{130}{100} m_R$.

L'inéquation devient : $1,3m_R.g.d_R < m_B.g.d_B$ ou $1,3m_R.g.OM.\sin \alpha < m_B.g.d_B$.
En divisant par g : $1,3m_R.OM.\sin \alpha < m_B.d_B$

4. **Application numérique** :
$1,3m_R.OM.\sin \alpha = 1,3 \times 175 \times 7,2 \times \sin 15° = 424$ Nm.
$m_B.d_B = 340 \times 1,8 = 612$ Nm.
424 Nm < 612 Nm : l'inégalité est vérifiée, il est inutile d'ajouter des masses additionnelles sur le bâti.

5. Travail mécanique nécessaire à l'élévation :
$\mathbf{W_{meca}} = m.g.h = 175 \times 9,81 \times 8 \approx$ **13,73 kJ**.
Puissance fournie par le treuil :
$\mathbf{P} = W_{meca}/t = 13\,730 / 40 \approx$ **343 W**.

6. Rendement de l'ensemble :
$\eta = \eta_M \times \eta_T = 0,35 \times 0,65 = 0,228$ ou **22,8 %**.

L'énergie fournie au moteur est d'origine chimique et provient de l'essence.

Sa valeur : $W_{chi} = \frac{W_{méca}}{\eta} = \frac{13730}{0,228} \approx$ **60,2 kJ**.

Utilisation de l'eau

1. a. Loi de l'hydrostatique : $p_V - p_E = \rho.g.H$.
$p_V = p_E + \rho.g.H = 10^5 + 1000 \times 9,81 \times 9,8 =$ **1,96 × 10⁵ Pa**.

b. La force pressante est : $F = p_V.S$ avec $S = \pi \times (7 \times 10^{-3})^2 = 1,54 \times 10^{-4}$ m^2.
F = 30 N.

c. Si la hauteur d'eau dans le réservoir est de 0 m alors
$p_V = 10^5 + 1\,000 \times 9,81 \times 8,0 = 1,78 \times 10^5$ Pa.
1,78 bar > 1,65 bar, on peut donc utiliser toute l'eau du réservoir.

2. a. 1 : surface de l'eau du réservoir ; 2 : vanne avec $v_1 = 0$, $p_1 = p_2 = p_{atm}$, $z_2 = 0$ m (position de référence). L'équation de Bernoulli devient :

$$\rho.g.z_1 = \frac{1}{2}\rho.v_2^2 \text{ soit } v_2^2 = 2g.z_1 .$$

b. Pour $z_1 = 9{,}80$ m on a :

$$v_2 = \sqrt{2g.z_1} = \sqrt{2 \times 9{,}81 \times 9{,}8} = \mathbf{13{,}9\ m.s^{-1}}$$

Pour $z'_1 = 8{,}20$ m on a :

$$v'_2 = \sqrt{2g.z'_1} = \sqrt{2 \times 9{,}81 \times 8{,}2} = \mathbf{12{,}7\ m.s^{-1}}$$

3. a. S s'exprime en m², v en $m.s^{-1}$ et le débit Q en $m^3.s^{-1}$.

b. Vitesse d'écoulement à la sortie de la buse :

$$v = \frac{Q}{S} = \frac{8{,}33 \times 10^{-5}}{0{,}64 \times 10^{-6}} = \mathbf{130\ m.s^{-1}} .$$

c. Aire de la section du flexible : $S_1 = \pi \times (3 \times 10^{-3})^2 = 2{,}83 \times 10^{-5}\ m^2$.

La conservation du débit $Q_1 = Q_2$ donne

$$v_{Flexible} = v_1 = \frac{Q}{S_1} = \frac{8{,}33 \times 10^{-5}}{2{,}83 \times 10^{-5}} = \mathbf{2{,}95\ m.s^{-1}}$$

Une datation au carbone 14

1. a. L'équation bilan :

$${}^{210}_{84}Po \xrightarrow{\alpha} {}^{206}_{82}Pb + {}^{4}_{2}He$$

b. Équation de la désintégration du carbone 14 radioactif :

$${}^{14}_{6}C \xrightarrow{\beta-} {}^{14}_{7}N + {}^{0}_{-1}e$$

2. a. L'activité s'exprime en nombre de désintégrations par seconde ou **becquerel** (Bq).

b. La durée de demi-vie d'un élément radioactif est la durée pour laquelle son activité est divisée par 2.

c. Les dates : $t_{1/2} = 5\,570$ ans ; $2t_{1/2} =$ **11 140 ans** ; $3t_{1/2} =$ **16 710 ans.**

Les activités correspondantes : A(0) = 792/60 = **13,2 dés.s⁻¹**.

$A(t_{1/2}) = 13{,}2 / 2 = 6{,}6$ dés.s^{-1} ; $A(2t_{1/2}) = 6{,}6 / 2 =$ **3,3 dés.s^{-1}** ;

$A(3t_{1/2}) = 3{,}3 / 2 = 1{,}65$ dés.s^{-1}.

Le graphique (voir ci-dessous).

d. Par lecture graphique, pour $A = 540/60 = 9$ dés.s^{-1}, on mesure : $t =$ **3 000 ans**.

e. Par calcul, $-k.t = \ln\frac{A}{A_0}$ soit

$$t = \frac{\ln\frac{A}{A_0}}{-k} = \frac{\ln\frac{A_0}{A}}{k} = \ln\frac{A_0}{A} \times \frac{5\,570}{\ln 2}$$

$$t = \ln\frac{792}{540} \times \frac{5\,570}{\ln 2} = 3\,077 \text{ ans, voisin de } \mathbf{3\,000\ ans}.$$

2. e.

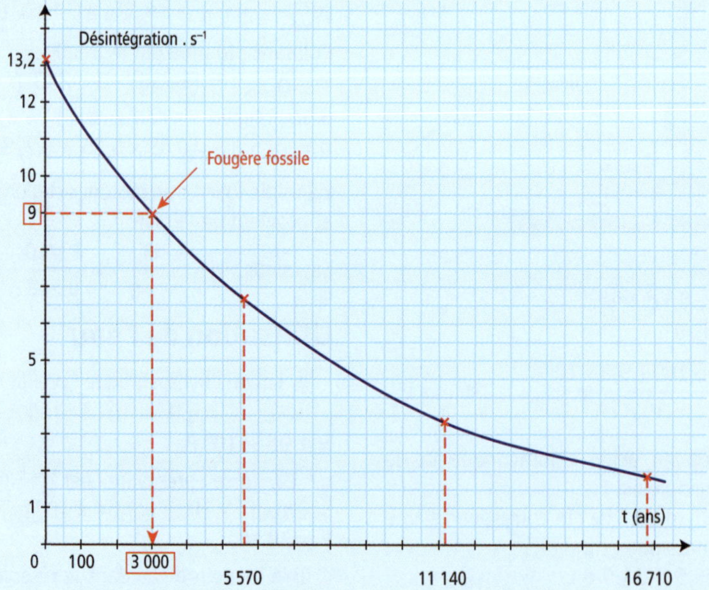

Philosophie

COMPRENDRE EN VIDÉO
Retrouvez les vidéos sur www.hachette-education.com

LE COURS

LES MÉTHODES

Philosophie

Descriptif de l'épreuve

L'épreuve écrite

Épreuve écrite
Durée : 4 heures
Coefficient : 2

Trois sujets sont proposés au choix des candidats. Deux d'entre eux sont des sujets de **dissertation** ; le troisième est constitué par un **texte philosophique**. Les sujets pourront porter sur toutes les parties du programme de chacune des séries. L'épreuve est d'une durée de **4 heures**.

• La dissertation philosophique

Il s'agit de produire une argumentation, une réflexion organisée à partir d'une problématique en rapport avec le programme officiel des séries technologiques. Le programme des séries technologiques se compose de trois notions principales : **la culture, la vérité, la liberté**. Ces trois notions principales pourront être abordées à travers des questions qui portent sur des notions secondaires.
L'expérience des sujets sortis au baccalauréat nous apprend que les questions proposées peuvent mentionner soit une notion principale, soit porter uniquement sur une notion secondaire. Parfois, les sujets font référence dans leur libellé à plusieurs notions en même temps, principales ou secondaires. Il arrive enfin qu'aucune des notions du programme ne soit explicitement mentionnée dans la question, mais celle-ci s'y rapporte indirectement.

• L'épreuve de questions sur texte philosophique

Pour le troisième sujet relatif à l'étude d'un texte philosophique, il faut que le texte soit emprunté à un auteur qui figure dans la liste du programme officiel. Conformément aux dispositions adoptées dans les séries technologiques, le texte choisi sera accompagné de **questions** (généralement au nombre de trois) qui en guideront l'étude.
L'expérience des sujets sortis au baccalauréat nous apprend que les questions proposées suivent généralement la logique suivante :
– la première question demande de dégager la thèse de l'auteur et la construction de son argumentation ;
– la deuxième question demande d'expliquer des phrases et des expressions tirées du texte ;
– la dernière question demande d'approfondir une réflexion en rapport avec le thème du texte étudié. Cette réflexion pourra éventuellement établir un dialogue avec la thèse du texte, sans se réduire à la paraphraser.

L'oral de rattrapage

Préparation : 20 minutes
Entretien : 15-20 minutes

• Les résultats des épreuves écrites peuvent donner lieu au passage d'un oral de rattrapage, pour lequel les candidats doivent choisir **deux matières** à repasser. Si le candidat choisit, parmi elles, la philosophie, il présentera à l'examinateur une liste de textes établie par son professeur, à partir d'un travail effectué en classe durant l'année scolaire.
• Les instructions officielles précisent en effet que « l'étude d'une œuvre complète pourra être remplacée, dans les séries technologiques, par celle de textes empruntés à des œuvres différentes ».
• Ces textes doivent appartenir à la liste des auteurs au programme (donnée plus haut).
• L'examinateur choisit un des textes figurant sur la liste présentée par le candidat au moment de l'épreuve, et celui-ci devra en faire une explication.
• Le candidat dispose d'environ **20 minutes** pour la préparation et de **15 à 20 minutes** pour son intervention orale, sauf si l'examinateur estime nécessaire d'abréger ou de prolonger ce temps.
• La note attribuée à l'épreuve possède le même coefficient que l'épreuve écrite de philosophie, c'est-à-dire **2**.

1 La culture

Selon la fameuse définition de l'anthropologue anglais **E. D. Tylor** (1832-1917), « la culture ou civilisation est ce tout complexe qui comprend la connaissance, la croyance, l'art, la morale, le droit, la coutume et toutes autres aptitudes ou habitudes acquises par l'homme en tant que membre de la société ». La **culture** est ainsi cette partie de son milieu que l'homme crée lui-même, par opposition à la **nature**, qui est le milieu donné à l'homme, et l'être biologique qu'est l'homme lui-même.

1 Le passage de la nature à la culture

A La prohibition de l'inceste

• Dans *Les structures élémentaires de la parenté* (1949), C. Lévi-Strauss voit dans la prohibition de l'inceste l'articulation du naturel et du culturel. « La prohibition de l'inceste, explique-t-il, n'est ni purement d'origine culturelle, ni purement d'origine naturelle ; et elle n'est pas, non plus, un dosage d'éléments composites empruntés à la nature et partiellement à la culture. Elle constitue la démarche fondamentale grâce à laquelle, par laquelle, mais surtout en laquelle s'accomplit le passage de la nature à la culture. En ce sens elle appartient à la nature, car elle est une condition générale de la culture, et par conséquent il ne faut pas s'étonner de la voir tenir de la nature son caractère formel, c'est-à-dire l'universalité. Mais en un sens aussi, elle est déjà la culture, agissant et imposant sa règle au sein de phénomènes qui ne dépendent point, d'abord, d'elle. » (*Les Structures élémentaires de la parenté*)

• La prohibition de l'inceste ne relève pas du biologique (les animaux l'ignorent) mais est une **règle sociale**, et relève donc de la **culture** ; cependant elle est la seule règle à être **universelle**, et par là elle relève de la **nature**. Elle apparaît comme ayant pour fonction « d'établir, entre les hommes, un lien sans lequel ils ne pourraient s'élever au-dessus d'une organisation biologique pour atteindre une organisation sociale », car elle est « moins une règle qui interdit d'épouser mère, sœur ou fille, qu'une règle qui oblige à donner mère, sœur ou fille à autrui. C'est la règle du don par excellence ». Or le don fonde les relations sociales dans la mesure où il est un système d'échanges.

B Interdits et travail

D'une manière générale, on peut considérer que la culture se construit contre la nature : « L'homme, écrit G. Bataille, est l'animal qui n'accepte pas simplement le donné naturel, qui le nie, » (*L'Érotisme*, III, 4). On constate ainsi une double négation du naturel.

• **La négation du milieu naturel.** L'homme nie son milieu naturel en le transformant et en produisant un monde d'objets artificiels. C'est le processus du travail, qui apparaît ainsi comme « la voie de la conscience, par laquelle l'homme est sorti de l'animalité » (*id.*).

• **La négation de l'animalité humaine.** L'homme nie sa propre animalité en s'éduquant, c'est-à-dire en s'imposant des **interdits**, ceux qui portent sur les excréments témoignant clairement de cette négation de l'animalité. Selon Bataille, les réseaux d'interdits s'articulent autour de deux interdits fondamentaux, celui de la mort (parce qu'elle serait liée à une violence incompatible avec l'ordre du travail) et celui de la **sexualité** (car l'exubérance sexuelle diminuerait également l'aptitude au travail).

2 La distinction du naturel et du culturel

Il est difficile, peut-être vain, de vouloir distinguer dans les comportements humains ce qui relève du naturel et ce qui relève du culturel. L'homme est **un être biologique en même temps qu'un être social** : ses capacités physiologiques sont modifiées par sa culture ; celle-ci ne se superpose pas à la vie, mais forme avec elle une **synthèse** originale. Par exemple, si l'acte de se nourrir est évidemment naturel, il est aussi profondément culturel : les goûts, le choix des aliments, leurs modes de préparation et de consommation dépendent de la culture. C'est encore ce que souligne Merleau-Ponty en écrivant : « L'usage qu'un homme fera de son corps est transcendant à l'égard de ce corps comme être simplement biologique. Il n'est pas plus naturel ou pas moins conventionnel de crier dans la colère ou d'embrasser dans l'amour que d'appeler table une table. Les sentiments et les conduites passionnelles sont inventés comme les mots. Même ceux qui, comme la paternité, paraissent inscrits dans le corps humain sont en réalité des institutions. Il est impossible de superposer chez l'homme une première couche de comportements que l'on appellerait "naturels" et un monde culturel ou spirituel fabriqué. Tout est fabriqué et tout est naturel chez l'homme, comme on voudra dire, en ce sens qu'il n'est pas un mot, pas une conduite qui ne doive quelque chose à l'être simplement biologique – et qui en même temps ne se dérobe à la simplicité de la vie animale, ne détourne de leur sens les conduites vitales, par une sorte d'échappement et par un génie de l'équivoque qui pourraient servir à définir l'homme ! » (*Phénoménologie de la perception*)

A Le mythe de l'état de nature

Dans ces conditions, il apparaît contradictoire de parler d'homme à l'état de nature. Ce thème de l'état de nature a été souvent utilisé par les philosophes, aux XVIIe et XVIIIe siècles, notamment dans la philosophie du droit. Comme le fit observer J.-J. Rousseau (*Discours sur l'inégalité*), un tel état ne peut être considéré comme une réalité, même passée, mais plutôt comme une **hypothèse** permettant de dégager la spécificité de l'état de société. On peut s'interroger sur la valeur opératoire d'une telle hypothèse.

B Existe-t-il une nature humaine ?

L'idée qu'il existe une nature humaine qui serait un ensemble de propriétés définissant de manière éternelle et immuable ce qu'est « l'homme en soi » (ce qui ne veut pas dire qu'il n'existerait pas des caractéristiques communes à tous les hommes) a été remise en cause dans des perspectives diverses.

- **Pour K. Marx.** « L'essence de l'homme n'est pas une abstraction inhérente à l'individu isolé. Dans sa réalité, elle est l'ensemble des rapports sociaux » (*VIe thèse sur Feuerbach*) : les hommes sont des « produits des circonstances » historiques, encore que ce soient eux qui « transforment les circonstances » (*IIIe thèse*).

- **Pour J.-P. Sartre.** « Il n'y a pas de nature humaine, puisqu'il n'y a pas de Dieu pour la concevoir. L'homme est non seulement tel qu'il se conçoit, mais tel qu'il se veut, et comme il se conçoit après l'existence, comme il se veut après cet élan vers l'existence ; l'homme n'est rien d'autre que ce qu'il se fait. » (*L'existentialisme est un humanisme*)

Citation

« La nature, c'est le choix de soi-même en face de la liberté oppressive des autres. »
Sartre, *Cahier pour une morale*.

L'homme aurait donc moins une nature qu'il ne serait une histoire.

C Y a-t-il une hérédité psychologique ?

• Le problème de la nature humaine pose celui de **l'hérédité psychologique**. Car s'il existait une hérédité psychologique comme il existe incontestablement une hérédité biologique, les comportements socioculturels pourraient s'expliquer en termes de déterminisme biologique, comme le veulent certains sociobiologistes, pour qui « l'organisation sociale représente la résultante comportementale des interactions d'organismes dotés d'inclinations biologiquement réglées, et ne représente que cela », en sorte qu'« il n'y a rien dans les sociétés qui ne soit d'abord présent dans les organismes » (M. Sahlins, *Critique de la sociobiologie*). Les phénomènes sociaux s'expliqueraient notamment par « l'économie concurrentielle de la nature », l'exploitation sociale n'étant que l'expression du principe darwinien de la sélection naturelle.

• À une telle vue, on oppose **la non-hérédité comportementale** de l'homme. « La vérité, écrit L. Malson, est que le comportement, chez l'homme, ne doit pas à l'hérédité spécifique ce qu'il lui doit chez l'animal. Le système de besoins et de fonctions biologiques, légué par le génotype à la naissance, apparente l'homme à tout être animé sans le caractériser, sans le désigner comme membre de l'"espèce humaine". En revanche, cette absence de déterminations particulières est parfaitement synonyme d'une présence de possibles indéfinis. À la vie close, dominée et réglée par une nature donnée, se substitue ici l'existence ouverte, créatrice et ordonnatrice d'une nature acquise. Ainsi, sous l'action des circonstances culturelles, une pluralité de types sociaux et non un seul type spécifique pourront-ils apparaître, diversifiant l'humanité selon le temps et l'espace. Ce que l'analyse même des similitudes retient de commun chez les hommes, c'est une structure de possibilités, voire de probabilités, qui ne peut passer à l'être sans contexte social, quel qu'il soit. » (*Les Enfants sauvages*)

Philosophie

3 Le problème du relativisme culturel

A L'ethnocentrisme

L'ethnocentrisme, phénomène ancien et, semble-t-il, universel, désigne le fait de juger (principalement de condamner) des **cultures étrangères** à partir de sa **propre culture** tenue pour supérieure. L'autre est jugé comme un « barbare », un « sauvage », voire un être n'appartenant pas à l'humanité. « L'humanité, observe C. Lévi-Strauss, cesse aux frontières de la tribu, du groupe linguistique, parfois même du village ; à tel point qu'un grand nombre de populations dites primitives se désignent elles-mêmes d'un nom qui signifie les "hommes" (ou parfois – dirons-nous avec plus de discrétion ? – les "bons", les "excellents", les "complets"), impliquant ainsi que les autres tribus, groupes ou villages ne participent pas des vertus ou même de la nature humaines, mais sont tout au plus composés de "mauvais", de "méchants", de "singes de terre" ou d'"œufs de pou". On va souvent jusqu'à priver l'étranger de ce dernier degré de réalité en en faisant un "fantôme" ou une "apparition". » (*Race et histoire, III*)

B La hiérarchisation des cultures

Cet ethnocentrisme sous-tend les diverses tentatives pseudo-objectives de hiérarchisation des cultures, plus ou moins fondées sur une conception de l'histoire qui postule des **stades** ou des âges de l'humanité par lesquels passeraient toutes les civilisations, ce qui autoriserait à classer les cultures selon l'étape du **progrès universel** qu'elles représenteraient. Une telle conception se retrouve chez des penseurs aussi divers que J.-B Vicot, Condorcet, Hegel, A. Comte, K. Marx ou O. Spengler. Mais il s'agit là d'un **faux évolutionnisme** qui s'appuie sur des ressemblances superficielles et fragmentaires et sur un choix de valeurs, de critères (par exemple le niveau technologique), arbitrairement dictés par une culture particulière : celle de celui qui hiérarchise.

2 L'art et la technique

Au sens premier, l'art, qui s'oppose à la nature, est synonyme de technique ; aujourd'hui il désigne la création d'œuvres exprimant un idéal de beauté. Mais quelle est la légitimité d'une telle distinction ?

1 De l'artisan à l'artiste

Il n'est pas inutile de savoir que le mot « art » n'a pas toujours désigné les « beaux-arts », que la distinction de l'artisan et de l'artiste est assez récente. L'art de l'**artisan** est une **technique**. L'art de l'**artiste**, lui, désigne « toute production de la beauté par les œuvres d'un être conscient » (A. Lalande) ou encore toute création d'œuvres qui ont un intérêt, une valeur **esthétiques**. Ce second sens (le sens esthétique de l'art) est aujourd'hui le plus usuel. En effet, au XVIIIe siècle l'artiste se sépare de l'artisan et « l'art » désigne très généralement les **beaux-arts**. On peut expliquer cet avènement par celui d'une production industrielle qui repose sur une technique de plus en plus consciente de ses règles, par opposition aux manières artisanales de produire, où le talent et l'ingéniosité de l'ouvrier (en particulier dans le chef-d'œuvre) ne diffèrent pas essentiellement des manières artistiques de produire.

2 L'émotion esthétique

A Une satisfaction des désirs dans l'imaginaire

S. Freud observe que l'ordre des choses ou l'ordre social rendent impossible la satisfaction réelle de nombreux désirs. Rêveries et fantasmes procurent dans l'imaginaire un plaisir auquel il faut renoncer dans la réalité. L'artiste est celui qui sait mettre en scène des désirs inconscients sans provoquer gêne, angoisse ou désintérêt chez les autres, mais au contraire une **émotion libératrice**. Aristote nommait **catharsis** cet apaisement de l'âme que peut produire l'émotion esthétique ; il remarque ainsi que la tragédie, « en suscitant pitié et crainte, opère une purgation (*catharsis*) de ces émotions ». (*Poétique*)

B Un plaisir désintéressé

- Freud reconnaît que l'artiste nous séduit aussi par le « plaisir attaché à la beauté de la forme ». On nomme **jugement de goût** cette aptitude à sentir la valeur proprement esthétique d'une œuvre, dont E. Kant a analysé les caractères. Ce jugement ne déclare pas simplement un objet **agréable**, c'est-à-dire capable de satisfaire un désir qui peut varier selon les êtres, donc de procurer une jouissance sensuelle (de sorte que sur ce plan il faut admettre le principe « à chacun selon son goût ») ; il affirme aussi sa **beauté**, c'est-à-dire son pouvoir de faire naître une **satisfaction désintéressée** chez n'importe quel homme. « Quand un homme, écrit Kant, donne une chose pour belle, il prétend trouver la même satisfaction en autrui ; il ne juge pas seulement pour lui mais pour tous et parle alors de la beauté comme si elle était une propriété des objets. » (*Critique de la faculté de juger*, 1790)

Citation

« Est beau ce qui plaît universellement sans concept. »
Kant, *Critique du jugement*.

• Seule l'origine du **plaisir esthétique** permet de comprendre cette exigence d'universalité qu'aucune science ne peut établir. Ce plaisir est **désintéressé** : il naît, hors de tout désir, du libre jeu de facultés universelles : une certaine harmonie de l'imagination et de l'entendement, dans laquelle l'une et l'autre s'animent indéfiniment.

3 Le génie artistique

La capacité de l'artiste à produire des œuvres capables de plaire ainsi universellement est ce que Kant nomme le « **génie** ». Kant définit cette faculté de la manière suivante : « Le génie est le talent (don naturel) qui dicte la règle de l'art ; mais le talent, faculté innée de production de l'artiste appartient à la nature ; on pourrait donc s'exprimer ainsi : le génie est la disposition innée de l'esprit par laquelle la nature donne ses règles à l'art. » (*ibid.*)
Le génie se caractérise ainsi par trois éléments.

• **L'originalité.** « Le génie est le talent de produire ce dont on ne saurait donner de règles déterminées, ce n'est pas l'aptitude à ce qui peut être appris d'après une règle quelconque. »

• **L'exemplarité.** « Ses productions, car l'absurde aussi peut être original, doivent en même temps être des **modèles**. » Elles « doivent être proposées à l'imitation des autres ».

• **L'incapacité à « indiquer scientifiquement comment il réalise son œuvre ».** Et pourtant « il donne, en tant que nature, la règle. Donc l'auteur d'une œuvre qu'il doit à son génie ne sait pas lui-même d'où lui viennent les idées et il ne dépend pas de lui d'en concevoir à volonté ou d'après un plan, ni de les communiquer à d'autres dans des prescriptions qui les mettraient à même de produire de semblables ouvrages ». (*ibid.*)

4 L'art et la vérité

• **Hegel.** On dit ordinairement que l'artiste manifeste son imagination, exprime sa personnalité dans son œuvre. Nous pouvons étendre cette considération en avançant avec Hegel que le but final de l'art est de « révéler la vérité, de représenter d'une façon concrète et figurée ce qui s'agite dans l'âme humaine » (*Esthétique*, 1832). L'âme, ou conscience, ne découvre son essentielle liberté qu'à travers le progrès de son déploiement historique. Les œuvres d'art sont les témoins de cette conquête dont le sens ultime ne peut être déchiffré qu'à son terme par la pensée philosophique. Si nous savons que « les peuples ont déposé leurs conceptions les plus hautes dans les productions de l'art, les ont exprimées et en ont pris conscience par le moyen de l'art » (*ibid.*), c'est qu'aujourd'hui la vérité de l'art peut être comprise directement par la pensée philosophique. Mais l'artiste comme tel n'exprimait la vérité qu'à travers des œuvres particulières, individuelles, sensibles et spiritualisées, son savoir n'est pas la pensée conceptuelle du philosophe.

> **Citation**
>
> « L'art, la religion et la philosophie ne diffèrent que par leur forme ; leur objet est le même. »
>
> Hegel, *Esthétique*.

• **Platon.** Ainsi appréhendé, l'art échappe complètement à la critique que lui adressait Platon en dénonçant l'**illusionnisme des artistes** qui nous détournent de l'intelligible, du monde « réellement réel » des Idées, en nous attachant à de simples apparences sensibles.

> **Citation**
>
> « Quant à moi, je refuse le nom d'art à une activité irrationnelle. »
>
> Platon, *Gorgias*.

• **Bergson.** On peut même aller jusqu'à avancer avec Bergson que l'art nous révèle précisément ce qu'est la réalité véritable. Selon Bergson, en effet, « l'art n'est sûrement qu'une vision plus directe de la réalité. » Notre perception ordinaire du réel est utilitaire : nous percevons la réalité à travers des classifications simplificatrices, nous négligeons ce que, dans sa « distraction », l'artiste perçoit pour nous le révéler, à savoir cette « individualité des choses et des êtres » qui en est la véritable réalité. « L'art, résume Bergson, n'a d'autre objet que d'écarter les symboles pratiquement utiles, les généralités conventionnellement et socialement acceptées, enfin tout ce qui nous masque la réalité, pour nous mettre face à face avec la réalité même. » (*Le Rire*, 1900)

• **Nietzsche.** Toutefois, à cette conception de l'art, on peut opposer l'analyse de Nietzsche, pour qui l'art est avant tout une **production vitale d'illusions**.

5 La technique

On peut distinguer trois sortes de techniques.

• **La technique au sens large.** C'est une méthode, un ensemble de moyens permettant de réaliser un but.

• **La technique de l'artisan.** C'est la technique de l'homme de métier, qui est son art, son savoir-faire, les procédés qu'il utilise pour obtenir un résultat. Ces procédés font souvent intervenir une **habileté** (acquise au cours d'un apprentissage plus ou moins méthodique) et/ou des outils, (objets fabriqués qui permettent de « prolonger et d'armer le corps pour accomplir un geste » (G. Simondon). Il convient de pas oublier ce sens lorsqu'on doit réfléchir sur certaines questions, comme : Quelle est la valeur culturelle de la technique ? Qu'est-ce que les techniques peuvent nous apprendre sur l'homme ?

• **La technique issue des sciences.** Elle consiste dans leur application méthodique, dans les **moyens de transformation de la nature** fondés sur les sciences. Ici interviennent, en plus de l'habileté et des outils, un savoir méthodique et des machines.

• **Remarque.** Il ne faut surtout pas confondre la **technique**, dont la fonction est de transformer le réel (plan pratique), et la **science**, qui cherche à connaître, à expliquer (plan théorique). Ainsi l'exemple de la médecine est-il particulièrement ambigu : elle contient des recherches théoriques (la biologie, par exemple), des techniques au sens 2 (l'art du diagnostic) et des techniques au sens 3 (rein artificiel, etc.).

6 L'*homo sapiens* comme *homo faber*

• L'homme est un être capable de fabriquer des **outils**. D'abord élémentaires, ceux-ci prolongeraient en quelque sorte hors du corps un de ses organes : « Les hommes auraient projeté le bras dans le bâton, le doigt dans le crochet ou l'hameçon, le poing dans le caillou percuteur. » (Espinas)

Citation

« À quelle date faisons-nous remonter l'apparition de l'homme sur la terre ? Au temps où se fabriquèrent les premières armes, les premiers outils. »
Bergson, *L'Évolution créatrice*.

• On ne saurait opposer l'*homo faber* et l'*homo sapiens*. L'invention et la fabrication de l'outil mettent en effet en jeu des opérations intellectuelles, une pensée symbolique, un langage : « L'homme, explique A. Leroi-Gourhan,

Citation

« La nature agit, l'homme fait (*facit*). »
Kant, *Opus postumum*.

fabrique des outils concrets et des symboles, les uns et les autres relevant du même processus ou plutôt recourant dans le cerveau au même équipement fondamental. [...] Le langage est aussi caractéristique de l'homme que l'outil [...], ils ne sont que l'expression de la même propriété de l'homme [...]. **Outil** et **langage** sont liés neurologiquement. » (*Le Geste et la parole*, 1964)

A La technique artisanale

Avant les temps modernes, la **technique** est essentiellement **artisanale**. Elle est surtout constituée d'outils et d'instruments mis au point de façon empirique, et de savoir-faire, de procédés efficaces qui se transmettent par un apprentissage fait d'imitations, d'essais, de tâtonnements (« C'est en forgeant... »). Elle ne cherche pas à expliciter ses méthodes, elle ne connaît pas le progrès cumulatif et systématique de la technique contemporaine. Au XVIIe siècle, en revanche, R. Descartes prend acte de la naissance des sciences expérimentales, et conscience des applications qu'elles rendent possibles. Les techniques peuvent devenir des sciences appliquées.

B La science et la technique

Les **techniques contemporaines** sont bien l'application de connaissances scientifiques : sans elles, ni l'ampoule électrique, ni l'échographie, par exemple, ne seraient possibles. Les techniques sont aussi ce par quoi les sciences se constituent et progressent : le télescope pour Galilée, les accélérateurs de particules en physique nucléaire, ou simplement le thermomètre. Ainsi, bien que leurs orientations divergent (la technique vise l'efficacité, la science la connaissance), **science** et **technique** sont **interdépendantes**.

> **Citation**
>
> « La technique nous rend comme maîtres et possesseurs de la nature. »
>
> Descartes, *Discours de la méthode*.

7 L'empire de la technique

A Le machinisme

Les révolutions industrielles, depuis l'apparition de la machine-outil à la fin du XVIIIe siècle, étendent progressivement le règne des techniques. Les **machines** interviennent non seulement dans le cadre de la production, mais d'elles dépendent nos loisirs eux-mêmes. Nous vivons dans un univers technique qui suscite émerveillement et inquiétude.

B Neutralité des techniques ?

Les formes actuelles prises par la domination sur la nature (son exploitation en règle, voire sa destruction) ont conduit à suspecter les techniques elles-mêmes. Toutefois, dans la mesure où elles sont par définition un ensemble de **moyens**, les techniques ne peuvent déterminer des **fins**. La valeur des buts qu'elles réalisent ne dépend pas plus d'elles que leur bon ou leur mauvais usage.

3 Les échanges

L'analyse des échanges prolonge d'abord celle du travail, puisque la division sociale du travail suppose l'existence d'échanges économiques. L'ethnologie contemporaine attire l'attention sur les formes que prennent ces derniers dans les sociétés « primitives » et souligne l'importance, dans toute culture, des échanges matrimoniaux. Mais il ne faudrait pas oublier les échanges d'informations, de messages, d'idées, qui s'opèrent notamment à travers le langage.

1 Les échanges économiques

A La division sociale du travail

C'est la diversité des besoins qui impose la division du travail. Elle devient une division sociale parce que la spécialisation des travailleurs peut accroître leur productivité et améliorer la qualité des produits, leur valeur utilitaire ou **valeur d'usage**.

Mais la spécialisation n'est avantageuse que si les travailleurs **échangent leurs produits** de manière équitable. C'est ce que remarquait déjà Aristote : « Il faut faire en sorte que l'architecte reçoive du cordonnier le produit du travail de ce dernier, et lui donne en contrepartie son propre travail. Si donc tout d'abord on a établi l'égalité proportionnelle des produits et qu'ensuite seulement l'échange réciproque ait lieu, la solution sera obtenue ; et faute d'agir ainsi, le marché n'est pas égal et ne tient pas, puisque rien n'empêche que le travail de l'un n'ait une valeur supérieure à celui de l'autre. » (*Éthique à Nicomaque*)

Citation

« Ce qui donne naissance à une cité, repris-je, c'est, je crois, l'impuissance où se trouve chaque individu de se suffire à lui-même. »
Platon, *La République*.

B La monnaie

- La monnaie facilite d'abord les échanges des produits ; elle permet de définir leur **valeur d'échange**. « Toutes les choses, observe encore Aristote, faisant objet de transaction doivent être d'une façon quelconque commensurables entre elles. C'est à cette fin que la monnaie a été introduite, devenant une sorte de moyen terme, car elle mesure toutes choses et par suite l'excès et le défaut, par exemple combien de chaussures équivalent à une maison ou à telle quantité de nourriture. » (*Ibid.*)

- Mais, observe encore Aristote, si « la monnaie a été inventée en vue de l'échange », elle peut parfois devenir « principe et but de l'échange » dans une économie déréglée où la fin n'est plus l'échange juste mais l'accumulation sans fin de l'argent. (*Politique*)

2 Valeur d'usage et valeur d'échange

En tant qu'elles nous permettent de **répondre à des besoins**, les choses ont pour nous une valeur d'usage : la valeur de l'air, c'est de me permettre de respirer, celle de l'eau d'étancher ma soif, celle du pain de me nourrir, etc. Alors les choses ne sont pas autre chose pour nous que ce qu'elles sont : dans le pain je vois du pain qui peut me nourrir et c'est tout. Dans le **commerce**, en revanche, chaque chose quitte sa nature primitive : elle devient une **marchandise**, c'est-à-dire qu'elle prend une valeur d'échange. En effet, tandis que sous l'angle de sa valeur d'usage chaque chose était considérée **qualitativement** pour elle-même, sous celui de sa valeur d'échange, elle n'est considérée que **quantitativement** par rapport à une ou plusieurs autres choses, et même, au moins virtuellement, avec toutes les autres choses. Le commerce des choses établit en effet un **rapport de valeur** permettant d'échanger les choses, rapport qui peut être traduit par la formule $xA = yB$, c'est-à-dire « une quantité x de marchandise A vaut une quantité y de marchandise B ».

3 L'approche ethnologique

A L'obligation de donner

M. Mauss (1872-1950) a noté que les sociétés archaïques n'ignorent pas les échanges économiques : le **marché** « n'est étranger à aucune société connue ». Mais le régime d'échange y est différent du nôtre.
En particulier :
– Il est moins le fait d'individus que de groupes.
– Il ne porte pas que sur des biens économiques : ce que les groupes « échangent, [...] ce sont avant tout des politesses, des festins, des rites, des services militaires, des femmes, des enfants, des danses, des fêtes, des foires dont le marché n'est qu'un des moments ». (M. Mauss, *Essai sur le don*, dans *Sociologie et Anthropologie*)
– Il est donc « **un fait social total** » parce que sa signification n'est pas simplement économique, mais à la fois juridique, morale, religieuse, magique, utilitaire, sentimentale, voire esthétique.
– Il consiste en dons réciproques qui ont « la forme du présent, du cadeau offert généreusement » ; mais ce caractère de gratuité n'est qu'apparent. Il est en effet facile de démasquer, sous nombre de dons, un échange implicite, parfois tu ou nié, parfois reconnu, mais seul capable de donner un sens à la conduite du donateur. Ou bien les cadeaux, gratifications, pourboires, récompensent des services antérieurs et ils sont dus, ou bien ils anticipent des services futurs, ils créent des dettes dont le donataire (celui qui a reçu le don) devra s'acquitter en retour. Et si certains dons semblent échapper à la logique matérielle de l'échange complet, ne sous-entendent-ils pas une gratification psychologique, qui fait que le donateur désintéressé, comme on dit familièrement, « s'y retrouve » encore ? Ainsi peut-on dénoncer le don « gratuit » comme une illusion et mettre en évidence l'échange implicite qui l'explique.

B L'échange matrimonial

Dans *Les Structures élémentaires de la parenté*, C. Levi-Strauss remarque que « le mariage est partout considéré comme une occasion particulièrement favorable à l'ouverture ou au déroulement d'un cycle d'échanges ». Mais il est bien davantage, dans la mesure où il met en jeu « la règle par excellence, la seule universelle » : la prohibition de l'inceste.
L'interdiction d'épouser telle ou telle parente met en effet dans l'obligation de la donner à un autre. La **règle du don** par excellence, la prohibition de l'inceste, lie entre elles les familles biologiques qui constituent le groupe social.

4 La vérité

Il n'y a de **vérité** que s'il y a **jugement**. Les choses ne sont en elles-mêmes ni vraies ni fausses : elles sont ou ne sont pas. Ce sont les idées que nous avons des choses et les jugements que nous formons sur elles qui sont vrais ou faux. Mais en quoi consiste la vérité ? Comment la définir ?

1 La vérité-correspondance

A L'accord entre les idées et la réalité

La plupart des philosophes (Platon, Aristote, Descartes, Kant, etc.) s'accordent avec le sens commun pour faire consister la vérité dans une **ressemblance**, ou une **correspondance**, avec la réalité. C'est ce qu'exprime la formule de la scolastique médiévale : *Veritas est adequatio intellectus et rei*, « la vérité, c'est l'adéquation de l'esprit et de la chose » (cf. saint Thomas, *Somme théologique*, 1a, q. 21, a. 2), ou encore les définitions de Spinoza : « Une idée vraie doit s'accorder avec ce dont elle est l'idée. » (*Éthique*, I, axiome VI). Une idée vraie est ainsi concue comme une sorte de copie exacte de son objet, et la relation de vérité comme quelque chose d'analogue à la ressemblance entre le portrait (l'idée) et le modèle (la réalité ou du moins le phénomène, si, avec Kant, on pose que la réalité en soi nous est inconnaissable).

Citation

« On appelle idée vraie celle qui montre une chose comme elle est en elle-même ; fausse celle qui montre une chose autrement qu'elle n'est en réalité. »

Spinoza, *Pensées métaphysiques*, I, III

B Les objections à cette théorie

• Tout d'abord, il est impossible de vérifier la vérité de nos idées dans la mesure où on ne peut vérifier leur ressemblance : nous ne pouvons en effet sortir de nous-mêmes, de nos représentations, pour comparer à son modèle cette copie que constituerait l'idée. Car, pour qu'une telle comparaison fût possible, il faudrait que nous puissions atteindre la réalité (ou simplement les phénomènes) indépendamment de toute représentation pour pouvoir la comparer avec notre représentation.

• Ensuite, on peut se demander ce que désigne la « ressemblance entre l'idée vraie et la réalité : l'idée n'est pas identique à la réalité ; or l'erreur, elle aussi, ressemble à la réalité. Ne s'agit-il donc que d'une différence de degré ? Mais alors la vérité serait dans une certaine mesure une erreur.

• Enfin, si nous considérons la mathématique pure ou la logique formelle, une telle définition se trouve remise en question dans la mesure où l'on admet que les systèmes logico-mathématiques se réduisant à un maniement de symboles, leurs propositions et leurs objets sont vides de tout contenu. Dès lors, les idéalités mathématiques ne sauraient être que des copies d'elles-mêmes.

2 La vérité-cohérence

A L'accord des idées entre elles

• **La cohérence du jugement.** On peut faire consister la vérité non plus dans l'accord entre les idées et la realité, mais dans l'accord des idées entre elles, dans la **non-contradiction** des jugements ou propositions ; la vérité d'un jugement s'évalue en fonction de sa **cohérence**, c'est-à-dire de son accord ou désaccord avec d'autres jugements. Les vérités doivent donc constituer un système logiquement consistant, dont les éléments sont reliés entre eux de manière à former une seule unité ou totalité cohérente, dont la cohésion même exclut les autres possibilités. Il apparaît ainsi, d'une part, que la vérité d'un jugement est fondamentalement contextuelle, puisqu'on ne peut déterminer la vérité d'une proposition en l'examinant isolément, et d'autre part que les propositions particulières sont en tant que telles seulement partiellement vraies, et par conséquent partiellement fausses, tandis que seul le système dans sa totalité est totalement vrai. Il existe donc en ce sens des degrés de vérité.

• **Un raisonnement mathématique et empirique.** On pourrait objecter aux partisans de la vérité-cohérence que celle-ci se fonde sur le raisonnement *a priori* caractéristique de la logique et des mathématiques, et que sa validité ne saurait être étendue en-dehors de ces domaines. Mais on a fait observer qu'un examen du raisonnement *a posteriori* des sciences empiriques et de la vie ordinaire confirme en réalité cette théorie. Prenons l'exemple de la connaissance historique. Il est évident que lorsque nous voulons vérifier des faits passés, le seul critère de vérité est celui de la cohérence des divers témoignages. Soit l'affirmation : « Jeanne d'Arc est morte empoisonnée au Japon. » Parce que cette proposition n'est cohérente avec aucune des autres assertions fournies par les divers documents que nous possédons, nous la tiendrons pour fausse. Autre exemple, celui de l'expérience ordinaire. Si nous considérons une assertion à propos d'un fait présent, telle que « il y a un homme dans la pièce voisine », on dira que pour vérifier cela, il suffit de regarder dans cette pièce : si ce qu'on y voit correspond à l'assertion, on la tiendra pour vraie. Par cette réponse, on suppose qu'il existe un fait indiscutable qui s'impose à nos sens et auquel se conforme notre pensée. Mais ce que l'on prend pour la perception d'un fait est en réalité un **jugement** puisque sans un ensemble de jugements on ne pourrait jamais identifier un homme ni une pièce. Nous ne confrontons donc pas ici une assertion et un fait, mais un jugement avec un ensemble d'autres jugements, et ce qui autorise la vérification du jugement initial est bien sa **cohérence** avec ces autres jugements.

B Les objections à cette théorie

De même que la théorie de la vérité-correspondance, cette théorie de la vérité-cohérence rencontre cependant plusieurs obstacles.

• **La nécessité d'une vérité antérieure.** Premièrement, en déterminant la cohérence de propositions, nous usons de vérités logiques : nous devons donc déjà posséder un critère de vérité **antérieur** à celui de la cohérence.

• **Des vérités multiples ?** Surtout, il est possible d'obtenir une multiplicité de systèmes différents quoique également cohérents : ils devront donc tous être tenus pour vrais. On aura par conséquent des **vérités concurrentes**, alors que la vérité est par nature conçue comme **unique**.

• **Quelle cohérence ?** Par ailleurs, quand nous parlons de cohérence, de quelle cohérence s'agit-il ? Est-ce une cohérence avec tout le reste, c'est-à-dire avec toutes les autres propositions qui peuvent être énoncées ? Cela est évidemment impossible, car la totalité des propositions signifiantes est assurément inconsistante (puisque certaines sont fausses), donc incohérente. Est-ce plus simplement une cohérence avec quelque chose, c'est-à-dire avec quelque(s) proposition(s) ? Il est alors clair que toute proposition satisfera à cette condition, et que sa cohérence ne nous apprendra rien sur sa vérité.
On ne peut pas non plus dire qu'il s'agit d'une cohérence avec d'autres vérités, car on aura alors besoin d'autres critères préalables pour déterminer la vérité de ces autres vérités. La **cohérence** ne peut donc servir de critère pour une vérité première, mais seulement pour son **développement**.

5 La raison et la croyance

• Le terme de « raison » recouvre des significations assez diverses. Il convient d'abord de distinguer la raison et une raison.
• Le jugement ne consistant pas simplement à concevoir un rapport, mais à affirmer ou à nier ce dernier, il implique une adhésion ou une non-adhésion de l'esprit à la vérité du rapport conçu. C'est le phénomène de la croyance.
En tant qu'adhésion à une proposition tenue pour vraie, la croyance peut accompagner un jugement, conclure une réflexion ; mais elle peut aussi n'être fondée sur aucun jugement ni aucune réflexion : elle s'identifie alors souvent au préjugé ou, dans la sphère religieuse, à la foi.

• Principe d'explication. **Une raison** désigne le **principe d'explication** d'un phénomène, sa cause (on parle ainsi de « la raison des choses », on dit que « rien ne se produit sans raison ») ou encore le motif légitime (ou qui se veut tel) d'une action (cf. « avoir des raisons pour agir »).

• Faculté de raisonner. **La raison**, quant à elle, désigne au sens strict la **faculté de raisonner**, c'est-à-dire de former des concepts (des idées abstraites) et de les combiner entre eux de manière logique. Par extension, elle peut aussi désigner la **faculté de bien juger**, c'est-à-dire de distinguer ce qui est vrai d'avec ce qui est faux, ce qui est bien d'avec ce qui est mal, voire ce qui est beau d'avec ce qui est laid. Cette seconde acception prend donc une **valeur normative** que n'a pas la première. C'est en ce sens que Descartes parle de la raison, synonyme de « bon sens » ; c'est toujours en ce sens que nous disons qu'il faut « faire ce que nous dicte la raison », que quelque chose n'est pas « raisonnable », que nous « avons raison », etc.

• Type de connaissance. Enfin, **la raison** peut désigner un **type de connaissance** ayant pour objet les phénomènes naturels, par opposition à **la foi**, qui a pour objet des connaissances révélées. Ces trois sens ne sont pas toujours distingués, et se voient souvent simultanément mis en jeu dans certaines questions, comme lorsqu'on se demande s'il peut y avoir un mauvais usage de la raison ou si la raison est l'unique moyen de sagesse.

1 L'universalité de la raison

• La raison, faculté universelle. Pour la philosophie classique, la raison, en tant que faculté de former et de combiner logiquement des concepts, est **universelle** : l'homme se définit comme un **animal raisonnable**. Par conséquent, la raison est la même chez et pour tous les hommes, ce qui ne veut pas dire que tous en usent également. L'ethnologie de la fin du XIXe siècle et du début du XXe siècle a remis en cause cette conception en soutenant la thèse qu'il existerait une « **mentalité primitive** » propre à l'homme des prétendues « sociétés inférieures ». Cette idée a notamment été développée par le philosophe français L. Lévy-Bruhl (1857-1939) qui s'est efforcé de montrer que la « mentalité primitive » s'oppose à la « **mentalité rationnelle** » caractérisant l'homme des « sociétés évoluées ».

> Citation
>
> « Pour la raison ou le sens, d'autant qu'elle est la seule chose qui nous rend hommes et nous distingue des bêtes, je veux croire qu'elle est tout entière en un chacun. »
>
> Descartes, *Discours de la méthode*.

• **La mentalité primitive et la non-contradiction.** Selon Lévy-Bruhl (*Les Fonctions mentales dans les sociétés inférieures*), en effet, la mentalité des « primitifs » serait « **prélogique** » en ce sens qu'elle ignorerait, premièrement, les **rapports naturels de causalité** au profit de rapports de « participation » (c'est-à-dire que pour elle, « la production des êtres et des phénomènes, l'apparition de tel ou tel événement, résultent d'une action mystique qui se communique, sous des conditions mystiques elles-mêmes, d'un objet ou d'un être à un autre ») et, deuxièmement, **le principe de non-contradiction** (les « primitifs » admettraient comme simultanément vraies des propositions logiquement incompatibles). Mais Lévy-Bruhl a fini par reconnaître lui-même que son analyse était erronée, et qu'il est faux de dire que la prétendue mentalité primitive enfreint le principe de contradiction : ce serait parce que la pensée des primitifs « n'est pas conceptuelle » (*id.*) qu'ils peuvent admettre des propositions qui nous paraissent contradictoires, mais qui ne le sont pas pour eux. « Nous ne disons donc pas, explique Lévy-Bruhl, que leur esprit a de moindres exigences logiques que le nôtre, mais simplement qu'il ne pense pas par concepts et qu'il a d'autres habitudes mentales. » (*id.*)

• **La mentalité primitive et la causalité.** Dans ces conditions, il apparaît aussi que tout comme la mentalité primitive n'ignore pas le principe de non-contradiction, elle n'ignore pas non plus celui de la **causalité**. « La mentalité primitive fonde aussi ses techniques sur cet ordre régulier qui commande les phénomènes de la nature, et en ce sens, elle fait à tout instant des inductions, que l'expérience confirme en fait. Mais elle admet en même temps que des exceptions se produisent, et elle n'aurait jamais l'idée d'en nier la réalité au nom d'un déterminisme inviolable. » Lévy-Bruhl admet donc finalement que la mentalité primitive n'est nullement une mentalité « prélogique » : elle se caractériserait seulement par deux traits : une **non-conceptualisation** et un abandon occasionnel mais assez fréquent des rapports de causalité au profit des **rapports mystiques de participation**.

• **La mentalité primitive cohérente et rationnelle.** Mais il faut encore aller plus loin, et reconnaître que les « primitifs » n'ignorent nullement les concepts, qu'ils pensent bien par **concepts**, simplement qu'ils conceptualisent le monde d'une manière différente de la nôtre, mais parfaitement **cohérente et rationnelle**. Ainsi que l'a montré C. Lévi-Strauss, les « primitifs » s'approchent des lois de la nature par les voies de l'information en prenant le monde comme un **système signifiant**, comme un message ou un discours où chaque chose est un signe, un élément du message général : « La pensée sauvage est logique, dans le même sens et de la même façon que la nôtre, mais comme l'est seulement la nôtre quand elle s'applique à la connaissance d'un univers auquel elle reconnaît simultanément des propriétés physiques et des propriétés sémantiques. Ce malentendu une fois dissipé, il n'en reste pas moins vrai que, contrairement à l'opinion de Lévy-Bruhl, cette pensée procède par les voies de l'entendement, non de l'affectivité ; à l'aide de distinctions et d'oppositions, non par confusion et participation. » (*La Pensée sauvage*, 1962)

2 Peut-on douter de la valeur de la raison ?

A Le doute sceptique

• Pyrrhon (IVe siècle avant Jésus-Christ), fondateur du scepticisme antique, et ses disciples disent qu'« il faut toujours **douter** », pour « **détruire les dogmes** ». Selon eux, « à tout raisonnement, on peut opposer un autre raisonnement » et « la raison n'est autre chose qu'une indication donnée sur les apparences ou sur ce que l'esprit imagine de quelque façon que ce soit, indication par laquelle on compare toutes choses entre elles, et qui montre en elles un mélange de grande confusion et de grande contradiction » (Diogène Laërce, II).

• Autrement dit, le doute sceptique utilise la raison pour douter de la valeur de la raison comme source de connaissances universelles et nécessaires ; mais cet usage de la raison ne débouche sur aucun dogmatisme, sur aucune certitude. Nous ne sommes jamais sûrs des « affirmations appuyées sur des raisonnements », disent les sceptiques, et par conséquent « nous suspendons notre jugement sur ces choses incertaines » (*id.*). Ce doute cohérent suspecte donc radicalement la valeur de la raison spéculative qui prétend connaître l'essence du réel. Il n'exclut pas un certain usage, en quelque sorte modeste, de la raison, si par là on désigne la capacité générale qu'a l'homme d'examiner (en grec, *skeptomai*, qui a donné « sceptique », veut dire « j'examine ») les savoirs et les pratiques, et de prendre ainsi conscience de leur **relativité**.

B La foi comme dépassement de la raison ?

• Pascal reconnaît la force du doute sceptique : « nous avons une impuissance de prouver, invincible à tout le dogmatisme ».

• Mais d'un autre côté, « nous avons une idée de la vérité, invincible à tout le pyrrhonisme » (*Pensées*). Cette idée de la vérité, on peut la voir à l'œuvre même dans le doute sceptique, lequel ne rencontre l'incertitude que parce qu'il cherchait d'abord la vérité. La raison qui anime le doute met en question la suffisance de la raison, « il n'y a rien de si conforme à la raison que ce désaveu de la raison » (*id.*).

> **Citation**
>
> « Il faut savoir douter où il faut, se soumettre où il faut, croire où il faut. »
>
> Pascal, *Pensées sur la religion*.

• Mais l'humiliation de la raison par la raison elle-même ne peut pas nous enfermer dans le scepticisme, dans la mesure où « la dernière démarche de la raison est de reconnaître qu'il y a une infinité de choses qui la surpassent » (*id.*).

• Dès lors, pour Pascal, nous sommes invités à rendre raison des « contrariétés » de l'homme par un **dépassement du plan de la rationalité humaine**. Le doute, en ce sens, conduirait de la **raison philosophique** à la **croyance religieuse**. Il mettrait légitimement en cause la valeur de la raison et préparerait son propre dépassement dans un « pari » qui conduit à penser que « la philosophie ne vaut pas une heure de peine ». Ainsi, le doute qui faisait accéder à la philosophie en ferait aussi sortir, non pour revenir aux opinions préphilosophiques, mais pour s'engager sur un plan présenté comme supérieur à la philosophie.

3 La raison peut-elle être normative ?

Dans son *Traité de la nature humaine*, D. Hume observe que « rien n'est plus habituel en philosophie, et même dans la vie courante, que de parler du combat de la passion et de la raison, de donner la préférence à la raison et d'affirmer que les hommes ne sont vertueux que dans la mesure où ils se conforment à ses décrets. Toute créature raisonnable, dit-on, est obligée de régler ses actions par la raison ; si un autre motif ou un autre principe entre en lutte pour diriger sa conduite, elle doit le combattre jusqu'à complète soumission ou du moins jusqu'à ce qu'il soit amené à un accord avec ce principe supérieur ». Hume rejette cette opposition traditionnelle entre **la raison** et **les passions**, ainsi que la prééminence supposée de la raison, en faisant remarquer « premièrement, que la raison ne peut être à elle seule un motif pour un acte volontaire, et deuxièmement, qu'elle ne peut jamais combattre la passion sans la direction de la volonté » (id.).

A La raison ne peut s'opposer aux passions

En effet, dans la mesure où la raison, au sens strict, est la faculté de former et de combiner logiquement des concepts et des propositions, la raison nous autorise simplement à dire si de telles combinaisons, ou **jugements**, sont cohérents ou incohérents, c'est-à-dire si ces jugements sont **formellement vrais ou faux**. D'autre part, en confrontant ces jugements à l'expérience, la raison nous permet de dire s'ils correspondent à des faits, c'est-à-dire s'ils sont **réellement vrais ou faux**. Par ses enseignements (en exposant, par exemple, des rapports de causes et d'effets), la raison peut donc seulement **diriger** une impulsion, modifier le cours d'une action dont elle ne peut être à l'origine : « Un raisonnement abstrait ou démonstratif n'influence jamais aucune de nos actions, sinon en tant qu'il dirige notre jugement au sujet des causes et des effets. » (*id.*) Dans ces conditions, c'est bien de manière non rigoureuse que nous parlons du combat de la raison contre les désirs et les passions : « Puisque la raison à elle seule ne peut jamais produire une action, ni engendrer une volition, je conclus que la même faculté est aussi incapable d'empêcher une volition ou de disputer la préférence à une passion ou à une émotion [...] Mais, si la raison n'a pas d'influence primitive, il est impossible qu'elle puisse contrebalancer un principe qui a ce pouvoir ou qu'elle puisse faire hésiter l'esprit un moment. Il apparaît ainsi que le principe qui s'oppose à notre passion, ne peut s'identifier à la raison et que c'est improprement qu'on l'appelle de ce nom. » (*id.*)

> **Citation**
>
> « La raison est et ne doit être que l'esclave des passions, elle ne peut jamais remplir un autre office que celui de les servir et de leur obéir. »
>
> Hume, *Traité de la nature humaine*.

B La raison ne peut juger les passions

La raison ne peut juger les passions en elles-mêmes, puisque les **passions** sont des **faits**, des « existences primitives », et que la **raison** ne juge pas les faits, mais les **relations** entre les faits ou les idées. La raison peut uniquement juger les éventuels jugements et opinions qui accompagnent les passions et qui se fondent soit sur la supposition de l'existence d'objets qui, en réalité, n'existent pas, soit portent sur des moyens considérés comme propices pour obtenir la fin projetée mais qui ne le sont pas en fait.

4 Qu'est-ce qu'une croyance ?

A La définition et les sources

• **Définition.** Croire, c'est affirmer la vérité d'une proposition, bien que cette vérité ne soit pas la conclusion nécessaire d'une argumentation qui la prouve, comme c'est le cas dans la science. Le mathématicien, par exemple, ne *croit* pas que la somme des angles d'un triangle soit égale à 180° : il le *sait*, pour l'avoir méthodiquement démontré, c'est-à-dire déduit des définitions, axiomes, premiers principes de la géométrie d'Euclide.
Les modalités de la croyance sont le **doute**, la **probabilité**, la **certitude**.

• **Sources.** La croyance peut avoir pour sources :
– **des facteurs sociaux** : les croyances sont souvent dictées par la société ou, à l'intérieur d'une même société, par des groupes sociaux (famille, classe sociale, etc.) ;
– **des facteurs affectifs** : de nombreuses croyances spontanées dépendent des sentiments et des désirs conscients ou inconscients des individus (voir l'apport de la psychanalyse) ;
– **des facteurs volontaires** : le rôle de la volonté a été souligné par les stoïciens et par Descartes. Mais ce rôle se manifeste essentiellement dans le refus de croire, c'est-à-dire dans le doute. Car il ne suffit pas de vouloir croire pour croire.

6 L'expérience

Le mot « expérience » apparaît dans des contextes très divers, avec des significations différentes. On peut distinguer :
– **l'expérience-relation immédiate** d'un sujet avec une réalité extérieure ou intérieure à sa conscience ;
– **l'expérience-observation**, constatation plus ou moins précise de certains faits, de certains phénomènes, dont on note les caractères importants ;
– **l'expérience-pratique** (avoir de l'expérience), savoir-faire acquis par la répétition de certaines activités ;
– **l'expérience-expérimentation** scientifique.

1 L'expérience en question

A L'expérience trompeuse

• Lorsqu'un individu tient une idée pour vraie, quelle que soit cette idée et si fausse qu'elle puisse se révéler à l'examen, il le fait au nom d'une certaine **expérience** ; il pense que son idée est déjà contrôlée, ou bien qu'elle peut l'être. Sans cela, l'idée lui semblerait une simple « vue de l'esprit », une affirmation gratuite, sans valeur de vérité. Pour prendre un exemple caricatural mais assez clair, une proposition raciste, dans l'esprit de celui qui la pose comme vraie, est l'expression d'un fait qu'on a observé ou qu'on pourrait observer ; même si ces « observations » ne sont que les interprétations contestables de faits plus ou moins imaginaires, elles constituent « l'expérience » sans laquelle une thèse ne serait pas considérée comme vraie par celui qui la pose. Dans leur caverne, les prisonniers dont parle Platon fondaient leurs opinions sur la seule « expérience » qu'ils avaient de la réalité : la perception des ombres (*voir la République*, début du livre VII).

• Pour passer de l'erreur, de l'illusion, du préjugé, à une vérité fondée, il ne suffit pas de « s'en tenir aux faits », aux données premières d'une expérience quelconque, il est nécessaire de se méfier des « expériences » immédiates. Bien plus, les propositions qu'il faut tenir pour vraies pourraient être, précisément, celles qui sont affranchies du contrôle incertain de l'expérience.

B Des vérités sans expérience ?

• **Les vérités mathématiques.** Si Platon inscrit au fronton de l'Académie : « Que nul n'entre ici s'il n'est géomètre », s'il donne aux mathématiques une valeur exemplaire, c'est essentiellement parce qu'elles installent l'esprit sur le plan des **pures idées** ; les mathématiques ne tiennent pas leur vérité du sensible, de l'expérience trompeuse. En effet, elles forment un système de propositions logiquement liées qui reposent sur des hypothèses de départ. Platon demande au philosophe de « traiter ces hypothèses non comme des principes mais réellement comme des hypothèses, comme de simples bases de départ et des tremplins pour atteindre à ce qui n'est plus hypothétique mais principe de tout… » (*République*, VII, 511b-c). La raison, par la seule puissance de sa dialectique, atteindrait ainsi l'absolu. La vérité ne repose pas sur une expérience du monde sensible.

Plus généralement, on oppose traditionnellement la **vérité matérielle** d'une proposition, qui soulève le problème de son accord avec une réalité par l'intermédiaire d'une expérience, à sa **vérité formelle** ou logique : dans ce cas, sera « vraie » une proposition dont on peut montrer qu'elle est logiquement déductible d'autres propositions, qu'elle est obtenue par un raisonnement valide, cohérent. Mais une proposition « vraie » formellement ne peut l'être matériellement que si les propositions dont elle résulte sont elles-mêmes vraies matériellement : le problème est donc déplacé. C'est pourquoi Platon cherchait à atteindre l'absolu qui pourrait faire des mathématiques autre chose qu'une simple construction hypothéticodéductive. C'est pourquoi, sur un autre plan, les expressions : « vérité mathématique », ou « connaissance mathématique », posent problème si les mathématiques sont essentiellement déductives et formalisables.

• **La métaphysique cartésienne.** R. Descartes, mathématicien lui-même, admire « ces longues chaînes de raison, toutes simples et faciles, dont les géomètres ont coutume de se servir pour parvenir à leurs plus difficiles démonstrations ». Il conçoit donc sa philosophie (au sens large de science ou connaissance de la réalité) sur le modèle d'une pensée essentiellement démonstrative. Mais les propositions que sa raison enchaîne de façon déductive tiennent d'abord leur vérité d'une **expérience originaire** qui donne à la première proposition, dans l'ordre de la connaissance, une valeur de vérité « évidente », indubitable. Le ***cogito*** (je doute, je pense, je suis) n'est pas une proposition comme les autres : en elle, je fais l'expérience de ma propre réalité, de la nature de ma conscience – et de cette expérience inaugurale, je peux déduire des propositions qui, ainsi fondées en vérité, seront nécessairement vraies, même si elles ne sont pas toutes directement contrôlables par des expériences.

• **La critique kantienne.** En contestant la vérité du premier principe de la philosophie cartésienne (« la conscience de soi-même n'est pas encore, il s'en faut, une connaissance de soi-même »), E. Kant tient la métaphysique cartésienne pour une construction purement rationnelle qui ne peut être tenue pour vraie : à une telle construction, la raison peut toujours opposer d'autres constructions qui la contredisent. D'où « l'embarras » de la métaphysique, cette « connaissance spéculative de la raison tout à fait isolée et qui s'élève au-dessus de l'expérience par de simples concepts » (préface de la seconde édition de la *Critique de la raison pure*). L'histoire de la philosophie est une véritable « arène » où nul ne l'emporte jamais.

Nécessité et **universalité**, ces « deux marques sûres d'une connaissance véritable », ne caractérisent donc pas les propositions d'une raison qui spécule en dehors des bornes de l'expérience et qui, par conséquent, « divague ». Pourtant, certains jugements indémontrables et invérifiables, selon E. Kant, peuvent être tenus pour vrais. Ce sont les postulats de la Raison pratique (affirmation de la liberté, de l'existence de Dieu, etc.) qui rendent possible l'action morale. Dire « je suis libre », c'est tenir pour vrai un jugement en sachant qu'il n'est pas l'objet d'une vérification expérimentale. Il est en effet possible de penser ce qu'on ne peut connaître. « J'ai dû, dit Kant, supprimer le savoir pour y substituer la croyance » (*ibid.*) : une **foi rationnelle**, consciente d'être telle, tient pour vraies des propositions non contrôlables par l'expérience.

> Citation
>
> « Si toute notre connaissance débute avec l'expérience, cela ne prouve pas qu'elle dérive toute de l'expérience. »
>
> Kant, *Critique de la raison pure*.

2 Les vérités expérimentales

• En reconnaissant l'importance de l'**expérience**, la philosophie de Kant prend acte de l'essor des sciences expérimentales depuis Galilée, Torricelli, etc. Mais le statut précis de l'expérience dans la constitution des propositions scientifiques (lois, théories) n'est pas aussi simple qu'on pourrait le croire. Il doit toujours être défini dans le cadre précis d'une science précise, à un moment précis de son développement.

7 La liberté

Le problème de la liberté s'analyse selon deux niveaux différents : le **niveau moral et politique** d'une part et le **niveau philosophique** d'autre part, où se pose la question de savoir si la liberté existe réellement ou si elle n'est qu'une illusion.

1 L'affirmation de la liberté

A Le sentiment de la liberté

L'homme est-il **libre**, ou bien toutes ses pensées, tous ses comportements, sont-ils **déterminés** ? Les défenseurs de la liberté diront que celle-ci existe puisque nous en faisons spontanément l'expérience : nous nous sentons libres, nous avons une intuition immédiate de notre liberté, du pouvoir de dire « non » (affirmer ou nier, agir ou ne pas agir). Telle est, entre autres, la position de R. Descartes, qui pose que cette liberté est **infinie**.

B Des confirmations morales et sociales

Nous avons une conscience morale. Or la **morale** n'a de sens que s'il y a **liberté** : il ne peut y avoir de devoir que si nos comportements ne sont pas déterminés. On juge généralement que nous ne sommes responsables que lorsque nous agissons consciemment et librement. L'homme aveuglé par la passion, par exemple, ne serait pas pleinement responsable, parfaitement libre. Mais selon J.-P. Sartre, parce que nous sommes des consciences, nous sommes toujours **responsables**.

Cette conscience de la liberté nous est confirmée par la vie sociale : les lois supposent et témoignent de la liberté des hommes, puisqu'elle sont ce à quoi les hommes se soumettent et ce qui les contraint.

2 L'illusion de la liberté

A Liberté ou déterminisme ?

Bien que nous ayons le sentiment de la liberté et que nous agissions comme si nous étions libres, le sommes-nous pourtant réellement ? La liberté n'est-elle pas synonyme d'ignorance de ce qui nous détermine à agir ? De fait, les sciences humaines, en s'efforçant d'expliquer l'homme, ont considérablement réduit la liberté du sujet volontaire. La **sociologie** a montré que les comportements humains sont déterminés par les processus socio-économiques. La **psychanalyse** a avancé que le sujet conscient – qui revendique la liberté – est profondément déterminé par les mécanismes de son inconscient : je crois que je veux alors que « ça » veut. La **linguistique** a souligné que les pensées du sujet étaient tributaires de sa langue, les structuralistes posant même que celle-ci est un système sans sujet et que les intentions du locuteur ne sont que des « effets de surface » du fonctionnement impersonnel des signifiants et signifiés : je crois que je parle, alors que c'est la langue qui parle.

B Le déterminisme est universel

On peut considérer que tous les phénomènes de l'univers obéissent à des lois universelles et immuables : tout ce qui se produit dans le monde a une cause, **tout est déterminé**. En poussant cette vue à l'extrême, on est conduit, comme le fit l'astronome Laplace (1749-1827), à poser que si nous connaissions toutes les masses, positions et vitesses de toutes les particules de l'univers à un moment donné, nous pourrions calculer tout ce qui s'est produit dans le passé comme ce qui se produira dans l'avenir. Dès lors, comment, puisque je fais partie du monde, pourrais-je échapper à ce déterminisme universel ? Le **sentiment de ma liberté**, comme l'a souligné B. Spinoza, ne serait que la marque de **mon ignorance des causes** qui me déterminent.
Dans ces conditions, la véritable liberté consisterait dans la connaissance et la reconnaissance de nos déterminations : la véritable liberté consisterait, comme le voulaient Épictète et les stoïciens, à se soumettre à « ce qui ne dépend pas de nous », à la **nécessité**.

2 Les deux niveaux de la liberté

A Le plan moral et politique

Être libre, c'est avoir le droit de, être autorisé à, c'est-à-dire **posséder un pouvoir qui est (ou devrait être) reconnu** par les lois, par les autres. On dit en ce sens : ma liberté s'arrête où commence celle d'autrui (je suis autorisé à faire tout ce qui ne nuit pas aux autres). On revendique la liberté d'opinion ou d'association, etc., si l'on pense que ces droits doivent être reconnus et ne le sont pas.

B Le plan philosophique

Être libre signifie d'ordinaire être l'auteur de ses actes et de ses pensées, en être la vraie cause, non contrainte, avoir le pouvoir de choisir, de décider de faire quelque chose ou de ne pas le faire. Par exemple, si ma liberté (plan 1) s'arrête où commence celle des autres, ne puis-je pourtant décider librement (plan 2) de leur nuire par égoïsme ? Ou au contraire de ne pas leur nuire ? Ou encore, suffit-il que la liberté d'opinion (plan 1) soit reconnue par la loi pour que je ne sois plus prisonnier des opinions courantes de mon époque et que je pense librement (plan 2) ? Pour traiter de manière complète de nombreux sujets, il faut souvent les examiner successivement sur ces deux plans.

C La critique du déterminisme

- **Phénomène et noumènes.** L'affirmation de la liberté humaine apparaît en contradiction avec le déterminisme général de l'univers, du mécanisme universel que postulait la physique classique. C'est cette contradiction que tentèrent de résoudre les philosophies spiritualistes en posant une réalité inaccessible à la science et qui serait fondatrice de la liberté. Ainsi Kant distingue le **monde phénoménal** et le **monde nouménal**. Le monde phénoménal est le monde tel qu'il nous apparaît sous les formes de l'espace et du temps. Ce monde est soumis au déterminisme, mais n'est pas le réel en soi. Le monde réel en soi, ou nouménal, nous reste inconnu: nous ne pouvons donc pas affirmer que le déterminisme y règne aussi. La liberté est donc **possible**.

- **L'indéterminisme fondamental de l'univers.** Les termes du problème ont été renouvelés par la science moderne car la physique quantique reconnaît un indéterminisme fondamental, un hasard absolu, au sein de la matière, le déterminisme n'apparaissant qu'avec une multiplicité de phénomènes, et étant ainsi toujours statistique ou probabiliste. Un tel indéterminisme, qui implique que le monde physique soit au moins partiellement indéterminé, autorise donc la liberté.

8 La justice et la loi

D'une loi, d'un arrêt, on peut dire qu'ils sont injustes. La justice se distingue donc du droit positif, qui règle la vie sociale. Mais alors qu'est-elle ?

1 La justice et le droit

- Il convient de distinguer la **justice instituée**, qui est le pouvoir qui fait respecter le droit positif (c'est-à-dire l'ensemble des lois), l'organisation du pouvoir judiciaire dans un État, et la **justice en tant qu'idée**, qui est une certaine conscience de ce qui devrait être, donc du droit idéal, c'est-à-dire de l'ensemble des règles qui peuvent ne pas exister en fait, mais dont on affirme qu'elles devraient exister parce qu'elles sont conformes à ce qu'il est bien d'exiger.
- C'est au nom de cette **justice idéale** que l'on s'interroge par exemple sur la « justice » d'une décision de la justice instituée. La question philosophique centrale est donc de savoir s'il existe ou non une justice en soi, indépendamment des lois du droit positif, celui-ci étant déterminé par l'ensemble des lois positives, c'est-à-dire des règles instituées en fait, réellement, dans une société donnée, par l'autorité compétente. Ainsi, le **légal** (ce qui est conforme au droit positif) n'est pas nécessairement l'équivalent du **juste** ou du **légitime** (ce qui est conforme à la justice ou au droit idéal).

2 L'affirmation d'une justice idéale

A La position de Platon

- **Pour Platon le juste est lié au Bien.** Le **juste** constitue, avec le **vrai** et le **beau**, un des aspects du **Bien**. Le juste est avant tout l'expression de l'ordre et de la mesure. L'injuste est ce qui détruit l'harmonie : il est ce qui met l'individu en conflit avec le cosmos et avec la cité, celle-ci étant un reflet de celui-là. La justice lie les hommes selon des lois harmoniques et les unifie, l'injustice les sépare et les divise. La justice est la vertu propre de l'âme, dont la fonction est de gouverner. **L'âme juste** sera donc **heureuse** même si elle subit l'injustice et l'âme injuste malheureuse. Platon place ainsi la justice « dans la plus belle classe des biens, parmi ceux qu'il faut aimer pour eux-mêmes et pour leurs suites, si l'on veut être heureux ».

Dans ces conditions, la justice étant l'ordre et l'harmonie, dans l'âme, dans la cité, dans le cosmos, il existe bien pour Platon une **justice en soi**, transcendante, dont les lois doivent être l'expression.

- **La position platonicienne est celle de toute conscience religieuse.** Il y a une **justice éternelle** au-delà de toute justice humaine parce qu'il existe un souverain Bien, un Dieu, qui est souverainement juste et donc le principe de la justice. Ainsi, selon J.-J. Rousseau, une justice universelle « émanée de la raison seule » ne saurait se suffire par elle-même, car « toute justice vient de Dieu, lui seul en est la source » (*Du contrat social*, II, 6).

Citation

« Toute justice vient de Dieu, lui seul en est la source ; mais si nous savions la recevoir de si haut, nous n'aurions besoin ni de gouvernement ni de lois. Sans doute il est une justice universelle émanée de la raison seule ; mais cette justice, pour être admise par tous, doit être réciproque. »

Rousseau, *Du contrat social, II, 6.*

B La position d'Aristote

• **Une justice pratique mais universelle.** En rejetant la conception platonicienne d'un Bien universel et absolu, Aristote refuse une justice transcendante, pour ne plus poser qu'une **justice pratique**. Cependant, en considérant, comme Platon, que l'univers est un cosmos, un ordre, Aristote trouve dans cet ordre même le modèle de la justice qui apparaît comme le « bien proportionné », la « juste mesure ». Dans ces conditions, la justice consiste à répartir correctement, à établir des égalités arithmétiques ou proportionnelles. Si cette justice perd sa transcendance, elle n'est reste pas moins **universelle** : « Il y a une justice et une injustice dont tous les hommes ont comme une divination et dont le sentiment leur est naturel et commun, même quand il n'existe entre eux aucune communauté ni aucun contrat. » (cf. *Rhétorique* 1373)

• **Une justice indépendante des lois.** Cette justice universelle existe donc indépendamment des lois, lesquelles ne sauraient d'ailleurs, en raison de leur universalité, y répondre totalement : d'où la distinction du **juste** et de l'**équitable** : « L'équitable, tout en étant juste, n'est pas le juste selon la loi, mais un correctif de la justice légale. La raison en est que la loi est toujours quelque chose de général, et qu'il y a des cas d'espèces pour lesquels il n'est pas possible de poser un énoncé général qui s'y applique avec certitude. » (*Éthique à Nicomaque*, V)

C La position de Kant

Kant affirme lui aussi très nettement la dimension universelle de la justice, dans la mesure où pour lui, la justice, fondée sur les impératifs catégoriques de la loi morale, procède de la Raison, qui est elle-même **universelle**.

Philosophie

3 La réduction de la justice au droit

A Il n'y a de justice que dans la vie sociale

L'idée qu'il puisse exister une justice en dehors du droit a été contestée, surtout par les philosophies d'orientation matérialiste. Ainsi, pour Épicure, « la justice n'est rien en soi ; la société des hommes en a fait naître l'utilité dans les pays où les peuples sont convenus de certaines conditions pour vivre sans offenser et sans être offensés ». Cette thèse a été développée par T. Hobbes comme par B. Spinoza, pour qui la justice se ramène aux lois. Selon eux, en effet, dans l'état de nature, il n'y a pas de place pour le juste ou l'injuste. L'un et l'autre ne sont définis que par des **conventions** (c'est-à-dire par des mots) établies par les hommes lors du contrat social mettant fin à la guerre de tous contre tous : « Avant qu'il y ait un gouvernement, résume T. Hobbes, il n'y a ni juste ni injuste. » Dans l'état de nature, tout est juste dans la mesure où le juste – comme le faisait déjà observer Calliclès dans le *Gorgias* de Platon – est tout ce qu'un individu peut désirer pour sa conservation. Il n'y a de **justice** que dans la **vie sociale**, et les lois, qui se proposent uniquement de régir les actions humaines et non les consciences, ne se fondent nullement sur un bien ou un juste transcendant. Il n'existe ni droit naturel, ni justice en soi. La justice n'est que le fruit d'un calcul rationnel amoral.

B La justice comme convention arbitraire

Dans ces conditions, il est possible de réduire « l'essence de la justice » à « l'autorité du législateur » ou à « la coutume présente ». Dans son *Apologie de Raymond de Sebonde*, Montaigne observe que c'est ce que firent le célèbre sophiste Protagoras et les philosophes cyrénaïques. Dans *Théétète*, Platon explique en effet que « pour le juste et l'injuste, le saint et l'impie, les partisans de Protagoras assurent que rien de tout cela n'a par sa nature une essence qui lui soit propre, et que l'opinion que tout un État s'en forme devient vraie par cela seul et pour tout le temps qu'elle dure » ; et dans ses *Vies et sentences des philosophes illustres* Diogène Laërce explique à propos de la doctrine de Théodore que « le sage pouvait aussi à l'occasion commettre un vol, un adultère, un sacrilège, car aucun de ces actes n'est laid par nature, si l'on enlève l'opinion vulgaire qui résulte de la réunion des sots ». De ce point de vue, la justice humaine n'est donc justifiée ni en nature ni en raison et son seul fondement est « d'être reçue » : elle n'est qu'une pure **convention**, et par conséquent, **arbitraire**.

Citation

« La justice en soi, naturelle et universelle, est autrement réglée et plus noblement que n'est cette autre justice spéciale, nationale… »
Montaigne, *Essais, Livre III.*

4 La critique marxiste de la justice et du droit

A Le droit méconnaît l'homme réel

• K. Marx a renouvelé la critique philosophique de la justice et du droit en posant que toute justice est une **justice de classe**. La justice est un produit des conditions socio-économiques et traduit l'idéologie de la classe dominante. Par exemple, la justice fondée sur la raison et proclamant l'égalité des hommes, érigée en justice universelle au XVIIIe siècle, n'était pas autre chose que l'expression de l'idéologie bourgeoise. F. Engels écrit à son propos : « Nous savons aujourd'hui que ce règne de la raison n'était rien d'autre que le règne idéalisé de la bourgeoisie, que la justice éternelle telle qu'elle fut alors proclamée trouva sa réalisation adéquate dans la justice bourgeoise (*Anti-Duhring*). »

• La *justice* se réduit à l'ensemble des lois formant **le droit,** et ce droit n'est qu'un droit formel de l'homme. Dans le droit, en effet, l'homme réel est absent. Le droit se réfère à un homme abstrait, idéal, à une essence prédéfinie et éternelle de l'homme qui n'existe pas. Le droit suppose un état séparé de la communauté humaine, séparé de l'être humain concret, qui n'est plus alors l'être humain.

B Le droit égal est un droit inégal

Par le fait même qu'elle affirme l'égalité des hommes en droit, la **justice** est paradoxalement **injuste**. Ainsi, dans la *Critique des programmes de Gotha et d'Erfurt*, K. Marx observe qu'en énonçant « à chacun selon son travail », la justice se fait inégale, car « ce droit égal est un droit inégal pour un travail inégal. Il ne reconnaît aucune distinction de classe, étant donné que chacun est un travailleur comme un autre, mais il reconnaît tacitement l'inégalité des talents individuels et par suite des capacités productives comme des privilèges naturels. C'est donc d'après son contenu un droit de l'inégalité comme tout droit. De par sa nature, le droit ne peut consister que dans l'emploi d'une mesure égale pour tous. Mais les individus inégaux (et ce ne seraient pas des individus distincts s'ils n'étaient pas inégaux) ne sont mesurables d'après un étalon commun qu'autant qu'on les considère d'un même point de vue, qu'on ne les regarde que sous un aspect déterminé, par exemple, dans le cas présent, exclusivement sous l'aspect de travailleurs, et qu'on ne voie en eux rien d'autre en faisant abstraction de toute autre détermination. Pour éviter ces inconvénients, le droit devrait être non pas égal mais inégal ».

9 Le bonheur

Pour l'ensemble des philosophies antiques, toute pensée réfléchie et toute action tendent vers un bien, et **le souverain bien**, celui qui constitue la fin dernière de notre activité, c'est **le bonheur**. Aussi qualifie-t-on leurs morales d'**eudémonismes**, c'est-à-dire de systèmes ayant pour fin le bonheur de l'homme. Mais les diverses écoles philosophiques divergent sur sa définition et sur les moyens propres à l'atteindre.

1 L'eudémonisme antique

A L'exercice de la vertu

• Aristote, dans l'Éthique à Nicomaque (I, VII), observe que les différents biens (les richesses, la santé, les honneurs, les plaisirs, etc.) ne sont pas désirés pour eux-mêmes, mais en tant que **moyens** de nous procurer le **bonheur**, tandis que c'est pour lui-même que nous recherchons ce dernier. Le bonheur est donc « ce qui se suffit à soi-même [...] ce qui par soi seul rend la vie souhaitable et complète ». Il est la **fin suprême**, la fin de notre activité.

• Mais quelle est l'activité proprement humaine ? Aristote répond : « l'activité de l'âme, en accord complet ou partiel avec la raison ». Or « cette fonction est propre à la nature de l'homme vertueux ». Par conséquent, « le bien propre de l'homme est l'activité de l'âme en conformité avec la vertu ». Ainsi, « la vie des gens vertueux ne réclame nullement le plaisir comme on ne sait quel accessoire ; le plaisir, elle le trouve en elle-même ».

• Le bonheur consiste donc non pas exactement dans la vertu, mais dans la **pratique permanente de la vertu**, dans l'**exercice de la vie raisonnable** à quoi la vertu nous dispose. Cependant, Aristote n'affirme pas que la vertu suffise seule au bonheur et que l'on puisse être heureux dans l'adversité. Pour que la vertu puisse s'exercer, il importe que les conditions de vie s'y prêtent. De là l'importance de ces biens extérieurs que sont la santé, les richesses, etc., nécessaires à un bonheur objectif.

B Du plaisir à l'ataraxie

• **Pour Épicure.** C'est le **plaisir** qui constitue le souverain bien : il est « le commencement et la fin d'une vie bienheureuse ». Le bonheur est donc un état de plaisir complet et durable. Or parmi les plaisirs, il convient de distinguer :
– **le plaisir en mouvement** (par exemple, le plaisir de boire lorsqu'on a soif), qui est éphémère et auquel peut succéder une peine (je souffre d'être privé de ce plaisir) ;
– **le plaisir en repos**, constitué par l'absence de douleur et de trouble, qui seul est stable.
On voit aussitôt que le bonheur ne peut résider que dans ce **plaisir stable**, la recherche continuelle des plaisirs en mouvement entraînant souffrance et malheur. Ainsi, en ne visant que le plaisir stable, l'hédonisme épicurien aboutit à un complet détachement des plaisirs ordinaires. « Puisque le plaisir est le premier des biens naturels, écrit Épicure, il s'en suit que nous n'acceptons pas le premier plaisir venu, mais qu'en certains cas nous méprisons de nombreux plaisirs quand ils ont pour conséquence une peine plus grande. » (*Lettre à Ménécée*)

• **Pour les stoïciens.** La position des épicuriens rejoint ainsi au bout du compte celle des stoïciens pour qui le bonheur consiste dans l'**ataraxie**, c'est-à-dire une parfaite tranquillité de l'âme dégagée de toute passion, qui s'atteint par l'acceptation pleine et entière de ce qui ne dépend pas de nous, et implique un détachement absolu devant la douleur. La clé du bonheur, c'est de « vivre en accord avec la nature », avec le destin.

2 Une fin indéterminable

• E. Kant rompt avec les eudémonismes en faisant observer que la recherche du bonheur ne saurait constituer la ligne directrice de notre vie ni la fin de la morale, car le bonheur, constituant un idéal de l'**imagination** et non pas de la raison, est un concept **indéterminé**. Le bonheur étant ainsi **indéfinissable**, on ne peut énoncer les règles permettant de l'atteindre.
« Par malheur, écrit Kant, le concept du bonheur est un concept si indéterminé, que, malgré le désir qu'a tout homme d'arriver à être heureux, personne ne peut jamais dire en termes précis et cohérents ce que véritablement il désire et il veut. La raison en est que tous les éléments qui font partie du concept du bonheur sont dans leur ensemble empiriques, c'est-à-dire qu'ils doivent être empruntés à l'expérience, et que cependant pour l'idée de bonheur un tout absolu, un maximum de bien-être dans mon état présent et dans toute ma condition future, est nécessaire. Or il est impossible qu'un être fini, si perspicace et en même temps si puissant qu'on le suppose, se fasse un concept déterminé de ce qu'il veut véritablement. » (*Fondements de la métaphysique des mœurs*)

• Le bonheur en tant que fin ne peut dicter, contrairement à la loi morale, d'impératif catégorique.

3 Le bonheur apollinien et le bonheur dionysiaque

• On a pu se demander s'il ne fallait pas remettre en cause la conception traditionnelle du bonheur conçu comme un **état de plaisir stable** fondé sur une **absence de trouble**. Un tel bonheur ne serait-il pas en effet un pur produit de la raison dans la mesure où il est un bonheur de l'identité ? Et l'erreur de l'eudémonisme classique ne consisterait-elle pas à privilégier la raison sur le sentiment ou la sensation, l'esprit ou l'âme sur le corps, en méconnaissant ainsi l'essence du véritable bonheur ?

• Il conviendrait en effet de distinguer, comme l'a fait entre autres J. Cazeneuve dans *Bonheur et civilisation* (1966), un **bonheur « apollinien »** entendu comme « l'équilibre des tendances, la réalisation de l'être, l'acceptation du sort et la résignation, le détachement, la synthèse des facultés » et un **bonheur « dionysiaque »** qui se présente au contraire comme « l'exaltation des sentiments, la course aux plaisirs, l'acceptation du vouloir vivre, de la volonté de puissance, l'oubli de soi dans la frénésie, l'enthousiasme, la volupté des émotions fortes, des sens exacerbés ».

• Dès lors, tout ce qui apparaissait dans la perspective apollinienne de l'eudémonisme classique comme un obstacle au bonheur, comme un esclavage, un **enchaînement** de l'homme au monde, devient dans la perspective dionysiaque ce qui arrache l'homme au monde et le **libère** dans une transe existentielle qui est le bonheur même : en perpétuel devenir, le bonheur se constituerait dans cet excès où le plaisir se fait souffrance et la souffrance plaisir (voir *Les Larmes d'Éros*, de G. Bataille), et où l'homme s'affranchirait de ses limites, sortirait de lui-même en se disloquant avec ivresse dans le grand jeu du monde.

Absolu/relatif

• **Absolu** et **relatif** sont des termes qui s'opposent toujours, quelles que soient leurs acceptions.

• **Absolu**, au sens courant, désigne ce qui est sans limite, sans restriction, comme lorsqu'on parle d'une conscience, d'un désir, d'une beauté, d'un pouvoir politique, d'une justice, d'une liberté, d'un devoir, d'un bonheur absolus. **Relatif** est, au contraire, ce qui est limité, restreint. L'idée d'absolu peut ainsi se confondre plus ou moins avec celle d'infini (et donc l'idée de **relatif** avec celle de **fini**), d'une puissance absolue ; mais l'idée d'absolu ne se confond pas toujours avec celle d'infini (ni l'idée de relatif avec celle de fini) : ainsi une eau d'une pureté absolue n'est pas une eau d'une pureté infinie ; une proposition absolument vraie (d'une vérité absolue) n'est pas infiniment vraie, etc. Dans un sens plus technique, **absolu** désigne ce qui existe en soi et par soi. **Relatif** désigne alors ce qui consiste en une relation, ou n'existe qu'en vertu d'une relation. Ce qui peut s'entendre de deux manières :

• Est **absolu** ce qui possède en lui-même sa raison d'être, et n'a donc besoin de rien d'autre que lui-même pour exister ou pour être conçu. Ainsi, par définition, *Dieu est l'Être absolu*, ou l'*Absolu*.

• Est **absolu** ce qui est conçu comme n'ayant aucune relation avec autre chose que lui-même, comme ce qui est indépendant de tout point de repère objectif ou conventionnel, et en particulier comme ce qui ne dépend pas de l'expérience. Par exemple, quand on parle d'*espace absolu* ou de *temps absolu*, on entend un espace ou un temps indépendants des phénomènes qui s'y passent.

Abstrait/concret

• Est **concret** ce qui est considéré tel qu'il est donné dans l'expérience, soit externe soit interne. Une représentation de la conscience (une sensation, une image, une perception) est donc concrète si elle reproduit son objet tel qu'il est donné dans l'expérience.

• Au contraire, est **abstrait** ce qui est considéré séparément alors qu'il ne peut pas être donné séparément : par exemple, l'idée de circonférence et l'idée d'aire d'un cercle sont l'une et l'autre abstraites parce que la circonférence ne peut jamais être donnée sans l'aire et réciproquement. Abstraire, c'est donc décomposer une notion en des éléments qui ne peuvent être séparés sans la faire disparaître. Par exemple, les notions d'étendue et de masse sont abstraites de la notion de corps, car la notion de corps ne peut subsister si on en sépare celles d'étendue et de masse.

• Par conséquent, tandis que le **concret** est toujours singulier ou **individuel**, l'**abstrait** est **général**. Mais si une idée générale est toujours abstraite, les idées peuvent être plus ou moins abstraites, comme elles peuvent être plus ou moins générales : par exemple, l'idée de « couleur » est plus abstraite que celle de « vert ».

Cause/fin

• Par **cause**, on entend ce qui produit un être, un phénomène. La cause d'une chose est donc ce sans quoi cette chose n'existerait pas : la cause est la condition nécessaire de cette chose, et celle-ci est l'effet de la cause, la cause étant toujours chronologiquement et logiquement antérieure à son effet. La **cause** est ainsi ce qui permet d'expliquer l'apparition, l'existence de cet être ou de ce phénomène.

• Par **fin**, on entend ce en vue de quoi une chose se fait, son but. Quand, par exemple, on construit une maison, la maison est la fin de la construction, c'est-à-dire des matériaux utilisés et de leur agencement. Il apparaît donc qu'une fin est un effet qui est la raison d'être de ses causes : la maison projetée est la cause de la maison réalisée. La fin ainsi conçue est par conséquent une cause, ce qu'on appelle la « cause finale ». Mais dans la mesure où une telle cause finale suppose toujours une intention, consciente ou inconsciente, qui programme l'action réalisatrice, la question se pose de sa validité dans les sciences de la nature. Si la physique et la chimie doivent et peuvent en faire l'économie, la question est plus problématique en ce qui concerne la biologie, qui, dans son explication du vivant, ne paraît pas pouvoir éliminer complètement la cause finale, réintroduite sous la forme de la « téléonomie », c'est-à-dire le fait que les êtres vivants sont des objets doués d'un projet qu'à la fois ils représentent dans leurs structures et accomplissent dans leurs performances.

Comprendre Voir *Expliquer*.

Concret Voir *Abstrait*.

Contingent/nécessaire/possible

• Est **contingent** soit ce qui dans la réalité pourrait ne pas être ou être autrement qu'il n'est (et dans ce cas, est contingent ce qui n'est pas exigé par une loi de la nature), soit ce que l'esprit peut concevoir comme n'étant pas ou étant autrement qu'il n'est (et dans ce cas est contingent ce qui n'est pas exigé par une loi de l'esprit). Au contraire, est **nécessaire** ce qui est exigé par une loi de la nature ou une loi de l'esprit, et donc ce qui ne pourrait pas ne pas être ou être autrement qu'il n'est.

• Est **possible** ce qui ne contredit pas à une loi de l'esprit ou de la nature. Dans le premier cas, il s'agit d'une possibilité logique ou de droit, et cette possibilité s'identifie avec la concevabilité ; dans le second cas, il s'agit d'une possibilité physique ou de fait, qui suppose la possibilité logique et de plus l'existence de toutes les conditions extrinsèques. Le possible englobe donc le contingent et le nécessaire, puisque ce qui est nécessaire, tout comme ce qui est contingent, doit être possible pour être. Le contraire de **possible** n'est pas **nécessaire** mais **impossible**.

• Si la question du possible et du nécessaire dans la nature ne pose pas de difficulté, en revanche celle du contingent est problématique dans la mesure où l'idée de contingence ne s'accorde pas avec celle du déterminisme causal universel, sur lequel sont fondées les sciences de la nature. Si l'on s'en tient à ce détermisme, le contingent ne peut être que du nécessaire dont on ignore les causes qui le déterminent.

Contrainte Voir *Obligation*.

Convaincre Voir *Persuader*.

Différence Voir *Identité*.

En fait/en droit

• Est **en fait** ce qui a lieu dans la réalité.

• Est **en droit** ce qui est conforme au droit, positif ou idéal, mais qui n'a pas nécessairement lieu dans la réalité.
Par exemple, une personne peut diriger **en fait** un pays alors qu'elle ne le dirige pas **en droit**, c'est-à-dire qu'elle n'est pas juridiquement la détentrice de l'autorité souveraine.

Égalité Voir *Identité*.

Expliquer/comprendre

• **Expliquer**, c'est rendre intelligible un être, un phénomène ou une relation en en faisant connaître la cause, la raison ou la loi, c'est-à-dire faire que l'esprit se représente cet être, ce phénomène ou cette relation comme possible ou comme nécessaire. Par exemple, on explique la chute des corps par la loi de l'attraction universelle.

• Mais on oppose souvent **expliquer** à **comprendre**, en définissant la compréhension comme le dégagement du sens, de la signification de quelque chose, par exemple d'un énoncé ou d'un comportement, ce qui suppose qu'il existe un sujet qui soit la source de cette signification.

• Selon cette distinction, les sciences de la nature se contenteraient donc d'**expliquer** les phénomènes naturels, tandis qu'il appartiendrait aux sciences de l'homme non seulement d'expliquer, mais aussi de comprendre les phénomènes humains en tant qu'ils sont porteurs de significations. Cette compréhension scientifique ne doit cependant pas être confondue avec la compréhension ordinaire, qui se définit comme l'aptitude non seulement à discerner mais encore à admettre le point de vue d'autrui ou à avoir de l'indulgence pour lui.

Fin Voir *Cause*.

Général Voir *Universel*.

Identité/égalité/différence

- Il y a **identité** quand des êtres sont exactement les mêmes, tout en restant distincts. Par exemple, deux cercles peuvent être identiques.
- Il y a **égalité** quand des grandeurs ou des quantités sont mathématiquement équivalentes. L'égalité peut donc être une identité, mais pas nécessairement. Par exemple, deux cercles dont les superficies sont égales sont identiques, tandis qu'un carré et un rectangle dont les superficies sont égales ne sont évidemment pas identiques : ce sont les grandeurs de leurs superficies qui le sont.
- Enfin, il y a **différence** quand existe un caractère ou un ensemble de caractères qui distingue un être d'un autre être. Par exemple, deux cercles dont les rayons sont inégaux sont différents.
- En **termes juridiques**, lorsqu'on parle d'égalité, on pose que les individus, bien que concrètement tous différents, sont considérés abstraitement comme identiques, et sont donc égaux devant la loi. Ce principe juridique peut avoir pour fondement le principe moral selon lequel la personne humaine ayant partout une égale dignité, tous les individus doivent être traités de la même manière.

Légal/légitime

Est **légal** ce qui est conforme au **droit positif** (c'est-à-dire aux lois réelles d'un pays), tandis qu'est légitime ce qui est conforme à la loi morale, au **droit idéal**. Dans la mesure où le droit positif est conforme au droit idéal, le légal se confond avec le légitime. Mais si le droit positif n'est pas conforme au droit idéal, une action peut être tenue pour légitime sans être légale. Par exemple, il peut être considéré comme légitime de voler pour ne pas mourir de faim, bien que cela ne soit pas légal.

Légitime Voir *Légal*.

Nécessaire Voir *Contingent*.

Objectif/subjectif

Au sens large, est **objectif** ce qui se rapporte à un objet ou qui existe comme objet, et **subjectif** ce qui se rapporte à un sujet entendu comme une conscience. Du point de vue de la connaissance, on qualifie donc d'**objectif** ce qui existe hors de l'esprit, de la pensée et indépendamment de la connaissance qu'en a le sujet pensant, tandis qu'on qualifie au contraire de **subjectif** ce qui dépend du point de vue de l'esprit, du sujet pensant. Par conséquent, ce qui est objectif ne dépendant d'aucune circonstance ou qualité particulières à un sujet pensant, une vérité objective est celle qui possède en droit la même valeur pour n'importe quel être pensant.

Obligation/contrainte

L'**obligation** est la forme de nécessité qui caractérise la loi morale. Le **devoir** nous oblige moralement à faire quelque chose mais ne nous y force pas physiquement ni psychologiquement : nous pouvons faire ou ne pas faire notre devoir. Une telle obligation se distingue donc de la **contrainte** ou de la nécessité des lois de la nature, qui ne nous laissent pas libres de les suivre ou de ne pas les suivre. Semblablement, l'**obligation** morale ne se confond pas avec la **contrainte** de la loi, qui nous force, même contre notre volonté, à exécuter ce qu'elle prescrit.

Particulier Voir *Universel*.

Persuader/convaincre

Lorsqu'on oppose **persuader** à **convaincre** (mais cette opposition n'est pas toujours valable), on entend par **persuader** le fait de faire accepter à quelqu'un une opinion en faisant appel à ses dispositions personnelles et à des mobiles d'ordre affectif plutôt qu'intellectuel, tandis qu'on entend par **convaincre** le fait d'obtenir l'assentiment de quelqu'un à l'aide d'arguments et de démonstrations d'ordre purement intellectuel. Selon ces acceptions, la persuasion devrait donc relever de la croyance, tandis que la conviction relèverait du savoir ; en réalité, on emploie souvent le terme de conviction pour désigner une croyance ferme, comme lorsqu'on parle de convictions religieuses, tandis qu'on use parfois de celui de persuasion pour désigner une conviction dont on pense pouvoir donner des raisons.

Possible Voir *Contingent*.

Principe/conséquence

- Un **principe** est tout ce qui est premier, soit absolument soit relativement, dans l'ordre logique, chronologique, ontologique ou moral. Un principe est donc ce dont les autres choses découlent ou ce qui leur sert de norme directrice.
- Une **conséquence** est la suite d'une action, d'un fait.
- Cependant, l'opposition *principe/conséquence* appartient surtout au domaine de la logique, où un **principe** se définit comme une proposition d'où l'on tire d'autres propositions, qui en sont les conséquences, une **conséquence** étant de son côté définie comme une proposition que l'on déduit d'un principe. Mais un principe peut être lui-même une conséquence, et donc la conséquence d'un principe le principe d'une autre conséquence. Aussi, pour exprimer qu'un principe n'est pas lui-même une conséquence, on dit qu'il est un **principe premier**.

Relatif Voir *Absolu*.

Singulier Voir *Universel*.

Subjectif Voir *Objectif*.

En théorie/en pratique

L'expression **en théorie** signifie « en envisageant la question d'une manière abstraite, spéculative » et s'oppose alors à **en pratique**, qui signifie « dans la réalité concrète ». Quelqu'un dira par exemple : « C'est très beau en théorie, mais ça ne marche pas en pratique ». De telles affirmations peuvent enfermer une contradiction interne si elles posent une chose comme vraie en théorie mais fausse en pratique (ce qui n'est pas possible, puisqu'une théorie à laquelle la pratique donne tort est une théorie fausse).

Universel/général/particulier/singulier

- Ordinairement, on oppose l'**universel** et le **général** au **particulier** et au **singulier**. Est universel ou général ce qui appartient à tous les êtres considérés ; par exemple, la proposition « tous les hommes sont mortels » est une proposition universelle. Est **particulier** ou **singulier** ce qui appartient à certains des êtres considérés ; par exemple, la proposition « certains chats sont gris » est une proposition particulière.
- D'un point de vue plus strictement logique, on distingue parfois l'universel du général et le particulier du singulier. Le **singulier** est alors défini comme ce qui appartient à un seul individu, à un sujet unique. Par exemple, les noms propres, comme Paris ou Napoléon, sont des termes singuliers, et la proposition « Léonard De Vinci est un génie » est une proposition singulière. Le contraire de singulier est alors **général** tandis que le contraire de particulier est **universel**. Selon ces distinctions, **universel** et **particulier** se disent donc de la quantité des termes d'une proposition, tandis que **général** et **singulier** se disent de leur « extension ».

1 MÉTHODES

Le jour J

Des commissions d'harmonisation (ou d'entente) précèdent la correction des copies. Sont alors précisés des critères qui peuvent naturellement varier en fonction de la difficulté particulière des sujets de la série concernée. Ces difficultés sont évaluées par la lecture de copies de valeurs différentes. Mais les critères généraux sont toujours les mêmes.

Les maladresses les plus graves

Contrairement à ce que répètent des rumeurs vraiment sans fondement, le candidat est toujours libre de choisir ses références et ses positions philosophiques. Il n'est jamais jugé sur elles, mais sur la manière dont il les élabore et les intègre dans une réflexion ajustée au problème précis. Les maladresses entraînent les mauvaises et très mauvaises notes :

Être hors sujet

Parce qu'on ne l'a pas compris ou parce qu'on lui en a substitué un autre.

Se contenter d'anecdotes

Au lieu d'analyser les problèmes et les concepts qu'ils impliquent.

Attention !

Sont particulièrement valorisées les copies qui traitent le sujet précis de manière ordonnée, et qui savent enrichir leur réflexion de références philosophiques adaptées.

Affirmer des opinions sans les fonder

Sans les transformer en idées philosophiques par un effort méthodique pour les justifier, les critiquer, les nuancer, les approfondir.

Le jour de l'examen

Les sujets viennent d'être distribués… Au travail ! Comment s'y prendre ?

Choisir un sujet

C'est naturellement par là qu'il faut commencer.

- Pas de précipitation : ne choisissez pas trop vite un sujet parce qu'il paraît d'emblée passionnant ou parce qu'il ressemble à un problème que vous connaissez…
- Donnez-vous un quart d'heure (guère plus) pour examiner les trois sujets et choisir. Examinez même ce sujet difficile à première vue, qui peut être clair, à la réflexion.
- Rejetez tout sujet dont le sens reste obscur : vous risqueriez d'être hors sujet (très grave).
- Choisissez le sujet pour lequel vous vous sentez le mieux préparé (références précises, idées claires) même s'il n'est pas toujours le plus intéressant.
- Oubliez alors les deux autres sujets, définitivement.

Organiser son temps

- Donnez-vous le temps de terminer votre travail, d'achever la rédaction et de relire.
- Mais ne terminez pas trop tôt, inversement, sous prétexte que « vous n'avez plus rien à dire ». En quelques paragraphes bien pesés, vous pouvez nuancer et approfondir la réflexion antérieure et « racheter » bien des maladresses.

2 MÉTHODES

Le sujet-texte

Dans les sections technologiques, le sujet-texte se présente sous la forme d'un « exercice sur texte ». Dans cette épreuve, les candidats sont invités à répondre aux **questions précises** qui suivent le texte et doivent permettre de vérifier que le candidat a compris le texte et est capable d'organiser une réflexion sur l'un de ses thèmes.

Les questions portant sur la compréhension du texte

Elles sont habituellement formulées de la façon suivante (et le plus souvent dans cet ordre) :

Quelle est l'idée générale du texte (ou l'idée directrice, centrale, essentielle, etc.) ?

• La réponse à cette question doit être précise et assez brève (trois ou quatre lignes). Elle doit manifester que l'essentiel est vraiment dégagé, sans ambiguïté ni obscurité. Trop courte, réduite à un titre, elle pourrait ne pas exprimer toute l'idée ; trop longue, elle signifierait que l'essentiel n'est pas exactement perçu.

• Une réponse adaptée suppose une bonne compréhension de l'ensemble du texte ; la dernière phrase, contrairement à une idée répandue, n'expose pas nécessairement la thèse centrale.

• Il est donc souvent préférable de ne rédiger la réponse à cette question qu'après avoir dégagé l'articulation des idées : l'essentiel, alors, c'est-à-dire ce qui n'est pas détail, accessoire, peut mieux apparaître. Sauf si cela est expressément demandé, on ne se contentera jamais de citer une formule du texte. Une telle citation n'assure pas toujours que les points fondamentaux ont été compris par le candidat : répéter n'est pas nécessairement comprendre.

Dégagez les articulations du texte (ou ses étapes logiques, sa structure, l'organisation de ses idées, etc.)

• Pour dégager les articulations d'un texte, il faut à la fois :
– bien définir chacune des thèses que contient le texte, en précisant leur contenu (ce qui est dit) et leur forme (comment cela est dit) : interrogation, exhortation, exposé d'un constat, d'un exemple, d'une idée générale, d'une hypothèse… ;
– bien déterminer le lien entre les thèses : un texte peut, par exemple, partir d'un constat que fait l'auteur, constat dont il cherche ensuite les causes, les raisons. On a alors deux thèses (tel constat et telles causes) qui sont liées (les causes expliquent la situation constatée).

• Pour répondre convenablement à cette question, il ne faut donc pas rester prisonnier de l'ordre superficiel du texte, de la suite des idées que la lecture immédiate découvre ; il faut atteindre l'ordre logique que la pensée de l'auteur propose à la réflexion. Les articulations ainsi dégagées seront rédigées : un simple plan ou, à plus forte raison, l'usage de signes plus ou moins clairs ne conviennent pas. Ils ne sont d'ailleurs guère compréhensibles que pour celui qui les utilise.

• On ne peut donc en aucun cas se contenter de paraphraser le texte (le répéter avec d'autres mots sans expliciter l'ordre et la nature des thèses) ou de le résumer. On évitera également toute digression (considération sans rapport avec le texte ou s'en éloignant) et toute appréciation personnelle sur la valeur des idées, bref tout ce qui ne sert pas l'approche de l'ordre des idées d'un texte précis.

Expliquez tel mot, telle formule, telle phrase du texte

(ou définissez avec précision tel concept ; expliquez comment l'auteur peut dire à la fois ceci et cela ; montrez les rapports qui existent, dans le texte, entre telle notion et telle autre, etc.).

Pour bien répondre à de telles questions, il faut considérer le contexte dans lequel apparaissent mots ou notions. Autrement dit, plaquer la définition d'un dictionnaire, même de philosophie, est toujours maladroit et souvent source de contresens. Il est toujours préférable de montrer comment le contexte donne tel ou tel sens précis à une formule.

Remarques

– La forme et la nature des questions dépendent bien sûr de la nature du texte.

– Plusieurs questions peuvent être rassemblées en une seule (ainsi : « Dégagez l'idée principale du texte et ses articulations. »).

– À ces questions, le candidat répond en faisant abstraction de son propre point de vue. Il « oublie » provisoirement ce qu'il sait ou pense du problème pour comprendre le mieux possible la problématique de l'auteur, telle qu'un texte précis l'expose (voir plus loin, les « remarques » pour conclure). Il en va un peu différemment pour la dernière question.

La question finale : un essai

Il s'agit de rédiger :

– un essai critique ;

– un essai de réflexion personnelle sur une idée ou une phrase extraite du texte ;

– ou une simple question liée à un thème abordé par ce texte.

Exemples de formulation

« Que pensez-vous de... ? »

« Discussion de la thèse du texte... »

« Approuvez-vous sans réserve cette conception… ? », etc.

Remarques sur la question finale

Cette question finale pose les mêmes problèmes que tout sujet-question : les conseils donnés ci-après sur ce type de sujet restent donc valables.

Mais on attend naturellement du candidat qu'il sache intégrer dans son développement les analyses (plus ou moins explicites) de l'auteur du texte proposé à la réflexion. S'il ne le fait pas, il donnera l'impression de juxtaposer deux sujets différents, ou, pire encore, de n'avoir pas compris vraiment la problématique de l'auteur.

3 MÉTHODES

Le sujet-question

COMPRENDRE EN VIDÉO 5 vidéos de méthode pour réussir sa dissertation

La préparation

Notez au brouillon ce que vous découvrez pour ne pas l'oublier.

Quel est le sens précis du sujet ?

COMPRENDRE 18 EN VIDÉO

Question primordiale. Voyez ce qui distingue la question de questions voisines ; et des questions que vous avez pu rencontrer en cours…

Analysez tous les mots du sujet pour dégager leurs différentes significations

Vous découvrez alors que le sujet contient des questions distinctes, qu'il faudra examiner sans les mêler.

Approfondissez chacune des perspectives ainsi distinguées

- Présentez des exemples clairs et vos idées personnelles sur le problème.
- Cherchez des références philosophiques utiles : que penserait tel auteur de telle question ? Sa réponse ? Dans quelle mesure et à quelles conditions est-elle juste ? (Ce qui conduit à argumenter, chercher d'autres réponses, positions, etc.)

Construisez un plan d'ensemble à l'aide de tous ces matériaux

COMPRENDRE 19 EN VIDÉO

Qu'examiner d'abord ? Les points les plus discutables, ou ce qu'il faudra résoudre pour pouvoir analyser d'autres perspectives. Mais, surtout, que votre réflexion approfondisse méthodiquement l'examen d'un problème précis. C'est cela, l'essentiel, et seul le travail rédigé peut faire apparaître ce mouvement de pensée.

La rédaction

Le mieux est de rédiger directement la plus grande partie du travail. Si vous n'y parvenez pas, rédigez rapidement au brouillon, pendant la préparation, puis recopiez (… et améliorez) ce premier essai.

L'introduction

COMPRENDRE 20 EN VIDÉO

Les plus courtes sont les meilleures. Évitez les « Depuis toujours, l'homme se demande si... ». Partez d'un fait précis qui conduit à poser la question (que vous recopiez très exactement).

L'analyse de la question

Ne retenez de votre préparation que ce qui sert l'examen des problèmes : les différents sens de la question, etc. Dites qu'une difficulté existe – si c'est le cas –, avant de tenter de la résoudre : c'est faire preuve de réflexion, montrer qu'on ne se débarrasse pas des problèmes.

Le développement

Pas de plan valide pour tous les sujets, mais quelques exigences :
– argumentez vos idées (pas d'affirmations gratuites) ;
– ordonnez les perspectives ;
– justifiez par des transitions les mouvements de la réflexion ;
– matérialisez cet ordre par l'usage des mots de liaison et des paragraphes.

La conclusion

COMPRENDRE 22 EN VIDÉO

Inutile de tout résumer, de se répéter ! Si votre position a été clairement exposée, le travail est terminé. Ajoutez, si vous le voulez, une formule judicieuse qui ouvre sur d'autres perspectives, mais évitez les généralités ressassées (« chacun a son opinion »…).

Annales du Bac — Dissertation

COMPRENDRE EN VIDÉO — 5 vidéos de méthode pour réussir sa dissertation

COMPRENDRE 18 EN VIDÉO

SUJET Obéir, est-ce renoncer à être libre ?

CORRIGÉ

Introduction

D'ordinaire, nous nous sentons libre lorsque personne ne nous commande. Si nous devons obéir, nous avons le sentiment de ne plus agir à notre guise, de ne plus être vraiment libre. Ces idées paraissent évidentes. Peut-on pourtant les accepter sans examen ? Peut-on simplement opposer liberté et obéissance ? Obéir, est-ce réellement et nécessairement renoncer à être libre ?

Avant de répondre à cette question, pour mieux la comprendre, il faut en étudier les concepts principaux.

Qu'est-ce qu'obéir ? C'est essentiellement se soumettre à quelqu'un ou quelque chose : faire ce que demande un supérieur, se conformer à une règle morale, à un commandement religieux, à une loi juridico-politique. Ce n'est pas exactement être soumis à une force supérieure ou à une loi naturelle qui contraint : l'obéissance suppose la capacité de désobéir et on ne « désobéit » pas à une loi naturelle, par exemple la loi de la pesanteur.

L'expression « être libre » peut être analysée sur deux plans. En effet, est libre sur le plan moral ou politique celui qui a le droit de faire ceci ou cela. Mais sur le plan de ce qu'on pourrait nommer la liberté naturelle, je suis libre dans la mesure où je suis l'auteur de mes actes, le véritable responsable de ma conduite, que celle-ci soit ou non conforme à ce que j'ai le droit de faire. C'est par conséquent sur ces deux plans qu'il convient ici d'examiner si l'obéissance implique, ou non, un renoncement à sa liberté, en précisant la signification que peut prendre ce mot de renoncement.

> **Conseils** (COMPRENDRE 20 EN VIDÉO)
>
> L'**introduction** part d'un constat ou de l'exposé d'une opinion commune pour conduire à la question **que pose le sujet.**

> **Conseils** (COMPRENDRE 19 EN VIDÉO)
>
> La **problématique** explicite la signification exacte du sujet en analysant le sens des mots dont il est constitué. Elle permet de découvrir les directions dans lesquelles il faudra s'engager au cours du développement pour traiter le sujet précis.

Première partie

À première vue, obéir, c'est en effet renoncer à être libre, c'est-à-dire abandonner volontairement sa liberté naturelle. Celui qui se soumet à la volonté d'un autre, en effet, a choisi de lui remettre son pouvoir de décision. On pourrait dire qu'il a choisi de ne plus choisir, décidé de ne plus décider, qu'il s'est libéré de sa liberté.

Mais à la réflexion, cette renonciation volontaire décharge-t-elle vraiment le sujet de sa liberté ? On sait qu'il ne suffit pas, pour excuser ou justifier sa conduite, de dire qu'on n'a fait qu'obéir aux ordres reçus. Dans cette perspective, Jean-Paul Sartre dénonce la « mauvaise foi » par laquelle nous cherchons à fuir nos responsabilités. Nous voudrions nous dissimuler à nous-mêmes notre responsabilité radicale par une sorte de mensonge qui fait que nous nous pensons comme une chose, déterminée par des causes extérieures, alors que nous existons comme conscience libre, que nous sommes « condamnés à être libres », condamnés à choisir.

> **Conseils** (COMPRENDRE 21 EN VIDÉO)
>
> Le **développement** est l'examen des différents aspects du problème qu'a dégagé la problématique. Il compte donc plusieurs parties qui sont articulées logiquement. Il retient, parmi toutes les directions possibles, celles qui paraissent les plus adaptées pour répondre finalement à la question posée.

Une conscience libre qui renoncerait réellement à sa liberté est tout à fait inconcevable et contradictoire. Elle affirmerait sa liberté dans l'acte même par laquelle elle prétendrait s'en défaire. En ce sens, l'obéissance ou la désobéissance sont toujours les décisions d'une conscience qui ne peut pas ne pas choisir et découvre, dans l'angoisse, qu'elle n'a pas la liberté de fuir sa liberté.

Le problème n'est plus le même si l'on exerce sur ma volonté une contrainte telle que je n'ai plus le pouvoir de choisir. Mais où s'arrête ce pouvoir ? Où commence la contrainte qui prive le sujet de liberté ? Sans examiner toutes les difficultés que soulèvent ces questions, on peut rappeler que des hommes, lorsqu'ils jugent inacceptable ce qu'on prétend leur imposer, vont jusqu'à risquer leur vie (grèves de la faim, par exemple). De tels exemples donnent au moins à penser que lorsqu'on obéit, on a pu choisir de ne pas désobéir.

Transition

COMPRENDRE 22 EN VIDÉO

S'il paraît impossible de dire qu'obéir, c'est nécessairement renoncer à sa liberté naturelle, c'est que, comme l'écrivait Jean-Jacques Rousseau, « renoncer à sa liberté, c'est renoncer à sa qualité d'homme. Une telle renonciation est incompatible avec la nature de l'homme ». Elle est en quelque sorte logiquement impossible. Comment concevoir alors une vie sociale, par ailleurs nécessaire à l'humanité ? L'obéissance à des lois communes n'implique-t-elle pas nécessairement qu'on renonce à sa liberté naturelle pour se contenter de droits limités ?

Seconde partie

L'idée que la liberté indéfinie des hommes à l'état de nature engendre un état de guerre incessant de tous contre tous a été tout particulièrement développée par Thomas Hobbes. Menacés jusque dans leur existence par le choc de leurs libertés naturelles, les hommes devraient céder volontairement la totalité de leurs pouvoirs à une puissance supérieure. Le souverain de l'État a ainsi pour unique devoir, mais essentiel, de rendre impossible le chaos, c'est-à-dire d'assurer paix civile et sécurité. Obéir à l'État impliquerait donc bien qu'on renonce à une liberté naturelle épouvantable pour vivre sous la protection d'une puissance capable de contraindre par sa force tout ce qui pourrait ruiner la paix.

Une telle obéissance, un tel asservissement, ne dépouillent-ils pas les citoyens de leur liberté et par conséquent les hommes de leur humanité ? Un État doit être pensé, dit Rousseau, qui rende possible l'élaboration de lois qui lient, qui obligent les hommes, mais sans les réduire en esclavage. Lorsque le peuple assemblé exprime sa volonté dans des lois, celui qui les respecte n'est pas contraint de s'incliner devant elles comme devant une force ou une volonté étrangères. Il choisit d'obéir à lui-même en obéissant à une volonté qui, dans l'idéal ainsi défini, est à la fois la sienne et celle des autres citoyens. Il demeure donc aussi libre qu'il est possible, puisque « l'obéissance à la loi qu'on s'est prescrite est liberté ».

Nous parlons aujourd'hui de « démocraties » lorsque les gouvernements respectent la souveraineté du peuple et rendent donc possible une obéissance qui n'aliène pas la liberté. Les lois peuvent être autre chose que de simples limites à l'exercice de la liberté. Elles peuvent être les supports d'une existence sociale à l'intérieur de laquelle chacun se développe vraiment, c'est-à-dire, finalement, réalise sa liberté. Il reste naturellement difficile de préciser les conditions d'une telle réalisation. Les gouvernements ont toujours un pouvoir de contraindre qui leur donne la possibilité d'imposer leur volonté propre à la volonté souveraine du peuple. C'est là, note J.-J Rousseau, « le vice inhérent et inévitable qui dès la naissance du corps politique tend sans relâche à le détruire ».

COMPRENDRE 21 EN VIDÉO

Conclusion

> **Conseils**
>
> La **conclusion** est le terme du développement. Elle apporte une réponse nuancée à la question examinée.

COMPRENDRE 22 EN VIDÉO

On ne peut pas dire que celui qui obéit renonce par là à être libre, s'il est vrai qu'il a choisi d'obéir plutôt que de désobéir. Seule une contrainte extérieure pourrait forcer une liberté à s'incliner. Mais un pouvoir qui force n'oblige plus en conscience parce qu'il traite l'humanité comme une chose. On peut dire qu'il « déshumanise » et perd sa légitimité. Telle est la leçon de Jean-Jacques Rousseau. L'autonomie n'exclut pas l'obéissance, du moins une obéissance volontaire à des lois dont le sujet puisse être responsable.

Enseignement technologique en anglais

Descriptif de l'épreuve

Bulletin officiel n°12 du 22 mars 2012

L'épreuve de technologie en langue vivante 1 porte sur le programme de langue vivante 1 en classe de Terminale.

Rappel du règlement d'examen

Épreuve orale, évaluée en cours d'année.
Seuls sont pris en compte pour l'examen du baccalauréat les points supérieurs à la moyenne de 10 sur 20. Ces points sont multipliés par deux.

Objectifs de l'épreuve

L'épreuve porte sur les compétences de communication en langue vivante 1 dans le contexte de la réalisation du projet technologique.
Elle permet d'évaluer les capacités du candidat à présenter en langue vivante 1 différents problèmes techniques auxquels il a été confronté au cours du déroulement du projet et à expliquer en langue vivante 1 les choix effectués. Les problèmes exposés sont choisis par le candidat. Sont notamment évalués le lexique fonctionnel utilisé ainsi que les compétences sociolinguistiques et pragmatiques mises en œuvre en vue d'une communication efficace.

Structure de l'épreuve

Cette épreuve se déroule en deux parties. La première prend place au cours de l'une des revues de projet, qui sont prévues par l'épreuve de projet. En revanche, l'organisation de la seconde partie est indépendante de l'épreuve de projet : elle est ponctuelle et se tient au cours du troisième trimestre.

Présentation orale en langue vivante 1 de la conduite de projet

Une fois dans l'année, les compétences de communication du candidat en langue vivante 1 sont évaluées dans le contexte de la conduite de projet. La conduite de projet elle-même fait l'objet de l'épreuve de projet. Cette partie est notée sur 10 points. L'évaluation est individuelle.

Présentation orale en langue vivante 1 du projet

Cette partie est notée sur 10 points.
Elle est organisée par le chef d'établissement au cours du troisième trimestre.
En vue de la présentation orale en langue vivante 1, le candidat élabore un dossier technique numérique, en langue vivante 1.
Ce dossier peut prendre différentes formes de présentation et comporte 1 à 5 pages, en fonction de la forme retenue : carte heuristique, diaporama, site internet, etc. Ce dossier est un support de présentation, il n'est pas évalué.
La présentation débute par un exposé du candidat, qui dispose d'une durée maximale de 5 minutes. Elle est suivie d'un entretien en langue vivante 1 avec les examinateurs. L'ensemble de l'épreuve a une durée de 10 minutes.

1 Comprendre un guide d'utilisation

1 Conseils et stratégies de lecture

❶ Identifier à qui s'adresse le guide.
❷ Identifier à quels problèmes il répond.
❸ Se concentrer sur les verbes d'action qui indiquent la marche à suivre.
❹ Suivre les étapes et conseils à l'aide des illustrations.
❺ Chercher des réponses ou informations spécifiques aux problèmes rencontrés en se concentrant sur le vocabulaire.

2 Lire et comprendre

IPhone
User Guide
For iOS 5.1 Software

Getting Started

Connecting iPhone to your computer

If you don't have Wi-Fi or cellular access, you may need to connect iPhone to your computer in order to complete activation. Connecting iPhone to your computer also lets you sync information, music, and other content with iTunes. See "Syncing with iTunes" on page 18.
Connect iPhone to your computer: use the Dock Connector to USB Cable provided with iPhone.

Connecting to the Internet

iPhone connects to the Internet whenever necessary, using a Wi-Fi connection (if available) or your carrier's cellular network. For information about connecting to a Wi-Fi network, see "Wi-Fi" on page 158.
Note: If a Wi-Fi connection to the Internet isn't available, certain iPhone features and services may transfer data over your carrier's cellular network, which may result in additional fees. Contact your carrier for information about your cellular data plan rates. To manage cellular data usage, see "Network" on page 163.

Setting up mail and other accounts

iPhone works with iCloud, Microsoft Exchange, and many of the most popular Internet-based mail, contacts, and calendar service providers.
If you don't already have a mail account, you can set up a free iCloud account when you first set up iPhone, or later in Settings >iCloud. See "iCloud" on page 16.
Set up an iCloud account: Go to Settings >iCloud.
Set up some other account: Go to Settings > Mail, Contacts, Calendars.

• **Vocabulary**

Available (adj) : disponible
Calendar (n) : calendrier
Carrier (n) : operator *(opérateur)*
Cellular network (n) : réseau de données cellulaires
Dock connector (n) : connector used to attach a mobile electronic device simultaneously to multiple external resources
Features (n) : characteristics
iCloud (n) : a service that stores your music, photos, apps, calendars, documents... and wirelessly pushes them to all your devices
Manage (v) : gérer, réussir
Set up (v) : établir, créer
Sync (v) : synchronize
User guide (n) : guide d'utilisation

Exercices d'entraînement

Compréhension détaillée

Exercice 1 — 5 min

Corrigé p. 239

Who is this user guide mainly made for?
❍ **a.** It is for people wanting to phone.
❍ **b.** It is for people wanting to use an iPhone for the first time.
❍ **c.** It is for regular iPhone users.

Exercice 2 — 5 min

Corrigé p. 239

What is the aim of this guide?
❍ **a.** to explain how to connect a computer to another computer.
❍ **b.** to explain how to create an email address.
❍ **c.** to explain how to connect an iPhone to a computer and internet.

Exercice 3 — 5 min

Corrigé p. 239

In which part of the guide should you look if you need to…
a. transfer your music or photos from your phone into your computer?
b. connect to Wi-Fi?
c. set up a mail account?

Exercice 4 — 5 min

Corrigé p. 239

What do you have to do if you don't have a Wi-Fi access and you want to connect your iPhone to your computer?
❍ **a.** You can't do it.
❍ **b.** You have to set up your computer so as to have a Wi-Fi access.
❍ **c.** You have to use a USB cable.

Compréhension générale

Rédiger en un paragraphe et en français, le processus général de connexion d'un iPhone à un ordinateur, puis à Internet.

2 Comprendre un article scientifique

1 Conseils et stratégies de lecture

❶ Regarder le titre et la source de l'article pour avoir une idée générale du contenu.
❷ Lire le premier paragraphe (problématique et questions initiales) et la conclusion (réponses).
❸ Identifier le sujet de chaque nouveau paragraphe.
❹ Distinguer les faits objectifs, scientifiques et les opinions exprimées.
❺ Certains textes scientifiques font référence à des données ou expérimentations supposées connues d'un public informé sur la question. Faire des recherches sur ces points au préalable.

Pour comprendre l'essentiel de l'article vous pouvez vous poser un certain nombre de questions :
a. *What issues does the paper raise?*
b. *What are the main conclusions of the paper?*
c. *What evidence supports those conclusions?*
d. *Do the data actually support the conclusions?*
e. *What is the quality of the evidence?*
f. *Why are the conclusions important?*

2 Lire et comprendre

Climate forecasting: A break in the clouds

§1 Seen from space, Earth can look dressed up or downright dowdy, depending on the location. In some spots, swathes of cloud cloak the dark ocean, offering a stunning contrast of hues. In others, power plants spew out plumes of grey haze and desert storms cover vast regions in palls of dust.

§2 Together, those clouds and the fine particles, which are known as aerosols, do more than just obscure the planet's surface. By reflecting, absorbing and emitting radiation, they have a major role in setting Earth's temperature and have proved maddeningly difficult to simulate in atmospheric models. For decades, they have been the biggest sources of uncertainty in forecasts of future climate.

§3 But researchers say they are beginning to turn a corner in simulating clouds and aerosols. In recent months, climate scientists have started rolling out initial results from the newest generation of models, which represent atmospheric chemistry and microphysics in much more sophisticated ways than previous incarnations. These models allow clouds and aerosols to evolve as they interact with each other and respond to factors such as temperature, relative humidity and air currents. And early results suggest that such processes have a much greater impact on regional climate than scientists had realized. Recent studies have shed light on the roles that clouds and aerosols might have in triggering major African droughts, altering Arctic climate and weakening the monsoon in southern Asia.

§4 "This is fundamentally new science," says Ben Booth, a climate modeller at the UK Met Office Hadley Centre in Exeter, who is investigating how aerosols influence surface temperatures in the North Atlantic Ocean and affect the weather on the surrounding continents. "The new generation of models is changing the kinds of questions we face as scientists."

Jeff Tollefson, "Climate forecasting: A break in the clouds", *Nature*, 09 May 2012.
http://www.nature.com/news/climate-forecasting-a-break-in-the-clouds-1.10593

• **Vocabulary**

Dressed up (adj) : élégant, belle (ici)
Dowdy (adj) : moche
Drought (n) : sècheresse
Pall (n) : manteau
Plume (n) : volute de fumée
Power plant (n) : centrale électrique
Shed (v) **light** : jeter la lumière sur
Spew out (v) : cracher (de la fumée)
Stunning (adj) : étonnant
Swathe (n) : bande
Trigger (v) : déclencher
Turn a corner (v) : passer un point critique
Weaken (v) : affaiblir

Exercices d'entraînement

Compréhension détaillée

Exercice 1 — 5 min

Corrigé p. 239

From the title, guess the topic of the article:
- ❍ a. The sky is getting clearer.
- ❍ b. It is becoming easier to forecast the weather.
- ❍ c. Scientists can break clouds.

Exercice 2 — 10 min

Corrigé p. 239

Match the following titles with the right paragraphs.
- a. Simulating clouds
- b. Transforming science
- c. The earth seen from the sky
- d. The role of clouds

Exercice 3 — 10 min

Corrigé p. 239

Right or wrong. Quote to justify.
- a. *Clouds and aerosols influence temperatures.*
- b. *Forecasting the weather has always been difficult.*
- c. *Scientists have proved that clouds had no influence on each other.*
- d. *Clouds and aerosols are responsible for climatic disorders.*

Compréhension générale

Résumer en français l'état d'avancement de la recherche en climatologie et ses conclusions.

3 Comprendre une notice d'inspection de composants

1 Conseils et stratégies

1. Identifier le ou les composants (*components)* mentionnés.
2. Repérer les caractéristiques de ces composants.
3. Déterminer leurs dangers potentiels pour la santé.
4. Identifier les conseils donnés pour s'en protéger et mesures à respecter.

2 Lire et comprendre

Ultraviolet Light Safety

Ultraviolet (UV) light or «black light» as it is sometimes called, has wavelengths ranging from 180 to 400 nanometers. These wavelengths place UV light in the invisible part of the electromagnetic spectrum between visible light and X-rays. The most familiar source of UV radiation is the sun and is necessary in small doses for certain chemical processes to occur in the body. However, too much exposure can be harmful to the skin and eyes. Excessive UV light exposure can cause painful sunburn, accelerate wrinkling and increase the risk of skin cancer. UV light can cause eye inflammation, cataracts, and retinal damage.

Because of their close proximity, laboratory devices, like UV lamps, deliver UV light at a much higher intensity than the sun and, therefore, can cause injury much more quickly. The greatest threat with UV light exposure is that the individual is generally unaware that the damage is occurring. There is usually no pain associated with the injury until several hours after the exposure. Skin and eye damage occurs at wavelengths around 320 nm and shorter which is well below the 365 nm wavelength, where penetrants are designed to fluoresce. Therefore, UV lamps sold for use in LPI application are almost always filtered to remove the harmful UV wavelengths.

The lamps produce radiation at the harmful wavelengths so it is essential that they be used with the proper filter in place and in good condition. Use eye and face protection like goggles and a full face shield. Use protective clothing like gloves, long-sleeve shirts and lab coats. Limiting exposure time is critical in limiting damage.

Ultraviolet light measurements should be taken using a fixture to maintain a minimum distance of 15 inches from the filter face to the sensor. The sensor should be centered in the light field to obtain the peak reading.

NDT Education Ressource center,

http://www.ndt-ed.org/AboutNDT/aboutndt.htm.

• Vocabulary

Fixture (n) : appareil
Fluoresce (v) : undergo, produce, or show fluorescence
Goggles (n) : lunettes de protection
Harmful (adj) : dangerous
Nm : nanometer
Pain (n) : douleur
Shield (n) : protection, cache, masque
Wavelength (n) : longueur d'onde
Wrinkle (n/v) : ride/se rider

Exercices d'entraînement

Compréhension détaillée

Exercice 1 **5 min** *Corrigé p. 239*

Who is this safety notice mainly for?

- ❍ a. People in contact with artificial UV light.
- ❍ b. Lamp manufacturers.
- ❍ c. Sunbathing tourists.

Exercice 2 **5 min** *Corrigé p. 239*

Why is UV light necessary?

Exercice 3 **5 min** *Corrigé p. 239*

What are the possible risks of UV light?

Exercice 4 **5 min** *Corrigé p. 239*

What makes it all the more dangerous? Quote one sentence from the text.

Exercice 5 **5 min** *Corrigé p. 239*

What precautions should be taken?

Exercice 6 **5 min** *Corrigé p. 239*

How should UV light be measured?

Compréhension générale

Indiquer en un paragraphe et en français les dangers de l'exposition aux rayons ultraviolets, les points à vérifier pour les éviter et les méthodes à employer.

4 Comprendre une information technico-commerciale

1 Conseils et stratégies de lecture

❶ Identifier le produit ou le service qui est décrit.
❷ Identifier le public cible.
❸ Repérer ses caractéristiques techniques (en quoi est-il nouveau ?).
❹ Identifier ses intérêts commerciaux (pour l'acheteur et pour le fabricant).
❺ Déterminer s'il présente un ou des risques ou inconvénients.

2 Lire et comprendre

Pioneer Introduces the New Cyber Navi Car Navigation system in Japan with the world's first Head-Up Display to project augmented reality information in front of the windscreen.

This device uses the Ar Hud unit to project various augmented reality information useful for driving in front of the windscreen, using vivid full color image. The display overlays augmented reality information on top of the real scenery, so that the driver can track information instantaneously while significantly reducing eye movement and refocusing.
The latest Cyber Navi has a variety of advanced functions to support comfortable driving. The Ar Hud View function displays information in the Ar Hud unit, such as information about the route and the distance to the vehicle ahead, in a way that is easy to understand. The Parking Watcher function downloads information in real-time to show the latest information about car park congestion in the navigation screen. There is also a function that detects and displays speed limit signs, notifying the driver with a sound effect when a sign is detected.
This device also meets the needs of users who want to always have the latest map data and a Road Creator function that automatically generates road data when you drive on a road that is not listed on the map, and then uses this road data for route navigation with toll roads, national roads and ordinary roads indicated using different colors.

Key features

The Ar Hud unit uses an RGB laser light source to display full color augmented reality information with high contrast and a high brightness level. The display, which is projected about three meters in front of the driver's eyes, is 90 cm across and 30 cm high, roughly equivalent to a 37 inch display.

Pioneer corporation, News Release, May 8, 2012.
http://pioneer.jp/press-e/2012/pdf/0511-1.pdf.

• **Vocabulary**

Ahead (adv) : devant
Display (n/v) : affichage
1 inch : environ 2 cm
Overlay (v) : superposer
Toll road (n) : route à péage
Windscreen (n) : pare-brise

Exercices d'entraînement

Compréhension détaillée

Exercice 1 5 min *Corrigé p. 239*

This article is about:

❍ a. a new type of car.
❍ b. driving in Japan.
❍ c. a new car device.

Exercice 2 5 min *Corrigé p. 239*

Use the text to describe the characteristics of what it presents.

Exercice 3 5 min *Corrigé p. 240*

Identify the advantages of the system.

Exercice 4 5 min *Corrigé p. 240*

What kind of information can a driver have access to thanks to this system?

Exercice 5 5 min *Corrigé p. 240*

Find two adjectives in the text that best describe the qualities of the system.

Exercice 6 5 min *Corrigé p. 240*

Choose the best definition of the expression "augmented reality".

❍ a. View of a physical, real-world environment whose elements are augmented.
❍ b. A view of reality that replaces the real world with a simulated one.
❍ c. A distorted representation of the real world.

Compréhension générale

Rédiger deux synthèses en français de la notice d'information (70 mots pour chaque synthèse). La première mettra en évidence les informations à caractère technique. La seconde, les informations à caractère commercial.

5 Rédiger un rapport technique

Conseils et stratégies

• Le rapport (*technical report*) communique le résultat d'une étude, d'une enquête, d'un projet et débouche sur un avis motivé et/ou sur des propositions. Il suit une organisation stricte, ce qui permet à son lecteur d'aller directement à l'information qui l'intéresse en priorité.

• Lors de la rédaction d'un rapport :
– déterminez votre ou vos lecteur(s) avec précision ;
– adaptez votre écrit au niveau technique de votre lecteur.

• La plupart des rapports techniques suivent la présentation ci-dessous.
– Le **titre** (*Title Page*) : donne une indication claire et précise du contenu ainsi que le nom du ou des auteurs.
– Le **résumé** (*Abstract*) : très important, il permet de donner rapidement une idée de l'objectif et du contenu du rapport. Sa longueur devrait être proportionnelle à celle du rapport.
– Le **sommaire** (*table of contents*) : il donne le titre de toutes les parties et sous-parties du rapport et le renvoi aux numéros de pages.
– **Liste, légende et renvois de page** des schémas et tableaux chiffrés (si besoin).
– Le **corps du rapport** (*report body*) : en principe, il comporte une introduction (*introduction*), des parties (*sections*) et une conclusion (*conclusion*). Il comprend du texte, des schémas ou graphiques (*graphics*)... Vous devez citer vos sources (*credit sources*).

> **Attention !**
> Vous devrez exclure certains points selon les destinataires et les circonstances.

• **Vocabulary**

Report on : (thème du rapport)
Submitted to : (destinataire(s) du rapport)
Throughput (n) : débit
Advances (n) : progress
A wealth of : a large amount of : énormément de..., une mine de..., une profusion de...
Storage (n) : mémoire, stockage
Wavelength (n) : longueur d'onde
Layer (n) : couche(s)
Growth (n) : expansion, croissance
Implement (v) : mettre en œuvre, appliquer
Yield (v) : rapporter, produire
Rollout (n) : lancement

Exercices d'entraînement

Le rapport (présenté à la page 234) comporte seulement trois parties : le résumé, l'introduction et la conclusion. Ces trois parties vous sont données dans le désordre. À l'intérieur de chacune des parties, les phrases ont été mélangées.
Lire attentivement l'ensemble des données et compléter le destinataire et l'auteur.
Puis, pour chaque partie (A, B, C) :
– remettre les phrases dans l'ordre logique ;
– décider dans quelle partie du sommaire (*abstract, introduction, conclusion*) chaque paragraphe ainsi reconstitué doit figurer.

Report on DVD Technology and applications

Submitted to Dr. ....
Technical Research Associates, Inc.
1307 Marshall Lane
Austin, TX 78705
May 6, ...
by ....

A – 1° In addition, the laser used to read a DVD utilizes a shorter wavelength, allowing the storage surface of each of these layers to be more compact.
2° Digital Versatile Disc, or DVD is a collection of new optical disc technologies that have the potential to significantly improve the quality of a number of consumer electronics and personal computer products.
3° The four parts of this report will discuss (1) a technological overview of DVD, utilizing a comparison of CD vs. DVD technologies, (2) the construction of a DVD, (3) current applications utilizing DVD, and (4) projected sales and revenues of DVD devices...
4° These discs are capable of holding up to 17 gigabytes (GB) of data storage, with current research offering a potential for 15 times more storage.
5° A Digital Versatile Disc is basically a double density, double sided, compact disc.
6° The purpose of this report is to present the format, creation, current applications, and economic forecasts for DVD technology. (...)
7° This technology is made available through advances in laser technology and advances in manufacturing processes for optical discs.

B – 1° Current applications include DVD-video, which is capable of displaying broadcast-quality feature-length movies on the surface of a single disc, and DVD-ROM, which can be used in computer applications to provide higher throughput and higher storage capacity on a single disc.
2° DVD was invented and tested by Toshiba Corporation to fulfill two primary goals: (1) to provide higher throughput and (2) to provide higher capacity than current CD-ROM technology.
3° These advances brought about by DVD open up a wealth of products and possibilities in modern applications.
4° Digital versatile disc (DVD) is a collection of new optical disc technologies that have the potential to significantly improve the quality of a number of consumer electronic and personal computer products.

C – 1° Given the ease of implementation of this technology and potential growth in sales and revenues, DVD technology promises to afford many avenues of implementation.
2° Beginning research as soon as possible could yield consumer product rollout in as soon as 12 months time.
3° In conclusion, this report gives the initial introduction to DVD technology required to determine whether to implement the technology in Motorola products in the future.
4° These implementations range from current video, audio, and computer applications to household combination cable modem and large data storage units for combined application in multiple use consumer electronics devices.
5° Given the expansion and partnerships forged by Motorola with other corporations and our current standing in the communications world, the implementation of DVD technology in our products beginning in 1999, will provide a large share of the market share during a period of extreme market growth.

6 Rédiger un guide d'utilisateur

Conseils et stratégies

- Les instructions doivent être faciles à lire et compréhensibles pour tous les utilisateurs.
- Donner les séquences à suivre pour se servir du produit étape par étape dans l'ordre correct.
- Ajouter des illustrations montrant chaque étape à suivre et dans quel ordre.
- Indiquer clairement les étapes : *Step 1, Step 2…*
- Éviter les longs paragraphes qui risqueraient de perdre le lecteur dans des détails inutiles. Être bref et précis.
- Préférer des mots et expressions courants : éviter le jargon.
- Expliquer simplement les fonctions, les caractéristiques ou le fonctionnement d'un objet. Préférer les rubriques « Comment faire… ? » (*How to…?*) pour faciliter la compréhension.
- Au début du guide d'utilisateur, il est recommandé d'expliquer les symboles, icônes et codes utilisés.
- Ne pas présumer que l'utilisateur dispose d'une expérience préalable ou de la connaissance du produit.
- Écrire au présent de l'impératif et à la voix active (ex. : *Don't use the smartphone near a battery.*).

- **Vocabulary**

Step (n) : étape
Blink (v) : clignoter
Release (v) : libérer/soulever
Come loose (v) : se défaire, se détacher
Discard (v) : se débarrasser de, jeter
Spill (v) : renverser

Holder (n) : support
Strip (n) : bande
Wrapping (n) : enveloppe, emballage
Nozzle (n) : embout
Slot (n) : fente, ouverture
Cover (n) : capot

Ens. Tech. Anglais

Exercice d'entraînement

Dear Sir,
My printer is a rank Xerox 201. I bought it from one of your retailers. Lately it ran out of ink and I bought a new cartridge. Unfortunately there was no « user guide » inside the box. Can you tell me how to replace the ink cartridge?

- À l'aide du vocabulaire donné à la page 240 des corrigés, rédiger une réponse au client. Le guide respectera les indications données plus haut. Veiller en particulier à l'ordre du séquençage en indiquant précisément les différentes étapes. Il y a 7 étapes. Le guide s'intitulera : *To replace an ink cartridge on your printer.*

7 Présenter un projet technique à l'oral

1 Conseils et stratégies : la présentation

A Avant la présentation

Vous devez répondre à ces 4 questions :

❶ **Qui est mon public?** Experts, collègues, amis, responsables, jury, ...
Ne pas sous estimer ni surestimer le public.

❷ **Quel(s) message(s) je veux faire passer ?** Idées et points essentiels que le public doit retenir. Vu le temps limité et le nombre de choses à dire : fixez les points prioritaires. Les autres seront traités dans les questions.

❸ **Comment j'organise mon exposé ?**
Plan : introduction, problème, solution, conclusion
Introduction
Page titre, plan de l'exposé, contexte général
Sujet principal
Définition du problème, état de l'art, contributions, évaluation et expérimentations
Conclusion
Bibliographie

❹ **Comment dois-je présenter mes diapositives ?** *(sous powerpoint)*
Les diapositives sont un soutien à la parole.
Chaque diapositive doit avoir un titre !
Une diapositive doit exprimer un point, une idée.

Les erreurs à éviter

- Caractères trop petits (au moins 18 points) trop variés et non standard.
- Trop de couleurs ou couleurs invisibles (la couleur jaune par exemple).
- Trop d'animations.
- Le style « écrit ».
- Les diapositives trop complexes.

B Pendant la présentation

• **Votre attitude**

- Soyez détendu.
- Montrez que vous êtes content d'être là.
- Parlez assez fort pour être entendu et de façon tonique.
- Faites face au public et tenez-vous droit. Utilisez un plan.
- Restez dans le temps imparti.

• Les diapositives

– Mettez la première avant de commencer à parler.
– Ne parlez pas quand vous changez de diapositive.
– Ne parlez pas immédiatement après l'apparition d'une nouvelle diapositive (trop d'informations en même temps).
– Ne cachez pas l'écran.
– Suivez l'ordre des diapositives.
– Vérifiez l'orthographe sur les diapositives.

• Pour terminer

– Annoncez la fin de votre présentation (avec une diapo sur laquelle vous avez écrit « conclusions »).
– Résumez votre travail et ouvrez sur des perspectives d'avenir.
– Demandez s'il y a des questions. En cas de questions : répétez toujours la question, cela vous donne le temps d'y réfléchir, de vérifier que vous l'avez bien comprise et de la faire partager à ceux qui n'auraient pas entendu.
– Remerciez le public.

2 Conseils et stratégies : le projet

Lisez les questions à se poser avant de commencer à travailler sur un projet.

1. Quelles sont mes motivations pour ce projet ?

- *Why did I choose to work on this project?*
- *Why is it believed that this solution will work and be better than previous solutions?*

2. Quel est le problème que ce projet va permettre de résoudre ?

What problem will this project help solving?

3. À qui est destiné ce projet *in fine*?

- *Who is the project for?*

4. Quelle est votre analyse du problème?

- *What is your analysis of the identified problem, idea and evaluation? Is this a good idea?*
- *What flaws do you perceive in the work?*
- *What are the most interesting points made?*
- *What are the most controversial ideas or points made?*

5. Quelle est la solution proposée ?

- *What is the proposed solution?*
- *Why is it believed that this solution will work and be better than previous solutions?*
- *How is the solution achieved (designed and implemented) or is it at least achievable?*

6. Quelle évaluation faites-vous du projet ?

- *What is the work's evaluation of the proposed solution?*
- *What benefits or problems are identified?*

7. Quelles sont vos perspectives de travail à partir de ce projet ?

- *What are future directions for this research?*

8. Quelles questions restent en suspens ?

- *What questions are you left with?*
- *What questions would you like to rise in an open discussion of the work?*
- *What do you find confusing or difficult to understand?*
- *By taking the time to list several questions, you will be forced to think more deeply about the work.*

9. Quelles sont vos sources ? Citez-les.

- *What are the contributions?*

10. Le vocabulaire utilisé

- *Your language should be simple and clear.*
- *Use short words and sentences.*
- *Use active verbs instead of passive verbs.*

Function	Language
Introducing the subject	• I'd like to start by... • First of all, I'll... • I'll begin by...
Finishing one subject...	• Well, I've told you about... • That's all I have to say about... • We've looked at...
...and starting another	• Now we'll move on to... • Let me turn now to... • Next... • I'd like now to discuss...
Analyzing a point and giving recommendations	• Where does that lead us? • Let's consider this in more detail... • What does this mean for...?
Giving an example	• For example,... • A good example of this is... • To illustrate this point...
Dealing with questions	• I'd like to deal with this question later, if I may... • I'll come back to this question later in my talk...
Summarising and concluding	• In conclusion, ... • I'd like now to recap... • Let's summarize briefly what we've looked at... • If I can just sum up the main points...

CORRIGÉS

CHAPITRE 1 *Énoncé p. 226*

Compréhension détaillée

1. b. ; 2. c. ; 3. a. « *Syncing with iTunes* ».
b. « *Wi-Fi* » c. « *iCloud* » ; 4. c.

Compréhension générale

Pour connecter un iPhone à un ordinateur, il faut soit être en Wi-Fi soit utiliser un câble USB. Un iPhone peut se connecter à Internet soit par connexion Wi-Fi, soit par la 3G (ou la 4G), soit par le réseau de données cellulaires.

CHAPITRE 2 *Énoncé p. 228*

Compréhension détaillée

1. b. *The topic of the article reveals that it is becoming easier to forecast the weather.*

2. *1st paragraph: The earth seen from the sky* (c).
2nd paragraph: The role of clouds (d)
3rd paragraph: Simulating clouds (a)
4th paragraph: Transforming science (b)

3. a. **Right**:*"major role in setting Earth's temperature"*.
b. **Right**: *"the biggest sources of uncertainty in forecasts of future climate"*.
c. **Wrong**: *"they interact with each other"*.
d. **Right**: *"triggering… droughts, altering Arctic climate and weakening the monsoon"*.

Compréhension générale

La recherche en climatologie a permis d'en arriver à la conclusion que les nuages et les aérosols jouent un rôle majeur dans les variations climatiques, en particulier l'augmentation des températures, les dérèglements climatiques, tels que les moussons, la sècheresse… Jusqu'à présent les scientifiques avaient du mal à prévoir le climat avec suffisamment de certitude parce qu'ils n'arrivaient pas à simuler les nuages naturels et leurs interactions. Ils ont dorénavant compris le rôle de l'humidité, de la température et des mouvements d'air. L'intérêt de ces découvertes est fondamental : les scientifiques vont pouvoir prochainement non seulement prévoir le climat avec plus de certitude et de précision, mais aussi modifier le climat et contrôler ses dérèglements.

CHAPITRE 3 *Énoncé p. 230*

Compréhension détaillée

1. a. *This safety notice is mainly for people in contact with artificial UV light.*

2. *UV light is "necessary in small doses for certain chemical processes to occur in the body".*

3. *UV light is "harmful to the skin and eyes". Moreover, "painful sunburn [can] accelerate wrinkling and increase the risk of skin cancer. UV light can cause eye inflammation, cataracts, and retinal damage".*

4. *The greatest threat with UV light exposure is that the individual is generally unaware that the damage is occurring.*

5. *Some precautions should be taken.*
For example:
– use proper filter in place and in good condition;
– use eye and face protection, and protective clothing;
– limit exposure time.

6. *UV light should be measured using a fixture to maintain a minimum distance of 15 inches from the filter face to the sensor. The sensor should be centered in the light field to obtain the peak reading.*

Compréhension générale

S'exposer aux rayons ultraviolets comporte différents risques qui ne sont pas immédiatement ressentis ou visibles : danger sur la peau (augmentation du risque de cancer de la peau, vieillissement cutané…) et pour les yeux (risques d'inflammation, de cataracte…).
Il faut mesurer les émissions d'UV en respectant certaines conditions : une distance minimale de 30 centimètres, une disposition dans l'axe du champ de rayons UV.
Pour limiter les risques d'exposition, il existe plusieurs mesures à prendre : utiliser un filtre en bon état, se protéger les yeux et la peau, et limiter le temps d'exposition aux rayons UV.

CHAPITRE 4 *Énoncé p. 232*

Compréhension détaillée

1. c. *This article is about a new car device.*

2. *In front of the windscreen/vivid full color image/ high contrast and a high brightness level/ three meters in front of the driver's eyes, 90 cm across and 30 cm high.*

3. *The system helps drivers to track information instantaneously while significantly reducing eye movement and refocusing. It supports comfortable driving.*

4. *Thanks to this system, a driver has access to much information about:*
– the route and the distance to the vehicle ahead;
– car park congestion;
– speed limit signs;

– *map and road data (toll roads, national roads and ordinary roads).*

5. *The system is comfortable and easy.*

6. a.

Compréhension générale

Synthèse n° 1

Informations techniques : mettre en avant les caractéristiques physiques du nouveau système (dimensions, distance…) (voir réponse à la question 2) et son fonctionnement (*display overlays augmented reality information on top of the real scenery).*

Exemple de synthèse :

Le nouveau système d'équipement de voitures créé par Pioneer, Cyber Navi, offre des informations diverses au conducteur grâce à une projection en temps réel sur le pare-brise, à une distance de 3 mètres sur 30 centimètres de haut et 90 centimètres en diagonale. C'est ce qu'on appelle la réalité augmentée. Les informations sont fournies dans des couleurs vives et de façon très lisible. Le système indique notamment les itinéraires, les distances avec le véhicule devant, la circulation, les panneaux de vitesse (indiqués par un signal sonore), les routes, les péages. Il utilise une signalétique de couleurs différentes. Les informations se situent un peu plus haut que le niveau des yeux, ce qui limite la déconcentration du conducteur.

Synthèse n° 2

Informations commerciales : insister sur les bénéfices du système et fonctions utiles à la conduite (voir les réponses aux questions 3, 4 et 5).

Exemple de synthèse :

Ce nouveau système a pour but d'améliorer les conditions de conduite, la sécurité, et le confort du conducteur. Il offre des informations variées et clairement indiquées par des codes de couleurs lumineuses bien spécifiques qui permettent au conducteur d'avoir des informations précises, lisibles et fiables en temps réel. Ce système est confortable et facile à utiliser, et il limite les mouvements des yeux et donc la déconcentration du conducteur.

CHAPITRE 5 *Énoncé p. 233*

1. L'ordre des paragraphes est le suivant :
B est le 1er paragraphe : *abstract.*
A est le 2e paragraphe : *introduction.*
C est le 3e paragraphe : *conclusion.*

2. L'ordre des phrases est le suivant :
Abstract : 1-4/ 2-2/3-3/4-1
Introduction : 1-2/2-4/3-7/4-5/5-1/6-6/7-3
Conclusion : 1-3/2-5/3-4/4-2/5-1

CHAPITRE 6 *Énoncé p. 235*

To replace an ink cartridge on your printer:

Step 1. *Turn ON the printer. Open the top cover. The printer's ink cartridge holder will move to the center. The Power ON light will start blinking.*

Step 2. *Release the blue lever over the ink cartridge holder by lifting it up.*

Step 3. *Hold the top of the empty ink cartridge and gently lift it upward until it comes loose. Discard the cartridge, being careful not to spill any remaining ink.*

Step 4. *Remove the cellophane wrapping from the new ink cartridge. Peel away the yellow protective strip from the head of the cartridge.*

Caution: *Once you have removed the yellow protective strip, do not touch the ink nozzles or the metal strips. This can damage the head and result in poor print quality or print failure.*

Step 5. *Set the new ink cartridge into the open slot in the holder. Align it and gently press downward until the ink cartridge clicks into place.*

Step 6. *Lower the blue lever until it snaps over the ink cartridge.*

Step 7. *Close the cover of the printer. When the Power ON light stops blinking, the printer can begin printing.*

Verbs	Nouns	Adjectives	Adverbs
Be on/off	printer	yellow	upwards/ downwards
Blink	top	remaining	gently
Release	ink cartridge	protective	ready
Lift up	holder	poor	
Hold	power light	open	
Come loose	strip		
Discard	wrapping		
Spill	head of the cartridge		
Remove	ink nozzles		
Peel away	metal strips		
Touch	print quality		
Damage	print failure		
Set	slot		
Align	place		
Press	cover		
Click into	lever		
Lower			
Snap over			
Open/close			
Blink			

Anglais

LES MÉTHODES

LE COURS

Descriptif de l'épreuve

Modalités de notation des épreuves

Les épreuves de langues vivantes obligatoires sont notées sur 20. Elles se composent d'une partie écrite et d'une partie orale respectivement notées sur 20 points. La note globale de l'épreuve est obtenue en faisant la moyenne de ces deux notes.
LV1 : coefficient 2.   LV2 : coefficient 2.

L'épreuve écrite

Durée : 2 heures.

La compréhension de l'écrit

Cette sous-partie prend appui sur un, deux ou trois documents en langue étrangère. Ces documents peuvent relever de différents genres (extraits d'œuvres littéraires ou d'articles de presse notamment) ; ils peuvent être informatifs, descriptifs, narratifs ou argumentatifs.

L'expression écrite

À partir des indications données, le candidat rédige un ou plusieurs textes construits, prenant appui sur des événements, des faits ou des prises de position qu'il aura identifiés dans les documents servant de support à l'épreuve de la compréhension. Est évaluée essentiellement l'aptitude du candidat à exprimer de façon nuancée et argumentée une opinion ou un avis, en présentant clairement, dans une langue correcte aussi précise que possible.

L'épreuve orale

Pour la LV1 et la LV2, l'évaluation de l'oral représente la moitié de la note totale du candidat. Cette évaluation se déroule pendant le temps scolaire. Deux situations d'évaluation sont organisées pour chacune des deux langues.

La compréhension de l'oral

Durée : 10 minutes (le temps d'écoute n'est pas inclus dans cette durée).
Cette évaluation est annoncée aux élèves. Les enseignants l'organisent au cours du deuxième trimestre de l'année de Terminale sur des supports, audio ou vidéo. Elle s'appuie sur des documents enregistrés liés aux notions du programme. Il pourra s'agir de monologues, de dialogues, de discours, d'extraits d'émissions de radio, de documentaires... La durée de l'enregistrement n'excèdera pas 1 min 30.
Les candidats ont trois écoutes de l'enregistrement, séparées chacune d'une minute. Ils peuvent prendre des notes pendant chaque écoute. Ils disposent ensuite de 10 minutes pour rendre compte par écrit en français de ce qu'ils ont compris.

L'expression orale

Durée : 10 minutes.
Temps de préparation : 10 minutes.
Les enseignants organisent cette évaluation au dernier trimestre de l'année de Terminale. Le candidat tire au sort une des notions du programme étudiées dans l'année. Après 10 minutes de préparation, il dispose de 5 minutes pour présenter cette notion. Cette prise de parole en continu sert d'amorce à une conversation conduite par le professeur, qui prend appui sur l'exposé du candidat. Cette phase d'interaction n'excède pas 5 minutes.

LES MÉTHODES

La compréhension orale

Comment faire

Prédire le thème et le vocabulaire

- Deviner le **thème** d'une présentation avant de l'écouter permet d'améliorer la compréhension des passages difficiles.
- Se concentrer sur le **titre** et les autres indices (**date**, **source**, **auteur**...).
- Penser aux informations susceptibles d'être données (imaginer les questions et les réponses). Anticiper les termes associés au thème.

S'appuyer sur ce qu'on comprend

- Lors de l'écoute, s'appuyer sur les mots que vous comprenez ou qui sont répétés.
- Déterminer à quel **domaine lexical** ou thématique ils appartiennent et définir le thème du document.
- Mettre les mots entendus en relation afin d'identifier les principales idées et l'objectif du document.

S'appuyer sur les mots accentués

Tous les mots ne sont pas accentués en anglais. S'appuyer sur les mots accentués permet d'isoler les mots importants et de comprendre les idées principales. Les **mots accentués** sont les mots porteurs de sens (noms, verbes, adjectifs, adverbes...). Les autres mots servent à rendre la phrase correcte grammaticalement (prépositions, articles...).

S'appuyer sur l'intonation pour comprendre

Lors de l'écoute, se concentrer sur la façon dont les choses sont dites, notamment grâce à l'accentuation plus prononcée des mots à mettre en valeur.

Isoler des groupes de mots

En anglais, les mots sont souvent liés entre eux par bloc, ce qui rend la compréhension difficile. Il peut s'agir de noms composés, de groupes introduits par une préposition, de structures verbales... Se concentrer, identifier ces blocs et les décomposer pour **isoler les mots importants**.

Se concentrer sur des informations spécifiques

Lors de l'écoute, se concentrer sur des éléments d'information particuliers, tels que des noms, des avantages, des inconvénients, des fonctions professionnelles...

LES MÉTHODES

L'expression orale

Comment faire

En continu

Organiser ses idées

- Regrouper les arguments et les classer (positif/négatif).
- Distinguer les faits, les causes, les conséquences et les solutions.
- Différencier les arguments et les exemples. Séparer les informations objectives (faits, statistiques…) et les informations subjectives (opinions).

Introduire un argument

Avant de commencer à développer un argument ou une partie, il faut l'introduire par une phrase plus générale (ex. : *Nowadays, the notion of friendship has become disputable*).

Développer un argument

- Après avoir annoncé un argument (ex. : *Simple everyday life actions may improve our lives*), justifier son argument en mettant en avant une raison (ex. : *As we are all aware of malnutrition and environmental problems, we can all do something at our own level*).
- Illustrer l'argument d'un exemple (ex. : *For instance, we could make donations to charities or sort out household waste)*.

S'exprimer avec un débit régulier

- Afin d'avoir un bon débit à l'oral, il faut relier les mots entre eux, accentuer les mots porteurs de sens (noms, verbes, adjectifs, adverbes…) et avoir une intonation adaptée en fonction du type de phrase et de ses intentions.
- Utiliser une intonation descendante dans des phrases affirmatives et négatives, dans des questions en *wh-*.
- Utiliser une intonation qui monte après une virgule, dans les questions appelant une réponse par oui ou par non. Une intonation montante dans des questions en *wh-* suggère une réaction de surprise.

Lier les idées et les parties

- Indiquer des liens :

– de cause ;

– de conséquence (ex. : *Sometimes employers are very demanding.* ***As a result*** *this may create a stressful atmosphere at work*) ;

– d'opposition (ex. : *Employees can't do what they want.* ***On the other hand,*** *managers should try and develop creativity in their workforce)*.

- Utiliser des mots de liaison pour ajouter des éléments (*moreover, besides, in addition*).

Pour relier deux parties, résumer l'idée principale de la première et annoncer la seconde (ex. : *So, working conditions largely depend on the attitude of the manager, yet, it is obvious that the employee's behaviour plays a part too)*.

Conclure son exposé

- La conclusion doit être claire, synthétique et doit répondre à la question.
- Résumer brièvement les principaux aspects de l'étude de la notion.
- Apporter une réponse et donner son point de vue.

En interaction

Éviter les blancs en utilisant des *gap fillers*

You know… You see… I mean…
What I mean is…
Well, what I'm trying to say is…
How shall I put it?
How can I say this?

Exprimer ses incertitudes

• **Vous n'êtes pas sûr de la réponse :**
I'm not sure but I think
I may be wrong, but I believe …
As far as I know,

• **Vous ne connaissez pas la réponse :**
I'm afraid I don't know
I'm sorry but I don't know the answer.
(I'm afraid) I have no idea.

Demander du vocabulaire

What's the English for…?
Could you tell me how you would say "…" in English?
I don't remember the English for…

Demander de répéter

Could you say that again please?
Could you repeat please?
I'm afraid I didn't catch that.
I beg your pardon…

Donner des précisions ou reformuler

To be more precise…
What I wanted to say is that…
What I meant is that…
To explain what I said previously, I could say that…
I actually wanted to show…
This is not exactly what I wanted to say.
To go further, I would say that…

Illustrer d'exemples

This can precisely be illustrated by…
For example,...
There is a good example of this in…

Exemples d'application

ÉNONCÉS

1. Faites une présentation orale de la notion de progrès en anglais (3 minutes maximum) en répondant à cette question : *Do you consider that information technologies have a positive impact on social relationships, work and education?*

2. Imaginez d'autres questions et augmentez progressivement votre temps de parole.

3. Cherchez des arguments répondant à la question suivante et classez-les : *What are the advantages and drawbacks of non-renewable energies and renewable ones?*

CORRIGÉ

1. Exemple de présentation orale :

The notion of progress concerns different fields: health, technologies, work… For instance, medical progress helps extend the lifespan and cure diseases; Information technology, makes it easier to keep in touch, as it brings down barriers; technology also allows us to protect the environment… In a word, progress helps us save time and money. However it also has its drawbacks: we can become addicted to information technologies; we may no longer have privacy; it widens the generation gap and can isolate people. We may be victims of cybercrime. So, all in all progress may change our life for the better provided we learn to use it with care and moderation.

2. **Les avantages et inconvénients des énergies renouvelables et non-renouvelables :**
Advantages of non-renewable energies: They are cheaper, easy to use, readily available, efficient; they are widely used to generate electricity.
Drawbacks: they can't be renewed, they pollute; they can have devastating environmental effects. They cause global warming. They are dangerous for the health.
Advantages of renewable energies: they don't pollute; they are renewable; they are free; they cause no waste and are available in remote places; maintenance may be cheap.
Drawbacks: they are expensive to install, less readily available; wind turbines damage picturesque landscapes; solar-cell energy is costly, inefficient, and dependent on the weather and time. Wind turbines can be noisy.

Exercices d'entraînement

Exercice 1 — 15 min

Corrigé p. 277

Do a structured and illustrated presentation of the notion of progress orally in 5 minutes maximum, answering the following question: Why is it necessary to resort to natural and renewable resources and how can it be done?

Exercice 2 — 15 min

Corrigé p. 277

Do a structured and illustrated presentation of the notion of progress orally in 5 minutes maximum, answering the following question: In what way can technological innovations improve our daily life?

Exercice 3 — 5 min

Corrigé p. 277

Réagissez aux questions suivantes en exprimant vos doutes ou incertitudes.

1. Can you mention some renewable energies?
2. What makes non-renewable energies a danger for our planet?
3. Why is it difficult for renewable energies to replace non-renewable energies?

Exercice 4 — 5 min

Corrigé p. 277

Réagissez aux questions suivantes.

1. You said that there were different ways to reduce pollution in cities. Can you give examples?
2. You said that future cities have to be conceived differently. Can you give examples of new urban developments?

Exercice 5 — 5 min

Corrigé p. 278

Réagissez aux questions suivantes.

1. Can you explain more precisely what you mean by the "advantages of artificial Intelligence"?
2. You said that the applications of robotics at home were limited. Is it really what you meant?
3. You said that robots could help us in our daily tasks. Could you explain this point?

La compréhension écrite

Comment faire

Trouver la nature et le thème d'un texte

• Chercher la source du texte (donne-t-il un titre de journal, de roman, une source Internet… ?).

• Regarder s'il est écrit à la première personne (autobiographie ?) et s'il donne des informations objectives ou subjectives.

• Lire le texte pour identifier les champs lexicaux grâce aux termes récurrents. En déduire le thème du texte.

Chercher des informations spécifiques dans un texte

Lire le texte attentivement en gardant à l'esprit les informations à chercher (lieu, date, identité, événements…). Les souligner, puis les synthétiser. Lire et relire le texte plusieurs fois.

Comprendre des mots inconnus

• Regarder le mot inconnu : ressemble-t-il à un mot familier ? Est-il composé d'un préfixe ou d'un suffixe ?

• Le replacer dans son contexte, identifier sa nature et sa fonction dans la phrase (nom, verbe, adverbe, préposition…).

• Essayer de deviner s'il a un sens plutôt positif ou négatif, s'il indique une opinion…

Mettre des événements dans l'ordre chronologique

• Lire les événements attentivement. Essayer de les remettre dans l'ordre sans relire le texte.

• Relire le texte en numérotant les événements concernés.

• Comparer avec la réponse initiale.

• Faire attention aux marqueurs de temps et aux temps, puis remettre les événements dans le bon ordre.

Donner des synonymes

• Lire les mots ou expressions proposés et identifier leur nature (nom, verbe, adjectif, adverbe, préposition…).

• S'assurer d'en comprendre le sens. Si ce sont des verbes, identifier leur temps ou leur forme. Il s'agit de trouver des mots de même nature dans le texte. Regarder le texte en se concentrant sur des mots de même nature. Remplacer les mots sélectionnés par ceux qui sont proposés et vérifier si le sens est le même.

Identifier des pronoms

• Pour trouver à qui ou à quoi renvoie un pronom, identifier s'il est au singulier ou au pluriel, s'il désigne un objet ou une personne, un homme ou une femme.

- Lire la phrase dans laquelle il se trouve, ainsi que la précédente et la suivante. Chercher un mot pouvant correspondre.

Compléter un résumé à trous

- Lire le résumé à trous.
- Identifier la nature des mots manquants (nom, verbe, adjectif, préposition, adverbe…).
- Essayer de les deviner sans relire le texte.
- Vérifier en cherchant dans le texte les mots exacts. Un blanc vaut pour un mot.

Exemple d'application

ÉNONCÉ

How does social networking affect socialization?

By Christopher Kendalls September 21, 2010

Before social networking was the norm, people used to create social networks using a process known as socialization. Socialization is the process of inheriting norms, customs, and ideologies. Social networking is a way to use computer networks to achieve the objectives of socialization. The thing about social networking is that it has always existed as introverts such as nerds and other social outcasts would use the technology to communicate because of their fear of face-to-face communication. There is an excitement and an enthusiasm and novelty to speaking with someone through a computer that otherwise would not exist, and this is part of the reason why social networking is as popular as it is today.

Although people had been communicating online for years, it was always thought that one needed to have a purpose in mind. For example men and women would only talk online through a dating site, and a lot of the energy that was put into them speaking with each other dealt heavily with the idea of making themselves into a fantasy for that other person. There was a direct connection between dating in real life and dating online.

With today's social networks people are actually using the Internet for the mere purpose of meeting other people; self-actualization, narcissism, insecurities and other consequences of friendship are now seen online.

The biggest example of this is Facebook, where people tell others each and every little thing they did online. Twitter was popularized through the ability to quickly share news and fun hyperlinks to articles or other information but now people have used its own functionality against it as trending topics are often simple phrases or words that people attempt to find creative uses for. Twitter is now a place where you can be popular by using a word or phrase in a sentence, as opposed to a place where people follow you because of your creativity in sharing information.

Socialization is enhanced by social networking, but social networking has also become a crutch for those who do not know how to express themselves otherwise. Too often social networking has created a situation where people have lost creativity and the inspiration to express themselves in real life as they are too preoccupied with doing so online. You can have a million friends but still fail at making genuine, lasting connections with people in real life. People that grew up in the social networking age may be at a severe disadvantage as real life connections tend to have a strong social networking component to them.

http://www.helium.com/items/ 1639669-how-does-social-networking-affect-socialization

• General comprehension

Tick the correct answer.

1. The text is about:
   ❍ a. the possible uses of social networks.
   ❍ b. the impact of social networks on social life.
   ❍ c. the dangers of social networks for privacy.

2. Social networks are particularly popular among:
   ❍ a. shy and introvert people.
   ❍ b. sociable people.
   ❍ c. computer-savvy people.

• Detailed comprehension

1. Complete the following summary with words from the text. (One blank = one word).
Social networking has started to replace … *(a)* while keeping the same … *(b)*. At the beginning social networks were very popular among people who were afraid to … *(c)* face-to-face. Today it is a source of … *(d)* linked to the … *(e)* of speaking to someone from a distance.

2. Justify the following statements by quoting the text precisely.
   a. One of the reasons of the popularity of social networks is that they make apparently impossible contacts possible.
   b. First users of social networks aimed at seducing each other.
   c. Today social networks are mainly used to have contacts.
   d. Networkers are used to sharing their problems online.
   e. Facebook messages are filled with personal information.
   f. People communicate less face-to-face as they spend more time online.

3. Pick out two examples from the text to show that using social networks was originally linked to concrete intentions.

4. Explain what Twiter was originally made for.

5. Show what people use Twiter for today.

6. Quote two disadvantages of social networks.

7. "People that grew up in the social networking age may be at a severe disadvantage as real life connections tend to have a strong social networking component to them" means:
   ❍ a. Social networkers using the Internet will have trouble dealing with real life exchanges.
   ❍ b. Using social networks is a good way to learn to deal with real life situations.
   ❍ c. Not knowing how to use social networks online will be a great disadvantage.

8. Find in the text synonyms for:
   a. reach b. aim c. in vogue d. authentic

CORRIGÉ

• General comprehension

1. b. the impact of social networks on social life.

2. a. shy and introvert people.

• Detailed comprehension

1. a. socialization ; b. objectives ; c. communicate ; d. excitement ; e. novelty

2. a. "Introverts such as nerds… would use the technology to communicate because of their fear of face-to-face communication."
   b. "Making themselves into a fantasy for that other person."
   c. "Mere purpose of meeting other people."
   d. "Insecurities are now seen online."
   e. "People tell others each and every little thing they did online."
   f. "People have lost the inspiration to express themselves in real life as they are too preoccupied with doing so online."

3. a. "to achieve the objectives of socialization"
   b. "One needed to have a purpose in mind."

4. "Ability to quickly share news and fun hyperlinks to articles or other information."

5. "People have now used its own functionality against it as trending topics are often simple phrases or words"; "be popular"

6. a. "People have lost creativity and the inspiration to express themselves in real life."
   b. "Fail at making genuine, lasting connections with people in real life."

7. a. Social networkers using Internet will have trouble dealing with real life exchanges

8. a. achieve b. purpose c. trending d. genuine

Exercices d'entraînement

Exercice 1 — 1 h

Corrigé p. 278

Solar

Michael Beard is a Nobel prize-winning physicist whose best work is behind him. An opportunity presents itself to boost his career and save the world from environmental disaster. He is giving a conference.

"The planet", he said, surprising himself, "is sick". (…) The engine of our industrial revolution has been cheap, accessible energy (…) Look how fantastic it is. A kilogram of gasoline contains roughly thirteen thousand watt hours of energy. Hard to beat. But we want to replace it. So what's next? The best electrical batteries we have store about three hundred watt hours of energy per kilogram. And that's the scale of our problem, thirteen thousand against three hundred) But unfortunately we don't have the luxury of choice. We have to replace that gasoline quickly for three compelling reasons. First and simplest, the oil must run out. (…) Second, many oil-producing areas are politically unstable and we can no longer risk our level of dependence. Third, and most crucially, burning fossil fuels, putting carbon dioxide and other gases into the atmosphere, is steadily warming the planet, the consequences of which we are only beginning to understand…

And this brings us to the central question. How do we slow down and stop while sustaining our civilization and continuing to bring millions out of poverty? (…)

Our planet Earth is a finite entity. You have the data in front of you, you have the choice-the human project must be safely and cleanly fueled or it fails, it sinks. You, the market, either rise to this and get rich along the way, or you sink with all the rest. (…)

The revolution has begun. The market will be even more lucrative than coal and oil because the world economy is many times bigger and the rate of change is faster. Colossal fortunes will be made (…).

There are a dozen proven ways of making electricity out of sunlight, but the ultimate goal is still ahead, and this is close to my heart. I am talking of artificial photosynthesis, of copying the methods nature took three billion years to perfect. We'll use light directly to make cheap hydrogen and oxygen out of water, sunlight and carbon dioxide and run our turbines night and day (…). Believe me, this will happen. Solar will expand, and, with your help, and with your and your clients' enrichment, it will expand faster. Basic science, the market and our grave situation will determine that this is the future logic, not idealism that compels it.

Solar by Ian Mc Ewan, Anchor 2011 (Reprint)

General comprehension

Tick the correct answer.

1. This text is an extract from:
   ❍ a. a press article ❍ b. an autobiography ❍ c. a fiction
2. It is about:
   ❍ a. the narrator's career ❍ b. the environment ❍ c. the revolution
3. Michael Beard is:
   ❍ a. a physician ❍ b. a scientist specialized in physics
   ❍ c. a physical specialist
4. In this conference, he must be addressing (2 answers):
   ❍ a. colleagues ❍ b. environment specialists
   ❍ c. markets ❍ d. students

Detailed comprehension

1. Right or wrong. Justify by quoting the text.
   a. Fuel has been a cheap, easily available source of energy.
   b. Electrical batteries can produce as much energy as gasoline.
   c. We have not discovered all the negative impacts of fossil fuel yet.
   d. There are just a couple of ways of producing electricity.
   e. To produce photosynthesis, you need a lot of costly devices.
2. Prove the following statements.
   a. The Earth's resources are not unlimited.
   b. New environmental projects may be a source of profits.
   c. The ultimate aim of the narrator is to reproduce nature.
   d. Change will be forced, not chosen.
3. Find three reasons why it is necessary to replace fuel.
4. Find two expressions showing the narrator's sincere conviction in his project.
5. Find the three elements that compel us to change our energy sources.
6. Find in the text synonyms for:
   a. approximately
   b. contain
   c. scope
   d. forceful
   e. stop, end
   f. regularly

Exercice 2 | 1 h | Corrigé p. 278

We can go green and grow profits, says HSBC

HSBC will tell staff to recycle more and stop printing out emails as part of a £100m investment in "green" measures over the next five years. The bank will spend £35m in the first year on making its buildings more environmentally efficient and encouraging its 280,000 employees to change their behaviour.

Stephen Green, HSBC's chairman, said promoting sustainability would benefit the bank and there was increasing momentum driving environmental issues from clients and prospective employees. "Our commitment to sustainability is not some philanthropic agent or incompatible with our strategy of growing profits. On the contrary, it's intrinsic to it," he told reporters.

But Greenpeace said the bank, which made £12bn profit last year, could afford to spend more on green initiatives to offset its carbon emissions. It also warned HSBC customers that the bank was likely to invest in companies that harmed the environment. Craig Bennett, the charity's head of corporate accountability, said he welcomed the initiative but HSBC, along with all banks, needed to make greater efforts to restrict climate change.

"For instance, the bank says it has screening policies in place but we don't think it can yet say all its investments are positive for the environment," he said.

The bank was criticised three years ago for investments in Indonesian logging companies. Greenpeace and other campaigners targeted its annual meeting to highlight how large areas of rainforest were under attack from loggers.

HSBC said a Sustainability Leaders Fund would also be part of the initiative. It will mostly invest in 40 large European companies that are at the forefront of sustainable development, with 25% invested in smaller European firms that are developing new technologies to support sustainable development.

Mr. Green also announced a push to advise clients on how to tackle climate change, while the bank's own efforts would range from investing in solar and wind power to encouraging staff not to print out emails.

It removed all personal waste bins from its global headquarters in Canary Wharf, east London, this month, and the 8,000 staff there now use communal bins for recyclable dry waste and other bins for wet waste.

Phillip Inman, *The Guardian*, Friday 30 June 2006

General comprehension

1. Tick the correct answer.

HSBC is:

❍ **a.** a charity ❍ **b.** a bank ❍ **c.** a green campaigner

2. Match the names, the functions and the workplaces:

a. Stephen Green/Craig Bennett **b.** senior executive/CEO **c.** Greenpeace/HSBC

3. Tick the correct answer.

HSBC explains:

❍ **a.** why going green is essential.

❍ **b.** that a company can be ecological and make profits.

❍ **c.** being environmentally-friendly costs a lot to a company.

Detailed comprehension

1. Right or wrong. Justify by quoting the text.

a. HSBC will change its environmental policy over a few years.

b. The market and future employees are opposed to these measures.

c. Greenpeace condemns HSBC's project.

d. HSBC's managing offices are in London.

2. Prove the following statements by quoting the text.
   a. HSBC plans to reduce its pollution.
   b. The plan will concern the staff.
   c. But it will also consist in a foreign policy.
   d. HSBC will use renewable energy sources.
3. Find what these figures correspond to in the text.
   a. £100m
   b. £35m
   c. 280,000
   d. £12bn
   e. 40
   f. 25%
   g. 8,000
4. Find five concrete measures HSBC will enforce to reduce pollution.
5. Find two reasons why environmental associations are not totally satisfied with HSBC's decision.
6. Find in the text synonyms for:
   a. encouraging
   b. impetus
   c. potential
   d. dedication
   e. charitable
   f. attack
   g. emphasize
   h. deal with

Exercice 3 **1 h** *Corrigé p. 279*

Green cities of the future

§1. Declining resources, climate change and growing urban populations will transform the cities of the future. But what will these urban centres actually look like? Building successful cities of the future or regenerating urban centres will require a harmonisation with natural surroundings and biodiversity.

In China, where many new cities are under construction, it will be important to develop with a much lower reliance on fossil fuels. Questions arise over whether high-density megacities are the right solution, given the significant emissions that result from moving people, goods, food and water across such large settlements. Instead, the development of a network of decentralised mixed-use settlements, or "clusters" connected by high speed public transport and broadband communications, may be a more sustainable solution. Certain clusters may eventually evolve into centres which offer particular commercial and social facilities, such as high-tech healthcare and education. Information and communication technologies would minimise the need to travel, thus reducing carbon emissions.

This model could also free up capital to enhance social well-being. The infrastructure needed to support the modern day industrialised nation absorbs so much capital that it can limit the resources available to invest in such projects as human development, health and education. [...]

§2. With 50-70% of existing buildings still expected to be in use in 2050, in rich countries the focus needs to be on retrofitting existing cities for a low carbon future.

In low density suburbs, like those common in the US, retrofitting could start with [...] creating a new vibrancy and services without dramatically changing the landscape of the suburb itself. The streets can be refashioned by introducing walking and cycle routes, renewable energy capture, and car clubs to reduce car use. [...]

§3. The preservation of green spaces also has a vital role to play in improving drainage and air quality, helping combat the urban heat island effect and improving health. Inner-city areas will also see increased public transport provision. With a greater focus on walking and cycle routes, cities of the future will be much quieter.

Flexible building design for multiple uses will maximise efficiency and value – apartments that become offices and vice versa, with roofs used for intensive food production. Achieving this will require planning structures to be revised. A flexible and integrated approach to waste, water, energy and mixed land use must be employed.

Climate policies and a stable and high global carbon price will play a crucial role. They will clear the way for greater investment in energy efficiency, renewables and green transport.

Planning a smart, successful city of the future is fundamental to the city's survival.

Peter Head and David Singleton, *guardian.co.uk*, Friday 15 July 2011

General comprehension

1. Match the following titles with the right paragraph.
   a. Green spaces and flexible design
   b. Renovating cities
   c. Connecting centers
2. Complete these statements with words from the text.
   a. Big cities generate high rates of carbon … (1 word)
   b. By developing … … (2 words) public transport, cities will be more … (1 word)

Detailed comprehension

1. Right or wrong. Quote the text to justify your answer.
   a. Clusters will be decentralized cities.
   b. Pollution can be reduced only by forbidding cars.
   c. Current infrastructures make it possible to develop social and human comfort.
   d. New buildings will be multifunctional.
2. Find three major causes of threat to the environment.
3. Find four characteristics of the city of the future.
4. Quote the text to prove the following statements.
   a. The bigger cities are, the more pollution they cause.
   b. High-density cities are likely to disappear in favor of connected clusters.
   c. Cities need to be turned into more energy saving centers.
   d. Public and natural means of transport will be developed.
5. Find the equivalents of the following words or definitions in the text.
   a. important
   b. groups
   c. equipments
   d. increase
   e. renovation
   f. strongly
   g. high temperature

L'expression écrite

Comment faire

Rédiger une lettre

- Lire le sujet attentivement et déterminer la nature et le contenu attendu de la lettre (lettre formelle ou informelle, personnelle ou officielle, les circonstances, la date, le destinataire et l'expéditeur, l'objet…).
- Sélectionner dans le texte les informations qui peuvent être réutilisées. Structurer et regrouper ses idées et informations.
- Respecter les règles de présentation d'une lettre. Écrire l'adresse de l'expéditeur en haut à droite et celle du destinataire en haut à gauche.
- Commencer par :

– *Dear Sir or Madam* si l'on ne connaît pas le nom du destinataire ;
– *Dear Mr* + nom ou *Dear Mrs* + nom. Terminer par des formules de salutation :
I am looking forward to meeting you ou *hearing from you* et *Yours faithfully.* Pour une personne familière, utilisez *cheers*.

Traiter un sujet d'opinion

- Lire attentivement le sujet afin de définir ce qu'il faut faire exactement.
- Faire une liste d'arguments pour et contre. Donner un exemple à chaque fois. Classer les arguments du moins important au plus important.
- Terminer par la thèse que l'on défend.
- Dans la conclusion, répondre précisément à la question après avoir synthétisé les principaux arguments.

Écrire un dialogue

- Lire attentivement le sujet et déterminer ce qu'il faut faire exactement (qui parle, de quoi, quand…).
- Identifier le **but du dialogue** (demander des explications, exprimer un mécontentement ou une satisfaction, annoncer une décision…).
- **Déterminer le ton** à adopter pour chacun des intervenants (sérieux, énervé, humoristique, pessimiste…).
- Relire le texte et identifier les éléments à réutiliser dans le dialogue (sur les personnages, les événements, les caractères, les opinions…).
- **Analyser le dialogue** :

– la situation initiale : le problème, la demande…
– le moment crucial ;
– la résolution de la tension : issue positive ou négative.

Attention à la **présentation** ! En anglais, on utilise des guillemets pour chaque réplique, pas de tirets. Terminer, si besoin, les répliques par une indication du locuteur et un verbe rapporteur de paroles (ex. : *"Hello Jane", Mark said softly*).

> **Vocabulaire**
>
> **Quelques verbes rapporteurs de paroles** : declare, claim, state, protest, contend, argue, shout, speak up, confess.
> **Quelques adverbes et adjectifs pour décrire la façon de parler** : bluntly (*franchement*), sharply (*brutalement*), softly (*doucement*), irritated, surprised.

Écrire une page de journal intime

- Lire attentivement le sujet puis identifier les informations importantes dans l'intitulé (qui, quand, où...).
- Relire le texte et sélectionner les informations à reprendre. Faire une liste des informations nouvelles à ajouter.
- Présenter son texte comme une page de journal intime : indiquer la date, s'adresser au journal intime.
- Adopter un ton plutôt oral en employant des interjections, des questions, des exclamations, des exagérations, des hésitations, des abréviations, des phrases courtes...

Raconter une histoire personnelle

- Décrire le contexte de l'événement : lieu ; date ; circonstances ; activité en cours ; personnes concernées...
- Raconter l'incident et les réactions.
- Mettre en évidence les conséquences, l'impact de l'événement sur soi et sur d'autres personnes, à court et à plus long terme. En tirer une leçon.

Écrire un article de presse

Le but d'un article de presse est d'informer le lecteur. Il s'agit de donner des informations objectivement et de reproduire des points de vue de façon impartiale.
Il s'agit de répondre aux questions suivantes : Qui ? Quoi ? Où ? Quand ? Comment ? Pourquoi ?

Concevoir et décrire un objet

- Lire le sujet attentivement et identifier les mots importants indiquant ce qu'il faut faire.
- Faire une liste des termes définissant l'objet (nature, aspect, fonction, utilisations, qualités, caractéristiques techniques, coût, nom, défauts éventuels). Classer ces éléments de description. Indiquer ce qui le rend unique et utile.
- Choisir les bons temps et utiliser des termes précis.

Exemple d'application

ÉNONCÉS

1. One of your friends spends a lot of time on social networks. You don't think this is a good way to socialize. Discuss with him or her about it. (80 words) (Dialogue)

2. Do you think that Internet forums, blogs, instant messages, text messages, tweets, emails... are the ideal means to communicate today? (120 words) (Sujet d'opinion)

3. Write a press article in which you describe the situation in Kenya and how technology can help poor people get out of misery (250 words) (Article de presse).

CORRIGÉ

1. "Mark, why don't you disconnect and go out with us?" I said, already knowing the answer.
"Later maybe, now I'm busy chatting on Facebook", he replied hardly looking up.
"Don't you realize you're spending more and more time on your computer? You're isolating

yourself, not to mention the fact that Facebook is not the best way to make friends when you're shy", I argued.
"Sorry, but I don't really share your point. On the contrary, I have thousands of friends online. Are you jealous?" he asked suspiciously.
"I'd rather have a few real friends than thousands of virtual friends who don't care about me", I retorted sternly.
"Alright. You get a point there. I'm coming!"

2. Today's means of communication and exchanges are really numerous and varied. Yet we may wonder whether they are the ideal means to communicate. Indeed, they help us exchange very quickly, efficiently and cheaply. On the other hand, they present some drawbacks. Indeed we tend to prefer virtual exchanges to real face-to-face communication. As a result instead of really sharing moments with friends, we stay physically alone. Our exchanges are of poor quality and not always honest as we can pretend and say anything we want online. We can lie about our true feelings and identity and be faced with all sorts of problems: cyberbullying, paedophilia or advertising.

3. Although Kenya is part of the Horn of Africa, like Somalia, the situation of the country is far from being the same. There is a marked contrast between urban and rural culture in Kenya. Kenya's cities are characterized by a cosmopolitan population whose tastes reflect practices that combine local traditions with world influences. Nairobi's nightlife, for instance, offers a wide choices of activities to youths interested in music, movie theatres and night life.
But there is a huge gap between rich and poor city-dwellers. A middle-class home would typically have two bedrooms, a living area, a bathroom and a kitchen. However, two-thirds of Nairobi's 3.5 million citizens live in slums, with no electricity, running water or sanitation.
Three-quarters of Kenyans still live in rural areas. Traditional lifestyles in the countryside revolve around subsistence farming and trips to local markets and shopping centers. However, the modern-day world is also present; mobile cinemas provide entertainment and Kenyans rely on their mobile phone.
More generally speaking technology may solve many problems anywhere in the world and in particular help the poor in the third world.
To give concrete examples, a foot-operated pump could help irrigate small plots of crops, as a result avoiding the tedious task of carrying water. Modern means of communication are revolutionizing the way people express themselves and get in touch with other countries; they are also forcing governments to more transparency.
But developing countries could also largely benefit from simpler products and simpler inventions. It can have a huge impact on many people whereas the latest technology product has a marginal impact. So technology, whatever its development, will necessarily help poor people to get out of misery.

Exercices d'entraînement

Exercice 1 **30 min** *Corrigé p. 279*

Describe your ideal personal robot (120 words).

Exercice 2 **45 min** *Corrigé p. 279*

Relate the story of a very embarrassing situation that happened to you (200 words).

Exercice 3 **35 min** *Corrigé p. 280*

To what extent are nature and the environment important in your life? (150 words).

1 Échanges et flux d'informations

1 Parler d'une notion : *Spaces and exchanges*

Lonely (adj) : seul (sentiment)/loneliness (n) : sentiment de solitude

Be cut off from (v) : être coupé de

Bring down barriers (v) : abolir les barrières

Bring the world closer together (v) : rapprocher les peuples

Efficient (adj) : efficace

Exchange (n/v) : an act of giving one thing and receiving another one.

Get together (v) : meet for a social reason (se rassembler) ≠ isolate oneself, stay alone : rester seul

Human relationships (n) : relations humaines

Improve (v) : améliorer

Make friends (v/n) (with) : form friendly relationships

Marginalize (v)/marginal (adj)

Move apart (v) : éloigner

Privacy (n) : vie privée

Relate to sb (v) : se lier à, créer des relations

Share ideas (v) : partager

Space (n) : commonly defined as the dimension of height, depth and width within which all things exist and move.

Spy upon (v) : espionner

Threat (n)/threaten (v) : menace

Travel (v)/traveller (n) : voyager

2 Parler d'un thème : *Information technologies*

Cell phone (n) : téléphone portable

Computer addict (n) : mordu d'informatique

Computer science (n) : l'informatique (théorie)

Computer scientist (n): informaticien

Cybercrime (n)/cybercriminality (n)

Desktop computer (n) : ordinateur de bureau

Download (v) : télécharger

Hack into (v) : pirater/hacker (n) : pirate

Hardware (n) : le matériel

Information technology (n) : l'informatique

Laptop (n) : ordinateur portable

Safeguard (v) : sauvegarder

Screen (n) : écran

Search engine (n) : moteur de recherche

Smartphone (n)

Social network (n) : réseau social

Software (n) : logiciel

State-of-the-art (adj) : dernier cri

Tablet (n) **- pad - digital pad**

Text messages (v) : envoyer des textos

Wireless network (n) : réseau sans fil

3 Faire des suppositions

A Prédiction fondée sur une certitude : *if* + présent, *will*…

Ex. : **If teenagers continue** to spend so much time on the Internet and smartphones, **they will be disconnected** from reality. (On en est sûr.)

B Hypothèse encore réalisable : *if* + prétérit, *would* …

Ex. : **If** the Internet **were** more secure, **there would be** fewer hackers. (On imagine le présent autrement.) Si Internet était plus sécurisé, il y aurait moins de pirates informatiques.

C Hypothèse qui n'est plus réalisable : *if + past perfect, would have* + pp

Ex. : **If we had had** the same technologies a few years ago, **we would have worked** much faster. (On imagine le passé autrement, et on en tire une conséquence, mais c'est trop tard.) Si nous avions bénéficié de ces nouvelles technologies il y a quelques années, nous aurions travaillé bien plus vite.

Exercices d'entraînement

Vocabulaire

Exercice 1 **5 min** *Corrigé p. 280*

Associez les mots des deux listes.

a. Make/move/search/cell/bring down/information/share
b. Ideas/apart/barriersphone/technology/friends/efficient/engine

Exercice 2 **10 min** *Corrigé p. 280*

Complétez ces phrases à l'aide du lexique.

a. New technologies help us … and … by allowing all countries to connect to each other.
b. Thanks to the Internet and social networks, we can … … faster.
c. ……… technology has … a lot these last few years, for the benefit of all.
d. It has become more …
e. However there are some downsides: more and more people are able to … … computers to … … people's personal information and infringe upon their …
f. To avoid these …, you should pay attention to what you…

Grammaire

Exercice 3 **10 min** *Corrigé p. 280*

Complétez ces phrases.

a. If teenagers spent less time on the Internet, they…
b. If hackers manage to hack into the government's computers, they…
c. If computers didn't exist, …
d. If the cell phone had not been invented, …
e. If I were a computer addict, I …

Exercice 4 **10 min** *Corrigé p. 280*

Imaginez la réalité autrement.

Ex. : I downloaded videos illegally ⇒ If I had not downloaded videos illegally, I wouldn't have had a virus.

a. My computer is not very fast.
b. I am not interested in computer science.
c. State-of-the-art devices are expensive.
d. The Internet brought the world closer.
e. Hackers threatened the security of internet users.

2 Villes d'avenir-développement urbain durable

1 Parler d'une notion : *Spaces and exchanges*

City (n) : town (ville) ≠ countryside (n)
Commute (v) : travel regularly between the home and the workplace/commuter (n) : banlieusard
Cosmopolitan (adj) : cosmopolite
Cycle path (n) : piste cyclable
Discover (v)/discovery (n) : découvrir
Downtown (n) : city center
Hustle and bustle (n) : agitation
Mix of cultures (n/v)/mixture (n) : multiculturalism
Move out of town (v) : leave town
Public amenities (n) : équipements collectifs
Reconnect with nature (v) : retrouver le contact avec la nature
Suburb (n) : area outside the city center (banlieue)
Travel (v)/traveller (n) : voyager
Urban sprawl (n) : périurbanisation

2 Parler d'un thème : *Urban development*

Aesthetic (adj) : artistic and beautiful
Balance (n/v) : équilibre
Breathe polluted air (v) : respirer de l'air pollué
Design (v/n)/designer (n) : elaborate, conceive
District (n) : borough (quartier)
Energy-efficient buildings (n) : consuming little energy
Environmentally friendly (architecture) (adj) : ecological
Habitat (n) : place where some plants and animals are normally found
Infrastructure network (n) : réseau d'infrastructure
Inner city district (n) : the usually older, poorer, and more densely populated central section of a city
Integrated transportation system (n) : système de gestion du trafic
Maintain (v) : keep in good condition
Map (v/n) : organize, arrange (planifier/plan)
Master plan (n) : a plan giving comprehensive guidance or instruction
Mixed-use development (n) : développement à utilisation mixte
Pollute (v)/**polluter** (n)/**pollution** (n)
Rail network (n) : réseau ferré
Recreational space (n) : area with entertainment activities
Underground pipe (n) : conduit that carries water and waste below the level of the ground
Upgrade (v) : update, retrofit (rénover)
Urban revitalization (n) : renewal
Waste (n/v)/wasteful (adj) : déchets (n)/gaspiller (v)

3 Styles direct et indirect

• Pour parler directement à quelqu'un, on emploie le **style direct**.
Pour rapporter des propos ou des pensées, on utilise le **style indirect**. On introduit ces paroles ou ces pensées à l'aide d'un **verbe rapporteur** :

say (dire)
answer = reply = retort (répondre)
add (ajouter)
argue (soutenir)
whisper (murmurer)
ask (demander)
admit, claim = assert = state (affirmer)
explain (expliquer)
shout = scream = yell (crier)

• On change les **pronoms** et les **temps** des verbes utilisés au style direct.

– Présent → **prétérit**

Ex. : I disapprove of commuting. → He declared he disapproved of commuting. Il a dit qu'il s'opposait à faire les trajets entre sa maison et son travail.

– Prétérit ou *have* + pp → **had** + **pp**

Ex. : I have never liked travelling. → He said he had never liked travelling. Il a dit qu'il n'avait jamais aimé voyager.

– Will → **would**

Ex. : He will fight against isolation. → He claimed he would fight against isolation. Il a affirmé qu'il se battrait contre l'isolement.

– Can → **could**

Ex. : Megacities can destroy human relations. → He admitted megacities could destroy human relationships.

Exercices d'entraînement

Vocabulaire

Exercice 1 — 5 min

Corrigé p. 280

Trouvez les formes manquantes.

Noun	Adjective	Verb
waste		
	X	design
		mix
commuter	X	
		pollute

Exercice 2 — 5 min

Corrigé p. 280

Trouvez les mots correspondant aux définitions suivantes.

a. Decide how something will look by drawing plans
b. Remains that you get rid of
c. Confusion, busy and noisy activity
d. Neighborhood
e. Extension of the city into the countryside

Exercice 3 — 10 min

Corrigé p. 280

Complétez les phrases suivantes.

a. The main reason for ... and settling in the country is to escape the ... of city life and to.... with nature.
b. Families with young children enjoy going to ... within the cities.
c. So as to make their cities more attractive and dynamic, mayors do their best to ... the ... thanks to improved ... and... programs.
d. Workers spend their time ... between their homes and workplaces.
e. To make architecture more..., architects resort to…

Grammaire

Exercice 4 — 5 min

Corrigé p. 280

Mettez ces phrases au style indirect.

a. "This is Andy. He is my friend." (he)
b. "He has always been here for me."
c. "We will not see each other again."

Exercice 5 — 5 min

Corrigé p. 280

Mettez ces phrases au style direct.

a. He complained that people were too selfish today.
b. My neighbours stated that they had seen a thief.
c. He promised he would be there on time.
d. They acknowledged they didn't get on well.

Exercice 6 — 5 min

Corrigé p. 280

Complétez ces phrases par un verbe rapporteur de paroles approprié.

a. He … that he was really angry. Everybody heard him.
b. He … that he loved her. He didn't want everybody to hear him.
c. She … that she had done the exercise but nobody believed her.

3 Ressources et énergies renouvelables

1 Parler d'une notion : *Progress*

Advanced technology (n)
Aware (adj)/**awareness** (n) : conscious (adj)/consciousness (n) ≠ unaware, unconscious
Be at the leading edge of technology (v) : être à la pointe de la technologie
Benefit (v/n) : serve the interests of
Contribute to + V-ing (v) : contribuer à
Cost effectiveness (n) : efficacité économique
Easy (adj) : facile
Efficient (adj) : efficace
Enable (v) = help : permettre
Fast (adj) : rapide
High tech industries (n) : industries de haute technologie
Improve (v) : améliorer
Increase (v/n) : augmenter ≠ decrease
Keep up with (v) : se tenir au fait de
Learn (v) : apprendre
Misuse (n/v) : mauvaise utilisation
Prevent sb from +V-ing (v) = stop sb from +V-ing : empêcher de
Progress (n/v) **a theory** : theory that advances in technology, science, and social organization inevitably produce an improvement in the human condition. That is, people can become happier in terms of quality of life (social progress) through economic development (modernization), and the application of science and technology (scientific progress).
State-of-the-art technology (n) : technologie ultra moderne
Threaten (v)/**threat** (n) : menacer

2 Parler d'un thème : *Resources and energies*

Alternative (n/adj) : another solution
Biodiversity (n) : biodiversité
Biomass (n) *:* natural materials from living or recently dead plants, trees and animals
Carbon footprint (n) : empreinte carbone
Coal (n) : charbon
Convert (v) : transform into
Energy efficiency (n)/**efficient** (adj) : low consumption of energy
Environment (n)/**environmental** (adj)/**environmentalist** (n)/**environment-friendly** (adj)
Fossil fuel (n) : combustible fossile
Generate power (v) : produce energy
Global warming (n) : réchauffement climatique
Greenhouse effect (n) : effet de serre
Harmful (adj) : toxic, dangerous, hazardous
Natural gas (n) : gas found under the ground or the sea and used as a fuel
Petroleum (n) : crude oil
Photosynthesis (n) : photosynthèse
Photovoltaic (= solar) panel (n) : panneau solaire
Provide (v) : fournir
Pollute (v)/**polluter** (n)/**pollution** (n) : polluer
Release toxic gases (v) : emit
Renewable (adj)/**non-renewable** (adj) : renouvelable
Sea level rise (n) : hausse du niveau des mers
Sustainable (adj)/**sustainability** (n) : not harmful to the environment (sustainable development : développement durable)
Tide (n) : marée
Water shortage (n) : lack of water
Wind turbine (n) : éolienne

3 Droits, obligations, absence d'obligation et interdictions

A Obligation

Politicians **have to** listen to environmental experts (obligation imposée). Les hommes politiques doivent écouter les experts en environnement.

They **need to** fight pollution. Il faut qu'ils luttent contre la pollution.

They **must** work hard to protect the environment. Ils doivent travailler dur pour protéger l'environnement.

The Green Party **wants** the government **to** consider stopping nuclear energy. Le Parti des Verts veut que le Gouvernement envisage de renoncer à l'énergie nucléaire.

B Interdiction/incapacité

Some campaigners **can't** = **mustn't** = **are not allowed to** demonstrate. Certains militants ne peuvent pas manifester.

Politicians **don't let** them express their views = they **prevent** them **from** express**ing** = they **don't want** them **to** express = they **forbid** them **to** express their views. Les hommes politiques les empêchent d'exprimer leurs opinions.

C Absence d'obligation

We **don't have to/don't need to** prove that the planet is endangered. Il n'est pas nécessaire de faire la preuve que la planète est menacée.

D Permission, capacité

We **can** all do something. Nous pouvons tous faire quelque chose.

We **may** see some resources disappear definitively. Nous allons peut-être voir des ressources disparaître définitivement.

Some manufacturers **let** their factories pollute and some officials **allow** them **to** do that. Certains constructeurs laissent leurs usines polluer et certains responsables les autorisent à le faire.

Exercices d'entraînement

Vocabulaire

Exercice 1 **5 min** *Corrigé p. 281*

Quels mots du lexique associez-vous à la notion de progrès ?

Exercice 2 **10 min** *Corrigé p. 281*

Trouvez le mot ou l'expression correspondant à ces définitions.

a. The phenomenon whereby the Earth's atmosphere traps solar radiation, caused by the presence of gases in the atmosphere.

b. The amount of carbon dioxide produced as a result of the activities of a particular person, group.

c. Existence of a large number of different kinds of animals and plants.

d. The process in green plants and certain other organisms by which carbohydrates are synthesized from carbon dioxide and water using light as an energy source.

e. Industries that have a great dependence on science and innovation technology and create new or improved products or services.

Grammaire

Exercice 3 — 10 min

Corrigé p. 281

Transformez ces phrases en utilisant un modal ou un équivalent.

a. It is forbidden for company managers to throw toxic products in nature.
b. It is necessary for individuals and firms to measure their carbon footprint.
c. It is impossible for a company not to pollute at all.
d. It is necessary for the government to enforce rules.
e. Some managers accept to give bonuses to ecologically-minded employees.
f. Releasing toxic gases is forbidden.
g. It is possible for employees to use specific bins.
h. Global warming will maybe force some countries to change their environmental policies.

Exercice 4 — 5 min

Corrigé p. 281

Complétez les phrases suivantes avec le modal ou l'équivalent le plus adapté.

a. High tech industries … invest in state-of-the-art technology.
b. Polluting factories … find alternatives to fossil fuels.
c. You … to install wind turbines in your garden. You can just buy solar panels or sort out your waste.
d. The Green Party … factories and firms to stop misusing natural resources.
e. To be at the leading edge of green technology, firms… use fossil fuels.

4 Innovation technologique et robotique

1 Parler d'une notion : *Progress*

Appliance (n) : device, apparatus (appareil)
Assist (v) : help
Beneficial (adj)/**benefit** (n/v) : profitable ≠ harmful, detrimental
Breakthrough (n) : achievement, important development (avancée révolutionnaire)
Controversial (adj)/**controversy** (n) : causing disagreement (polémique)
Critical stage (n) : dangerous moment
Deteriorate (v) : get worse, worsen (empirer, dégrader)
Implement (v) : enforce, put into use (appliquer)
Improvement (n)/**improve** (v) : progress, enhance (amélioration)
Practical (adj)/**practicality** (n) ≠ impractical (adj)/impracticality (n) : convenient, feasible ≠ inconvenient (commode/incommode)
Promising (adj) ≠ unpromising, unfavorable (adj) : full of promises
Safe (adj)/**safety** (n) : sûr, sans danger
Side effect (n) : undesired and unexpected effect (effet secondaire)
Stave off (v) : delay (retarder)
Worn-out (adj) (*to wear out*) : deteriorated

2 Parler d'un thème : *Robotics*

Artificial intelligence (AI) : study concerned with making computers copy intelligent human behaviour
Assembly robot (n) : robot designed specifically for assembling various components into completed products (robot d'assemblage)
Compliant robot (n) : robot that performs tasks
Design (v/n) : concevoir
Domotics (n) : home automotion
Engineer (v/n) : construire
Industrial robot (n) : re-programmable multifunctional manipulator designed to move material, parts, tools, or specialized devices
Intelligent robot (n) : robot that can be programmed to make performance choices with little or no help from human intervention
Manufacture (v) : make
Mechanical (organ) (adj) : artificial
Operator (n) : person designated to start, monitor and stop the intended productive operation of a robot or robot system
Robotics (n) : science of designing and operating robots
Robot (n)/**robot-assisted** (adj) : machine that can perform a series of tasks automatically

3 La forme interrogative

A Les mots interrogatifs

Où : **where**. Pourquoi : **why**. Quand : **when**. Lequel : **which**. Qui : **who**. Combien de fois : **how often**. Que : **what.** À quelle distance : **how far**
Les mesures (quelle est la largeur… ?) : **how wide** (largeur)/**how tall** (la hauteur)/**how big** (la taille)/**how heavy** (le poids)/**how deep** (la profondeur)
Comment : **how**
(Depuis/pendant) combien de temps : **how long**
Combien : **how much** +sg/**how many**+ pl

B La structure des questions

Pour **poser une question**, il faut un **auxiliaire/un sujet/un verbe**.
– Action passée : **did + S + BV**. Ex. : Did he call? A-t-il appelé?

– Action en cours : **am-is-are + S + V-ing**
Ex. : Are they designing a new robot ? Sont-ils en train de concevoir un nouveau robot ?
– Généralité : **do/does (3e pers. sg.) + S + BV**
Ex. : Does progress improve our lives? Le progrès améliore-t-il notre vie ?
– Résultat : **have/has + S + participe passé**
Ex. : Has robotics reached a critical stage? La robotique a-t-elle atteint une phase critique ?
– Futur : **will + S + BV**
Ex. : Will it help us live better? Cela nous permettra-t-il de vivre mieux ?
Pour **parler de la taille :** 1 foot (2 feet) = 30,48 cm   1 inch (2 inches) = 2,54 cm
5′ 10″ (= 5 feet 10 inches = 5 ft 10in) = 1,78 m
Ex. : "He is 5 feet tall" : il mesure 1,50 m.
Ex. : "He weighs a hundred kilos" : il pèse cent kilos.

Exercices d'entraînement

Vocabulaire

Exercice 1 — 5 min

Corrigé p. 281

Associez les mots des deux listes.
- a. Side/artificial/robot/reverse/on-line
- b. Programming/intelligence/engineering/effect/assisted

Exercice 2 — 5 min

Corrigé p. 281

Répondez aux questions suivantes.
- a. Which robot can perform tasks on its own, without human assistance?
- b. Which robot is used to assembly an object?
- c. Which robot is used to move tools?
- d. Which robot can be programmed to perform specific operations?

Exercice 3 — 5 min

Corrigé p. 281

Donnez des antonymes et des synonymes des mots suivants.
- a. Dangerous ;
- b. Profitable ;
- c. Unfavourable ;
- d. Deteriorate ;
- e. Practical

Grammaire

Exercice 4 — 10 min

Corrigé p. 281

Complétez les blancs par le mot interrogatif et l'auxiliaire qui conviennent chaque fois que c'est nécessaire.
- a. … … it take to invent wind turbines? – It took many years.
- b. … … you installed photovoltaic cells on your roof? – This is too expensive.
- c. … people have LED at home? – Thousands of people.
- d. … … the new energies replace the old ones? – As soon as they have become more available and cheaper.
- e. … …you write this report for? – I wrote it for the manager bank.
- f. … happened at Fukushima nuclear plant? – A magnitude 9 earthquake struck off Japan's north-east coast.

5 Nourrir le monde sans épuiser la terre

1 Parler d'une notion : *Power*

Achieve (political stability) (v) : reach (atteindre)

Corrupt (government) (adj) : dishonest (corrompu)

Devastated by war (adj) : war-stricken (frappé par la guerre)

Developing countries (n) : the Third World ≠ developed countries (n) (pays en voie de développement ≠ pays développés)

Distress (n) : suffering, pain (souffrance)

Foreign dependency (n) : dependence on other countries' help

Foreign investment (n) : money coming from other countries and invested in a country (investissement étranger)

Grant debt relief (v) : drop the debt; cancel the debt of a country

Inequalities (n) : unfair differences (inégalités)

Placate (rebel groups) (v) : pacify, calm down (apaiser)

Poverty (n) ≠ **wealth** (n) : pauvreté ≠ richesse

Power (n) : ability to control people or things; political control of a country; ability of the body or mind to do sth; strength or influence (on other people or things)

Profit from (v) : take advantage of (profiter de)

Provide aid/relief (v) : aid (apporter de l'aide)

Push an issue (v) : put a problem forward (mettre en avant un problème)

Put an end to ethnic strife (v) : stop ethnic rivalries and conflicts (mettre un terme aux rivalités ethniques)

Raise public awareness (v) : make people aware of, highlight (sensibiliser les gens)

Redistribution of wealth (n) : different, often fairer sharing of riches (partage des richesses)

Relief (n) : secours/relief agency or organization/worker

Relieve (v) : alleviate (soulager)

Stop delivering/supplying weapons (v) : stop equipping a country with arms

2 Parler d'un thème : *Food and water challenges*

Biotech crop (n) : genetically modified produce (récolte biotechnologique)

Biotechnology (n) : field of applied biology that involves the use of living organisms and bioprocesses in engineering, technology, medicine and other fields requiring bioproducts

Chemical (n/adj) : produit chimique

Crop (n) : récolte

Cultivation (n) : use of land for growing plants, crops (culture)

Desalination (n) : process of removing salt from sea water (désalinisation)

Drought (n) : long period of time with no or little rain (sécheresse)/drought-resistant (adj)

Drought/poverty stricken (area) (adj) : affected by a shortage of water/poverty (touché par la sécheresse, la pauvreté)

Effective (adj) : efficient (efficace)

GMO : genetically modified organism (OGM)

Hunger (n)/**hungry** (adj) : state of not having food to eat (faim/affamé)

Malnourished/undernourished (adj) : in bad health due to bad or insufficient eating (malnourri)

Malnutrition (n) : poor condition of health caused by a lack of food

Pesticide (n) : insect repellent

Producer (n)/**produce** (v) : farmer, grower (producteur)

Running water (n) : water available daily (eau courante)

Sanitation (n) : equipment that keeps places clean (système d'assainissement)

Starve to death (v) : die out of hunger (mourir de faim)

Thirsty (adj) : dehydrated (assoiffé)

Water depletion (n) : épuisement de l'eau

Water pipe (n) : conduit (generally underground) through which water can flow

Water-related risks (n) : dangers linked to the poor quality of water

Water scarcity/shortage (n) : lack of drinking water (manque d'eau)

Water supply (n) : approvisionnement en eau

Well (n) : puits/source

Yield (n/v) : production, rendement.

3 Probabilités présentes et passées

A La prédiction

Le modal **will** sert à exprimer une idée de futur, mais aussi une très forte probabilité.

Ex. : Engineers **will** keep finding ways to produce food at a low cost. Les ingénieurs continueront à chercher des moyens pour produire de la nourriture à bas prix.

B La quasi-certitude

Pour parler de ce dont on est pratiquement sûr, on emploie **must** au présent et **must have + pp** pour faire une probabilité au passé.

Ex. : Scientists **must** be aware of the side effects of GMOs. Les scientifiques doivent être conscients des effets secondaires des OGM.
They **must have** work**ed** hard to convince governments. Ils ont dû travailler dur pour convaincre les gouvernements.

C La possibilité

Lorsqu'on n'est pas certain de la réalisation d'un événement on utilise le modal **may** au présent et **may have + pp** au passé.

Ex. : Some farmers **may** never be allow**ed** to use GMOs. Il se peut que certains agriculteurs ne soient jamais autorisés à utiliser des OGM.
They **may have** already **grown** organic food. Il se peut qu'ils aient déjà fait pousser de la nourriture biologique.

D L'éventualité

Might est utilisé pour indiquer une éventualité encore plus incertaine que may ; il se traduit souvent par un conditionnel.

Ex. : They **might** find a way to feed everybody. Il se pourrait qu'ils trouvent un moyen de nourrir tout le monde.
They **might** not **have told** us the truth. Il se pourrait qu'ils ne nous aient pas dit la vérité.

Exercices d'entraînement

Vocabulaire

Exercice 1 5 min *Corrigé p. 281*

Complétez les phrases. Plusieurs réponses peuvent être possibles.

a. To increase the … of plants, some … use … and to repel insects they use …
b. GMOs are also called … They are supposed to increase the … of food. They are considered as … but also dangerous
c. GMOs may be the solution to help people who … in particular because of …
d. Water is another problem. Some regions have no …, so they must walk a lot and fetch water in a …
e. This problem of water … may be due to …

Exercice 2 **5 min** *Corrigé p. 281*

Trouvez l'intrus.

a. Running water, thirsty, well, yield
b. Dehydrated, starve to death, crop, GMO

Exercice 3 **5 min** *Corrigé p. 281*

Réagissez aux propos suivants à l'aide des amorces données.

a. He is very poor. Yes, indeed he suffers from …
b. Developing countries complain about the lack of aid. Indeed, few people … food or money.
c. The problem is also political. Poor countries are often … and the governments are …
d. Developing countries would like rich countries to drop the debt. Of course, they'd like them to …

Grammaire

Exercice 4 **5 min** *Corrigé p. 281*

Indiquez le degré de probabilité dans les phrases suivantes.

a. Science may help us feed the world.
b. GMOs must have side effects.
c. Farmers might not recover from the severe drought.
d. They may have lost all their crops.
e. Bioengineers will look for new products.

Exercice 5 **10 min** *Corrigé p. 281*

Transformez ces phrases en utilisant un modal mais sans changer le sens.

a. It is possible that scientists never find a way to fight water scarcity.
b. It is not impossible that they develop new types of pesticides but it is very unlikely.
c. It is certain new diseases are going to appear soon.
d. He has probably been shocked by such distress.
e. The country has certainly gained from debt relief.

6 Relations de travail – le monde de l'entreprise

1 Parler d'une notion : *Power*

Balance of power (n) : relations de force
Break a rule (v) : enfreindre une règle
Comply with the rules (v) : obéir aux règles
Demonstrate (v) : manifester/demonstration (n) : manifestation
Disobey (v)/ **disobedience** (n)/**disobedient** (adj)
Fair (adj), just ≠ unfair, unjust
Force (v) (= constrain, compel) : forcer
Harass (v) : harceler/harassment (n)
Leadership (n) : qualités, fonctions de commandement
Management (n) : gestion/manage (v) : diriger
Obey (v)/**obedience** (n)/**obedient** (adj) : obéir/obéissance/obéissant
Rebel (v/n) : se rebeller
Stand up for (v) : lutter pour
Superior (n/adj) ≠ subordinate (n/adj)

2 Parler d'un thème : *Relations at work*

Be on strike (v) : être en grève
Claim (n/v) : revendication
Close to (adj) : proche de
Demanding (adj) : exigeant
Devoted (adj) : dévoué/devotion (n) : dévouement
Dissatisfied (adj) : mécontent ≠ satisfied (adj)
Employer (n) : manager
Friendly (adj) : amical
Hire (v) : engager ≠ fire (v), dismiss : renvoyer / dismissal (n) : licenciement
Industrial dispute (n) : conflit social
Reliable (adj)/**rely on** (v) : sur qui on peut compter, fiable
Rivalry (n) : rivalité
Social discontent (n) : mécontentement social
Stressful (adj) ≠ relaxed
Trade unions (n) : syndicats
Trust sb (v) : faire confiance/trustworthy (adj) : digne de confiance
Wage demand (n) : revendication salariale
Worker (n) : employee
Workmate (n) : colleague

3 Les deux prétérits

• On utilise le prétérit en *-ing* lorsque l'action en train de se dérouler dans le passé, servant à décrire le contexte, est interrompue par une action brève : **was/were** + **V-ing**
Ex. : I **was** talk**ing** with a customer when the manager rush**ed** in. Je discutais avec un client lorsque le responsable est entré précipitamment.

• On emploie le prétérit simple (**-ed** ou deuxième colonne des verbes irréguliers) :
– quand l'action est finie ou datée. On s'intéresse à ce qui s'est passé et non au résultat.
Ex. : The manager **fired** his employees. Le directeur a renvoyé ses employés ;
– pour décrire une action brève ou ponctuelle.
Ex. : He **insulted** his boss. Il a insulté son patron.

Questions : **did** + sujet + **base verbale**?
was/were + sujet + **V-ing**?

Ex. : **Did** he **shout**? A-t-il crié ?
What **were** you **doing**? Que faisais-tu ?

Anglais

Forme négative :
sujet + **didn't** + **base verbale**.
sujet + **wasn't/weren't** + **V-ing**
Ex. : He **didn't realize** I **was not working** alone. Il ne s'est pas rendu compte que je ne travaillais pas seul.

Exercices d'entraînement

Vocabulaire

Exercice 1 — 5 min

Corrigé p. 282

Donnez les dérivés des mots suivants.

a. Rely
b. Rival
c. Stress
d. Dismiss
e. Devote
f. Obey
g. Comply
h. Trust
i. Satisfy
j. Manage
k. Harass
l. Lead
m. Fair

Exercice 2 — 5 min

Corrigé p. 282

Complétez ces expressions par la préposition qui convient.

a. Rely …
b. Be … strike
c. Stand … …
d. Comply … the rules
e. Close …

Exercice 3 — 10 min

Corrigé p. 282

Complétez ces phrases.

a. It's sometimes difficult to have … relationships with your … or with your …
b. When … are not … with their salary or working conditions, they can decide to … …
c. Some employers are very … with the employees. They give them a lot of work and put pressure on them. If they don't …, they can … them.
d. Some employees decide not to … … the … and to … … … their rights.
e. When an employee has got a problem, he can call … … for help.

Grammaire

Exercice 4 — 5 min

Corrigé p. 282

What were you doing when…

a. the manager arrived?
b. you learnt the bad piece of news?
c. your colleagues decided to go on strike?

Exercice 5 — 5 min

Corrigé p. 282

What did you do when…

a. the manager got angry at you?
b. you learnt you were dismissed?
c. your colleague refused to work?

7 Entreprises et action écologique

1 Parler d'une notion : *Myths and heroes*

Hero (n): in mythology and legend, a man or woman, often of divine ancestry, who is endowed with great courage and strength, celebrated for his or her bold exploits, and favored by the gods.

Myth (n): any traditional story, although folklorists prefer to use the term to refer to a sacred narrative that validates a religious system. Normally, myths transpire outside or before human time. The crucial idea is that myths are not simply a collection of stories permanently fixed to a particular time and place in history, but an ongoing social practice within every society.

2 Parler d'un thème : *Corporate commitment*

Accountability (n)/**accountable** (adj) : responsibility

Appliance (n) *:* appareil

Ban (v/n) : forbid (interdire)

Bin (n) : poubelle

Commit to (v)/**commitment** (n) *:* s'impliquer dans/engagement

Compel (v)/**compulsory** (adj) *:* oblige, force (v)/ mandatory (adj)

Corporate (adj) *:* relatif aux entreprises

Ecotax (n) *:* taxes intended to promote ecologically sustainable activities via economic incentives (Ecotaxe)

Go green (v) *:* be environment-friendly

Grow (v)/**growth** (n) *:* increase (augmenter, pousser/croissance)

Habit (n) *:* habitude

Incentive (n) *:* incitation

Invest in (v)/**investment** (n) *:* investir

LED (Light-Emitting Diode)

Make profits = grow profits (v) *:* faire des bénéfices

Make efforts (v) *:* faire des efforts

Print (v) *:* imprimer

Raise public awareness (v) *:* sensibiliser les gens

Relocate (v) *:* délocaliser

Sort out (v) *:* select *(*trier*)*

Staff (n) *:* the personnel, the employees

Support (v/n) : soutenir

Tackle (v) : s'attaquer à

Throw (v) *:* jeter

Waste (n) : déchets

Willing to (adj)/**willingness** (n)/**willingly** (adv) *:* disposé à faire qqch (adj)/bonne volonté (n)/ volontiers (adv)

3 Souhaits, regrets et reproches

A Souhaits

Wish : ce verbe sert à imaginer la réalité différemment (je souhaiterais). Le verbe qui suit est au prétérit.

Ex. : I wish you were here. J'aimerais que tu sois là !

Ex. : I wish I were rich enough to buy solar panels. Je regrette de ne pas être assez riche pour acheter des panneaux solaires.

> **Attention !**
>
> **be** devient **were** au lieu de **was** à toutes les personnes.

B Regrets

On emploie **wish** suivi d'un verbe au plus-que-parfait pour exprimer des regrets sur une situation qu'il est trop tard pour changer.

Ex. : He **wishes he had known** the dangers of fossil fuels. Il regrette de ne pas avoir connu les dangers des combustibles fossiles.

C Reproches

- **Au présent**

Ex. : He **could** be more attentive to the environment! Il pourrait être plus attentif à l'environnement !

Ex. : He **should** pollute less. Il devrait polluer moins.

Ex. : **Why don't** companies offer carpooling solutions? Pourquoi les entreprises n'offrent-elles pas des solutions de covoiturage ?

- **Au passé**

Ex. : Rich countries **should not have done** as if they didn't know. Les pays riches n'auraient pas dû faire comme s'ils ne savaient pas.

Ex. : We **could have given** a hand to green associations. Nous aurions pu donner un coup de main aux associations écologiques.

Ex. : **Why didn't** the media warn us? Pourquoi les médias ne nous ont-ils pas mis en garde ?

Exercices d'entraînement

Vocabulaire

Exercice 1 — 5 min

Corrigé p. 282

Trouvez les mots correspondant aux définitions données.

a. Do awareness campaigns to inform and alert people
b. Adopt an ecological attitude
c. Deal with a problem
d. Devote oneself to, give one's time and energy
e. Encourage

Exercice 2 — 10 min

Corrigé p. 282

Complétez les phrases suivantes à l'aide du lexique.

a. To reduce energy consumption, companies should use … instead of traditional light bulbs.
b. Everybody should … to reduce their carbon footprint, in particular firms and factories which can also … by going …
c. Managers should encourage their employees to use different … when throwing their …
d. The government must … the issue of pollution energetically by giving … to incite people to pollute less and by imposing an …
e. Sometimes inciting is not enough and then it becomes necessary to … companies to … toxic products.

Grammaire

Exercice 3 — 5 min

Corrigé p. 282

Choisissez la forme appropriée.

1. People wish they … worry about the planet.
   ❍ a. have not to ❍ b. didn't have to ❍ c. don't have to
2. I wish I … more aware of what I should do and not do.
   ❍ a. was ❍ b. were ❍ c. am
3. He wishes he …his household waste.
   ❍ a. had sorted out ❍ b. has sorted out ❍ c. sorts out
4. I wish politicians … public awareness
   ❍ a. raise ❍ b. have raised ❍ c. had raised

8 Les nanotechnologies, révolution de la matière

1 Parler d'une notion : mythes et héros *Myths and heroes*

Carbon neutral (adj) : with no carbon dioxide or other carbon compounds emitted into the atmosphere

Convert into (v) : transform

Dispose of (v) : destroy (détruire, se débarrasser de)

Extend life (v) : prolong

Groundbreaking (adj) : revolutionary

High-performance (adj) : performant

Impact (n/v) : impact

Minimize (v) : reduce to the maximum

Open up opportunities (v) : offrir de nouvelles opportunités

Process (v) : traiter

Recycle (v) : treat things that have already been used so that they can be used again

Reduce (v) : réduire

Replenish (v) : make sth full again by replacing what has been used (remplir, réapprovisionner)

Reuse (v) : réutiliser

Self-generating (adj) : qui s'autoreproduit

Zero-waste (adj) : that breaks down in the landfills or produces no waste

2 Parler d'un thème : les matériaux *Materials*

Bamboo (n) : bambou

Biodegradable (adj) : capable of being broken down especially into innocuous products by the action of living things

Bioplastics (n) : plastics derived from a renewable source ≠ petrol-based plastics

Biopolymers (n) : macromolecule in a living organism that is formed by linking together several smaller molecules

Cardboard (n) : carton

Coating (n) : enrobage, enduit

Component (n) : composant

Fabrics (n) : tissu

Flooring (n) : revêtement de sol

Glass (n) : verre

Light (adj) : léger ≠ heavy (adj.)

Package (n)/**packaging** (n) : emballage

Raw material (n) : matière première

Solid (adj.) : strong, resistant

Substitute (n) : substitut

3 Conjonctions de temps et futur

when = quand ;
as long as = tant que ;
as soon as = dès que ;
until = jusqu'à ;
once = une fois que ;
after = après que ;
before = avant que ;
while = pendant que

Ex. : **When** all new materials **are** used efficiently, everybody **will** recognize their benefits for the environment.
Quand tous les nouveaux matériaux seront utilisés efficacement, tout le monde reconnaîtra leurs avantages pour l'environnement.

> **Attention !**
> **Pas de futur après *when* et les autres conjonctions de temps : présent ou *present perfect***

Exception (questions directes et indirectes) : on peut utiliser **will** après **when**.
Ex. : When **will** we use nanotechnologies? I wonder when we **will** use nanotechnologies.
Quand utiliserons-nous les nanotechnologies ? Je me demande quand nous utiliserons les nanotechnologies.

Ex. : **We will be able to** use nanotechnologies once they have been considered safe for our health. Nous pourrons utiliser les nanotechnologies une fois qu'elles auront été considérées comme sans danger pour la santé.

> Attention !
>
> pourra : **will be able to**/devra : **will have to**

Ex. : Engineers **will have to** use protections when they use nanotechnologies. Les ingénieurs devront utiliser des protections quand ils utiliseront les nanotechnologies.

Exercices d'entraînement

Vocabulaire

Exercice 1 5 min

Corrigé p. 282

Trouvez les mots ou expressions correspondant aux définitions suivantes.

a. The basic material from which a product is manufactured or made.

b. A system designing and managing products and processes to systematically avoid and eliminate the volume and toxicity of waste and materials.

c. A form of plastics derived from renewable biomass sources, rather than fossil-fuel plastics which are derived from petroleum.

d. A covering that is applied to the surface of an object.

e. Process used materials (waste) into new products to prevent waste of potentially useful materials and reduce the consumption of fresh raw materials.

Grammaire

Exercice 2 5 min

Corrigé p. 282

Mettez le verbe au présent ou au present perfect.

a. Composting will be generalized as soon as everybody ... (receive) instructions.

b. Once a product ... (be) recycled, it can be used again.

c. As long as engineers ... (not find) high performance substitutes, packages will be made of cardboard or plastic.

d. Biopolymers will be widely used when scientists ... (be) able to prove their benefits.

e. Petrol-based products will stop creating waste once they ... (be) replaced by biodegradable substances.

Exercice 3 10 min

Corrigé p. 282

Mettez le verbe au temps qui convient.

a. When scientists ... (work) on nano-electronic tags, they will revolutionize the tracking of consumer goods.

b. I wonder when people ... (realize) there's no time to waste.

c. When ... nanotechnologies save the Earth's environment?

d. Everybody will be convinced once it ... (be) proved that nano devices can be used to destroy specific cancer cells.

e. The practice of medicine will not change as long as it ... (not/evolve) from treating disease and Illness to a practice that is predictive, personalized, and pre-emptive.

CORRIGÉS

EXPRESSION ORALE

Exercice 1

Énoncé p. 246

Why is it necessary to resort to natural and renewable resources and how can it be done?

Energy is required to run a large number of things, from homes to cars and electronics. The traditional sources of energy used are coal, natural gas, uranium, and petroleum. These resources are relatively cheap, efficient, easy to use, and easily available. So it is hard to do without them today. However they present a certain number of drawbacks, as they pollute a lot, contribute to the greenhouse gases that lead to global warming, and are non-renewable, which means they are likely to disappear. When nuclear energy is produced, there is radioactive waste also produced, which can be damaging to the environment and a danger to the health of humans. Therefore it becomes urgent and indispensable to find other resources.

Natural and renewable resources, like the wind, the sun, biomass or tides may well be the solution as they are free and non-polluting. Solar cells and panels can convert the sun light into energy. The ebb and flow can be used to turn a turbine and produce electricity. These renewable energies are available in remote places, clean, reliable, and cheap to maintain. On the other hand, they present some failings too. Solar panels don't work at night and need sunny climate; it is also very expensive to build solar power stations. The wind is not always predictable and wind turbines can be unsightly and noisy. It is very costly to install tidal barrages and offshore turbines too and they depend on the tide flowing in and out. All in all, renewable energies are definitely a good substitute to traditional sources of energy but it will take time to have the latter definitively replaced.

Exercice 2

Énoncé p. 246

In what way can technological innovations improve our daily life?

The notion of progress concerns different fields: health, technologies, work… For instance, medical progress helps extend the lifespan and cure diseases; thanks to information technology, it is easier to keep in touch, bring down barriers and work. With the development of new technologies and globalization, our working conditions are changing a lot and quickly: we can exchange and work faster, so we work in better conditions. Technology also allows us to protect the environment… In a word, progress and technological innovations help us save time and money.

However there are some drawbacks: we can become addicted to information technologies; we may no longer have privacy; it widens the generation gap, as well as the gap between rich and poor, and can isolate people. We may be victims of cybercrime. So, all in all, progress may change our life for the better provided we learn to use it with care and moderation.

Exercice 3

Énoncé p. 246

1. Can you mention some renewable energies?

I am not totally sure, but I think there are the sun, the wind, tides and biomass.

2. What makes non-renewable energies a danger for our planet?

Well, I would say that what makes non-renewable energies a danger for our planet is that they release toxic gases which contribute to the greenhouse effect that leads to global warming. As a result some glaciers melt and some animal species might disappear with the destruction of their habitat. In the end, humans will have some serious health problems.

3. Why is it difficult for renewable energies to replace non-renewable energies?

It is difficult for renewable energies to replace non-renewable energies because they are more expensive and less readily available.

Exercice 4

Énoncé p. 246

1. You said that there were different ways to reduce pollution in cities. Can you give examples?

A good example of what we can do to reduce pollution in cities is transport: instead of using our cars, we should take public transport or, even better, cycle or walk.

2. You said that the future cities had to be conceived differently. Can you give examples of new urban development?

I may be wrong but I think, in the future, cities will be made greener, with more parks and leisure areas, more cycling paths, and more ecological buildings. There will be fewer cars and factories.

Exercice 5

Énoncé p. 246

1. **Can you explain more precisely what you mean by the advantages of artificial intelligence?**
To be more precise, when I speak of the advantages of artificial intelligence, I mean the possible applications that can be made in the fields of medicine and health, as well as in domotics and robotics. I think that artificial intelligence can help people with neurological and physical troubles live better.

2. **You said that the applications of robotics at home were limited. Is it really what you meant?**
Well, no, this is not exactly what I wanted to say. What I meant actually is that many things can be done by robots at home but it is preferable for humans not to be assisted too much or they won't be able to do anything after and will become obese couch potatoes!

3. **You said that robots could help us in our daily tasks. Could you explain this point?**
Indeed, I'm convinced that robots can help us in our daily tasks. They could not only assist us in daily chores, such as ironing, washing the floor, gardening, but they could also be at our service for our pleasure: for example, they could bring us breakfast in bed or massage our feet while we are relaxing in a bath tub.

COMPRÉHENSION ÉCRITE

Exercice 1

Énoncé p. 250

Solar

General comprehension

1. c. a fiction
2. b. the environment
3. b. a scientist specialized in physics
4. a. colleagues/c. markets

Detailed comprehension

1. a. Right: "The engine of our industrial revolution has been cheap, accessible energy (...) Look how fantastic it is. A kilogram of gasoline..."
b. Wrong: "The best electrical batteries we have store about three hundred watt hours of energy per kilogram. And that's the scale of our problem, thirteen thousand against three hundred."
c. Right: "the consequences of which we are only beginning to understand"
d. Wrong: "There are a dozen proven ways of making electricity."
e. Wrong: "We'll use light directly to make cheap hydrogen and oxygen out of water, sunlight and carbon dioxide and run our turbines night and day."

2. a. "Our planet Earth is a finite entity."
b. "With your and your clients' enrichment/ Colossal fortunes will be made."
c. "Copying the methods nature took three billion years to perfect."
d. "Basic science, the market and our grave situation will determine that this is the future logic, not idealism that compels it."

3. a. "The oil must run out."
b. "Many oil-producing areas are politically unstable."
c. "Burning fossil fuels, putting carbon dioxide and other gases into the atmosphere, is steadily warming the planet."

4. a. "This is close to my heart."
b. "Believe me."

5. a. "Basic science" b. "The market"
c. "Our grave situation"

6. a. roughly
b. store
c. scale
d. compelling
e. run out
f. steadily

Exercice 2

Énoncé p. 252

We can go green and grow profits, says HSBC

General comprehension

1. b. A bank
2. Steven Green is HSBC's CEO (chief executive officer)/Craig Bennett is a senior executive for Greenpeace.
3. b.

Detailed comprehension

1. a. Right: "over the next five years"
b. Wrong: "there was increasing momentum ... from clients and prospective employees."
c. Wrong: "he welcomed the initiative"
d. Right: "its global headquarters in Canary Wharf, east London."

2. a. "Making its buildings more environmentally efficient."
b. "Encouraging its 280,000 employees to change their behavior."
c. "It will also invest in 40 large European companies."
d. "Investing in solar and wind power."

3. a. £100m: HSBC's investment over 5 years.
b. £35m: the sum spent by the bank for the first year on its buildings.
c. 280,000: the number of employees working for the bank.

d. £12bn: the profit made by the bank in 2005.
e. 40: the number of European companies the bank will invest in.
f. 25%: the rate of its investment in smaller European companies.
g. 8,000: the staff working in the bank's headquarters.

4. a. stop printing out emails.
b. make buildings more environmentally efficient
c. develop new technologies to support sustainable development
d. invest in solar and wind power
e. remove personal bins (use communal bins)

5. a. "The bank… could afford to spend more in green initiatives/make greater efforts."
b. "The bank was likely to invest in companies that harmed the environment."

6. a. promoting
b. momentum
c. prospective
d. commitment
e. philanthropic
f. target
g. highlight
h. tackle

Exercice 3

Énoncé p. 253

Green cities of the future

General comprehension

1. Match the following titles with the right paragraph.
a. Green spaces and flexible design: §3
b. Renovating cities: §2
c. Connecting centers: §1

2. a. emissions
b. high-speed/sustainable

Detailed comprehension

1. a. Right: "Development of a network of decentralised mixed-use settlements, or clusters'."
b. Wrong: "The preservation of green spaces also has a vital role to play in improving drainage and air quality."
c. Wrong: "The infrastructure needed to support the modern day industrialised nation absorbs so much capital that it can limit the resources available."
d. Right: "Flexible building design for multiple uses will maximise efficiency and value."

2. a. Declining resources
b. Climate change
c. Growing urban populations

3. a. "A network of decentralised mixed-use settlements, or clusters connected by high speed public transport and broadband communications."
b. "Introducing walking and cycle routes."
c. "Preservation of green spaces."
d. "Flexible building design for multiple uses."

4. a. "Questions arise over whether high-density megacities are the right solution, given the significant emissions that result from moving people, goods, food and water across such large settlements."
b. "Instead, the development of a network of decentralised mixed-use settlements, or clusters connected by high speed public transport and broadband communications, may be a more sustainable solution."
c. "Greater investment in energy efficiency."
d. "A greater focus on walking and cycle routes."

5. a. significant
b. clusters
c. facilities
d. enhance
e. retrofitting
f. dramatically
g. heat

EXPRESSION ÉCRITE

Exercice 1

Énoncé p. 257

Describe your ideal personal robot (120 words).
My ideal robot would be called Dobot. It would be able to do everything for me without bothering me or taking too much place in my life. It would be omnipresent and very discreet at the same time.
It would be efficient, fast, obedient, autonomous, silent, clean, multifunctional, and inexpensive. More concretely it would look like an animal but with the ability to change shape according to my needs and situations. It would be light and attractive. Its main qualities would be to be able to do what I can't do and what I don't like doing without grumbling!

Exercice 2

Énoncé p. 257

Relate the story of a very embarrassing situation that happened to you (200 words).
The most embarrassing situation I have ever lived happened to me a few months ago. I was working in another town and my boyfriend and I were staying at a hotel. It was on a Friday afternoon and as, I had finished my work, I decided to get back to the hotel sooner as a surprise to my boyfriend. When I tried to open the door of the room with the card key, it didn't work. So I knocked at the door and that was when everything started to turn wrong. A woman's voice answered: "Who's that?" Surprised and angry, I quickly imagined that my boyfriend was having an affair with another woman. I shouted to the woman to get out of the room and when she opened the door I just slapped her in the face! How surprised she was! But I was even more so when I saw my

boyfriend coming to me in the corridor. I turned red as a beetroot. I was so embarrassed. I realized I had knocked at the wrong door. I stood there for a few seconds hoping a hole would open up in the floor and swallow me. In the end I just gulped and went back to the right room.

Exercice 3
Énoncé p. 257

To what extent are nature and the environment important in your life? (150 words).
Nature and the environment play a major role in my life. I think I couldn't live without them.
I am used to spending a few hours every week in a natural place, in a park, at the beach, at the mountain, near a river or a lake. I feel regenerated and revitalized. It helps me unwind, the pressure away from work or school. I am also conscious of the importance of protecting nature and the environment, which is why I try to sort out my household waste. I avoid using my car whenever I can, I carpool, I recycle plastic bags, I switch off the lights… However I am not the sort of person to go on awareness campaigns or demonstrate in the street to fight against pollution or GMOs. I'm a rather effective but discreet ecologist.

CHAPITRE 1

Vocabulaire

Exercice 1
Énoncé p. 259

Make friends/move apart/search engine/cell phone/bring down barriers/information technology/share ideas

Exercice 2
Énoncé p. 259

a. Bring down barriers/bring the world closer together
b. Share ideas
c. State-of-the-art/improved
d. Efficient
e. Hack into/spy upon/privacy
f. Threats/download

Grammaire

Exercice 3
Énoncé p. 259

a. They would be more concentrated on their studies.
b. They will have access to confidential data.
c. We would work in harder conditions.
d. We would have trouble communicating.
e. I would be able to repair my computer.

Exercice 4
Énoncé p. 259

a. If my computer were faster, I would gain a lot of time.
b. If I were interested in computer science, I would download many programs.
c. If state-of the-art devices were less expensive, everybody would buy them.
d. If the internet had not brought the world closer together, many developing countries would be even more isolated.
e. If hackers had not threatened the security of internet users, we wouldn't have to be so cautious now.

CHAPITRE 2

Vocabulaire

Exercice 1
Énoncé p. 261

Waste, wasteful, waste/designer, mixture, mixed, mix/commuter, commute/polluter-pollution, polluted

Exercice 2
Énoncé p. 261

a. Design
b. Waste
c. Hustle and bustle
d. District, borough
e. Urban sprawl

Exercice 3
Énoncé p. 261

a. moving out of town/hustle and bustle/reconnect with nature
b. recreational spaces
c. upgrade (retrofit)/inner city districts/ infrastructure network/urban revitalization
d. commuting
e. environmentally friendly/energy-efficient buildings

Grammaire

Exercice 4
Énoncé p. 262

a. He said this was Andy and that he was his friend.
b. He stated he had always been there for him.
c. He promised they wouldn't see each other again.

Exercice 5
Énoncé p. 262

a. "People are too selfish today", he complained.
b. "We saw a thief", my neighbours stated.
c. "I will be here on time", he promised.
d. "We don't get on well", they acknowledged.

Exercice 6
Énoncé p. 262

a. Shouted b. Whispered c. Argued

CHAPITRE 3

Vocabulaire

Exercice 1

Énoncé p. 264

Advanced technology, be at the leading edge of technology, benefit, cost effectiveness, easy, efficient, fast, high tech industries, improve, increase, state-of-the-art technology, energy efficiency, environment-friendly, photovoltaic panel, renewable, sustainable development, wind turbine.

Exercice 2

Énoncé p. 264

a. Greenhouse effect
b. Carbon footprint
c. Biodiversity
d. Photosynthesis
e. High tech industries

Grammaire

Exercice 3

Énoncé p. 265

a. Company managers are not allowed to throw toxic products in nature.
b. Individuals and firms have to/must measure their carbon footprint.
c. A company cannot pollute at all.
d. The government has to/must enforce rules.
e. Some managers can/are willling to give bonuses to ecological employees.
f. Releasing toxic gases is not allowed.
g. Employees can/may use specific bins.
h. Some countries may have to change their environmental policies due to global warming.

Exercice 4

Énoncé p. 265

a. Need to/have to/must
b. Need to/have to/must
c. Don't have to/don't need to
d. Wants
e. Can't/mustn't

CHAPITRE 4

Vocabulaire

Exercice 1

Énoncé p. 267

a. Side effect
b. Artificial intelligence
c. Robot assisted
d. Reverse engineering
e. On-line programming

Exercice 2

Énoncé p. 267

a. Intelligent robot
b. Assembly robot
c. Industrial robot
d. Compliant robot

Exercice 3

Énoncé p. 267

a. Synonym: risky, deadly/antonym: safe, secure
b. Synonym: beneficial/antonyms: harmful, detrimental
c. Synonym: promising/antonym: unpromising
d. Synonyms: get worse, worsen, wear out/antonyms: improve, progress, enhance
e. Synonyms: convenient, feasible/antonyms: inconvenient, impractical

Grammaire

Exercice 4

Énoncé p. 267

a. How long did it take to invent wind turbines?
b. Why haven't you installed photovoltaic cells on your roof?
c. How many people have LED at home?
d. When will the new energies replace the old ones?
e. Who did you write this report for?
f. What happened at Fukushima nuclear plant?

CHAPITRE 5

Vocabulaire

Exercice 1

Énoncé p. 269

a. Yield/producers/GMOs/pesticides
b. Biotech crop/yield/effective
c. Starve to death/malnutrition
d. Running water/well
e. Shortage/drought

Exercice 2

Énoncé p. 270

a. Yield
b. Dehydrated

Exercice 3

Énoncé p. 270

a. Poverty
b. Provide
c. War-stricken/corrupt
d. Grant them debt relief

Grammaire

Exercice 4

Énoncé p. 270

a. Possibilité
b. Quasi-certitude
c. Éventualité
d. Possibilité
e. Prédiction

Exercice 5

Énoncé p. 270

a. Scientists may never find a way to fight against water scarcity.
b. They might develop new types of pesticides.
c. New diseases will appear soon.
d. He may have been shocked by such distress.
e. The country must have gained from debt relief.

CHAPITRE 6

Vocabulaire

Exercice 1

Énoncé p. 272

a. Reliable
b. Rivalry
c. Stressful
d. Dismissal
e. Devotion/devoted
f. Obedient/obedience/disobey/disobedient/disobedience
g. Compliant
h. Trustworthy
i. Satisfied/dissatisfied
j. Management/manager
k. Harassment
l. Leader/leadership
m. Fairness/unfair

Exercice 2

Énoncé p. 272

a. on
b. on
c. up for/up to
d. with
e. to

Exercice 3

Énoncé p. 272

a. Friendly/workmates/superior/boss
b. Workers/satisfied/be on strike
c. Demanding/obey/dismiss
d. Comply with/rules/stand up for
e. Trade unions

Grammaire

Exercice 4

Énoncé p. 272

a. I was talking on the phone.
b. I was writing a report.
c. I was having a break.

Exercice 5

Énoncé p. 272

a. I didn't do anything.
b. I stood up and left.
c. I went on strike too.

CHAPITRE 7

Vocabulaire

Exercice 1

Énoncé p. 274

a. Raise public awareness
b. Go green
c. Tackle
d. Commit
e. Support

Exercice 2

Énoncé p. 274

a. LEDs
b. Make efforts/make profits/green
c. Bins/waste
d. Tackle/incentives/Ecotax
e. Compel/ban

Grammaire

Exercice 3

Énoncé p. 274

1. b. didn't have to
2. b. were
3. a. had sorted out
4. d. had raised

CHAPITRE 8

Vocabulaire

Exercice 1

Énoncé p. 276

a. Raw material
b. Zero-waste
c. Bioplastics
d. Coating
e. Recycle

Grammaire

Exercice 2

Énoncé p. 276

a. Has received
b. Has been
c. Don't find/haven't found
d. Are
e. Have been

Exercice 3

Énoncé p. 276

a. Work
b. Will realize
c. Will
d. Has been
e. Doesn't evolve/has not evolved

Enseignement moral et civique

LE COURS

L'**enseignement moral et civique** (EMC) est enseigné en terminale STI2D en groupes à effectif réduit à raison de 30 minutes par semaine.

L'EMC s'appuie d'une part sur l'un des piliers des sociétés démocratiques : la reconnaissance du **pluralisme des croyances**, et d'autre part sur les grands débats qui s'organisent dans ces sociétés sur les **questions éthiques posées par la biologie et la médecine**.

1 Pluralisme des croyances et laïcité

Par son contenu (liberté de conscience, égalité des droits, séparation des Églises et de l'État), la laïcité constitue un des fondements essentiels de la République française. Elle est le fruit d'une construction historique. Elle permet à chacun de croire (ou non) et de pratiquer sa religion au sein de la société française dans un cadre juridique déterminé.

1 La laïcité : idéal et construction

A Un principe de concorde

• **L'idéal laïc.** L'actualité nous rappelle que vivre dans un pays où l'on peut croire et penser librement n'est pas une évidence. En France, cette liberté est garantie par l'**idéal laïc**, sorte d'union des hommes sur la base de leur liberté de conscience et de leur égalité en droits. En matière spirituelle, les hommes peuvent être **croyants**, **athées** ou **agnostiques** et se côtoyer dans la même société.

Définitions

Agnostique : qui doute de l'existence de Dieu.
Athée : qui ne croit pas en Dieu.
Concordat : traité qui règle les rapports entre l'Église et l'État.
Croyant : qui croit en Dieu.
Laïcité : système qui exclut les Églises du pouvoir politique.

• **Un élément-clé du lien social.** L'organisation commune, fondée par la laïcité, propose d'assurer, dans un cadre juridique et politique, la diversité des convictions sans discrimination ni privilège. Cela suppose la séparation de la puissance publique, l'État, de toute Église. La sphère publique doit donc traiter sans discrimination toutes les opinions spirituelles et la religion doit rester dans la sphère privée, sans interférer dans l'exercice du pouvoir politique.

B Un idéal forgé au cours de l'histoire

• **La DDHC de 1789.** Dans la poursuite de l'esprit des Lumières qui dénonce les persécutions commises au nom de la religion, la Déclaration des Droits de l'Homme et du Citoyen (DDHC) de 1789 affirme que « *les Hommes naissent et demeurent égaux en droits* » (art. 1) et que « *nul ne peut être inquiété pour ses opinions, même religieuses* » (art. 10). Juifs et Protestants obtiennent alors la liberté de culte et l'état civil est dégagé de l'Église catholique.

• **Les lois scolaires des années 1880.** Elles instaurent l'**école publique, gratuite, laïque et obligatoire**. Les locaux (crucifix ôtés), les personnels (instituteurs non religieux) et les programmes (cours de morale) sont laïcisés.

• **La loi de 1905.** La **séparation des Églises et de l'État** donne un cadre à la laïcité. Elle proclame que « *la République assure la liberté de conscience [et] garantit le libre exercice des cultes (art. 1) ; ne reconnaît ni ne salarie aucun culte* » (art. 2). Les religions n'ont plus de statut public. Le lien institutionnel et financier avec l'État est désormais coupé.

C Le résultat de combats et de compromis

L'école a toujours constitué un enjeu entre partisans et adversaires de la laïcité. En 1850, la **loi Falloux** donne à l'Église un contrôle important sur tous les ordres d'enseignement. En 1958, la **loi Debré** accorde des subventions aux établissements privés. En Alsace-Moselle, le régime du **concordat** de 1801 conduit l'État à salarier les ministres du culte et à voir dispenser un enseignement religieux à l'école. Les territoires d'outre-mer ne sont pas non plus soumis à la loi de 1905.

2 L'exercice de la laïcité aujourd'hui

A L'évolution de la société

• **Les changements de la société française.** Certains adversaires de la laïcité n'ont jamais totalement renoncé à récupérer les privilèges perdus (notamment en matière scolaire), mais après 1945, avec les Trente Glorieuses et l'avènement de l'industrialisation, on assiste au recul du religieux (surtout catholique). Dans les années 1970, lorsque la société de consommation est remise en question, le religieux réaffirme sa place. La France prend conscience de sa diversité culturelle, ethnique et religieuse, mais aussi des limites de son modèle d'**assimilation** fondé sur l'école et l'armée.

• **L'ouverture à d'autres religions.** Avec la décolonisation et les nouveaux flux migratoires liés à la mondialisation, d'autres religions historiques (judaïsme, islam) souhaitent être entendues. Présent en France depuis longtemps, avec ses 5 millions de musulmans, l'islam représente aujourd'hui la **2e religion du pays**. Des raisons diverses internes (héritage de la colonisation, crise économique) ou externes (conflits du Moyen-Orient, poussée de l'islam radical, terrorisme) nuisent à la reconnaissance de cette religion dans l'espace institutionnel. C'est pourquoi les pouvoirs publics ont mis en place en 2003 un **Conseil français du culte musulman** (CFCM).

B La traduction dans la loi

• **Dates-clés.** Le fonctionnement de la laïcité en France ne saurait être contraire à la Déclaration Universelle des Droits de l'Homme et du Citoyen de 1948 et à la Convention européenne des Droits de l'Homme et des Libertés de 1950 qui garantissent « la liberté de pensée, de conscience et de religion ». Par ailleurs, la loi de 1905 demeure la date-clé de la laïcité française, qui est désormais inscrite dans la constitution depuis 1946 (« *La France est une République indivisible, laïque, démocratique et sociale* »).

Définitions

Communautarisme : système qui privilégie les valeurs du groupe (religieux, ethnique…) sur celles de l'individu ou de la nation.
Assimilation : processus par lequel une personne étrangère devient et se sent française.
Prosélytisme : insistance à convertir à des idées (religieuses).
Secte : mouvement (religieux ou non) dont les pratiques peuvent être attentatoires au droit des personnes.

• **La religion et l'école.** À l'école, lieu de la fraternité dans le souci de l'intérêt général, la charte de la laïcité reprend les principes de liberté de conscience et de neutralité de l'État (donc des personnels). Lieu d'accès à une culture partagée, l'école rejette la violence et le **prosélytisme** (y compris des **sectes**) tandis qu'elle favorise l'égalité entre les sexes. Les convictions religieuses ne peuvent être invoquées pour contester ou refuser un enseignement. Enfin, la loi de 2004 interdit « le port des signes ou tenues par lesquels les élèves manifestent ostensiblement une appartenance religieuse ».

• **La religion et les services publics.** Dans les services publics, les agents bénéficient de la liberté de conscience. Manifester ses convictions constitue un manquement à ses obligations. Les usagers sont tous égaux devant les services publics mais doivent en respecter la neutralité. Ils ne peuvent récuser un agent public ou d'autres usagers. Dans les établissements hospitaliers ou pénitentiaires, ils ont droit au respect de leurs croyances et à la participation à leur culte (présence d'aumôniers et de lieux de culte).

Ainsi encadrée, la laïcité se veut une force émancipatrice, loin des **communautarismes**, pour une société dans laquelle les citoyens peuvent vivre en harmonie.

2 Biologie, éthique, société et environnement

Depuis une trentaine d'années, les technologies utilisant des êtres vivants pour la fabrication industrielle (médicaments par exemple) donnent à l'homme un pouvoir jusque-là inégalé. Ces technologies sont appelées **biotechnologies**. La société est ainsi conduite à réfléchir aux problèmes moraux liés à ces nouvelles pratiques dans les domaines de la santé, de l'agroalimentaire et de l'environnement, et à en proposer un encadrement par la loi.

1 Les problèmes bioéthiques contemporains

A Les exigences de la bioéthique

La **bioéthique** étudie les questions et problèmes moraux issus des **innovations médicales** impliquant la manipulation d'êtres vivants par les biotechnologies. Elle implique des biologistes, des généticiens, des juristes, des sociologues. Elle se doit de concilier à la fois les exigences de la recherche, les principes de protection de la personne, les nouveaux modes de vie et des points de vue différents.

B Des sujets qui interrogent

• **Le don d'organes.** Si en France la marchandisation du corps est interdite, l'obtention du consentement pour le don d'organes peut se heurter à divers obstacles (familiaux, religieux).

• **L'assistance médicale à la procréation.** À partir du moment où les **gamètes** sont devenus congelables et échangeables, la question de la filiation a été bouleversée. Sont soulevées les questions d'anonymat, de statut des parents, du droit à l'enfant, du droit de l'enfant.

Définitions

Biodiversité : diversité de tous les organismes vivants (faune, flore, bactéries…).
Cellules souches : cellules qui peuvent servir à régénérer des tissus détruits.
Clonage : fait de reproduire à l'identique une cellule ou un être vivant.
Eugénique : qui vise à intervenir sur le patrimoine génétique de l'espèce humaine.
Gamètes : cellules sexuelles qui permettent la reproduction.

• **Le dépistage prénatal pratiqué sur le fœtus.** Il permet de détecter toute anomalie génétique afin de donner aux parents le choix d'interrompre ou non la grossesse. Une dérive possible de ce dépistage prénatal pourrait être une programmation **eugénique**.

• **Le clonage des embryons humains.** Qu'il soit reproductif ou à **visée thérapeutique**, il est interdit en France, mais certains scientifiques fondent de grands espoirs sur l'accès aux **cellules souches** pour guérir des maladies incurables (insuffisances immunitaires notamment).

• **Les maladies génétiques.** La recherche tente de trouver des traitements efficaces contre les maladies génétiques, mais elle ne doit pas transformer l'être humain dans une quête d'une normalité qui n'existe pas.

C Le Haut Conseil des biotechnologies

Créé par la loi de 2008, le Haut Conseil des biotechnologies a pour mission d'éclairer la décision publique sur les risques liés à l'utilisation des biotechnologies (notamment les OGM). Il est composé d'experts reconnus pour leurs compétences scientifiques et de représentants de la société civile qui se prononcent sur les applications des biotechnologies.

2 Éthique médicale et consentement

• **L'évolution de l'éthique médicale.** Les médecins sont soumis à un ensemble de règles, c'est l'éthique médicale. Elle a pour but l'accès aux soins pour tous dans des conditions optimales de prise en charge, sans discrimination. Aux règles déontologiques de compétences sont venues s'ajouter des règles morales (face aux risques de dérive) et des règles scientifiques de nécessaire validité.

• **Le consentement, pilier de l'éthique médicale.** Dans le respect de la personne soignée, le médecin doit obtenir de son patient un **consentement** « libre et éclairé ». Or les écueils peuvent être nombreux : temps de réflexion, risque de directivité, prime à l'écrit (signature). Le bon consentement est celui qui résulte d'un choix.

• **Le comité consultatif national d'éthique (CCNE).** Créé en 1983, le CCNE est un organisme indépendant chargé de donner des avis sur les questions de société nées des progrès de la connaissance dans les domaines de la biologie, de la médecine et de la santé (ex. : débat sur la fin de vie).

Définitions

Innovations : idées nouvelles et leur application concrète.
Maladie génétique : maladie (souvent héréditaire) qui affecte un ou plusieurs gènes.
Visée thérapeutique : dans le but de soigner.
Solidarité intergénérationnelle : entraide liée à l'interdépendance des générations humaines.

3 La responsabilité environnementale

A L'interdépendance humanité-nature

Jamais les hommes n'ont été aussi nombreux et aussi puissants sur la planète face à des ressources dont la quantité n'est pas illimitée. Ainsi se pose la question d'une humanité qui veut prospérer tout en préservant son équilibre avec la nature et la qualité de ses ressources. La **protection de l'environnement**, définie comme un bien commun et public, est ainsi devenue un enjeu majeur dès la fin du XXe siècle (Sommet de Rio en 1992) avec le développement des idées écologistes. La dégradation constante de l'environnement se constate à l'aide de marqueurs tels que la pollution d'éléments vitaux pour l'homme (air, eau, sols), la raréfaction des ressources naturelles ou encore la perte de la **biodiversité**. La démographie n'est donc pas seule responsable : s'y ajoutent, entre autres, le développement économique, les modes de vie, l'évolution climatique.

B Une prise de conscience

La responsabilité environnementale désigne la prise de conscience de nos actes immédiats et à venir sur notre environnement proche ou éloigné. Dans le cadre de la **solidarité intergénérationnelle**, elle oblige chacun (individu, groupes, entreprises...) à protéger l'environnement de manière préventive, mais aussi à réparer les dommages causés. En France, une loi de 2008 rend applicable ce principe que l'on peut appeler du « pollueur – payeur ».

C Le principe de précaution

Le principe de précaution vise à anticiper les risques environnementaux dont les connaissances scientifiques ne permettent d'identifier ni l'ampleur ni la possibilité d'apparition (ex. : les OGM, les virus...). En France, l'article 5 de la Charte de l'environnement (2005) prévoit que les autorités publiques veillent à l'évaluation des risques « afin de parer à la réalisation du dommage ». Ce principe de précaution est parfois remis en cause par certains scientifiques qui le considèrent comme un frein à l'expérimentation et au progrès.

Achevé d'imprimer en Espagne par Macrolibros
Dépôt légal : Juin 2019 - Édition : 01
38/4130/8